978-8495273215
AF521693

adg-fad®

ASOCIACIÓN DE DIRECTORES DE ARTE
Y DISEÑADORES GRÁFICOS

ART DIRECTORS & GRAPHIC DESIGNERS
ASSOCIATION

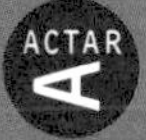

LAUS 29

29 edición de los premios Laus. Lo mejor del diseño y la publicidad en España en 1998

29th Laus Awards. Best of design and advertising in Spain in 1998

1999

Contenidos

Contents

Association of Art Directors and Graphic Designers, ADGFAD, organiser of the LAUS Awards

ADGFAD is a national association of visual communication professionals, bringing together graphic designers and art directors. It was created in 1961 as an initiative by various professionals from the visual communication field.

The group directly consists of three hundred **ADG**FAD members, and indirectly of the whole profession which comes together for the LAUS Awards. All of them are practising professionals, mostly working in an independent capacity with their own design company or in associations.

As well as defending the interests of professionals, the functions of **ADG**FAD are to promote and represent national design on an international level, which is possible due the wide representability of its members. **ADG**FAD is a founding member of the International Council of Graphic Design Associations (ICOGRADA) and the Art Directors' Club of Europe (ADCE).

Asociación de Directores de Arte y Diseñadores Gráficos, ADGFAD, organizadora de los Premios LAUS

ADGFAD es una asociación de profesionales de la comunicación visual, de ámbito nacional, que agrupa a diseñadores gráficos y directores de arte. Fue creada en 1961 por iniciativa de diversos profesionales del ámbito de la comunicación visual.

El colectivo está formado directamente por los trescientos socios de **ADG**FAD, e indirectamente por toda la profesión, que se da cita en los Premios LAUS. Todos ellos profesionales en activo, la mayoría profesionales independientes, con una empresa de diseño propia, o bien, asociados con otros.

Las funciones de **ADG**FAD son, además de velar por los intereses de los profesionales, divulgar y representar internacionalmente el diseño nacional, desde el amplio reconocimiento de sus asociados. Por este motivo, **ADG**FAD es miembro fundador de International Council of Graphic Design Associations (ICOGRADA) y de Art Directors Club of Europe (ADCE).

The LAUS Awards In 1964, **ADG**FAD created the LAUS Awards to give prizes for creativity and quality in graphic and audiovisual communication.

Today, when we are celebrating their 29th edition, the LAUS Awards have established themselves as the most important event in graphic design, advertising and communication in Spain, obtaining maximum international recognition. Only the Spanish works participating in this and which are chosen by the panel are allowed to compete for the awards presented by the Art Directors Club of Europe, of which, as we have already mentioned, **ADG**FAD is a founding member alongside another 11 European countries.

A result of the activities which make up the LAUS Awards has been a recognition of **ADG**FAD's work in the media. Thanks to the large amount of interest created partly among a sector of the society, the Awards have become not just an event for the public, but one of state-wide and international importance receiving wide coverage in the news. The different LAUS Awards activities benefit from a great ability to bring people together, something which has increased spectacularly in each of the latest editions.

Premios LAUS En 1964, **ADG**FAD creó los Premios LAUS para galardonar la creatividad y la calidad de la comunicación gráfica y audiovisual.

Actualmente, al celebrarse su 29 edición, los Premios LAUS se han consagrado como el certamen más importante de diseño gráfico, publicidad y comunicación, celebrado en España, consiguiendo el máximo reconocimiento internacional. Las obras españolas que participan en este certamen y que son seleccionadas por el jurado son las únicas que pueden optar a los premios que otorga el Art Directors Club of Europe, del que **ADG**FAD, como ya hemos mencionado, es miembro fundador, juntamente con otros 11 países europeos.

La repercusión de los actos que se realizan con motivo de los Premios LAUS constituye el reconocimiento a la actividad de **ADG**FAD, por parte de los medios de comunicación. Debido al gran nivel de interés conseguido en parte de un sector de la sociedad, se convierten, no sólo en un acontecimiento ciudadano, sino en una acción de ámbito estatal e internacional, a la que se da una amplia cobertura informativa.

Los diferentes actos de los Premios LAUS cuentan con un gran poder de convocatoria, que se ha ido incrementando espectacularmente en cada una de las últimas ediciones.

New Features LAUS Awards 99 A prize for typography has been introduced. This involves the current phenomenon of digital typography and the typographies applied in the multimedia area.

A prize has been created exclusively for television graphics and there has been a strengthening of the Webs and CD-Rom section, an increasingly abundant and innovative sector in which designers, illustrators and fine artists actively participate.

In the commercials section, a LAUS Award has been specially created for low-budget films (less than 3 million pesetas). At the same time there are particular prizes for: best animation or special effects, best editing, best directing, best art direction, best concept and best commercial, the latter being judged due to the brilliance of the combined results of the different aspects of the film. There is also a LAUS Award for the best campaign.

The Webs and CD-Rom section has been boosted by the creation of a special panel for this sector.

Together with the Federación Española de Municipios y Provincias (association of local government bodies) and Barcelona Town Hall, we have organised state-wide LAUS Awards for Communication on Local Level. These awards have a special section for artists under the age of thirty.

Novedades Premios LAUS 99 Se ha instituido un premio de tipografía. Este premio recoge el fenómeno actual de la tipografía digital y de las tipografías aplicadas a la tecnología multimedia.

Se ha creado un premio específico para la gráfica destinada a televisión y se ha potenciado el sector de páginas Web y CD-Rom, un sector en expansión cada vez más innovador, donde están participando activamente diseñadores, ilustradores y artistas plásticos.

En el apartado de spots se ha creado un Premio LAUS exclusivamente para las películas de bajo presupuesto (menos de 3 millones). Asimismo, hay premios propios para: la mejor animación de imagen o efectos especiales, mejor montaje, mejor realización, mejor dirección de arte, mejor concepto idea y mejor spot, valorando en este apartado el resultado brillante del conjunto de los aspectos de una película. También hay un LAUS para la mejor campaña.

Se ha potenciado el apartado de páginas Web y CD-Roms con un jurado específico para este sector.

En colaboración con la Federación Española de Municipios y Provincias y el ayuntamiento de Barcelona, se han convocado con ámbito estatal los Premios LAUS de Comunicación Municipal. Estos premios tienen un apartado especial para los autores menores de treinta años.

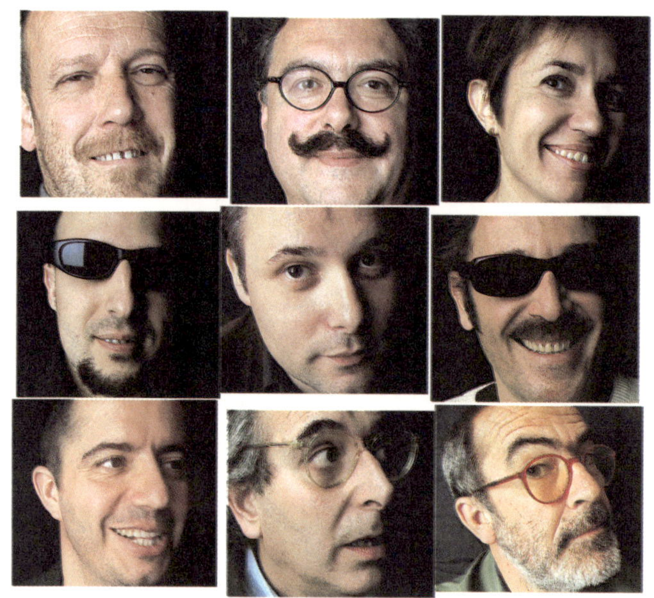

Junta Directiva de **ADG**FAD **ADG**FAD board of directors **Claret Serrahima** Presidente President **Josep M. Mir** Vicepresidente Vice-president **Rosa Mundet** Tesorera Treasurer **Òscar Martínez** Secretario Secretary **Fernando Gutiérrez** **Tito Muñoz** **Ramon Prat** **Jaume Pujagut** **Xavier Casals** Vocales Board members

Carta de Claret Serrahima presidente de **ADG**FAD Haciendo un análisis del entorno más próximo de nuestra profesión, se llega a esta conclusión: el mercado apuesta por la cantidad, por encima de la calidad. A menudo, incluso se apuesta por el tiempo, por encima de la calidad. De la economía, ni hablaré.

No pienso hacer, y menos aquí, especulaciones sobre la culpabilidad, pero es evidente que todos -clientes, profesionales, instituciones, escuelas, etc.-, ponemos nuestro grano de arena para que el panorama actual presente esta imagen.

La globalización en términos universales, la estandarización y vanalización, pueden convertirse en unos años en un virus difícil de combatir, ya que la única vacuna es la crítica reflexiva y la autocrítica, prácticas poco habituales en nuestro país.

Paralelamente, se están configurando en todo el Estado espacios asociativos profesionales, destinados a la comunicación visual, lo cual es positivo desde cualquier punto de vista. Es la oportunidad de reunir a todos los comunicadores, ya sean personas o grupos organizados, para aunar esfuerzos, unificar criterios y crear sinergias que den fuerza y credibilidad a nuestra profesión.

Estoy convencido de que es hoy, y no mañana, el momento de crear una federación de asociaciones en el ámbito estatal.

Desde **ADG**FAD, Asociación de Directores de Arte y Diseñadores Gráficos, fundada en 1961 y organizadora de los Premios LAUS, creo estar en situación, dada la longevidad e importancia de la institución que presido, de ofrecer un marco común, sea federativo, asambleario o coordinativo para reunir todas aquellas instituciones grandes y pequeñas que trabajan allá donde están por un objetivo común, mejorar y dignificar esta profesión que tanto amamos: la comunicación visual.

Letter from Claret Serrahima **ADG**FAD President Analysing the immediate context our profession finds itself in, you arrive at one conclusion: the market goes for quantity not quality. Often, it even goes for time as opposed to quality. And I won't even mention the question of finance.

I don't intend to speculate on who is to blame, especially not here, but it is obvious that all of us: clients, professionals, institutions, schools, etc., make our contribution to the image the panorama offers.

Globalisation in all of its aspects, standardisation and increased banality could turn into hard-to-combat viruses over the next few years, as their only vaccine is reflection and self-criticism. These are rare practices in our country.

At the same time, professional associations devoted to visual communication are being set up across the state, which is positive from any point of view. But it is time to bring all communicators together, whether as individuals or in organised groups, to join forces, unify criteria and create synergies. This will give strength and credibility to our profession.

I am convinced that the time is now, not later, to create a federation of associations for the whole state.

As president of **ADG**FAD (the Association of Art Directors and Graphic Designers founded in 1961 and organiser of the LAUS Awards), I believe that we are in the position, due to the long service and importance of our organisation, to offer a common framework for this to be carried out. Whether it takes a federal, assembly-based, or coordinator form, it could bring together all of the big or small bodies which, regardless of the area in which they work, share the same goal: to improve and bring dignity to this profession which we love so much: visual communication.

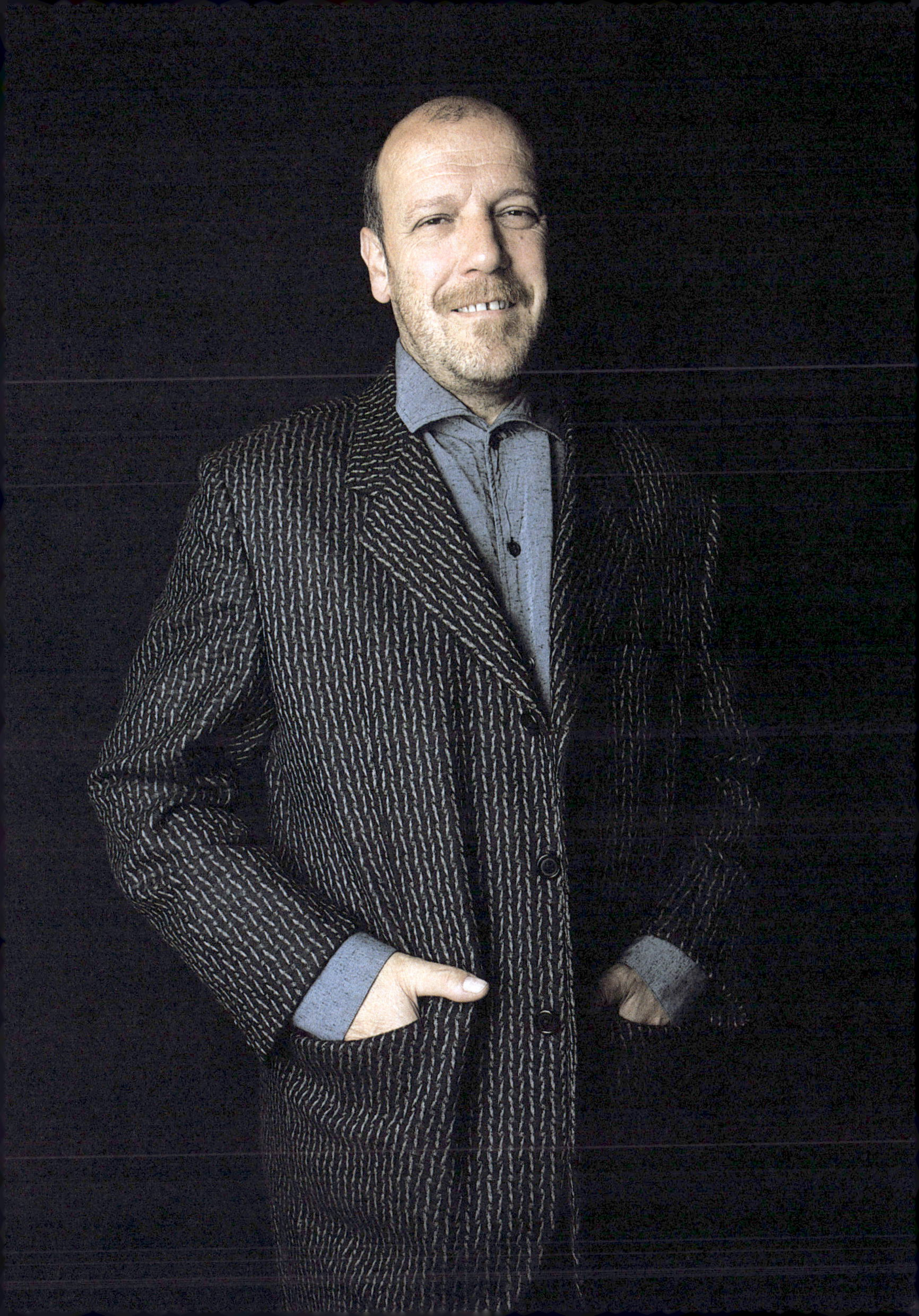

Carta de Josep Maria Mir Director de la 29 edición de los LAUS Las obras que se presentan a los LAUS no lo hacen para competir entre ellas. Sus autores "tan sólo" han competido con ellos mismos, tratando siempre de ampliar afanosamente los límites de su propio talento. A los LAUS sólo concurren obras meritorias, lo contrario no tendría sentido.

Por todo ello, la difícil labor del jurado consiste en reclamar una atención especial hacia aquellos trabajos que les parezca oportuno señalar, entre el total de las obras (todas ellas buenas) presentadas. Y todos los profesionales implicados en el LAUS, bien sea desde la organización o bien desde la presentación de la obra, debemos agradecer a los miembros del jurado la difícil responsabilidad que han decidido aceptar, contribuyendo con su talento (y buen talante), al éxito de estos Premios, que nos pertenecen a todos. Hay otros premios, pero están en éste.

Letter from Josep Maria Mir Director of 29th LAUS Awards The submittal of a piece of work for a LAUS Award is not for it to compete with others. Their creators have "only" competed with themselves, always struggling to expand the boundaries of their own talent. Only worthy works are found in the LAUS. Anything else would not make sense.

Thus, the difficult labour of the panel consists of calling for special attention to be given to those works which, among the entirety of the work submitted (all good), are considered outstanding.

All of the professionals involved in the LAUS, whether in the organisation or presenting their work, should give thanks to the members of the panel for the difficult responsibility they have taken on, contributing with their talent (a lot of talent) to the success of these Awards, success which belongs to us all. There are other prizes, but they are in this.

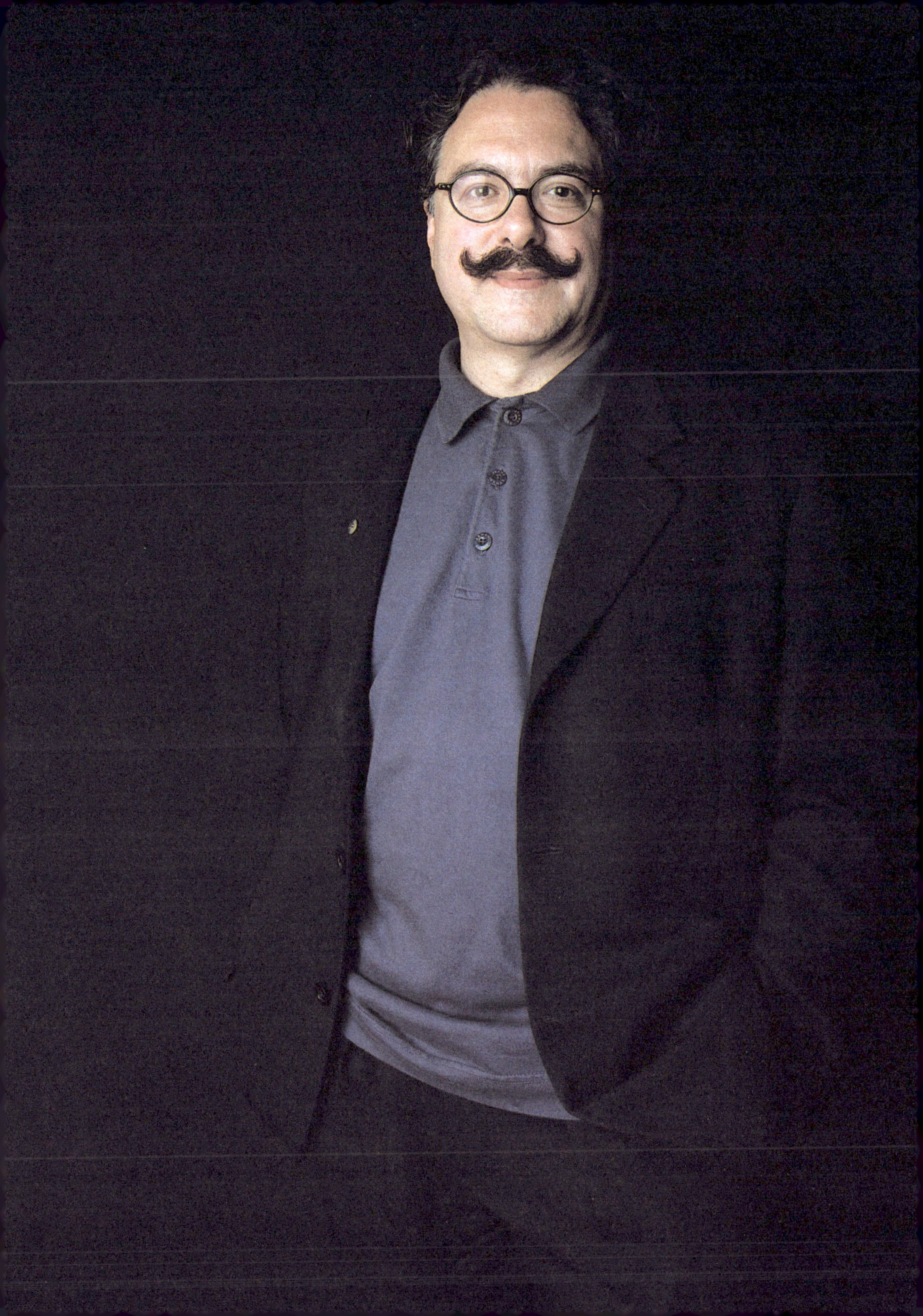

Letter from **Erik Spiekermann** Graphic designer Just before I came to Barcelona, I had judged a competition in New York. After American marketing-driven concepts, a lot of on-line design and some crazy record covers, I was ready for some Spanish-style. Or would it be Catalan?

What I found was both exciting and disappointing. Colours and shapes were quite European, with the usual Anglosaxon influences. Like everywhere else, you can always spot the latest software versions and typefaces applied to CD-covers, illustrations and editorial layouts. And a lot of that comes from the US, so our European design looks a lot more like American design than it did ten years ago. Photoshop rules and the use of type looked the same as everywhere else, with some exceptions: there is a lively typographic scene in Barcelona, and it is beginning to show its influence on Spanish design.

Attention to typographic detail was mostly lacking - not many designers seem to know how to set a good column of type, use the right weights or distinguish good from bad versions of a font. But that isn't much different anywhere else in the world.

Corporate Design projects were the biggest disappointment for me. It was like we were still in the sixties: take a logo, slap it onto everything form letterhead to teacup and bingo! you have a Corporate Design Programme! Manuals were mostly simple catalogues of designed items without any room for evolvement and without taking into consideration the fact that design systems can live on-line these days, where everybody can access gudelines and templates. The good news is that Spanish design groups haven't even started to tackle that profitable field of design, so there could be lots of work once they get with the times.

On the other hand, I loved a lot of the editorial design projects and especially the books. Unfortunately, my Spanish colleagues didn't think they were that good, so many of my favourite book covers and magazines didn't make it into the final round. I was impressed by the many series of books which managed a lot of variety within well-defined systems. Then again, designing systems is what I like doing most.

The preponderance of literary projects was a pleasant surprise. There is a wonderful and rich tradition in Spanish (and Catalan) publishing. Production standards are very high (I suppose they all use German printing machines), and people seem to read a lot.

As always, the best projects were those that kept it simple: one good idea, presented well. It doesn't always need big budgets, fast computers or six-colour printing to produce great design and win a competition. And that is something I have learned accross the world. What I have also found in all countries in which I have judged competitions is that what I remember best are the colleagues, other designers. The company in Barcelona was excellent and I think I have made some new friends. We all benefit from each other's experience, and we find out that we all face the same issues, wherever we work, whatever the language.

Carta de Erik Spiekermann Diseñador gráfico Justo antes de venir a Barcelona, estuve en Nueva York formando parte del jurado de un concurso. Tras observar los nuevos conceptos dirigidos al marketing americano, mucho diseño on-line y extravagantes portadas de discos, estaba preparado para un poco de estilo español. ¿O sería catalán?

Lo que encontré fue a la vez sorprendente y decepcionante. Los colores y formas eran bastante europeos, aderezados con las influencias anglosajonas habituales. Como en cualquier otro lugar, siempre pueden reconocerse las últimas versiones de software y tipografías aplicadas a cubiertas de CD, ilustraciones y formatos editoriales. Gran parte de esto viene de Estados Unidos, de modo que el diseño europeo se parece mucho más al diseño americano ahora, que hace diez años. Las normas de photoshop y el empleo de los tipos son idénticos a los que se utilizan en cualquier otro lugar, con algunas excepciones: hay toda una escuela tipográfica en Barcelona, muy activa, que está empezando a tener una importante influencia en el diseño español.

En la mayoría de los casos no se cuidan los detalles tipográficos. Muchos diseñadores parecen no saber cómo fijar una columna de tipo correcto, utilizar los cuerpos adecuados o distinguir entre la versión apropiada y la incorrecta de una tipografía. Pero esto sucede en casi todo el mundo.

Los proyectos de diseño corporativo fueron mi mayor decepción. Es como si todavía estuviéramos en los años sesenta: se elige un logo que se estampa en todas partes, tanto en la cabecera del papel de cartas como en una taza de café y ¡bingo!, ya tenemos un programa de diseño corporativo. Los manuales eran, en la mayoría de los casos, simples catálogos de artículos de diseño, sin tener en cuenta una posible evolución o el hecho de que los sistemas de diseño pueden tener en la actualidad una continuidad, gracias a las posibilidades on-line, con acceso abierto a directrices y plantillas. La buena noticia es que los grupos de diseño español todavía no han empezado a tantear este provechoso campo del diseño, así que puede que haya mucho que hacer una vez se pongan al día.

Por otro lado, me parecieron excelentes gran parte de los proyectos editoriales y especialmente, los libros. Desafortunadamente, mis colegas españoles no pensaban lo mismo, así que muchas de mis portadas de libros y revistas favoritas no llegaron a la final del concurso. Me impresionó la gran cantidad de libros en los que se puede observar una importante variedad dentro de sistemas bien definidos. Es obvio que los sistemas de diseño son mi especialidad. El predominio de los proyectos de literatura fue una agradable sorpresa. Existe una excelente y rica tradición editorial en español (y catalán). Los estándares de producción son muy altos (supongo que se utilizan máquinas de impresión alemanas), y da la impresión de que es un país de lectores.

Como es habitual, los mejores proyectos son aquéllos basados en la sencillez: una buena idea, bien presentada. No siempre se necesita un gran presupuesto, las máquinas más rápidas o impresión a seis colores para producir un buen diseño y ganar un concurso. Esto es algo que he aprendido a través de mi experiencia en todo el mundo. En todos los países en los que he formado parte del jurado de un concurso me sucede lo mismo: mi mejor recuerdo son los colegas de profesión, otros diseñadores. La compañía en Barcelona fue muy agradable y creo que he conseguido excelentes nuevas amistades. Todos podemos aprender mucho de la experiencia de los demás y descubrir que todos nos enfrentamos a la misma problemática, independientemente de la lengua o del lugar en que trabajemos.

LAUS 29

Obras premiadas y seleccionadas Award winning and selected works

LAUS de Honor a Francesc Casamajor, por toda una vida dedicada a promover la calidad de la comunicación gráfica realizando un esfuerzo en la mejora de las técnicas de impresión y colaborando altruistamente en iniciativas de la cultura del diseño, desde las diferentes empresas de artes gráficas en las que trabajó.

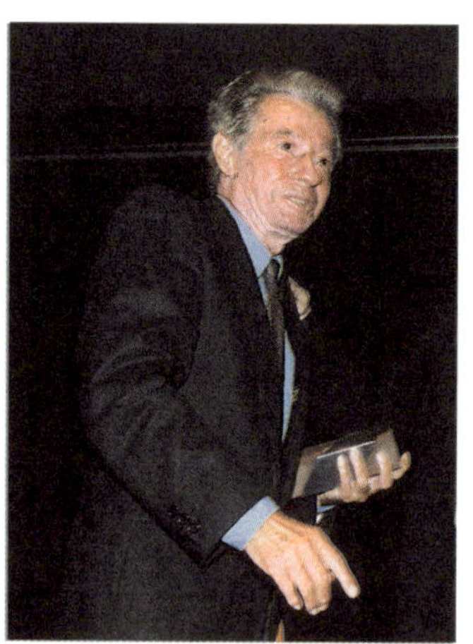

LAUS of Honour to Francesc Casamajor, for a lifetime career devoted to the promotion of quality in graphic communication from the various graphic arts companies in which he has worked by improving printing techniques and giving his altruistic support to a number of initiatives related to design culture.

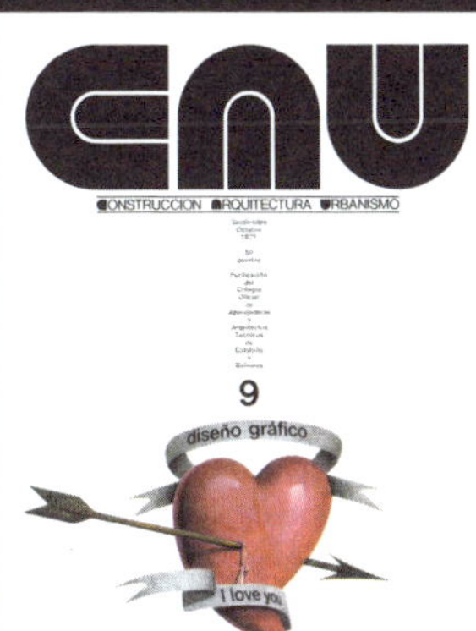
CAU
CONSTRUCCION ARQUITECTURA URBANISMO
9
diseño gráfico
I love you

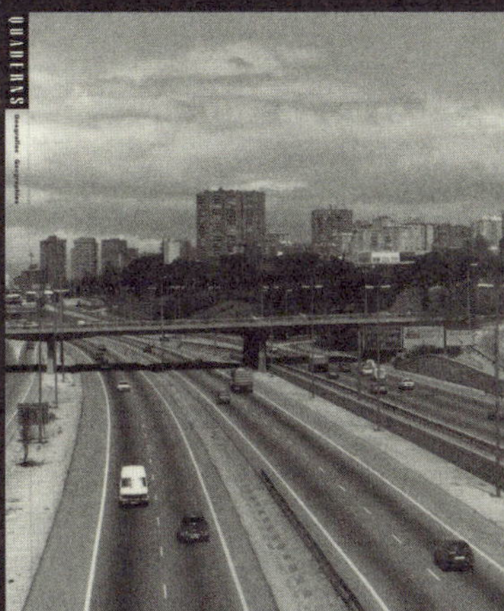
QUADERNS

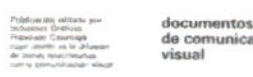
documentos
de comunicación
visual

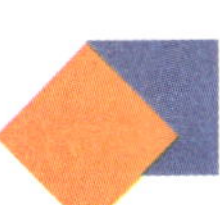

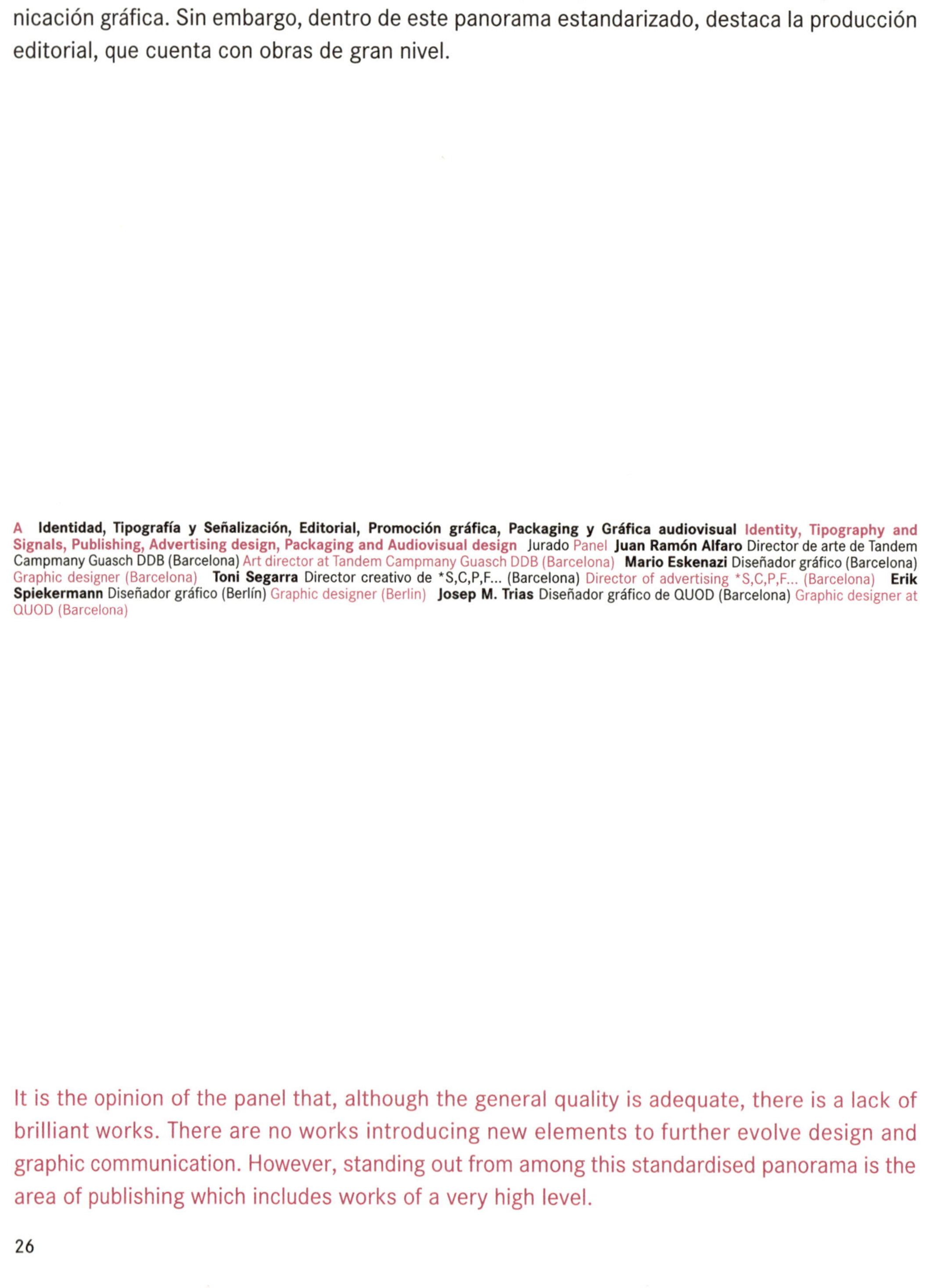

El jurado considera que, si bien la calidad general es correcta, hay una ausencia de obras brillantes. No hay obras que aporten elementos nuevos que hagan evolucionar el diseño y la comunicación gráfica. Sin embargo, dentro de este panorama estandarizado, destaca la producción editorial, que cuenta con obras de gran nivel.

A **Identidad, Tipografía y Señalización, Editorial, Promoción gráfica, Packaging y Gráfica audiovisual** **Identity, Tipography and Signals, Publishing, Advertising design, Packaging and Audiovisual design** Jurado Panel **Juan Ramón Alfaro** Director de arte de Tandem Campmany Guasch DDB (Barcelona) Art director at Tandem Campmany Guasch DDB (Barcelona) **Mario Eskenazi** Diseñador gráfico (Barcelona) Graphic designer (Barcelona) **Toni Segarra** Director creativo de *S,C,P,F... (Barcelona) Director of advertising *S,C,P,F... (Barcelona) **Erik Spiekermann** Diseñador gráfico (Berlín) Graphic designer (Berlin) **Josep M. Trias** Diseñador gráfico de QUOD (Barcelona) Graphic designer at QUOD (Barcelona)

It is the opinion of the panel that, although the general quality is adequate, there is a lack of brilliant works. There are no works introducing new elements to further evolve design and graphic communication. However, standing out from among this standardised panorama is the area of publishing which includes works of a very high level.

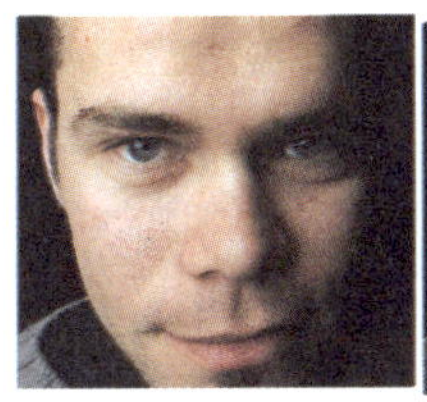
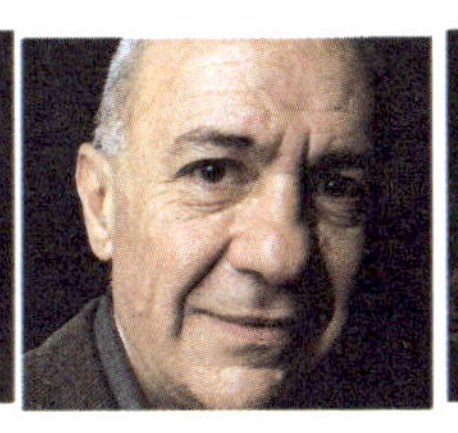
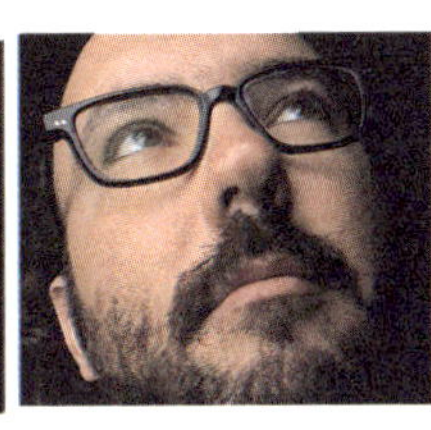
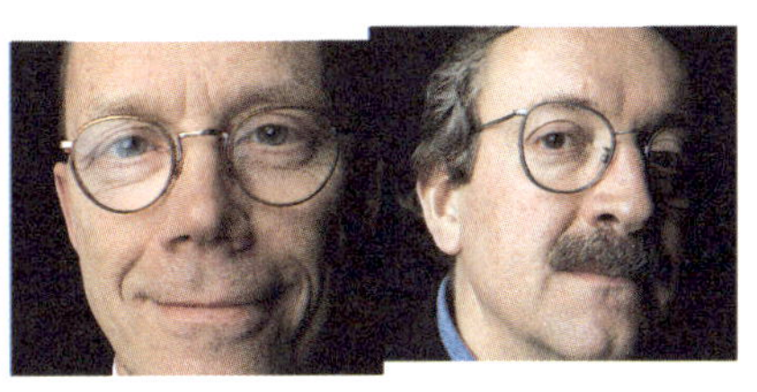

Identidad Identity

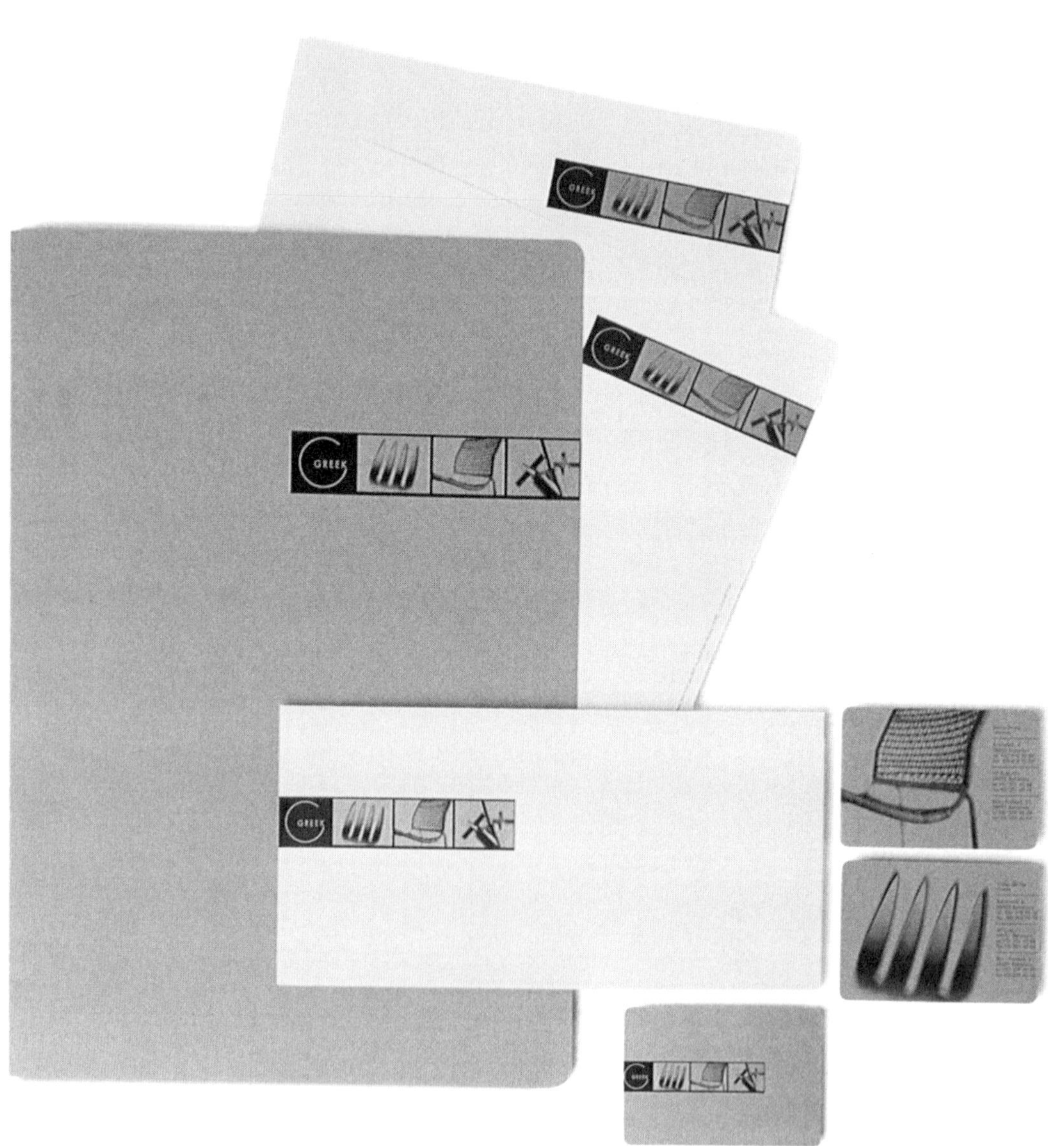
GREEK

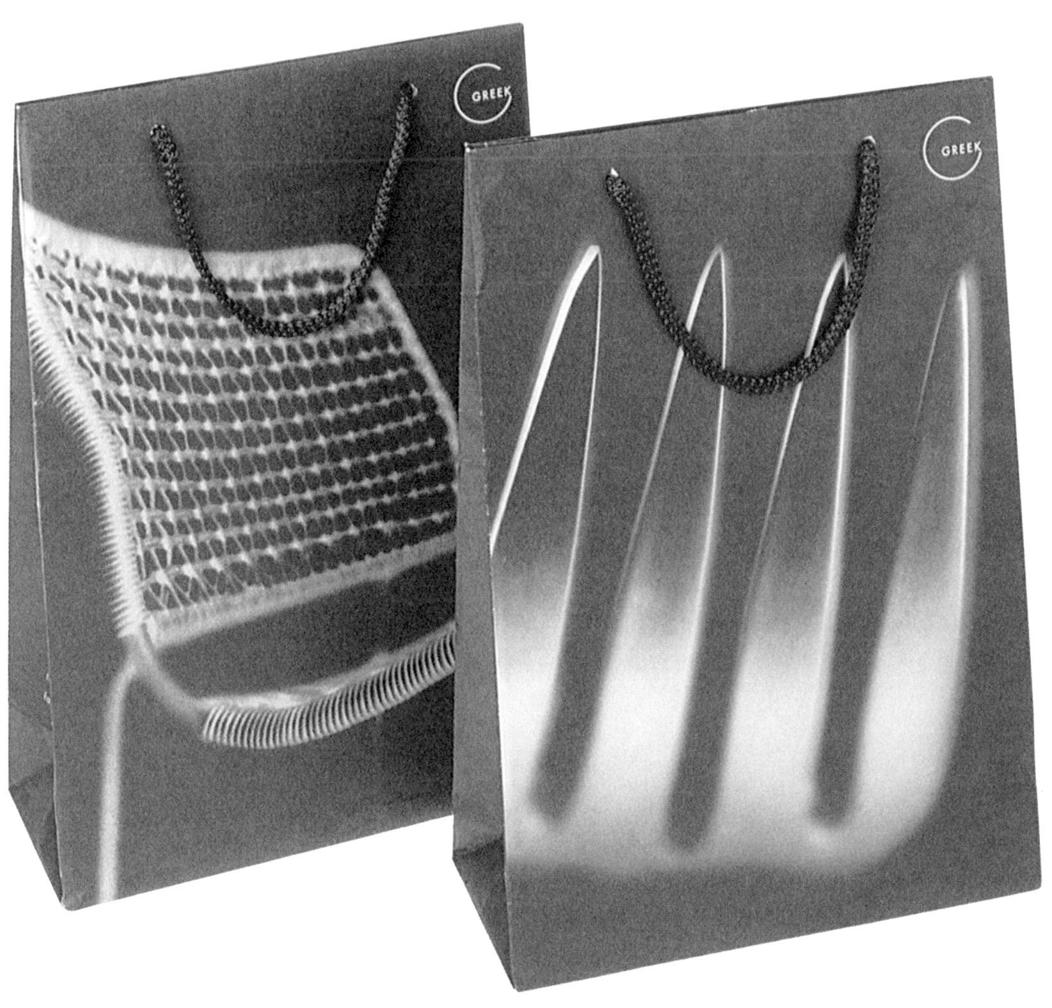

Título Title **Imatge corporativa Greek** Autor Created by ***S,C,P,F...** Cliente Client **Greek** Grupo creativo Creative Group **Mireia Roda / David Caballero** Agencia Agency ***S,C,P,F...** Director creativo Creative Director **David Caballero / Mireia Roda** Director de arte Art director **Mireia Roda** Diseñador gráfico Graphic designer **Mireia Roda** Fotógrafo Photographer **Josep M. Roca**

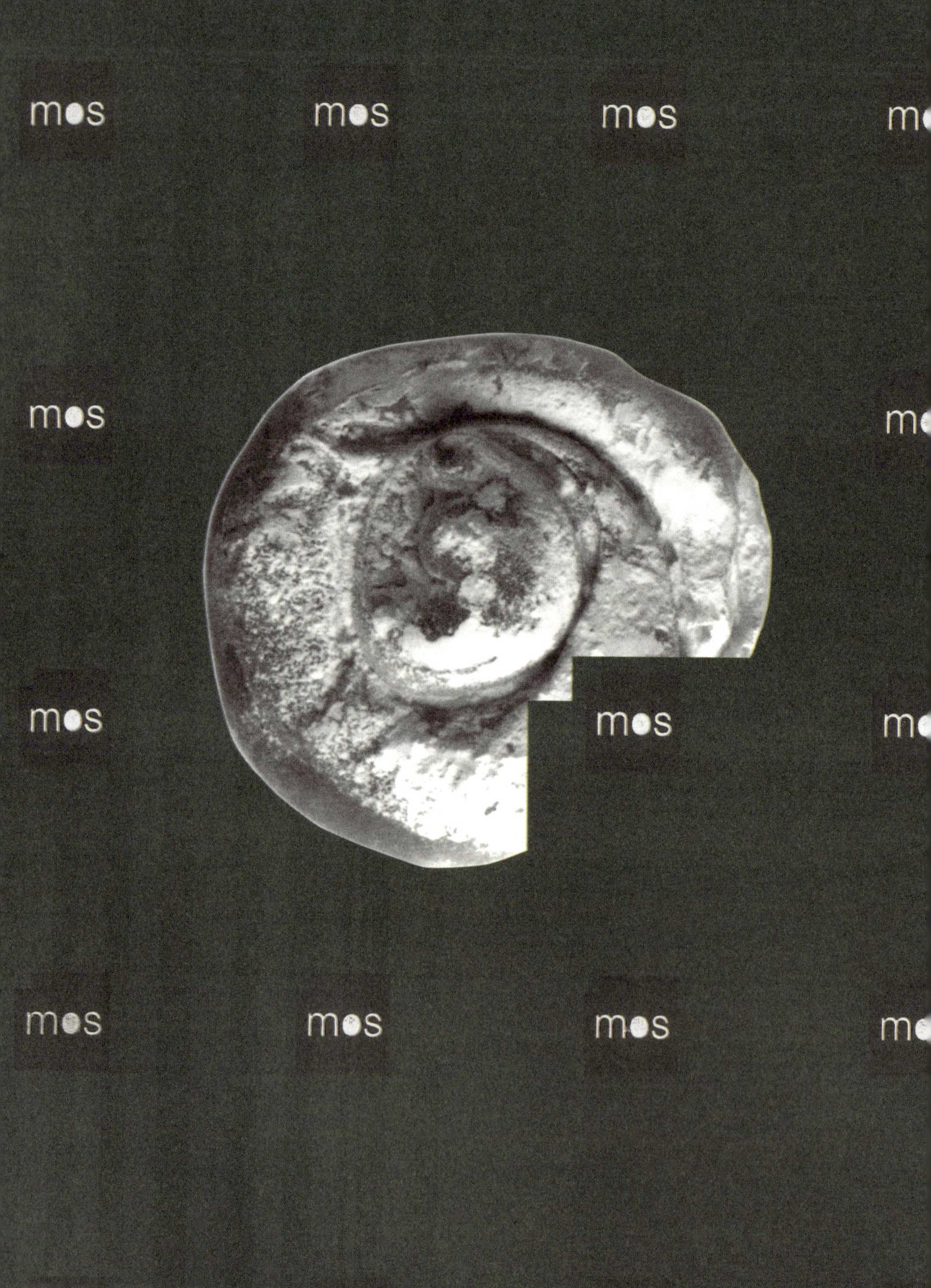
mos
mos
mos
mos
mos
mos
mos
mos
mos
mos
mos

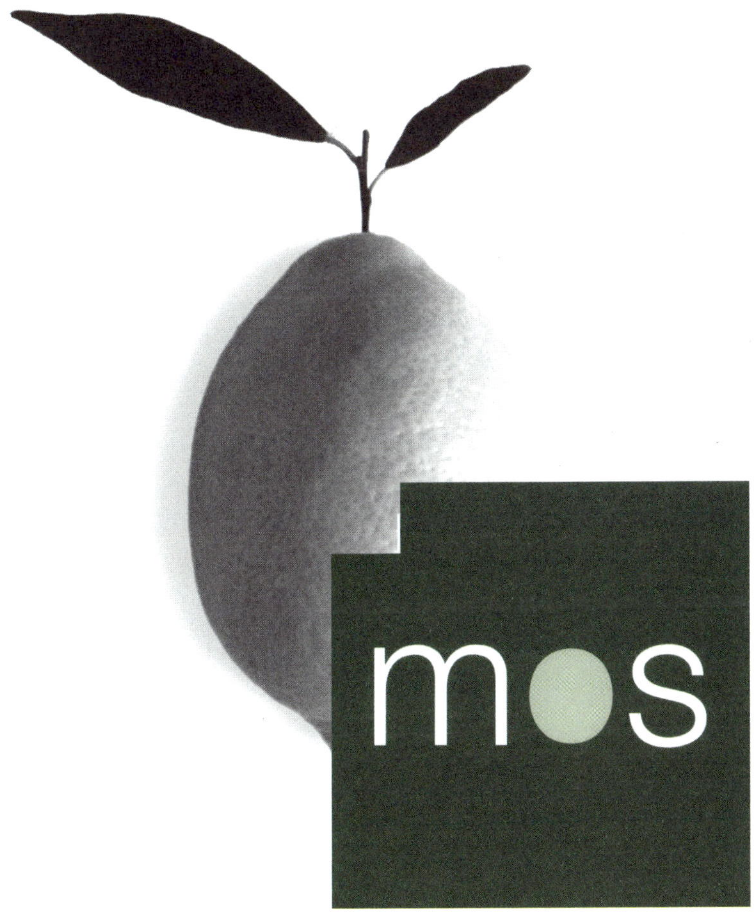

Título Title **Mos** Autor Created by **Pati Núñez Associats** Cliente Client **Joaquim Llovera** Estudio Studio **Pati Núñez Associats**
Diseñador gráfico Graphic designer **Pati Núñez & Fernando Naharro** Fotógrafo Photographer **Fernando Naharro**

Laurak
Cocina Vasca

Laurak

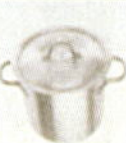

Cocina Vasca Calle de La Granada del Penedès 14-16 08006 Barcelona Teléfono (+34) 932 187 165

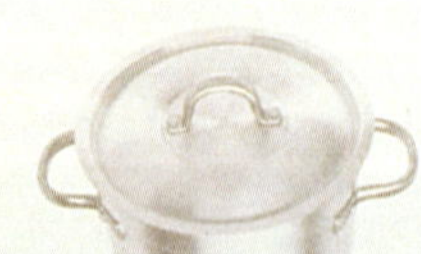

Título Title **Laurak** Autor Created by **José Luis Merino / Pilar Gorriz / Meike Rath** Cliente Client **Laurak 98, S.A. / Estudio Alfa** Director creativo Creative Director **José Luis Merino / Pilar Gorriz / Meike Rath** Director de arte Art director **José Luis Merino / Pilar Gorriz / Meike Rath** Texto invitación Invitation text **Hausman** Diseñador gráfico Graphic designer **José Luis Merino / Pilar Gorriz / Meike Rath** Fotógrafo Photographer **Javier Pardo** Vestuario Costume **Emilio Gestido** Interiorismo Interior design **Estudio Alfa**

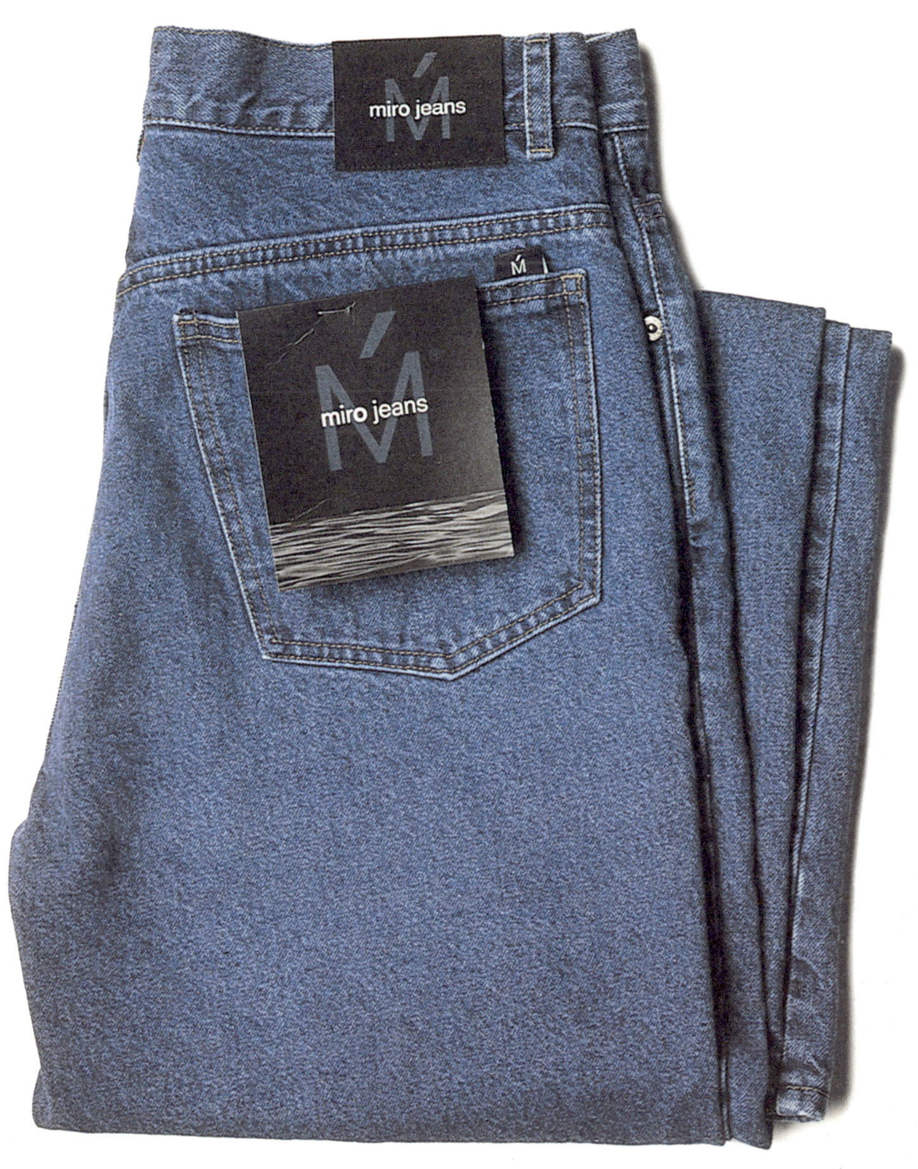

Título Title **Imagen Miró jeans** Autor Created by **David Ruiz + Marina Company** Cliente Client **Miró jeans** Grupo creativo Creative Group **David Ruiz + Marina Company** Estudio Studio **David Ruiz + Marina Company** Director creativo Creative Director **David Ruiz** Director de arte Art director **David Ruiz + Marina Company** Diseñador gráfico Graphic designer **Marina Company/David Ruiz/Lisa Noble**

¿Vienes a dar unas vueltas?

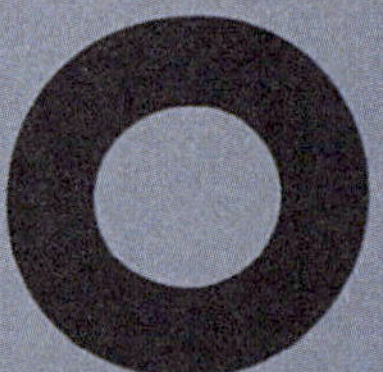

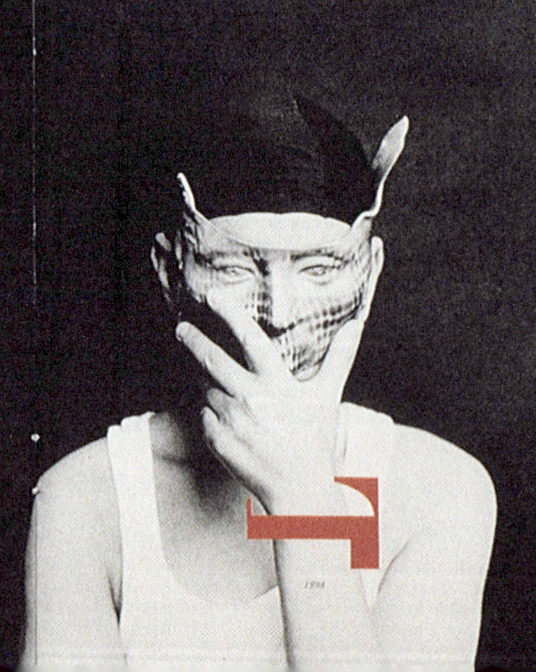

Título Title **Potens World Time** Autor Created by **ABM Serveis de Comunicació** Cliente Client **Industrial Martí de Relojería** Grupo creativo Creative Group **ABM Serveis de Comunicació** Agencia Agency **ABM Serveis de Comunicació** Estudio Studio **ABM Serveis de Comunicació** Director creativo Creative Director **Jaume Anglada** Director de arte Art director **Maurici Palouzié** Diseñador gráfico Graphic designer **ABM Serveis de Comunicació** Potensmóvil Potensmobile **Mecánicas González** Caja del tiempo Time box **Jaume Guasch** Expositor Exhibitor **Casadevall Displays**

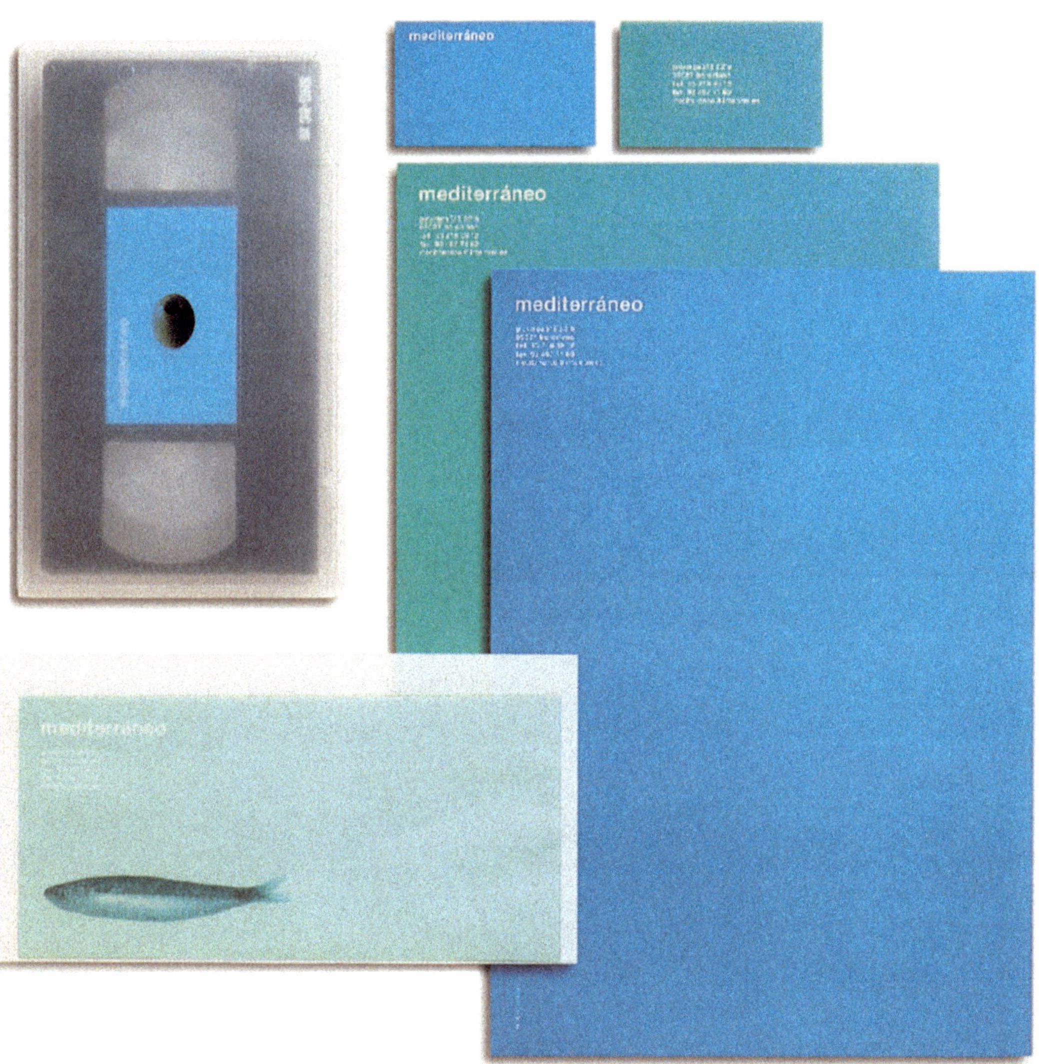

Título Title **Mediterráneo** Autor Created by **Enric Aguilera** Cliente Client **Mediterráneo Productora** Estudio Studio **Enric Aguilera Asociados** Director creativo Creative Director **Enric Aguilera** Director de arte Art director **Enric Aguilera** Diseñador gráfico Graphic designer **Enric Aguilera / Laura Armet** Fotógrafo Photographer **Ramón Serrano**

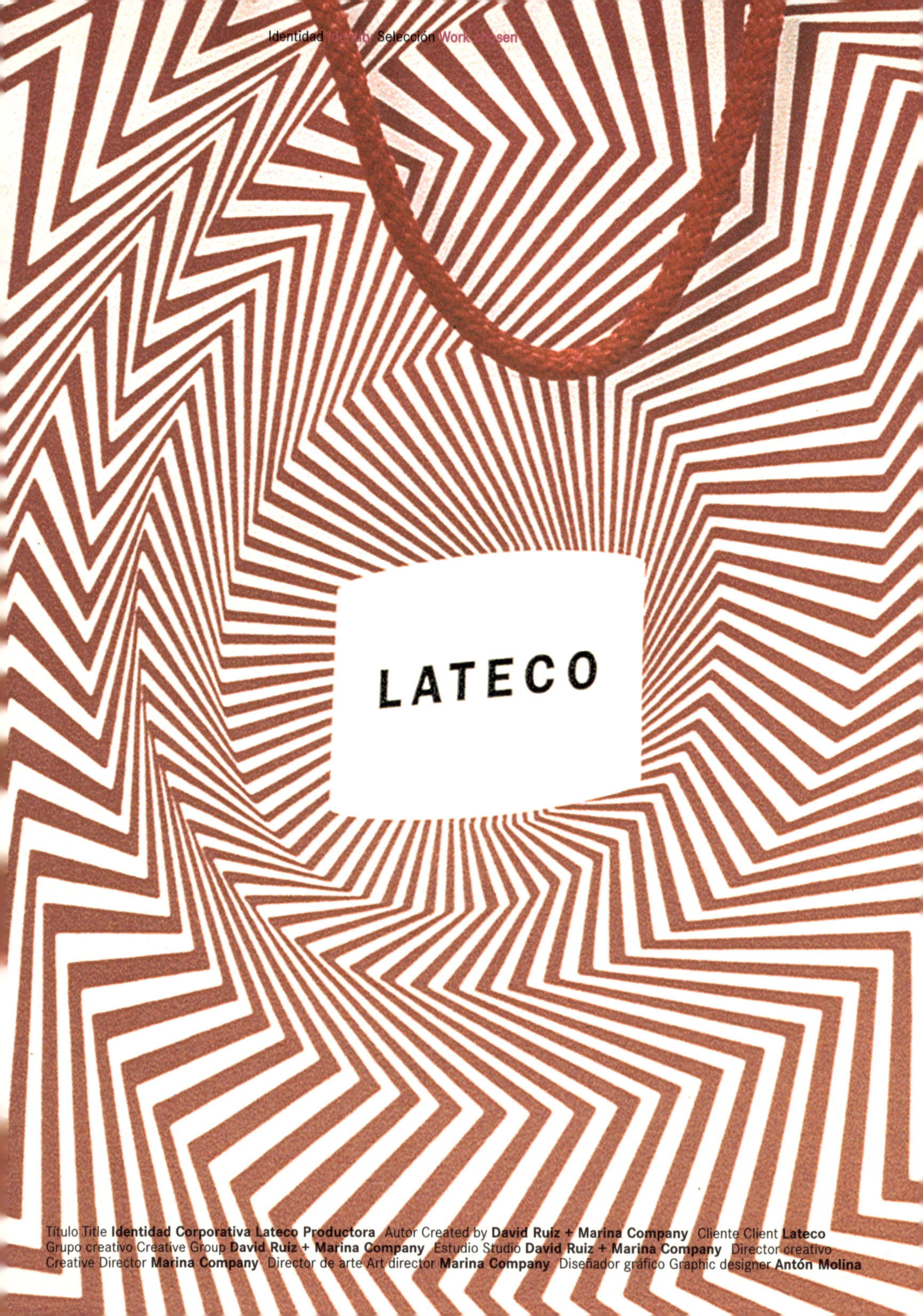

Título Title **Identidad Corporativa Lateco Productora** Autor Created by **David Ruiz + Marina Company** Cliente Client **Lateco** Grupo creativo Creative Group **David Ruiz + Marina Company** Estudio Studio **David Ruiz + Marina Company** Director creativo Creative Director **Marina Company** Director de arte Art director **Marina Company** Diseñador gráfico Graphic designer **Antón Molina**

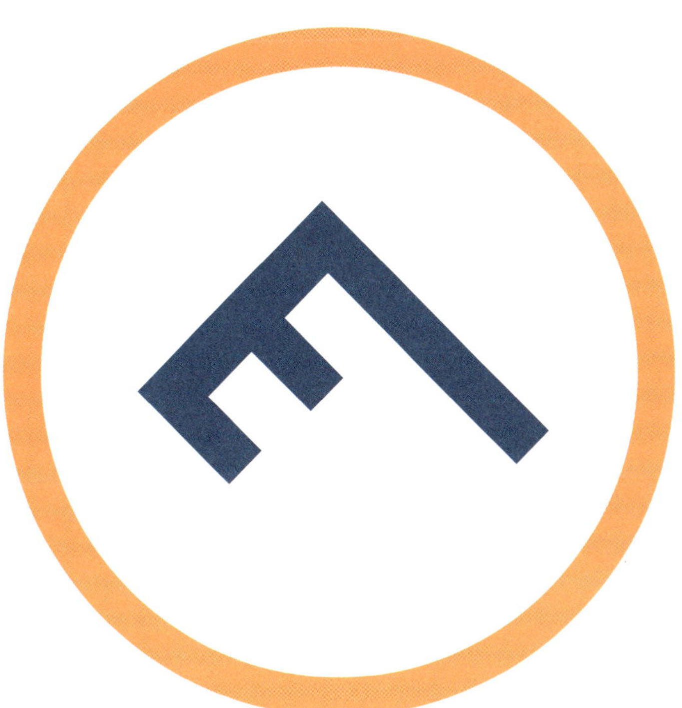

Título Title **Imatge corporativa Espot Esquí** Autor Created by **David Espluga + Nogué & Cia.** Cliente Client **Espot Esquí** Agencia Agency **Nogué & Cia.** Estudio Studio **David Espluga** Director de arte Art director **David Espluga** Diseñador gráfico Graphic designer **Xavi Gassol / Laura Armet**

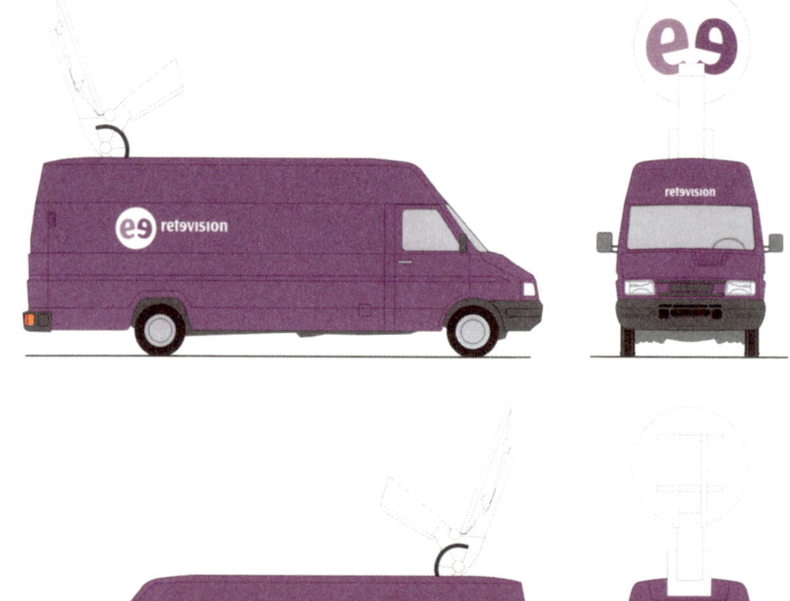

RETE-MG-001 P177/R1

Unidad móvil modelo Iveco

Colores: Fondo en Pantone 2592, fondo del símbolo en blanco, "e" izquierda en Pantone 2572 y "e" derecha en Pantone 2592. Logotipo en blanco.
El espacio entre el símbolo y el logotipo será siempre de una "r".

retevision

Manual de Identidad Corporativa

Título Title **Manual de identidad Retevisión** Autor Created by **Addison España, S.A.** Cliente Client **Retevisión, S.A.**
Grupo creativo Creative Group **Addison España, S.A.**

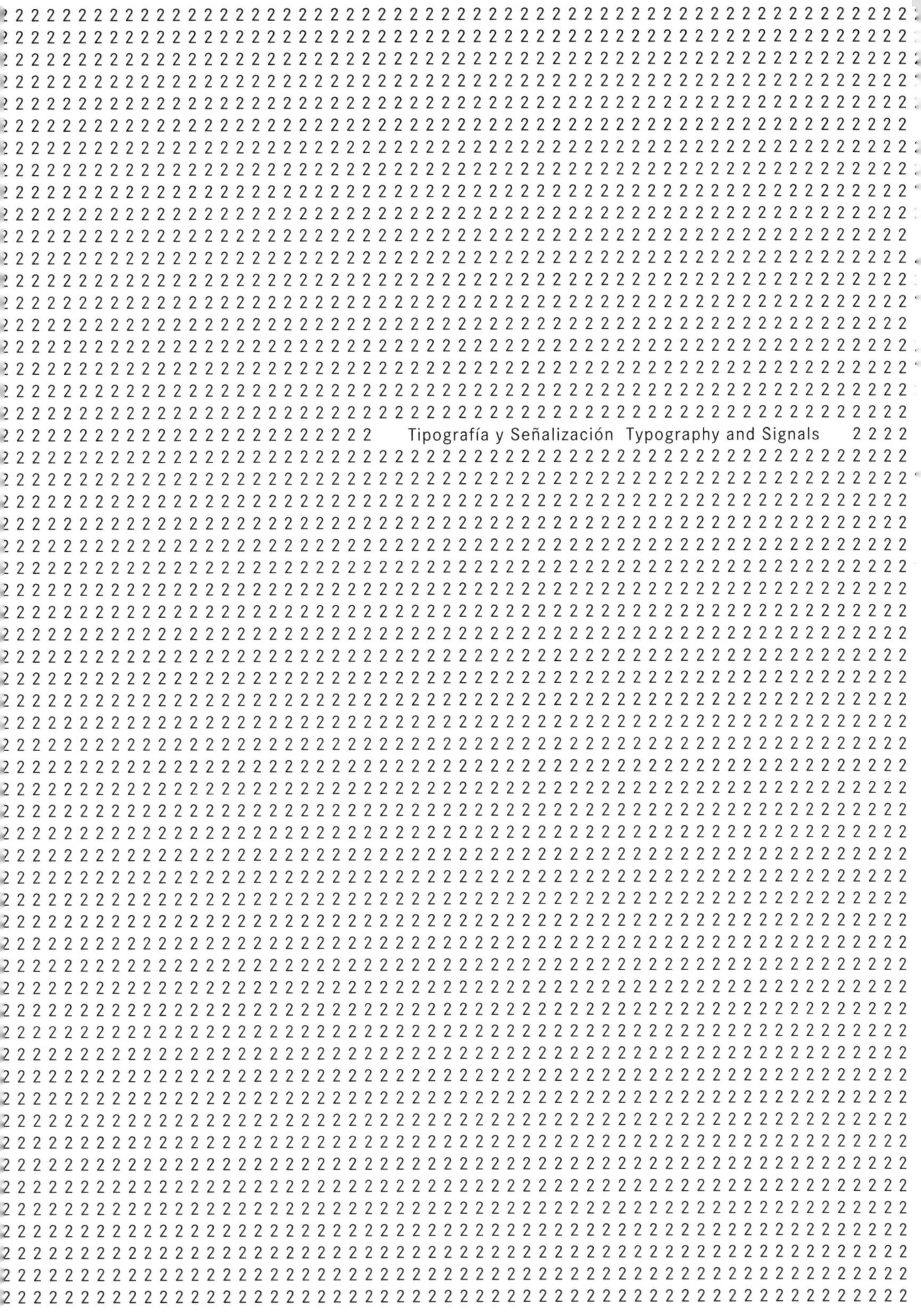
Tipografía y Señalización Typography and Signals

VNiVERSiTAS STVDii SALAMANTiNi

Typerware

Una tipografía diseñada para la Universidad de Salamanca / por encargo de Osoxile

50 ABCDEFGHİJKLMN
OOPQRSTVVVWXYZ

35 © ÇÑNİiiOOOOOLVYW ®

100 MERCATVS

LIGADURAS

ALA
ViTi
NTV
ToS
CAS

35 VNiVERSiDAD DE SALAMANCA

20 CENTRO DE iNVESTiGACiONES ALFONSO X EL SABiO

45 HOSPiTAL DEL ESTVDiO

24 DEPARTAMENTO DE HiSTORiA Y GEOGRAFiA

115 DERECHO

44 SALA DE LAS TORTVGAS

Las ligaduras entre caracteres facilitan la creación de palabras más compactas.

La letra «a» dispone de un "rabillo" más largo respecto la letra «A», para unirla al carácter que le antecede.

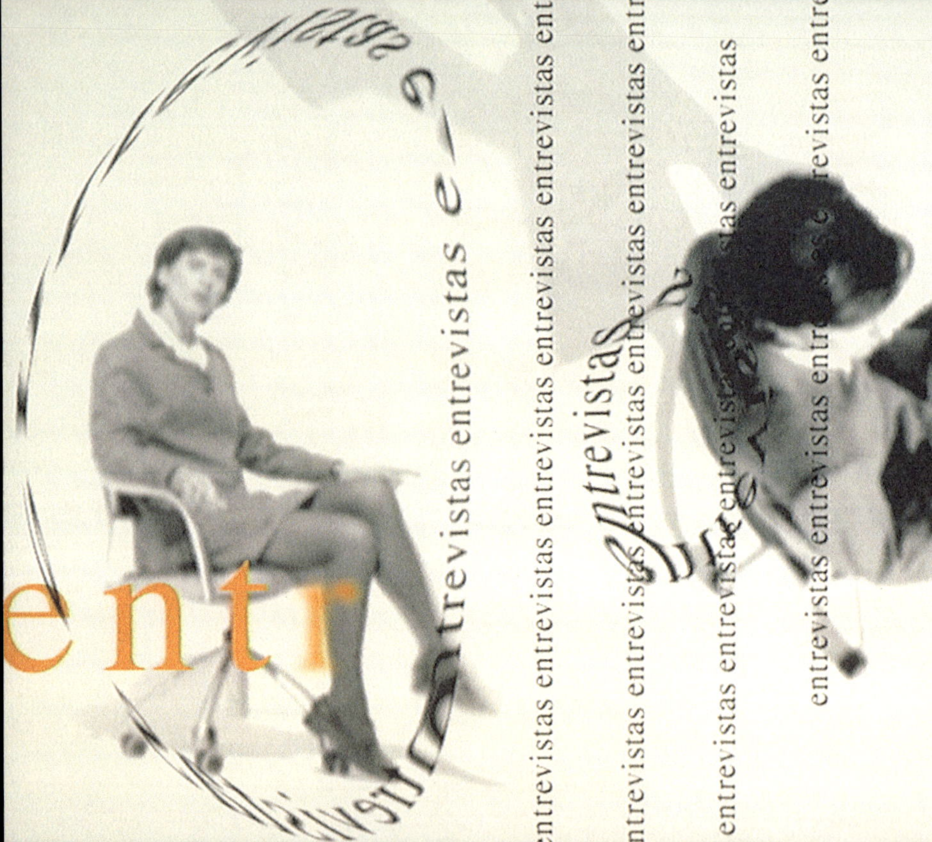

Título Title **Cara a cara CNN+** Autor Created by **Magicimage** Cliente Client **CNN + (CINTV, S.L.)** Diseñador gráfico Graphic designer **Ana Zelich** Productora Production company **Magicimage** Realizador Director **Ana Zelich / Toni Costa** Música Music **Xavier Ibáñez**

Título Title **A debate CNN+** Autor Created by **Magicimage** Cliente Client **CNN + (CINTV, S.L.)** Diseñador gráfico Graphic designer **Ana Zelich** Productora Production company **Magicimage** Realizador Director **Ana Zelich / Toni Costa** Música Music **Xavier Ibáñez**

AAABCDEFGH

HIIJKLMMMN

ÑNÑOOPPQRS

TUUVWWXYZ

1234567890 : D :

760.981 : 014/560

VINO : D : MISA

HOJALDRES : DE : SANTA : LUCIA

CLAUSTROS : D : CHOCOLATE

MILAGROS : DE : LA : VIRGEN

PETS : D : MONJA

Título Title **Cañas** Autor Created by **Typerware / Andreu Balius + Joan Carles P. Casasín** Cliente Client **Osoxile / Carmelo Hernando**

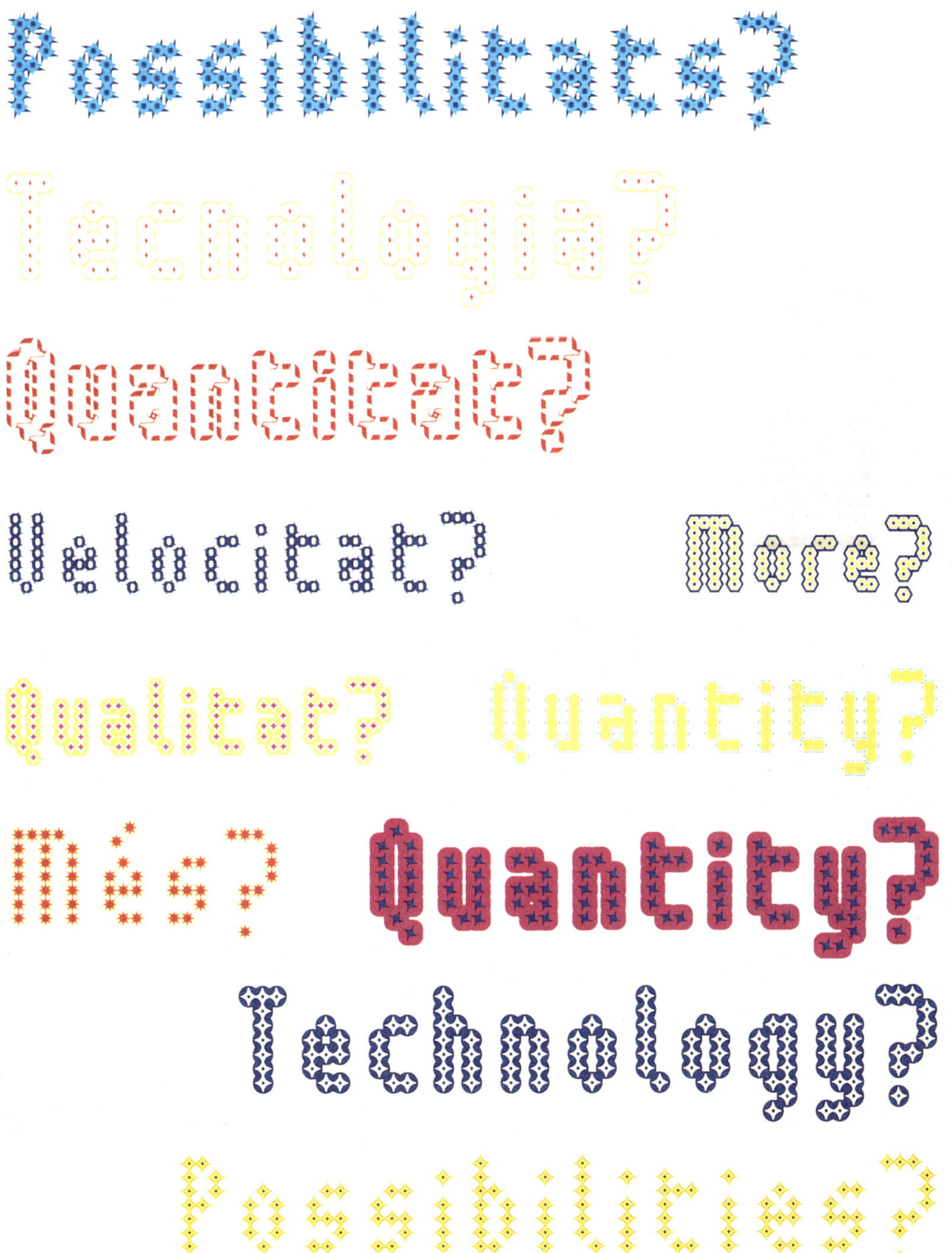

Título Title **Typerware Batfonts** Autor Created by **Typerware / Andreu Balius + Joan Carles P. Casasín** Cliente Client **Typerware Fonts**

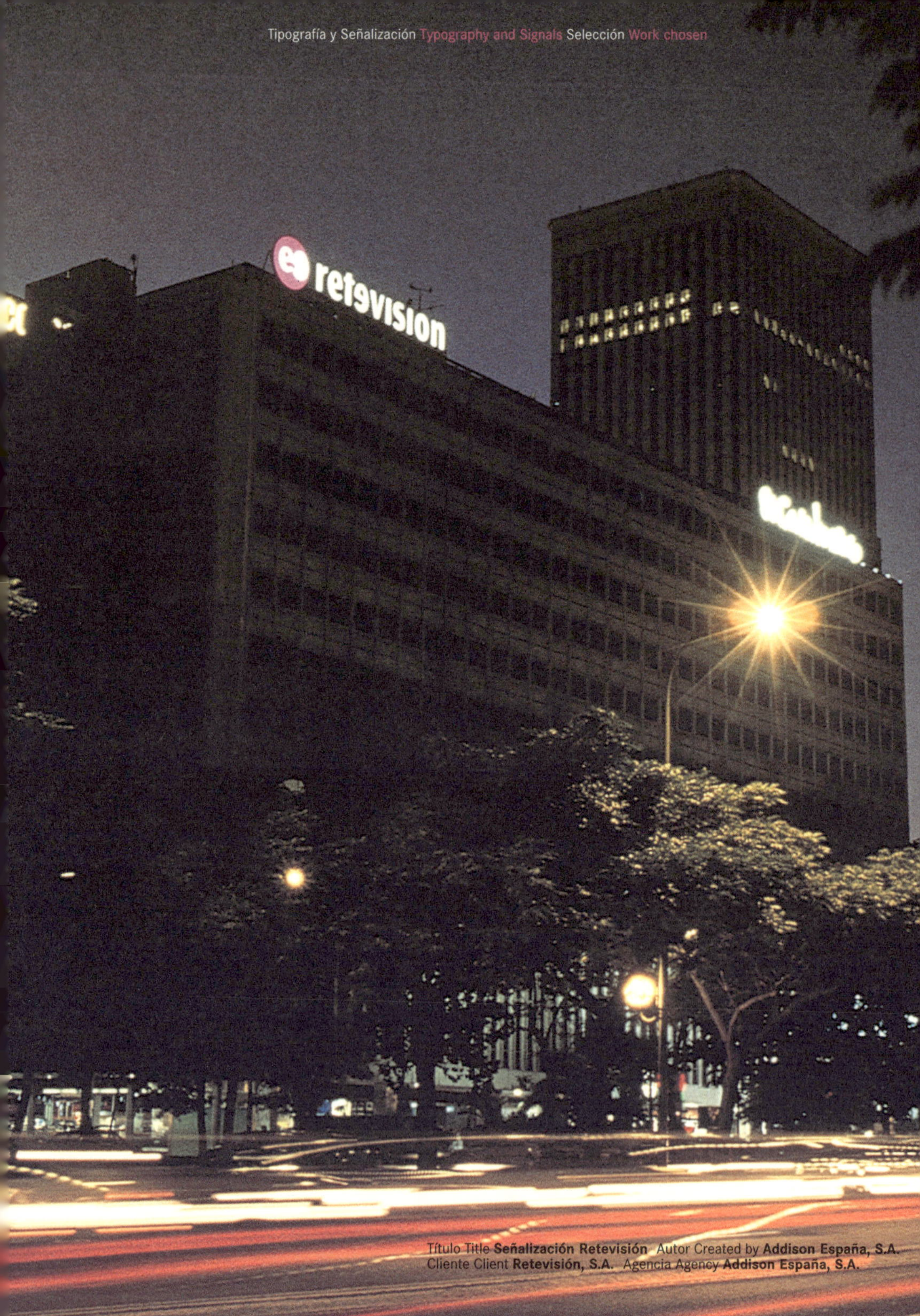

Título Title **Señalización Retevisión** Autor Created by **Addison España, S.A.**
Cliente Client **Retevisión, S.A.** Agencia Agency **Addison España, S.A.**

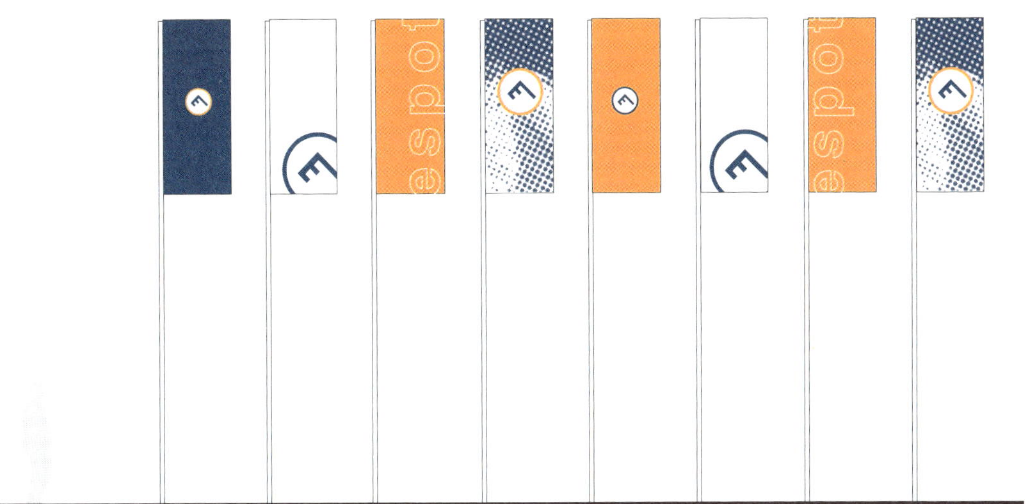

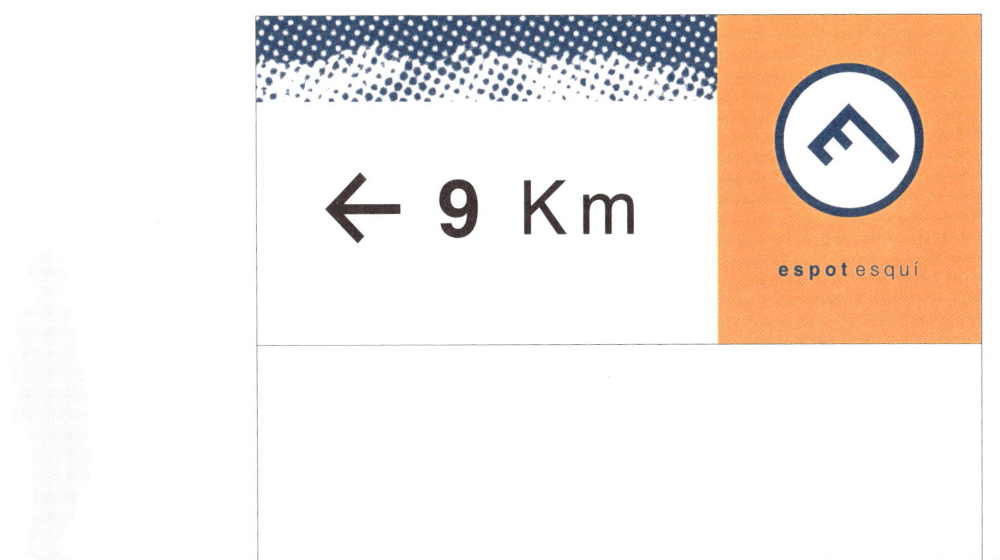

Título Title **Senyalització Espot** Autor Created by **David Espluga + Nogué & Cia.** Cliente Client **Espot Esquí** Agencia Agency **Nogué & Cia.** Estudio Studio **David Espluga** Director de arte Art director **David Espluga** Diseñador gráfico Graphic designer **Xavi Gassol / Laura Armet**

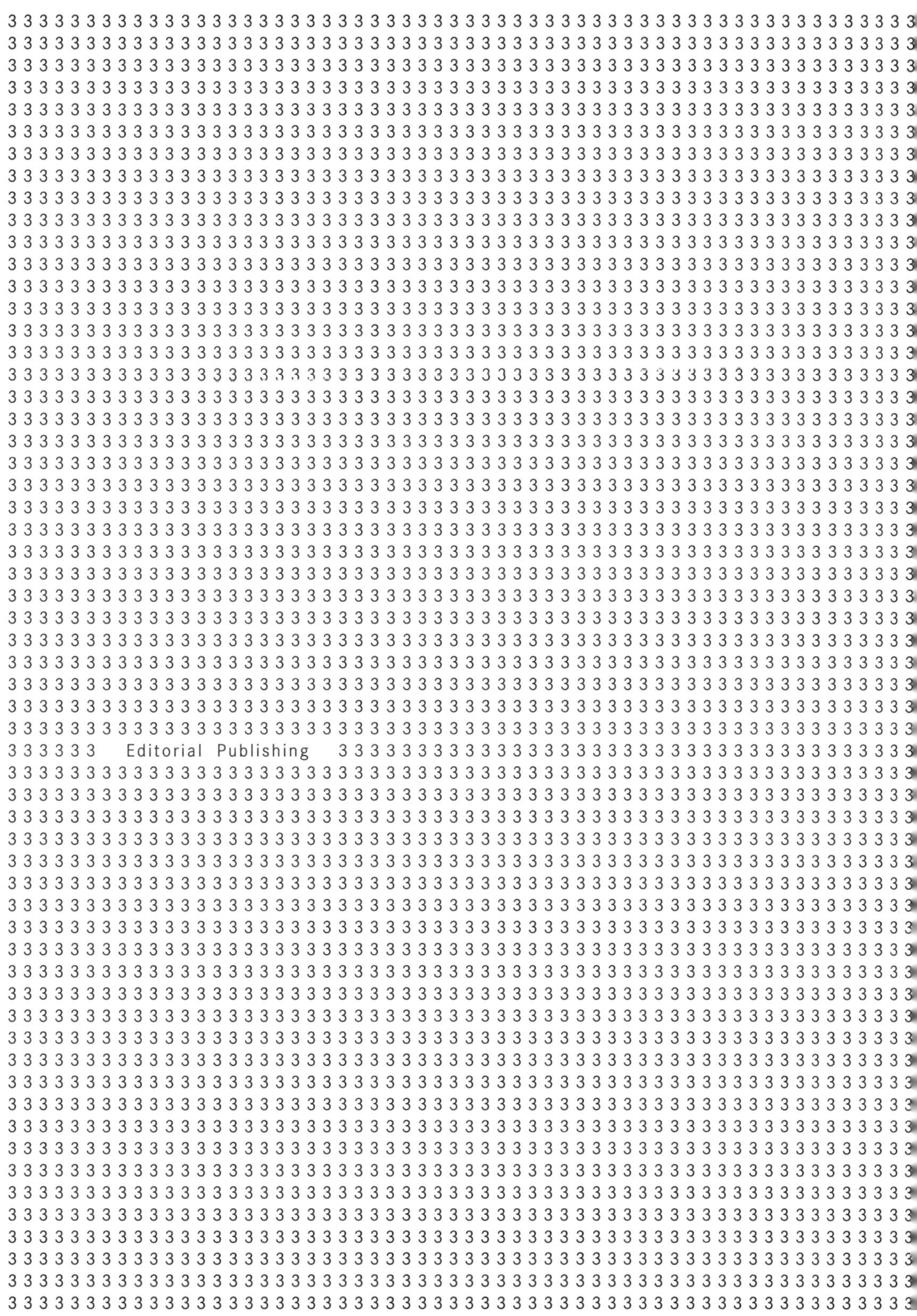
Editorial Publishing

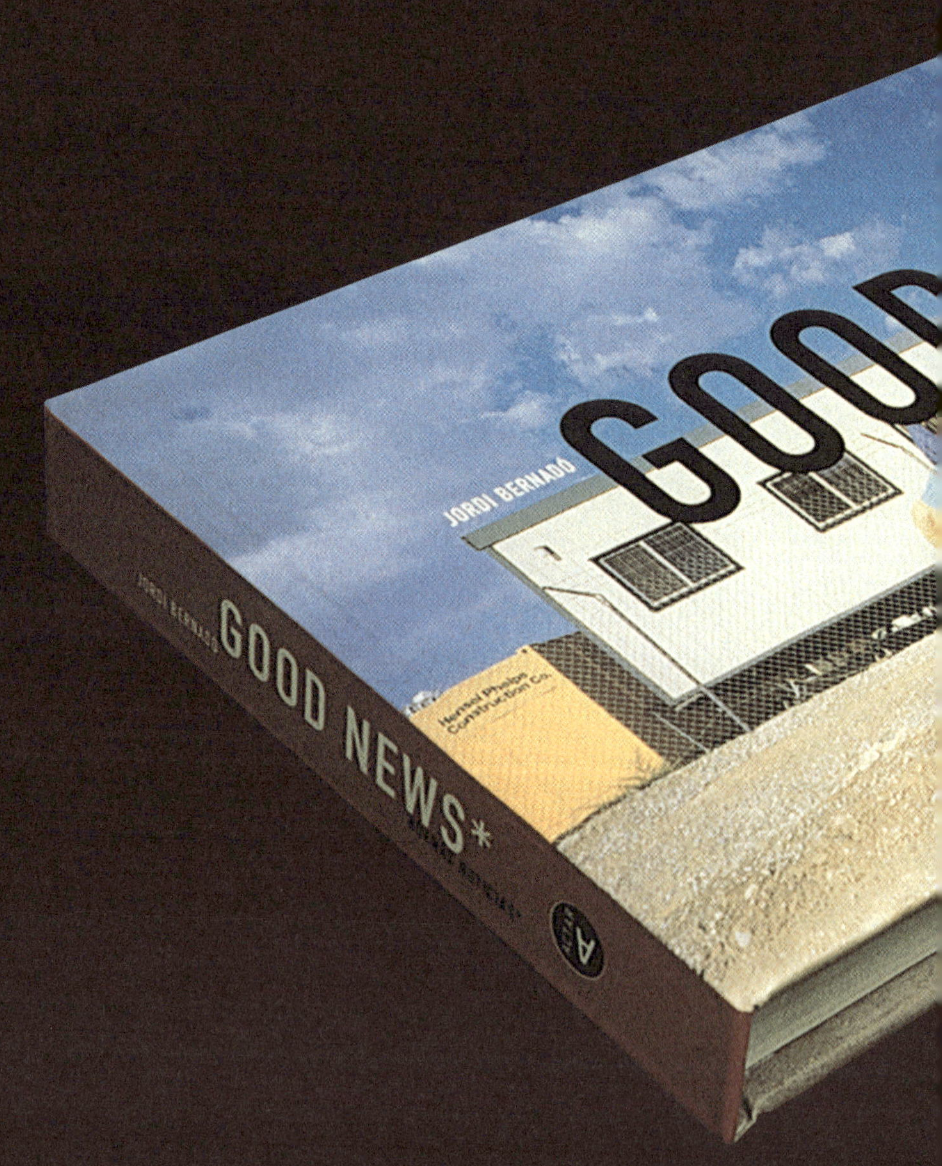
JORDI BERNADÓ
JORDI BERNADÓ
GOOD NEWS*
Hensel Phelps
Construction Co.

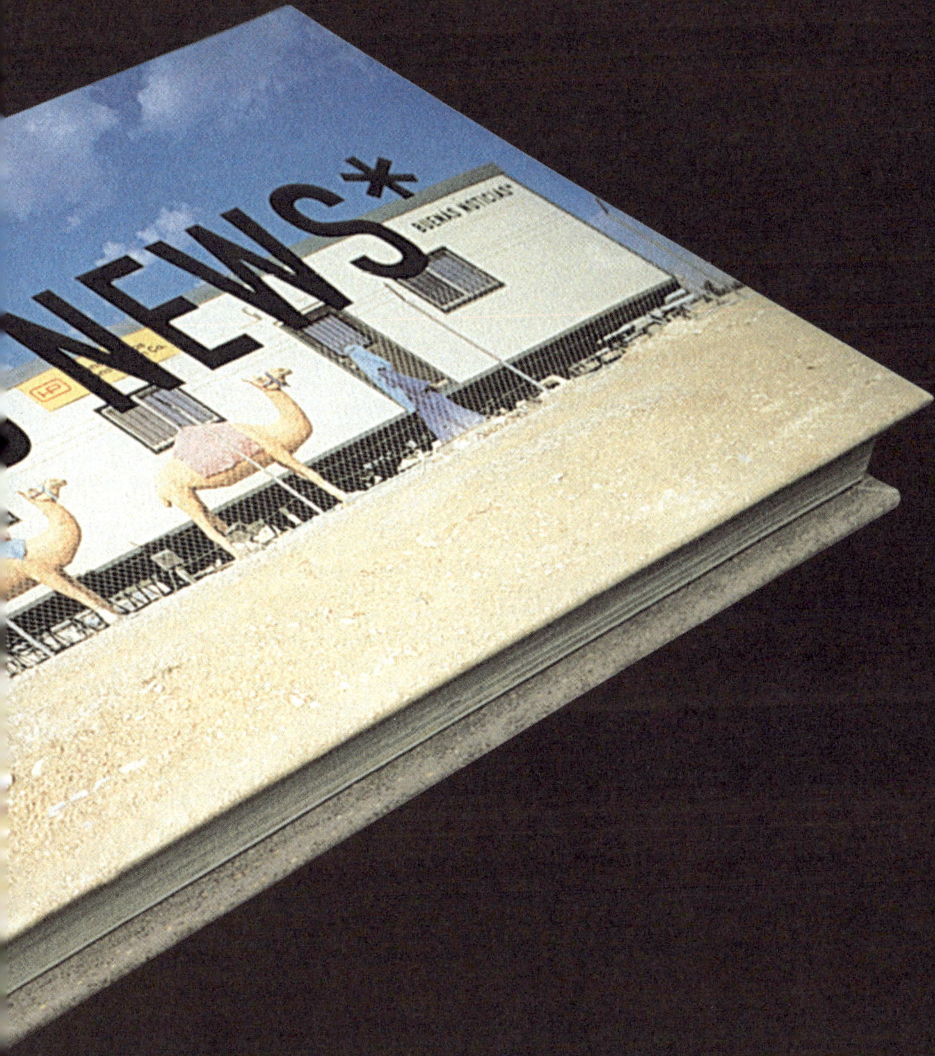

Título Title **Good news** Autor Created by **Ramon Prat** Cliente Client **Actar Editorial** Estudio Studio **Font i Prat Associats**
Diseñador gráfico Graphic designer **Ramon Prat Homs** Fotógrafo Photographer **Jordi Bernadó**

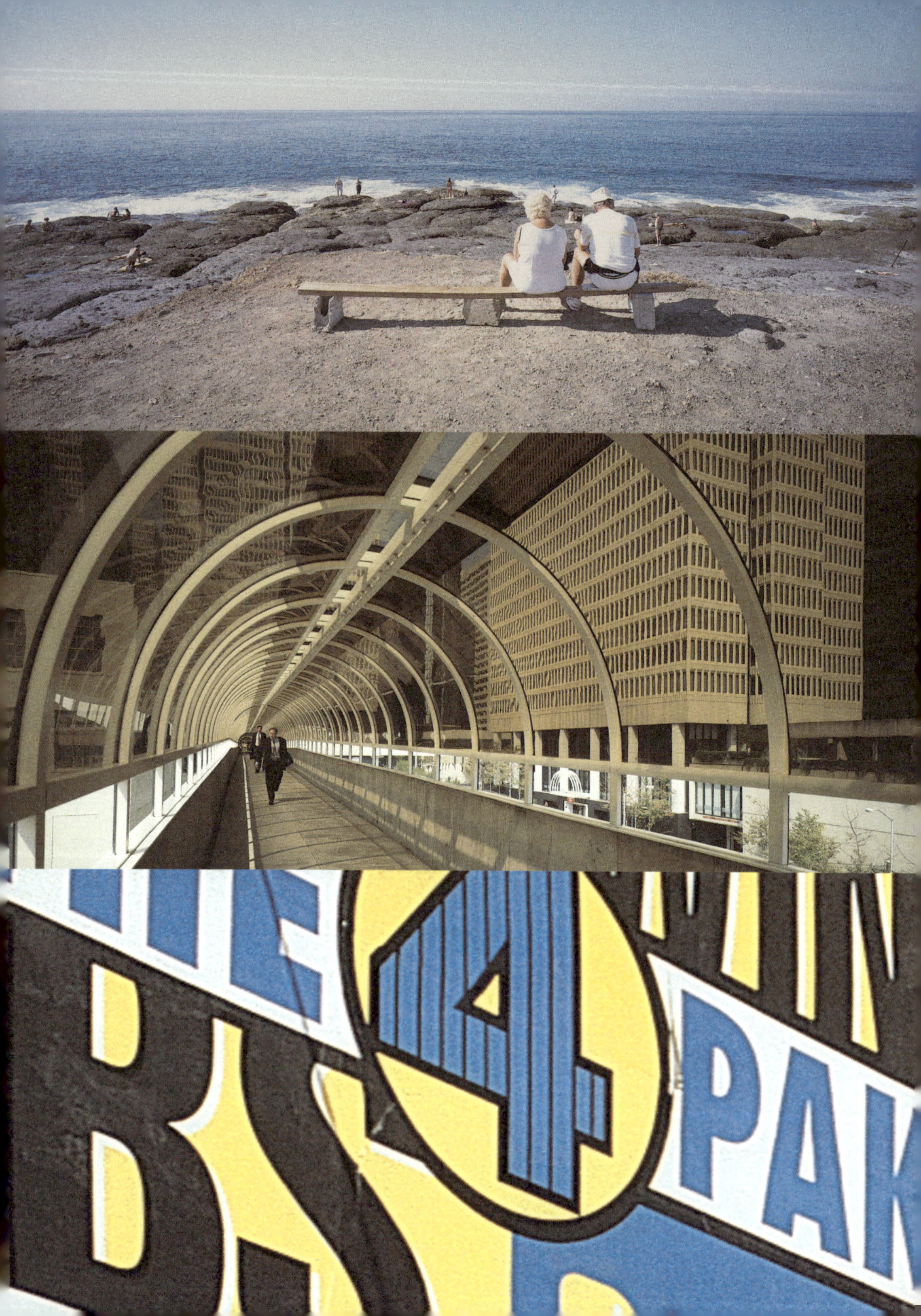

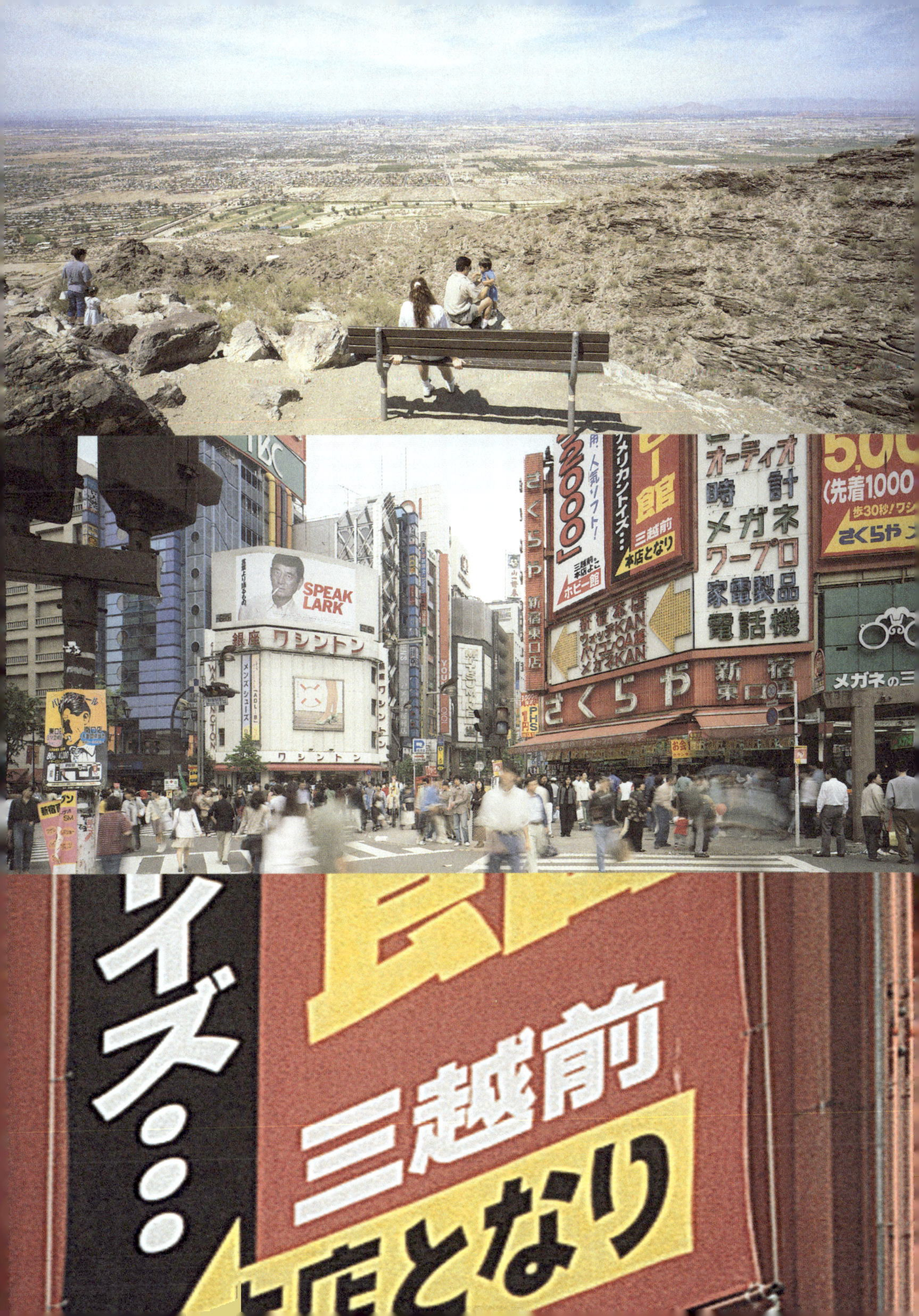

SPEAK LARK
銀座ワシントン
ワシントン
さくらや
ホビー館
三越前 本店となり
オーディオ
時計
メガネ
ワープロ
家電製品
電話機
さくらや
新宿東口店
メガネの三
三越前
店となり

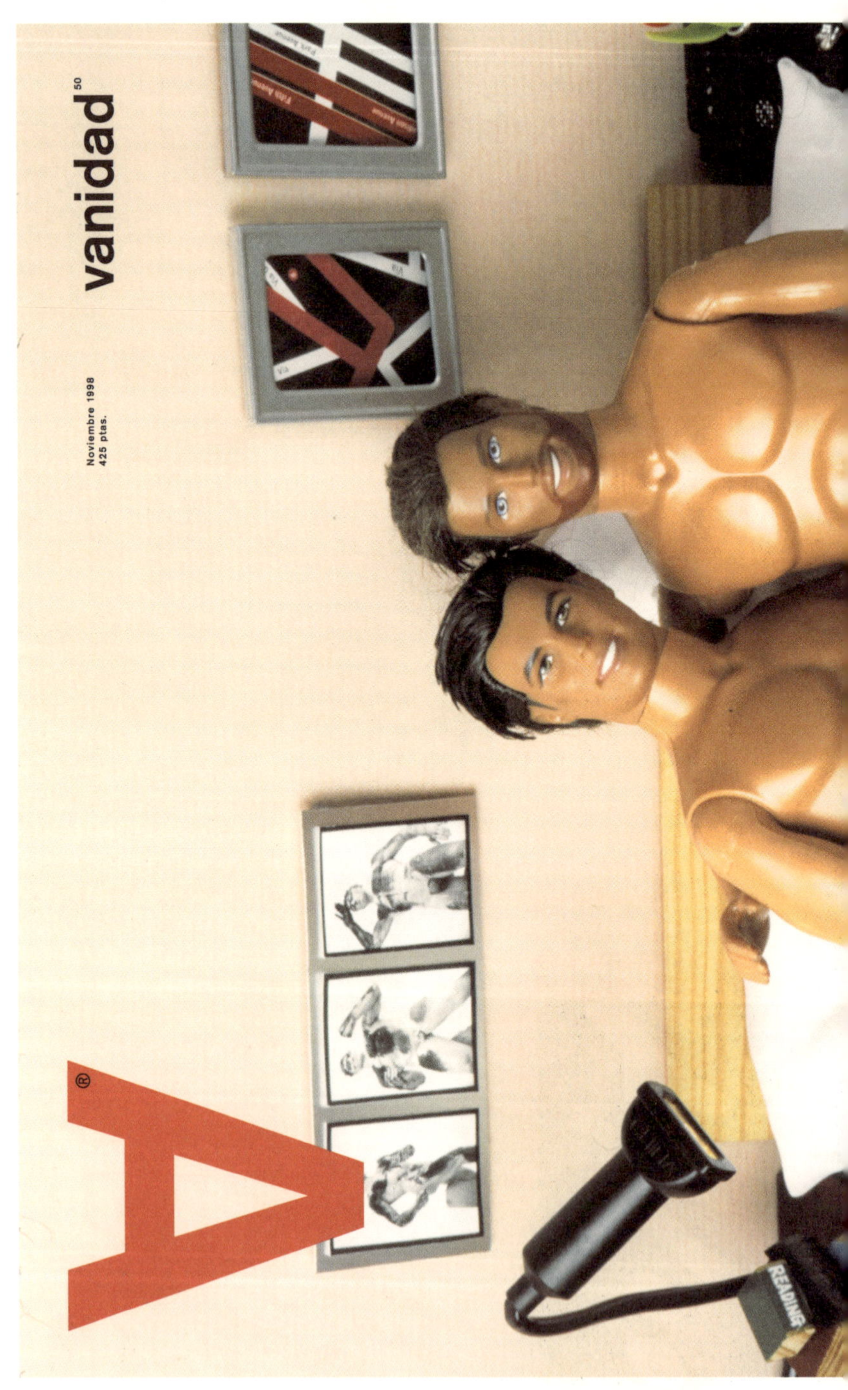
vanidad 50
Noviembre 1998
425 ptas.
A®

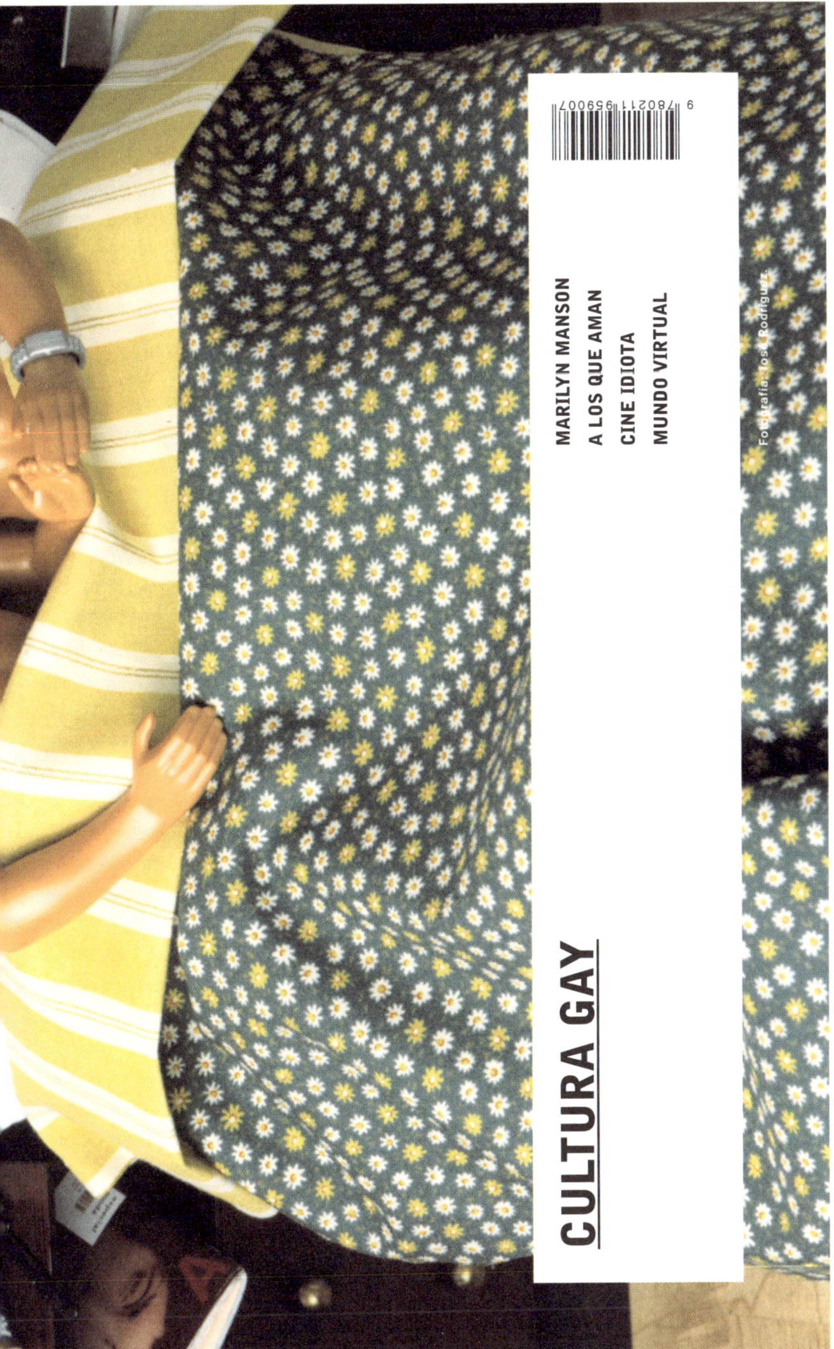

Título Title **Portada Vanidad** Autor Created by **Grafica** Cliente Client **Vanidad** Grupo creativo Creative Group **Grafica** Estudio Studio **Grafica** Director creativo Creative Director **Fernando Gutiérrez** Director de arte Art director **Fernando Gutiérrez** Diseñador gráfico Graphic designer **Fernando Gutiérrez / Salvador Huertas** Fotógrafo Photographer **Johannes Wohnseifer / José Rodríguez** Editor y director Editor and manager **Emilio Saliquet**

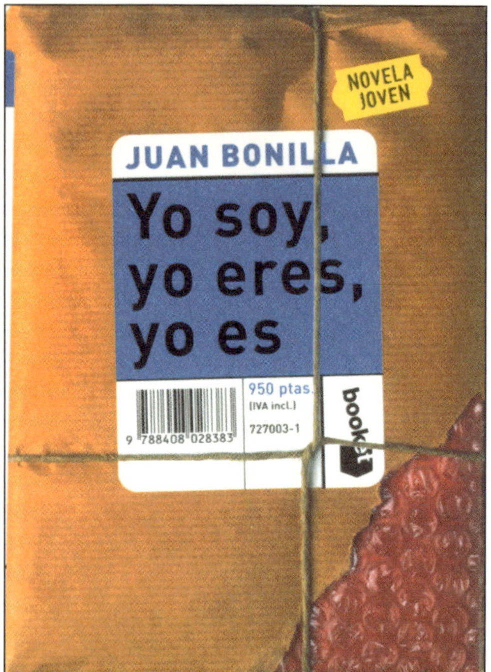

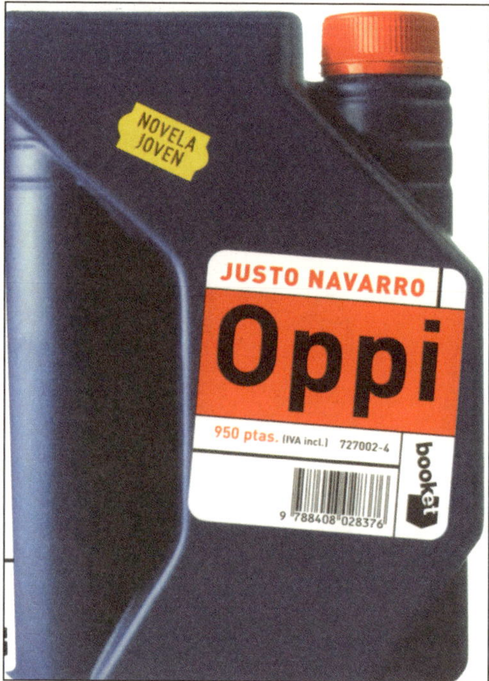

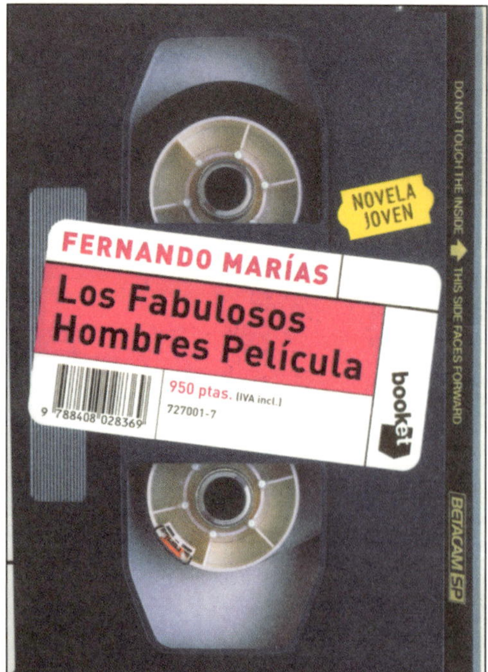

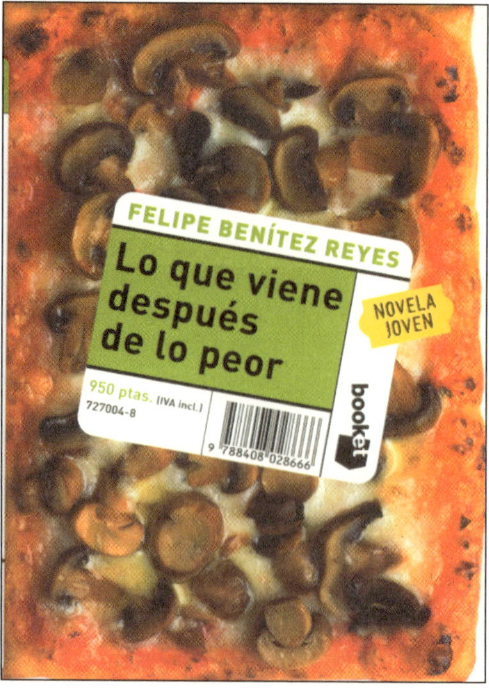

Título Title **Colección Novela Joven** Autor Created by **Oscar Heredero / Enric Jardí** Cliente Client **Booket (Ediciones de bolsillo)** Director de arte Art director **Oscar Heredero / Enric Jardí** Diseñador gráfico Graphic designer **Oscar Heredero / Enric Jardí** Fotógrafo Photographer **Sílvia Aguado**

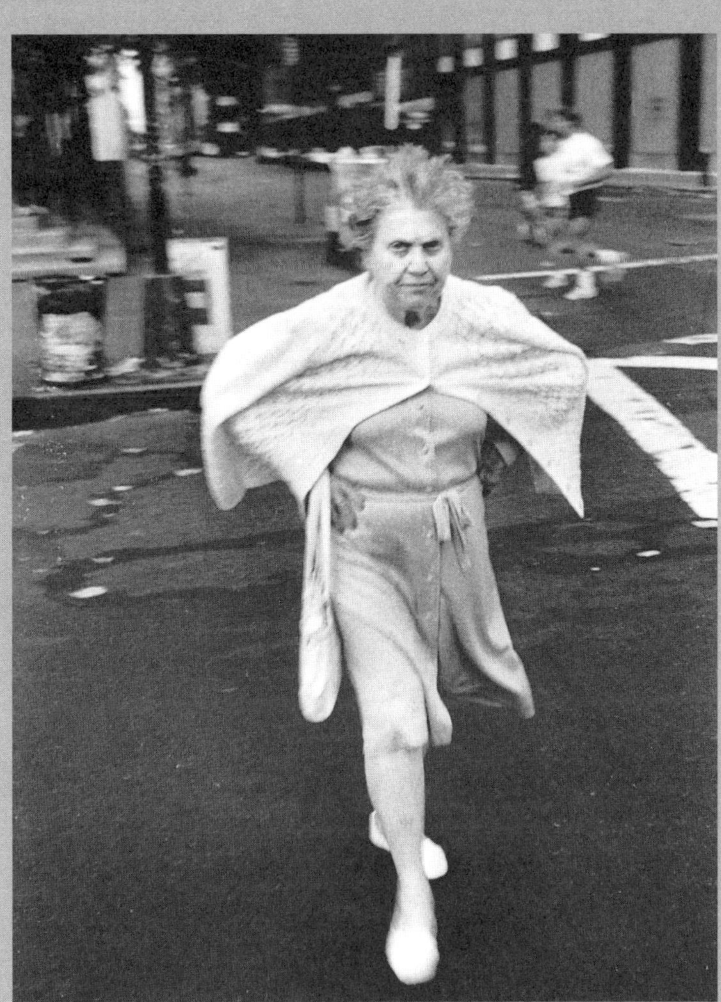

Rick Dávila

PHoto**Bolsillo**

Editado por La Fábrica - Tf. Editores
con la colaboración de la Obra Social de Caja Madrid

04

Título Title **Photobolsillo** Autor Created by **Grafica** Cliente Client **La Fábrica / TF-Editores** Estudio Studio **Grafica**
Director de arte Art director **Fernando Gutiérrez** Diseñador gráfico Graphic designer **Fernando Gutiérrez / Emmanuelle - Clara Ponty**
Fotógrafo Photographer **Diversos**

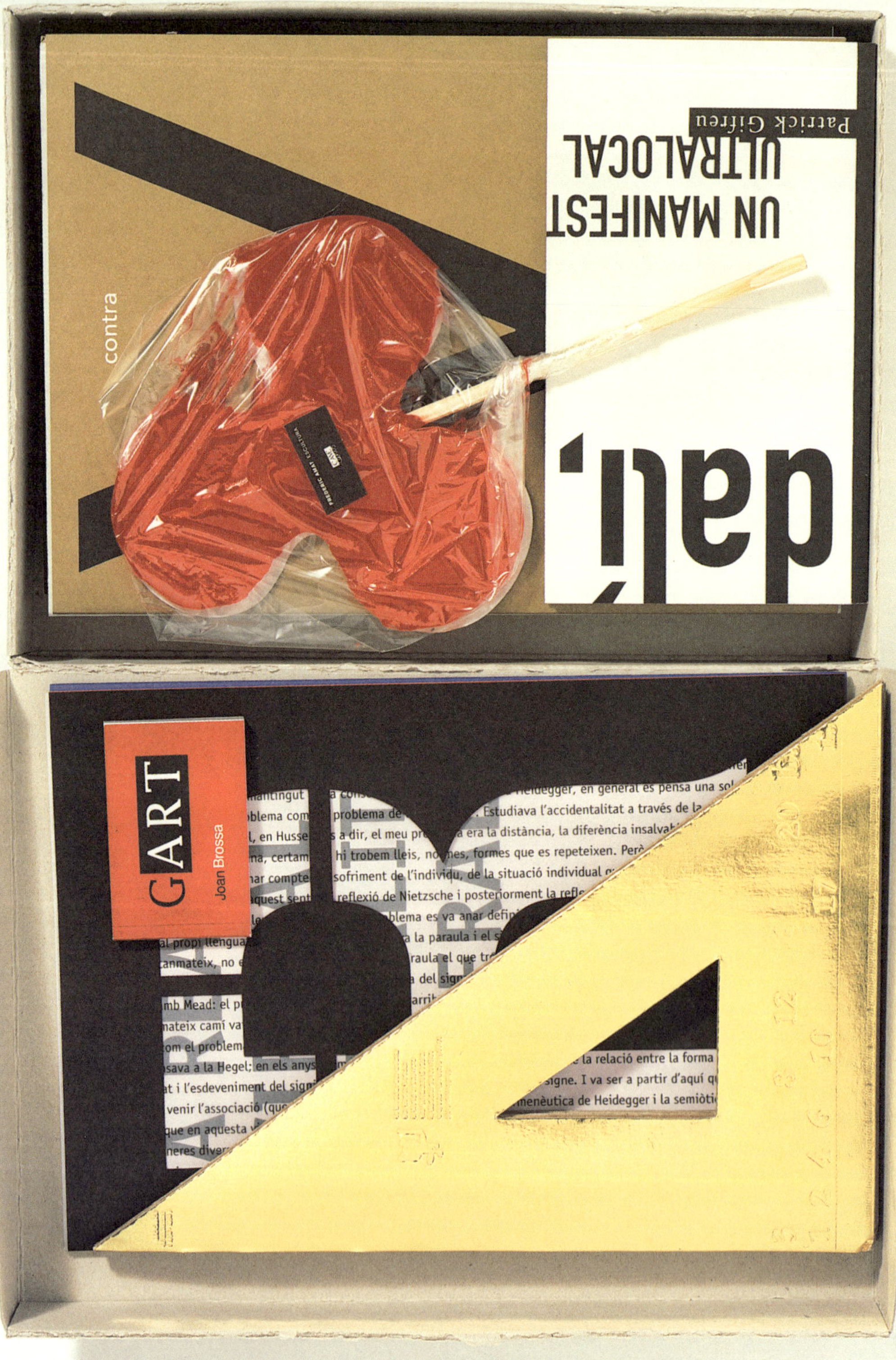

contra

dalí,

UN MANIFEST ULTRALOCAL

Patrick Gifreu

GART

Joan Brossa

CAVE canis

SERRAHIMA
SANTOS
ROQUÉ
COMELADE
BALSACH
JAAR
DÉU
BRONSON
CATAÑO
RIVAS
PUJOLS
UOLÉS
HAC MOR
XARGAY
ALCAÑÍZ
HELD
MATEO

Título Title **Cave Canis** Autor Created by **Revista Cave Canis** Cliente Client **Revista Cave Canis** Director creativo Creative Director **Revista Cave Canis** Colaboradores Contributors **Enric Satué / Mike Dempsey / Ruben Fontana / Joaquín Gallego / Alan Fletcher / Massimo Vignelli / América Sánchez / Cornel Windlin / Antoni Tàpies / Manel Esclusa / Antoni Llena / Joan Brossa / Frederic Amat / Neus Buira / Rafel Joan / Carlos Pazos / Bigas Luna / Victor Mira / Perejaume / ...**

MATADOR

1998 VOLUME CH $ 50.00

Título Title **Matador CH** Autor Created by **Grafica** Cliente Client **La Fábrica** Grupo creativo Creative Group **Grafica** Estudio Studio **Grafica** Director creativo Creative Director **Fernando Gutiérrez** Director de arte Art director **Fernando Gutiérrez** Diseñador gráfico Graphic designer **Fernando Gutiérrez / Sandra González** Fotógrafo Photographer **Mario Cravo Neto** Director **Alberto Anaut** Redactor Jefe Invitado Guest chief editor **Eduardo Arroyo**

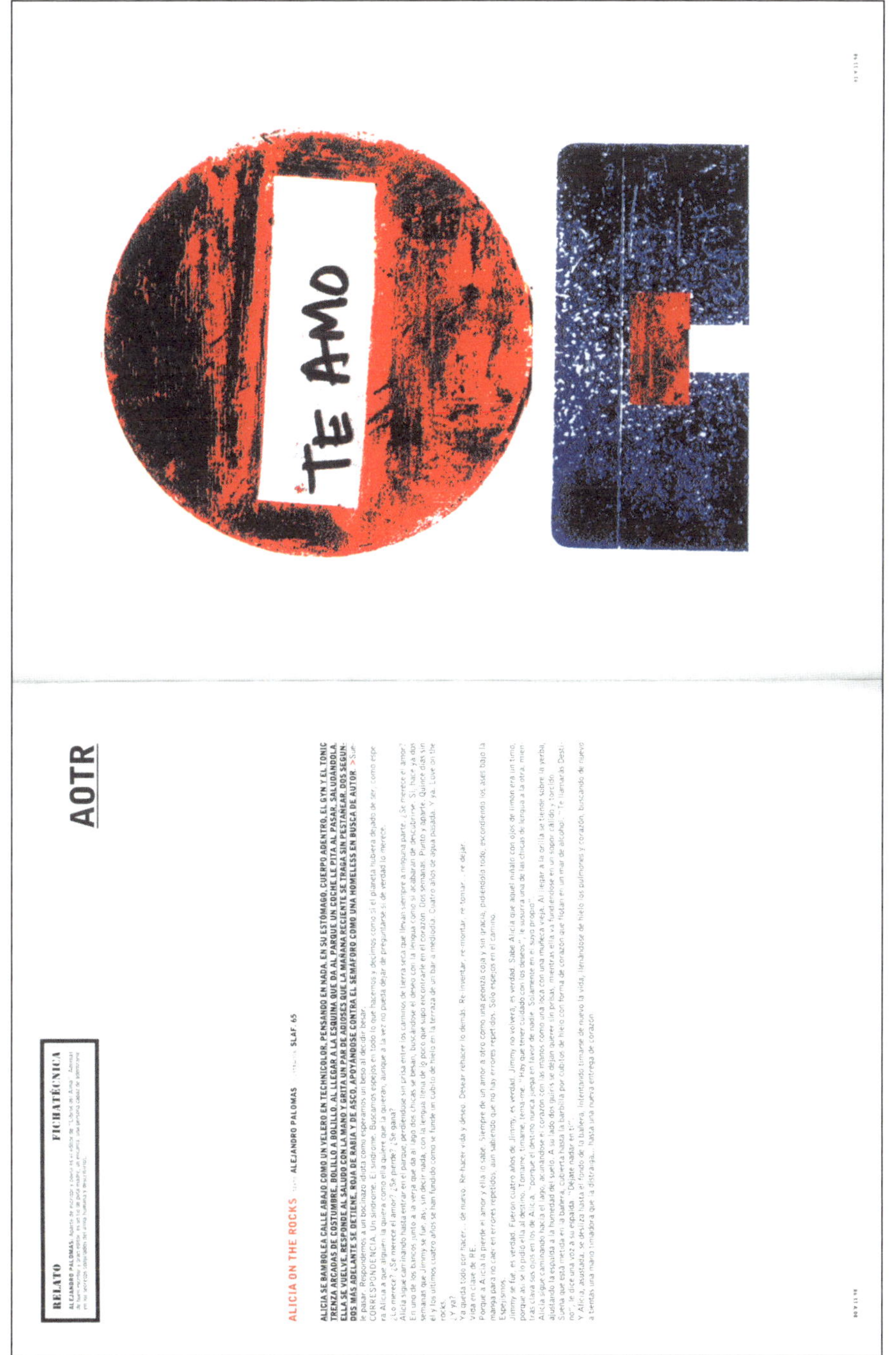

Título Title **Artículos Vanidad** Autor Created by **Grafica** Cliente Client **Vanidad** Estudio Studio **Grafica** Director de arte Art director **Fernando Gutiérrez** Diseñador gráfico Graphic designer **Fernando Gutiérrez / Salvador Huertas / Xavier Roca** Ilustrador Illustrator **Mic-E Meek / Slaf . 65 / Mic-E Meek** Editor y Director Editor **Emilio Saliquet**

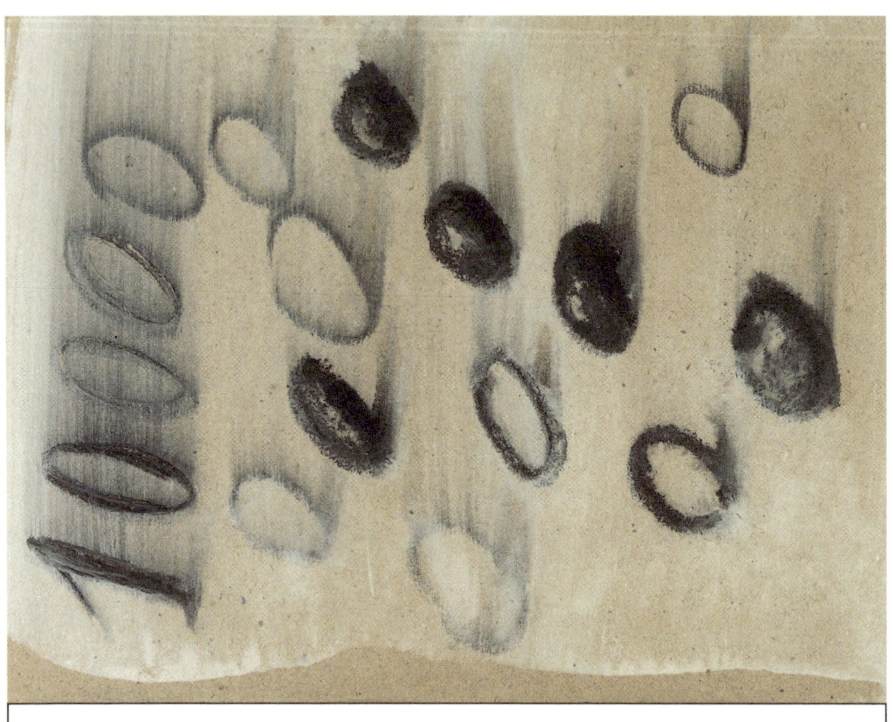

On décapite objets, animaux et végétaux. On les présente en raccourci, la tranche en avant et qu'est-ce qu'on voit? Rien, zéros, hosties, des "o" blancs. Un peu de peinture accumulée.

Decapitem objectes, animals i vegetals.
Els presentem en escorç, el tall davant i, què veiem?
Res, zeros, hòsties, os blanques.
Una mica de pintura acumulada.

Carnet Farrutx, VIII.1988

114

Título Title **Miquel Barceló 1987-1997** Autor Created by **Ramon Prat / David Lorente** Cliente Client **Actar - MACBA** Estudio Studio **Font i Prat Associats** Diseñador gráfico Graphic designer **Ramon Prat / Montse Sagarra**

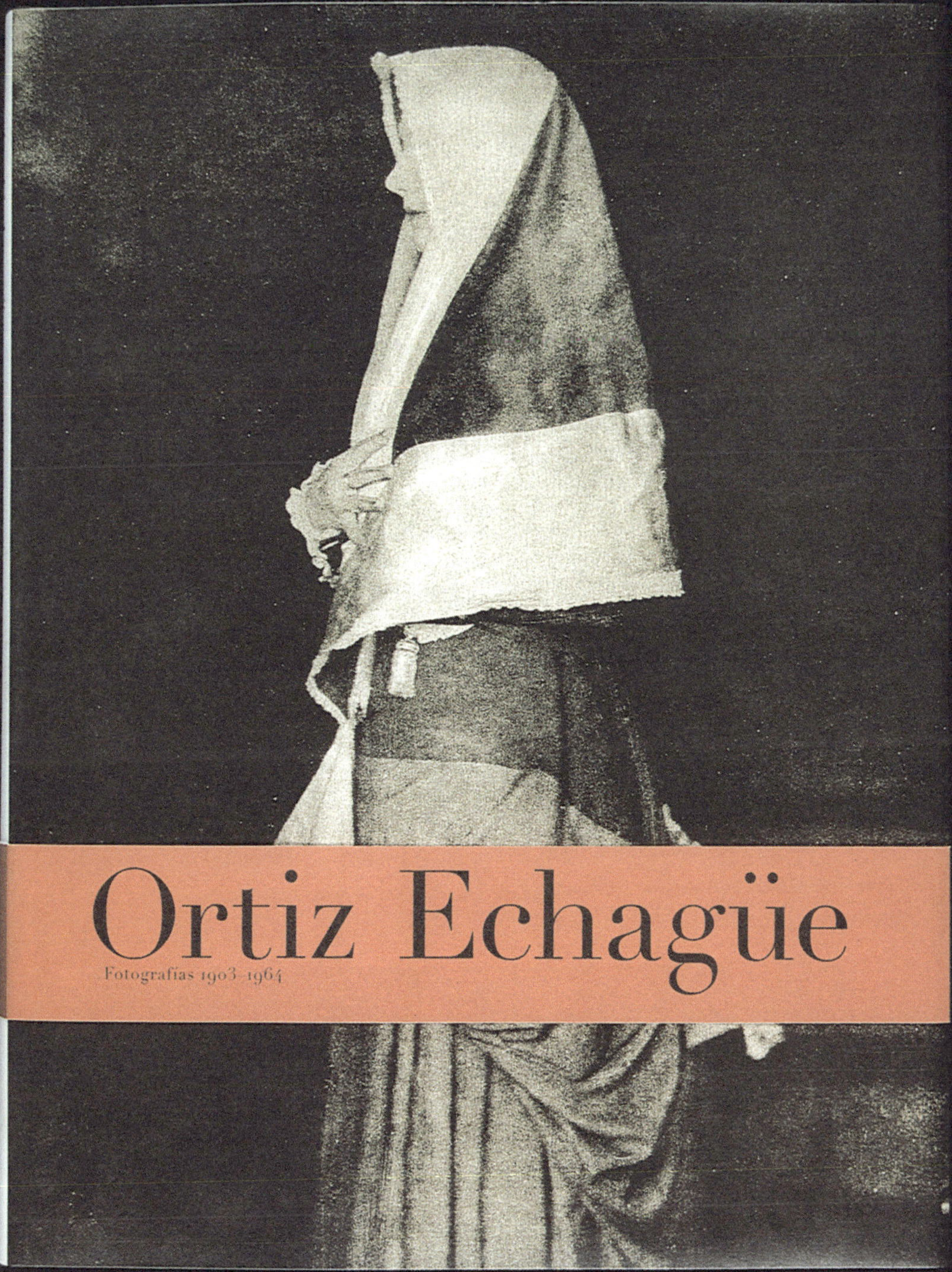

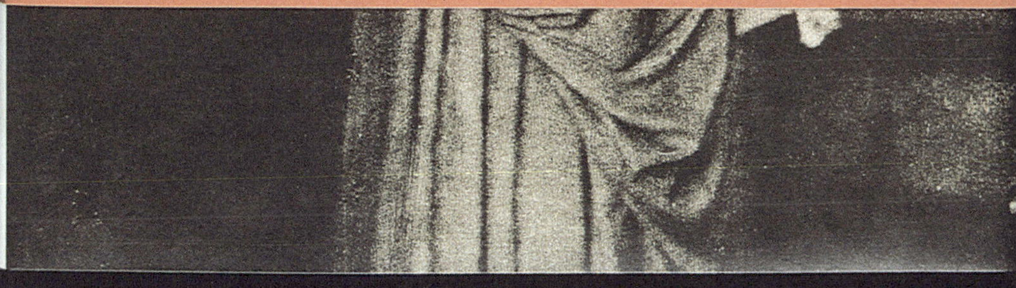

Título Title **Ortiz Echagüe (Fotografías 1903-1964)** Autor Created by **Grafica** Cliente Client **TF - Editores / La Fábrica** Estudio Studio **Grafica** Director de arte Art director **Fernando Gutiérrez** Diseñador gráfico Graphic designer **Fernando Gutiérrez / Xavier Roca** Fotógrafo Photographer **José Ortiz Echagüe**

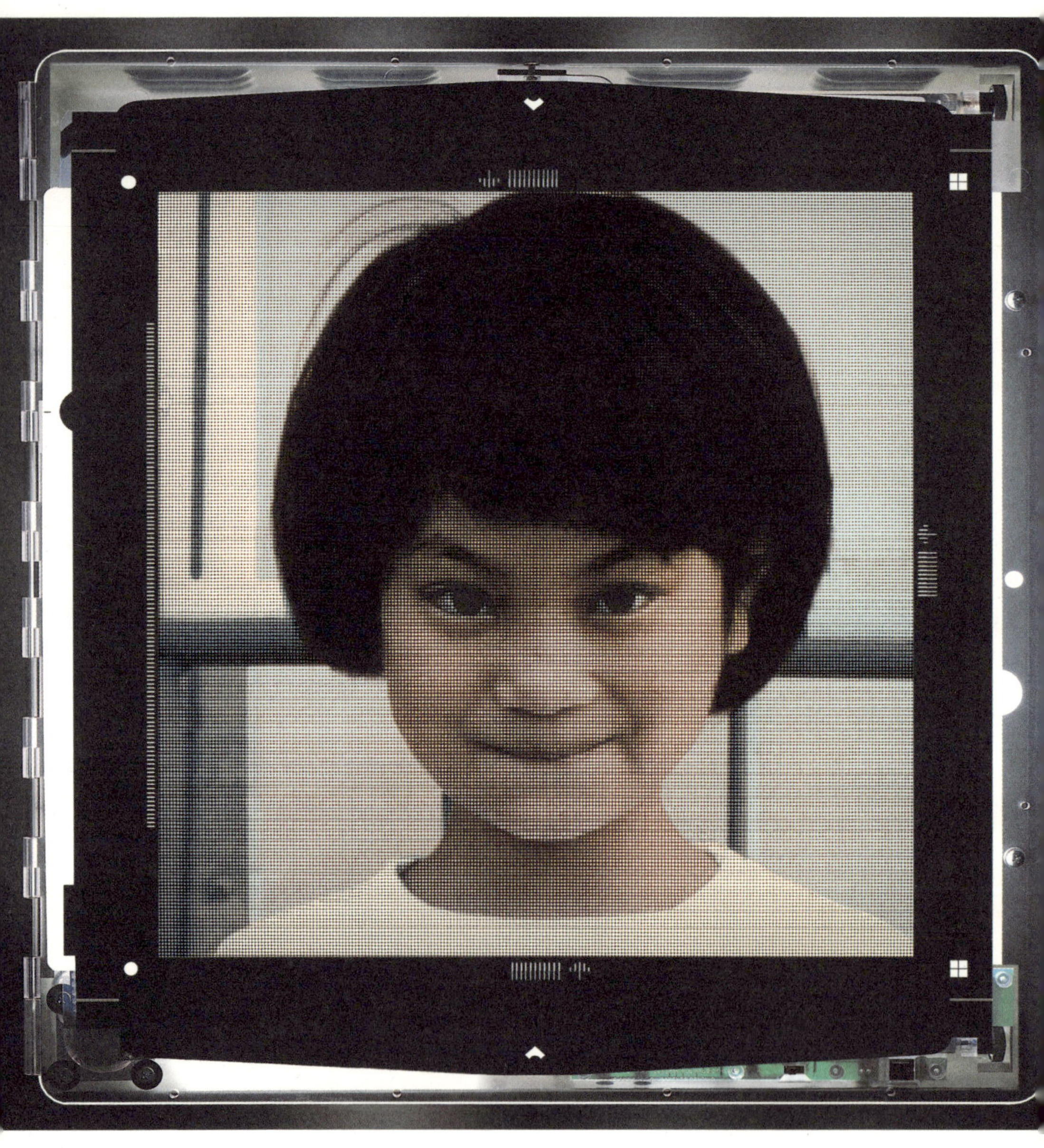

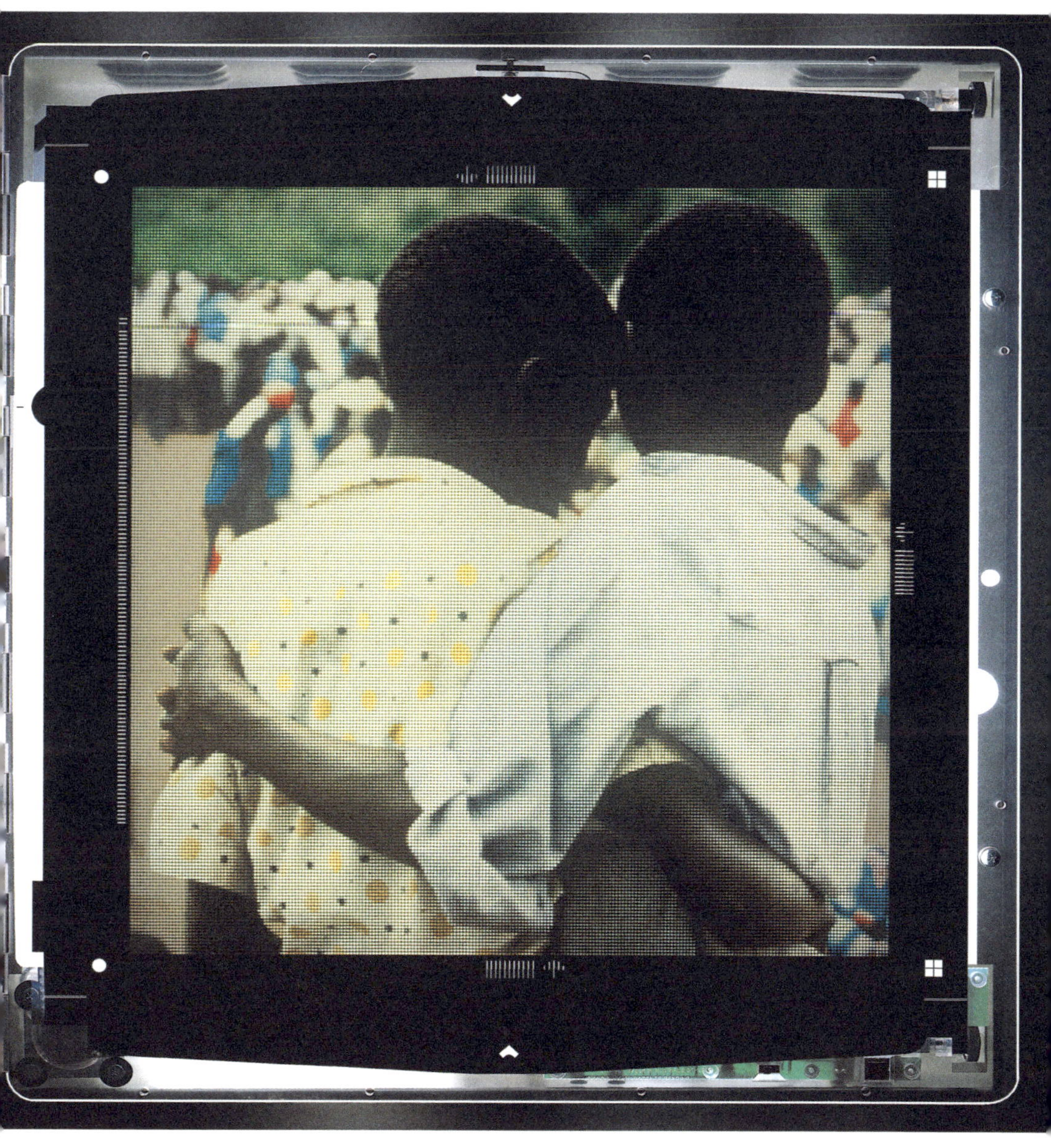

Título Title **Projecte Rwanda / És difícil** Autor Created by **Ramon Prat / Alfredo Jaar** Cliente Client **Actar / Generalitat de Catalunya**
Estudio Studio **Font i Prat Associats** Diseñador gráfico Graphic designer **Ramon Prat / Rosa Lladó** Fotógrafo Photographer **Alfredo Jaar**

4 4 4 4 4 4 4 4 4 4 4 4 4 4 4 4 4 4 4 4 4 4 4 4 4 4 4 4 4 4 4 4 4 4 4 4 4 4 4 4 4 4 4 4 4 4 4 4 4 4 4 4 4 4 4 4 4 4 4 4
4 4 4 4 4 4 4 4 4 4 4 4 4 4 4 4 4 4 4 4 4 4 4 4 4 4 4 4 4 4 4 4 4 4 4 4 4 4 4 4 4 4 4 4 4 4 4 4 4 4 4 4 4 4 4 4 4 4 4 4
4 4 4 4 4 4 4 4 4 4 4 4 4 4 4 4 4 4 4 4 4 4 4 4 4 4 4 4 4 4 4 4 4 4 4 4 4 4 4 4 4 4 4 4 4 4 4 4 4 4 4 4 4 4 4 4 4 4 4 4
4 4 4 4 4 4 4 4 4 4 4 4 4 4 4 4 4 4 4 4 4 4 4 4 4 4 4 4 4 4 4 4 4 4 4 4 4 4 4 4 4 4 4 4 4 4 4 4 4 4 4 4 4 4 4 4 4 4 4 4
4 4 4 4 4 4 4 4 4 4 4 4 4 4 4 4 4 4 4 4 4 4 4 4 4 4 4 4 4 4 4 4 4 4 4 4 4 4 4 4 4 4 4 4 4 4 4 4 4 4 4 4 4 4 4 4 4 4 4 4
4 4 4 4 4 4 4 4 4 4 4 4 4 4 4 4 4 4 4 4 4 4 4 4 4 4 4 4 4 4 4 4 4 4 4 4 4 4 4 4 4 4 4 4 4 4 4 4 4 4 4 4 4 4 4 4 4 4 4 4
4 4 4 4 4 4 4 4 4 4 4 4 4 4 4 4 4 4 4 4 4 4 4 4 4 4 4 4 4 4 4 4 4 4 4 4 4 4 4 4 4 4 4 4 4 4 4 4 4 4 4 4 4 4 4 4 4 4 4 4
4 4 4 4 4 4 4 4 4 4 4 4 4 4 4 4 4 4 4 4 4 4 4 4 4 4 4 4 4 4 4 4 4 4 4 4 4 4 4 4 4 4 4 4 4 4 4 4 4 4 4 4 4 4 4 4 4 4 4 4
4 4 4 4 4 4 4 4 4 4 4 4 4 4 4 4 4 4 4 4 4 4 4 4 4 4 4 4 4 4 4 4 4 4 4 4 4 4 4 4 4 4 4 4 4 4 4 4 4 4 4 4 4 4 4 4 4 4 4 4
4 4 4 4 4 4 4 4 4 4 4 4 4 4 4 4 4 4 4 4 4 4 4 4 4 4 4 4 4 4 4 4 4 4 4 4 4 4 4 4 4 4 4 4 4 4 4 4 4 4 4 4 4 4 4 4 4 4 4 4
4 4 4 4 4 4 4 4 4 4 4 4 4 4 4 4 4 4 4 4 4 4 4 4 4 4 4 4 4 4 4 4 4 4 4 4 4 4 4 4 4 4 4 4 4 4 4 4 4 4 4 4 4 4 4 4 4 4 4 4
4 4 4 4 4 4 4 4 4 4 4 4 4 4 4 4 4 4 4 4 4 4 4 4 4 4 4 4 4 4 4 4 4 4 4 4 4 4 4 4 4 4 4 4 4 4 4 4 4 4 4 4 4 4 4 4 4 4 4 4
4 4 4 4 4 4 4 4 4 4 4 4 4 4 4 4 4 4 4 4 4 4 4 4 4 4 4 4 4 4 4 4 4 4 4 4 4 4 4 4 4 4 4 4 4 4 4 4 4 4 4 4 4 4 4 4 4 4 4 4
4 4 4 4 4 4 4 4 4 4 4 4 4 4 4 4 4 4 4 4 4 4 4 4 4 4 4 4 4 4 4 4 4 4 4 4 4 4 4 4 4 4 4 4 4 4 4 4 4 4 4 4 4 4 4 4 4 4 4 4
4 4 4 4 4 4 4 4 4 4 4 4 4 4 4 4 4 4 4 4 4 4 4 4 4 4 4 4 4 4 4 4 4 4 4 4 4 4 4 4 4 4 4 4 4 4 4 4 4 4 4 4 4 4 4 4 4 4 4 4
4 4 4 4 4 4 4 4 4 4 4 4 4 4 4 4 4 4 4 4 4 4 4 4 4 4 4 4 4 4 4 4 4 4 4 4 4 4 4 4 4 4 4 4 4 4 4 4 4 4 4 4 4 4 4 4 4 4 4 4
4 4 4 4 4 4 4 4 4 4 4 4 4 4 4 4 4 4 4 4 4 4 4 4 4 4 4 4 4 4 4 4 4 4 4 4 4 4 4 4 4 4 4 4 4 4 4 4 4 4 4 4 4 4 4 4 4 4 4 4
4 4 4 4 4 4 4 4 4 4 4 4 4 4 4 4 4 4 4 4 4 4 4 4 4 4 4 4 4 4 4 4 4 4 4 4 4 4 4 4 4 4 4 4 4 4 4 4 4 4 4 4 4 4 4 4 4 4 4 4
4 4 4 4 4 4 4 4 4 4 4 4 4 4 4 4 4 4 4 4 4 4 4 4 4 4 4 4 4 4 4 4 4 4 4 4 4 4 4 4 4 4 4 4 4 4 4 4 4 4 4 4 4 4 4 4 4 4 4 4
4 4 4 4 4 4 4 4 4 4 4 4 4 4 4 4 4 4 4 4 4 4 4 4 4 4 4 4 4 4 4 4 4 4 4 4 4 4 4 4 4 4 4 4 4 4 4 4 4 4 4 4 4 4 4 4 4 4 4 4
4 4 4 4 4 4 4 4 4 4 4 4 4 4 4 4 4 4 4 4 4 4 4 4 4 4 4 4 4 4 4 4 4 4 4 4 4 4 4 4 4 4 4 4 4 4 4 4 4 4 4 4 4 4 4 4 4 4 4 4
4 4 4 4 4 4 4 4 4 4 4 4 4 4 4 4 4 4 4 4 4 4 4 4 4 4 4 4 4 4 4 4 4 4 4 4 4 4 4 4 4 4 4 4 4 4 4 4 4 4 4 4 4 4 4 4 4 4 4 4
4 4 4 4 4 4 4 4 4 4 4 4 4 4 4 4 4 4 4 4 4 4 4 4 4 4 4 4 4 4 4 4 4 4 4 4 4 4 4 4 4 4 4 4 4 4 4 4 4 4 4 4 4 4 4 4 4 4 4 4
4 4 4 4 4 4 4 4 4 4 4 4 4 4 4 4 4 4 4 4 4 4 4 4 4 4 4 4 4 4 4 4 4 4 4 4 4 4 4 4 4 4 4 4 4 4 4 4 4 4 4 4 4 4 4 4 4 4 4 4
4 4 4 4 4 4 4 4 4 4 4 4 4 4 4 4 4 4 4 4 4 4 4 4 4 4 4 4 4 4 4 4 4 4 4 4 4 4 4 4 4 4 4 4 4 4 4 4 4 4 4 4 4 4 4 4 4 4 4 4
4 4 4 4 4 4 4 4 4 4 4 4 4 4 4 4 4 4 4 4 4 4 4 4 4 4 4 4 4 4 4 4 4 4 4 4 4 4 4 4 4 4 4 4 4 4 4 4 4 4 4 4 4 4 4 4 4 4 4 4
4 4 4 4 4 4 4 4 4 4 4 4 4 4 4 4 4 4 4 4 4 4 4 4 4 4 4 4 4 4 4 4 4 4 4 4 4 4 4 4 4 4 4 4 4 4 4 4 4 4 4 4 4 4 4 4 4 4 4 4
4 4 4 4 4 4 4 4 4 4 4 4 4 4 4 4 4 4 4 4 4 4 4 4 4 4 4 4 4 4 4 4 4 4 4 4 4 4 4 4 4 4 4 4 4 4 4 4 4 4 4 4 4 4 4 4 4 4 4 4
4 4 4 4 4 4 4 4 4 4 4 4 4 4 4 4 4 4 4 4 4 4 4 4 4 4 4 4 4 4 4 4 4 4 4 4 4 4 4 4 4 4 4 4 4 4 4 4 4 4 4 4 4 4 4 4 4 4 4 4
4 4 4 4 4 4 4 4 4 4 4 4 4 4 4 4 4 4 4 4 4 4 4 4 4 4 4 4 4 4 4 4 4 4 4 4 4 4 4 4 4 4 4 4 4 4 4 4 4 4 4 4 4 4 4 4 4 4 4 4
4 4 4 4 4 4 4 4 4 4 4 4 4 4 4 4 4 4 4 4 4 4 4 4 4 4 4 4 4 4 4 4 4 4 4 4 4 4 4 4 4 4 4 4 4 4 4 4 4 4 4 4 4 4 4 4 4 4 4 4
4 4 4 4 4 4 4 4 4 4 4 4 4 4 4 4 4 4 4 4 4 4 4 4 4 4 4 4 4 4 4 4 4 4 4 4 4 4 4 4 4 4 4 4 4 4 4 4 4 4 4 4 4 4 4 4 4 4 4 4
4 4 4 4 4 4 4 4 4 4 4 4 4 4 4 4 4 4 4 4 4 4 4 4 4 4 4 4 4 4 4 4 4 4 4 4 4 4 4 4 4 4 4 4 4 4 4 4 4 4 4 4 4 4 4 4 4 4 4 4
4 4 4 4 4 4 4 4 4 4 4 4 4 4 4 4 4 4 4 4 4 4 4 4 4 4 4 4 4 4 4 4 4 4 4 4 4 4 4 4 4 4 4 4 4 4 4 4 4 4 4 4 4 4 4 4 4 4 4 4
4 4 4 4 4 4 4 4 4 4 4 4 4 4 4 4 4 4 4 4 4 4 4 4 4 4 4 4 4 4 4 4 4 4 4 4 4 4 4 4 4 4 4 4 4 4 4 4 4 4 4 4 4 4 4 4 4 4 4 4
4 4 4 4 4 4 4 4 4 4 4 4 4 4 4 4 4 4 4 4 4 4 4 4 4 4 4 4 4 4 4 4 4 4 4 4 4 4 4 4 4 4 4 4 4 4 4 4 4 4 4 4 4 4 4 4 4 4 4 4
4 4 4 4 4 4 4 4 4 4 4 4 4 4 4 4 4 4 4 4 4 4 4 4 4 4 4 4 4 4 4 4 4 4 4 4 4 4 4 4 4 4 4 4 4 4 4 4 4 4 4 4 4 4 4 4 4 4 4 4
4 4 4 4 4 4 4 4 4 4 4 4 4 4 4 4 4 4 4 4 4 4 4 4 4 4 4 4 4 4 4 4 4 4 4 4 4 4 4 4 4 4 4 4 4 4 4 4 4 4 4 4 4 4 4 4 4 4 4 4
4 4 4 4 4 4 4 4 4 4 4 4 4 4 4 4 4 4 4 4 4 4 4 4 4 4 4 4 4 4 4 4 4 4 4 4 4 4 4 4 4 4 4 4 4 4 4 4 4 4 4 4 4 4 4 4 4 4 4 4
4 4 4 4 4 4 4 4 4 4 4 4 4 4 4 4 4 4 4 4 4 4 4 4 4 4 4 4 4 4 4 4 4 4 4 4 4 4 4 4 4 4 4 4 4 4 4 4 4 4 4 4 4 4 4 4 4 4 4 4
4 4 4 4 4 4 4 4 4 4 4 4 4 4 4 4 4 4 4 4 4 4 4 4 4 4 4 4 4 4 4 4 4 4 4 4 4 4 4 4 4 4 4 4 4 4 4 4 4 4 4 4 4 4 4 4 4 4 4 4
4 4 4 4 4 4 4 4 4 4 4 4 4 4 4 4 4 4 4 4 4 4 4 4 4 4 4 4 4 4 4 4 4 4 4 4 4 4 4 4 4 4 4 4 4 4 4 4 4 4 4 4 4 4 4 4 4 4 4 4
4 4 4 4 4 4 4 4 4 4 4 4 4 4 4 4 4 4 4 4 4 4 4 4 4 4 4 4 4 4 4 4 4 4 4 4 4 4 4 4 4 4 4 4 4 4 4 4 4 4 4 4 4 4 4 4 4 4 4 4
4 4 4 4 4 4 4 4 4 4 4 4 4 4 4 4 4 4 4 4 4 4 4 4 4 4 4 4 4 4 4 4 4 4 4 4 4 4 4 4 4 4 4 4 4 4 4 4 4 4 4 4 4 4 4 4 4 4 4 4
4 4 4 4 4 4 4 4 4 4 4 4 4 4 4 4 4 4 4 4 4 4 4 4 4 4 4 4 4 4 4 4 4 4 4 4 4 4 4 4 4 4 4 4 4 4 4 4 4 4 4 4 4 4 4 4 4 4 4 4
4 4 4 4 4 4 4 4 4 4 4 4 4 4 4 4 4 4 4 4 4 4 4 4 4 4 4 4 4 4 4 4 4 4 4 4 4 4 4 4 4 4 4 4 4 4 4 4 4 4 4 4 4 4 4 4 4 4 4 4
4 4 4 4 4 4 4 4 4 4 4 4 4 4 4 4 4 4 4 4 4 4 4 4 4 4 4 4 4 4 4 4 4 4 4 4 4 4 4 4 4 4 4 4 4 4 4 4 4 4 4 4 4 4 4 4 4 4 4 4
4 4 4 4 4 4 4 4 4 4 4 4 4 4 4 4 4 4 4 4 4 4 4 4 4 4 4 4 4 4 4 4 4 4 4 4 4 4 4 4 4 4 4 4 4 4 4 4 4 4 4 4 4 4 4 4 4 4 4 4
4 4 4 4 4 4 4 4 4 4 4 4 4 4 4 4 4 4 4 4 4 4 4 4 4 4 4 4 4 4 4 4 4 4 4 4 4 4 4 4 4 4 4 4 4 4 4 4 4 4 4 4 4 4 4 4 4 4 4 4
4 4 4 4 4 4 4 4 4 4 4 4 4 4 4 4 4 4 4 4 4 4 4 4 4 4 4 4 4 4 4 4 4 4 4 4 4 4 4 4 4 4 4 4 4 4 4 4 4 4 4 4 4 4 4 4 4 4 4 4
4 4 4 4 4 4 4 4 4 4 4 4 4 4 4 4 4 4 4 4 4 4 4 4 4 4 4 4 4 4 4 4 4 4 4 4 4 4 4 4 4 4 4 4 4 4 4 4 4 4 4 4 4 4 4 4 4 4 4 4
4 4 4 4 4 4 4 4 4 4 4 4 4 4 4 4 4 4 4 4 4 4 4 4 4 4 4 4 4 4 4 4 4 4 4 4 4 4 4 4 4 4 4 4 4 4 4 4 4 4 4 4 4 4 4 4 4 4 4 4
4 4 4 4 4 4 4 4 4 4 4 4 4 4 4 4 4 4 4 4 4 4 4 4 4 4 4 4 4 4 4 4 4 4 4 4 4 4 4 4 4 4 4 4 4 4 4 4 4 4 4 4 4 4 4 4 4 4 4 4
4 4 4 4 4 4 4 4 4 4 4 4 4 4 4 4 4 4 4 4 4 4 4 4 4 4 4 4 4 4 4 4 4 4 4 4 4 4 4 4 4 4 4 4 4 4 4 4 4 4 4 4 4 4 4 4 4 4 4 4
4 4 4 4 4 4 4 4 4 4 4 4 4 4 4 4 4 4 4 4 4 4 4 4 4 4 4 4 4 4 4 4 4 4 4 4 4 4 4 4 4 4 4 4 4 4 4 4 4 4 4 4 4 4 4 4 4 4 4 4
4 4 4 4 4 4 4 4 4 4 4 4 4 4 4 4 4 4 4 4 4 4 4 4 4 4 4 4 4 4 4 4 4 4 4 4 4 4 4 4 4 4 4 4 4 4 4 4 4 4 4 4 4 4 4 4 4 4 4 4
4 4 4 4 4 4 4 4 4 4 4 4 4 4 4 4 4 4 4 4 4 4 4 4 4 4 4 4 4 4 4 4 4 4 4 4 4 4 4 4 4 4 4 4 4 4 4 4 4 4 4 4 4 4 4 4 4 4 4 4
4 4 4 4 4 4 4 4 4 4 4 4 4 4 4 4 4 4 4 4 4 4 4 4 4 4 4 4 4 4 4 4 4 4 4 4 4 4 4 4 4 4 4 4 4 4 4 4 4 4 4 4 4 4 4 4 4 4 4 4
4 4 4 4 4 4 4 4 4 4 4 4 4 4 4 4 4 4 4 4 4 4 4 4 4 4 4 4 4 4 4 4 4 4 4 4 4 4 4 4 4 4 4 4 4 4 4 4 4 4 4 4 4 4 4 4 4 4 4 4

4 Promoción gráfica Advertising design

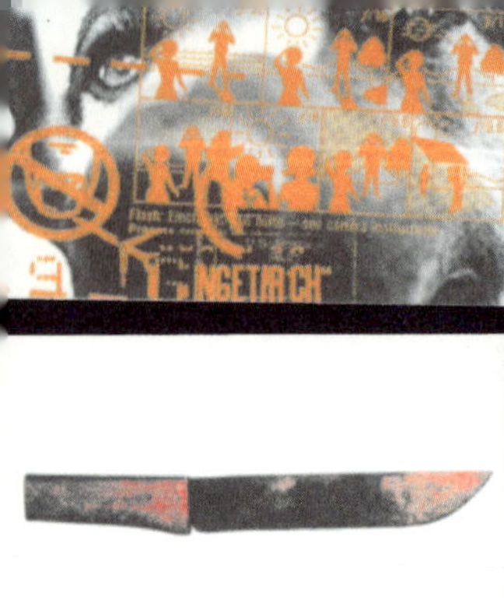

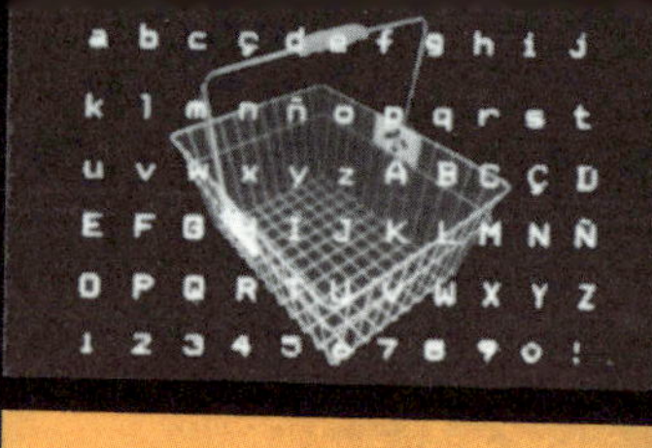

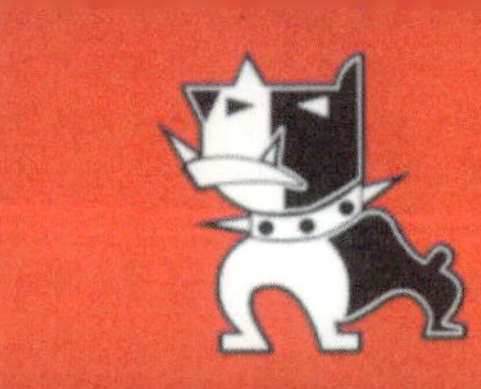

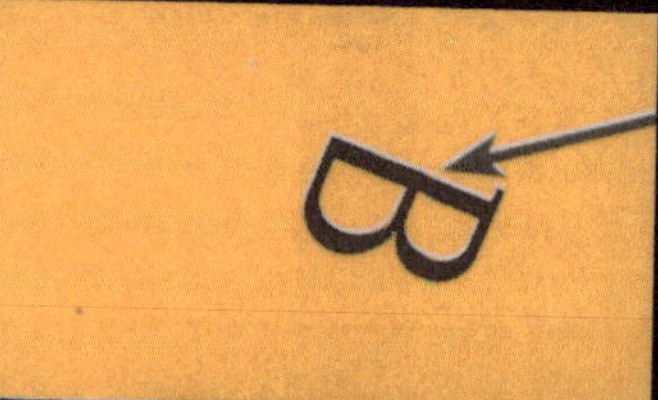

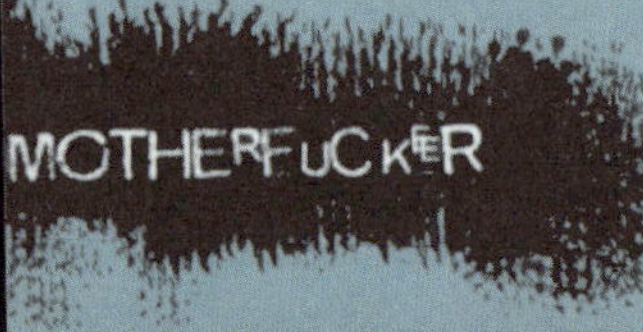

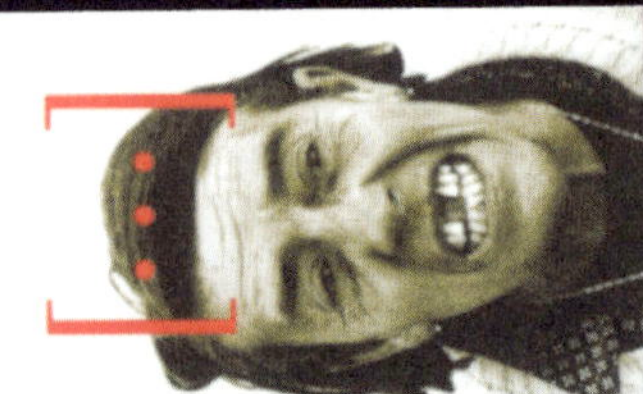

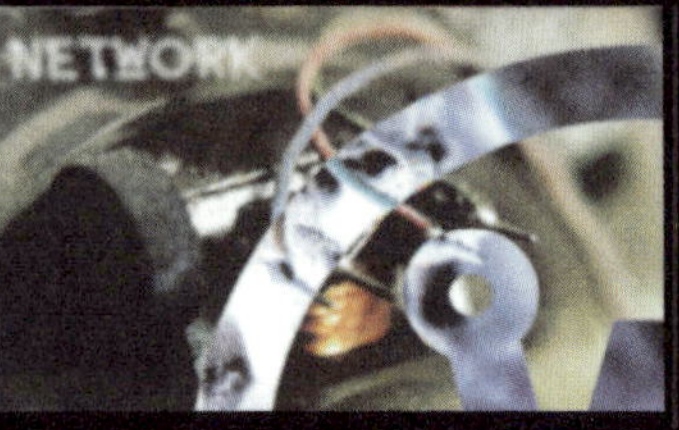

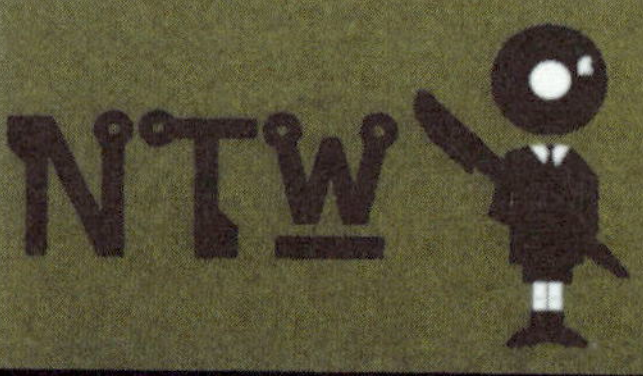

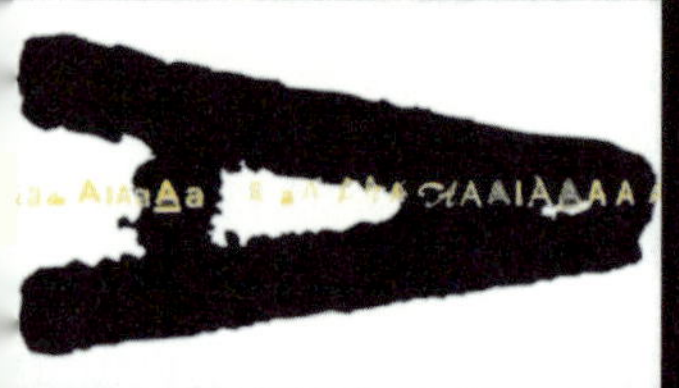

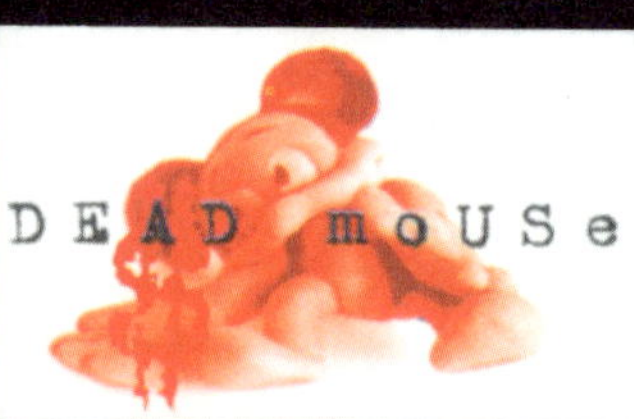

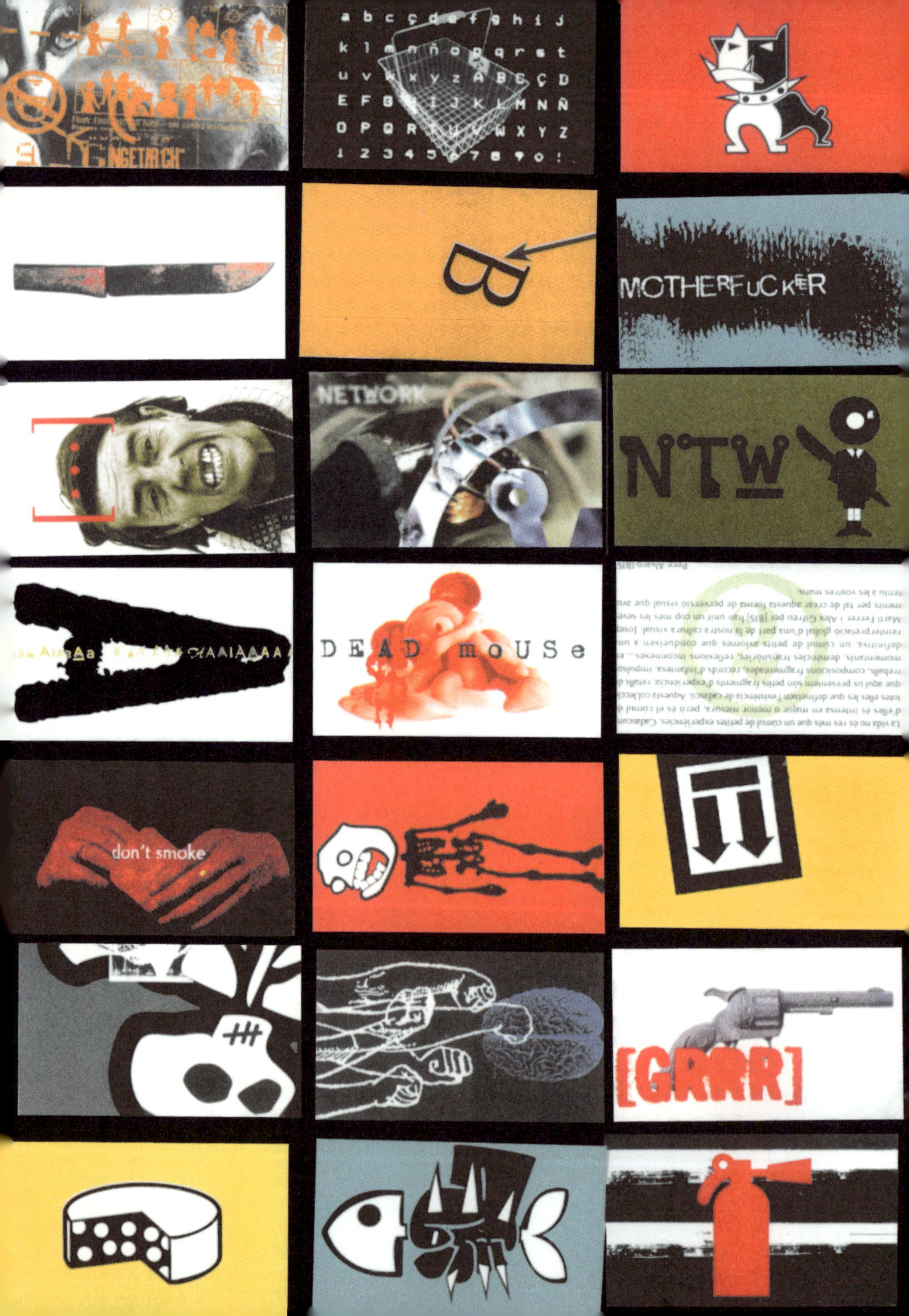

La vida no és res més que un cúmul de petites experiències. Cadascun d'elles és intensa en major o menor mesura, però és el cúmul d totes elles les que defineixen l'existència de cadascú. Aquesta col.lecci que aquí us presentem són petits fragments d'experiència: retalls d treballs, composicions fragmentades, records d'infantesa, impulso momentanis, demències transitòries, reflexions inconnexes... e definitiva, un cúmul de petits axiomes que condueixen a un reinterpretació global d'una part de la nostra cultura visual. Josep Martí Ferrer i Alex Gifreu per [BIS] han unit un cop més les seve ments per tal de crear aquesta forma de perversió visual que avu teniu a les vostres mans.

Pere Alvaro [BIS]

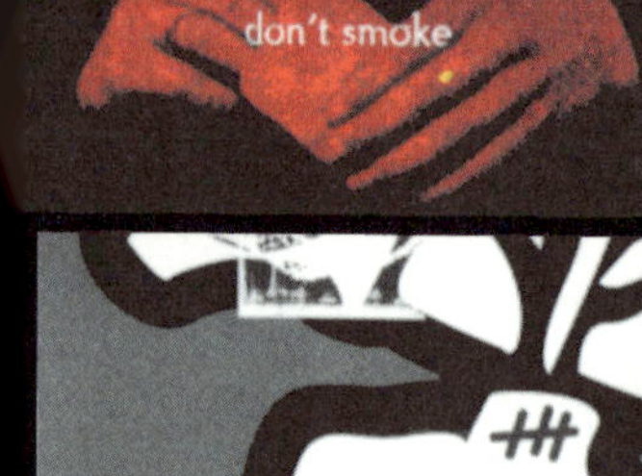

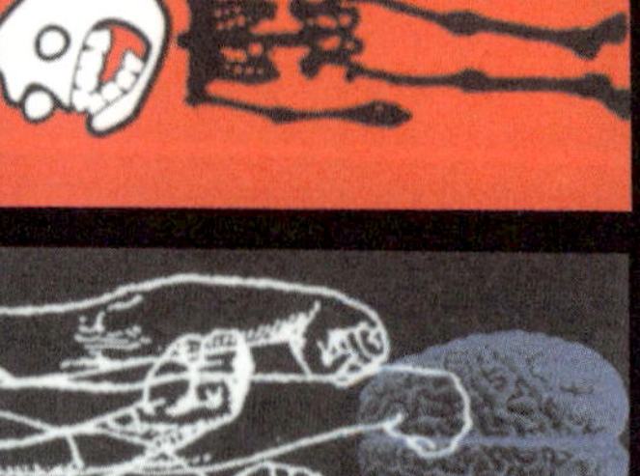

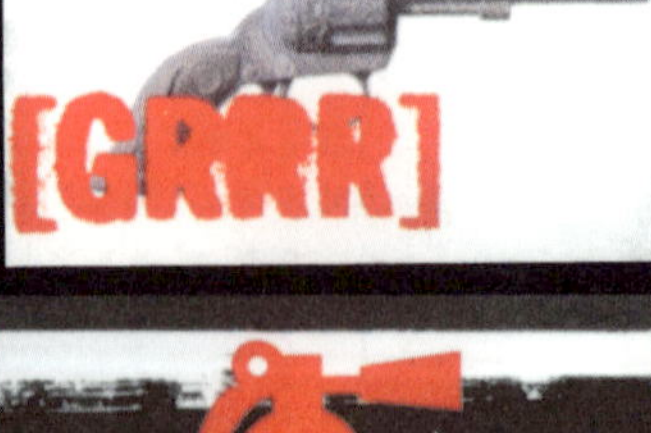

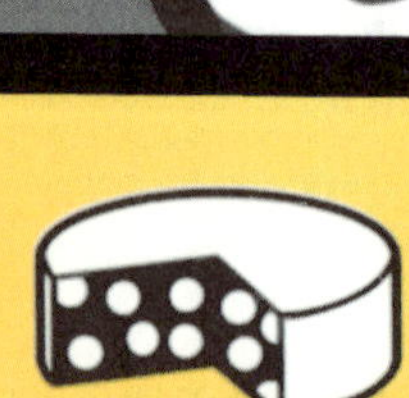

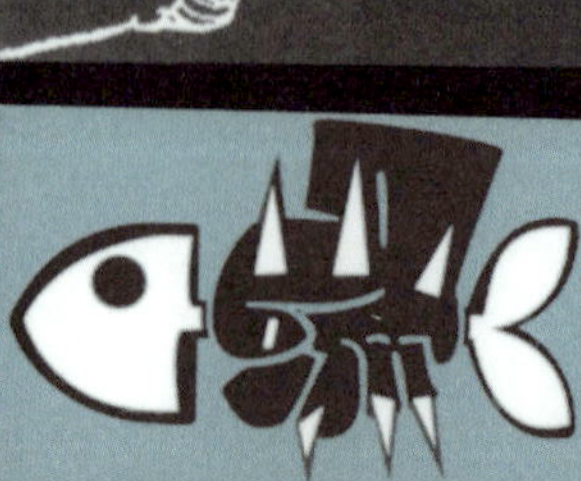

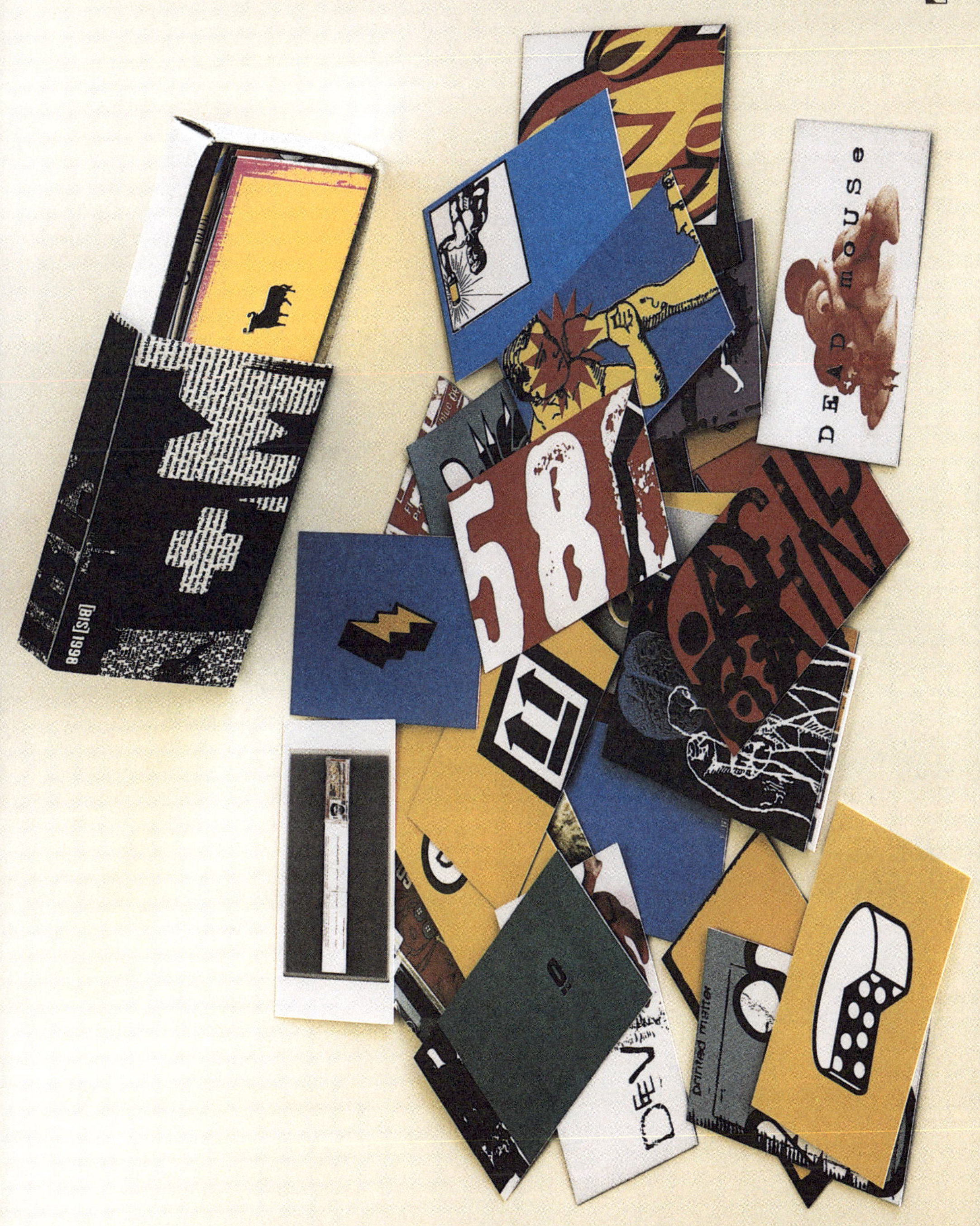

Título Title **+M** Autor Created by **Alex Gifreu + Pere Alvaro + Martí Ferrer** Cliente Client **[bis]** Estudio Studio **[bis]** Director creativo Creative Director **Alex Gifreu + Pere Alvaro + Martí Ferrer** Director de arte Art director **Alex Gifreu + Pere Alvaro + Martí Ferrer** Diseñador gráfico Graphic designer **Alex Gifreu + Pere Alvaro + Martí Ferrer** Fotógrafo Photographer **Jordi Puig**

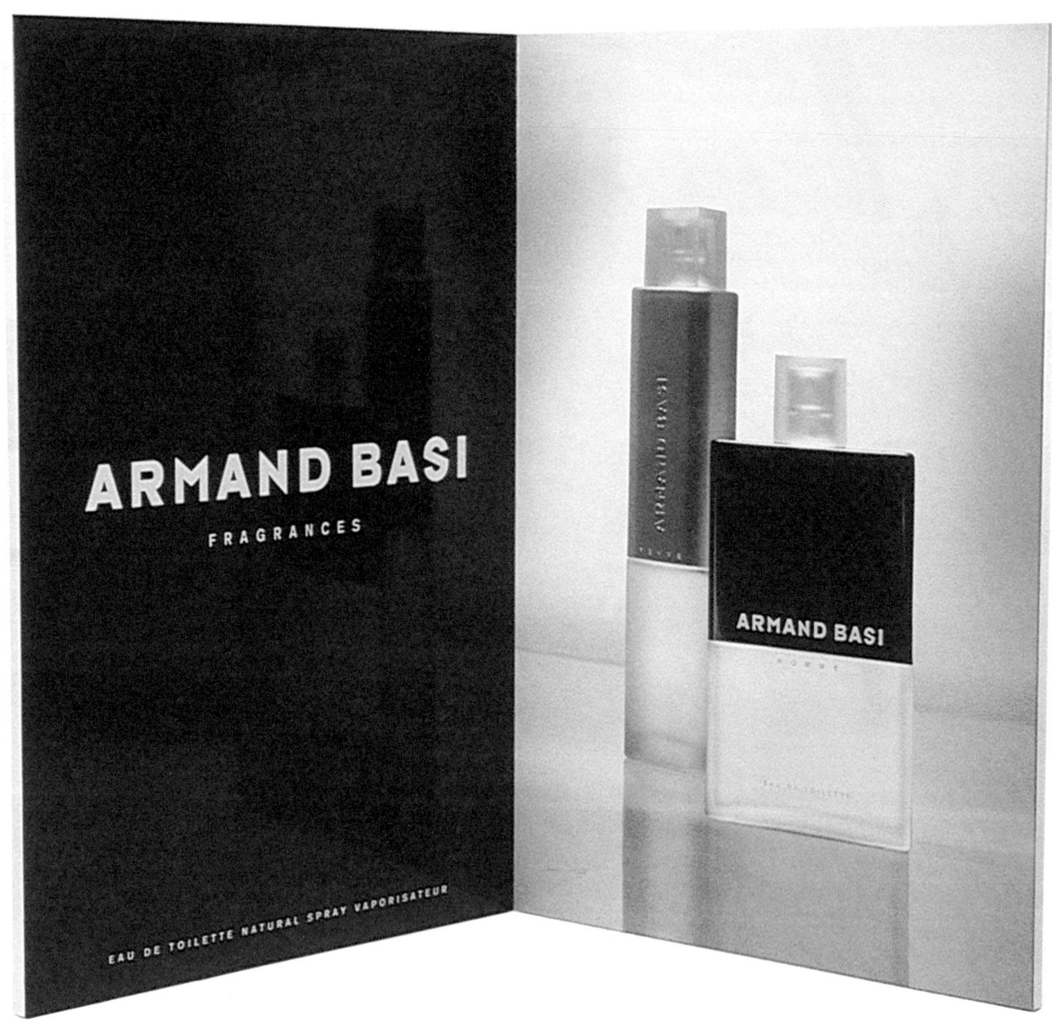

Título Title **Armand Basi Fragances** Autor Created by **Antoni Arola & Pati Núñez Associats** Cliente Client **IDESA Parfums, S.A.** Estudio Studio **Antoni Arola & Pati Núñez Associats** Diseñador gráfico Graphic designer **Pati Núñez & Fernando Naharro** Fotógrafo Photographer **Jordi Sarrà** Diseño industrial Industrial design **Toni Arola & Jordi Tamayo**

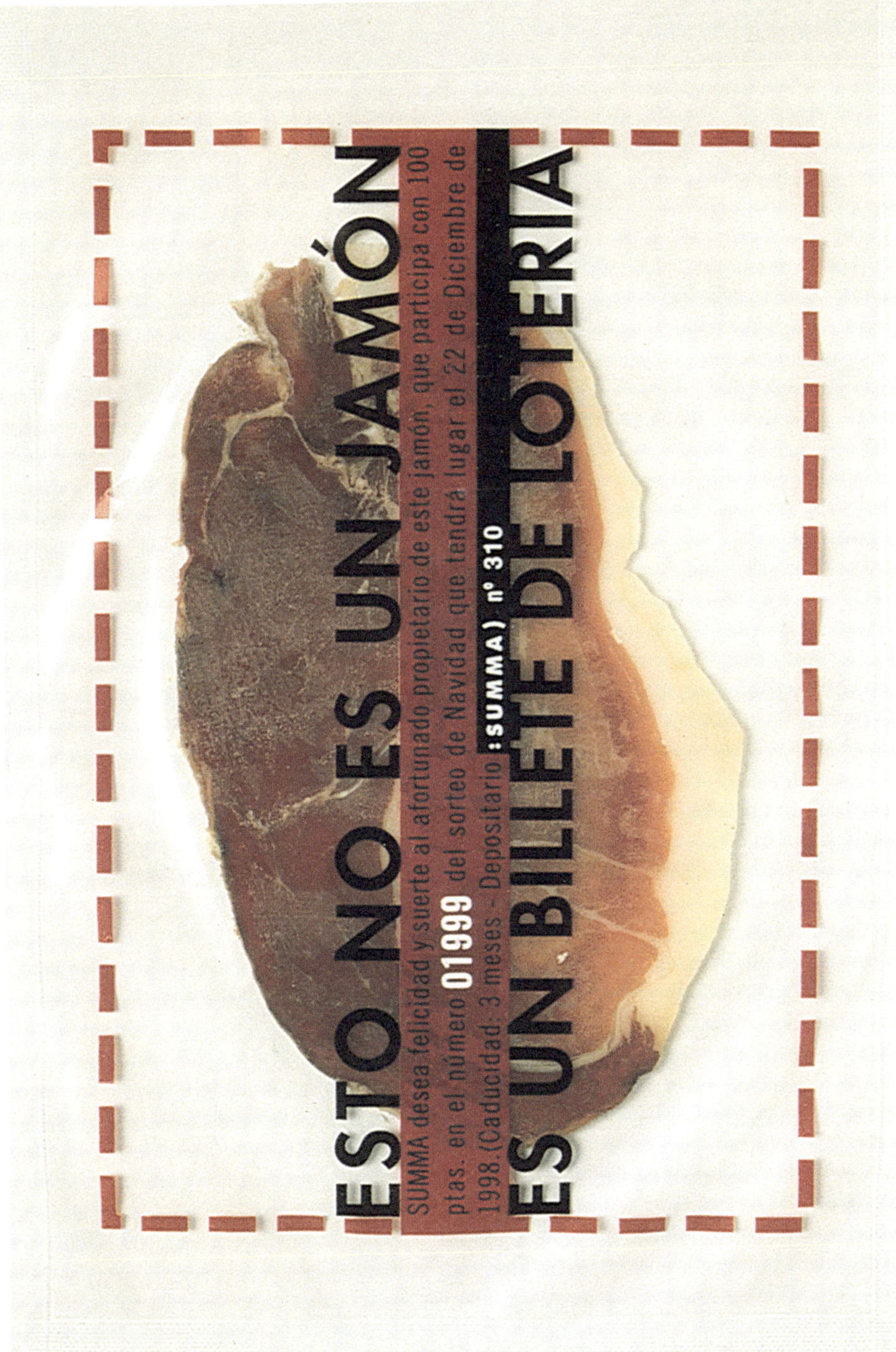

Título Title **Felicitació Nadal** Autor Created by **: SUMMA)** Cliente Client **: SUMMA)** Director creativo Creative Director **Claret Serrahima / Josep Maria Mir** Diseñador gráfico Graphic designer **Sílvia Ponce**

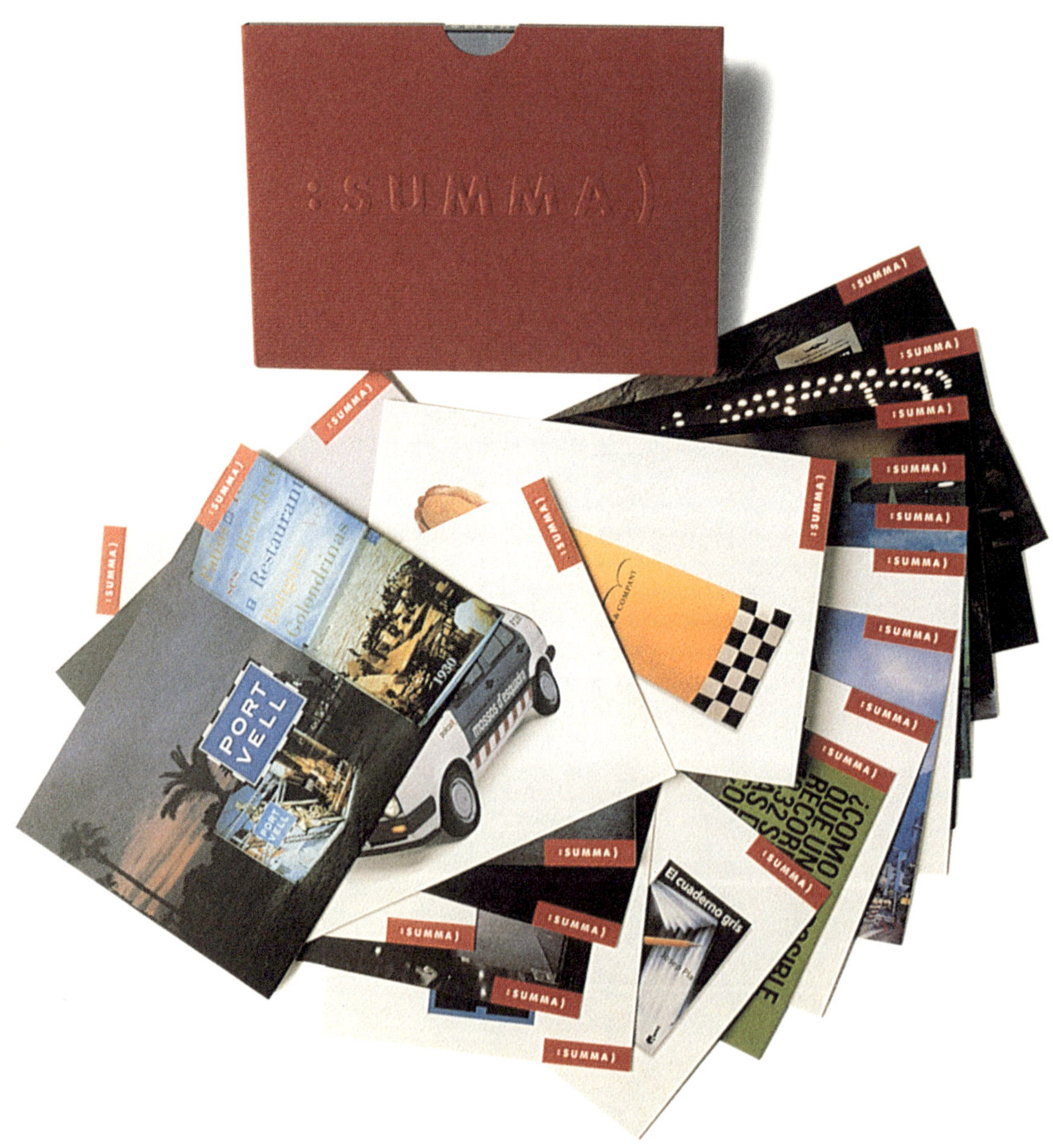

Título Title **Postals Summa** Autor Created by **: SUMMA)** Cliente Client **: SUMMA)** Director creativo Creative Director **Claret Serrahima / Josep Maria Mir** Diseñador gráfico Graphic designer **Toni Garriga**

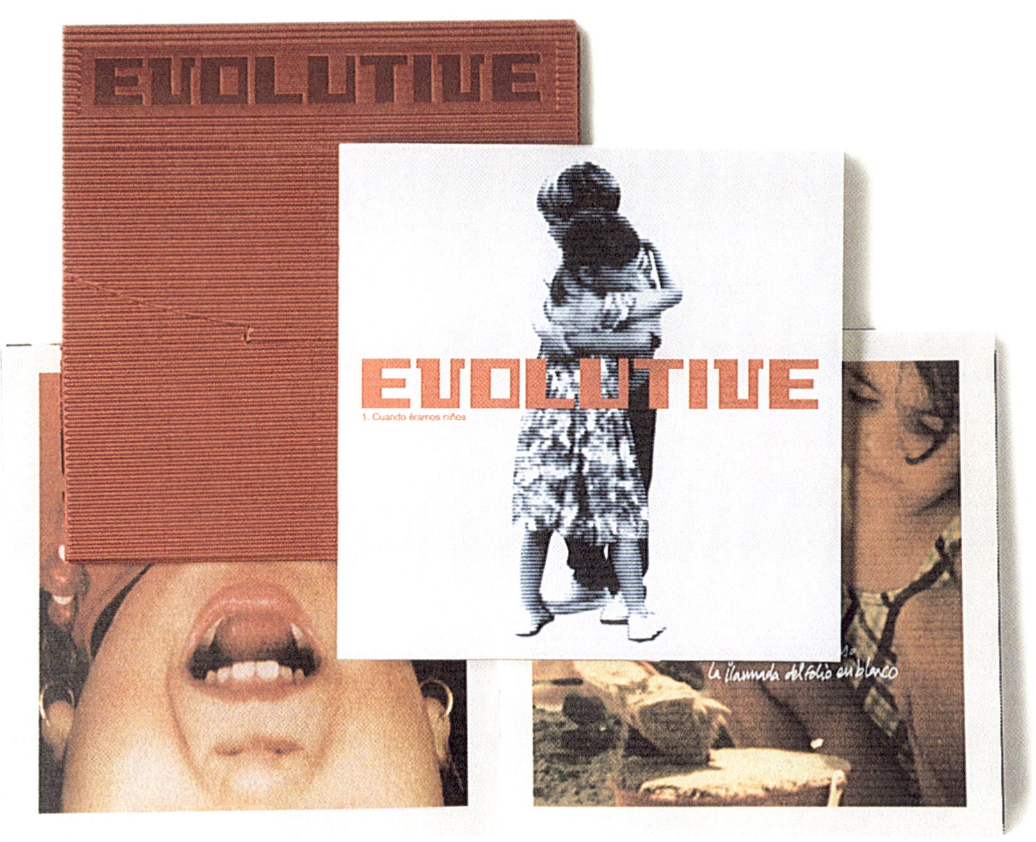

Título Title **Evolutive** Autor Created by **Vasava Artworks, S.L.** Cliente Client **Evolutive (Royal Paper & Co. / Baetulo Arts Gràfiques / Abellán Hnos. / Disgraf Serveis / Vasava Artworks / Luis Prada / Entorno Digital / RGB / Rodón Porta)** Grupo creativo Creative Group **Bruno Selles / Antoni Selles** Director creativo Creative Director **Antoni Selles** Director de arte Art director **Bruno Selles** Copy **Zuñiga / David Guimaraes / Bruno Selles** Fotógrafo Photographer **Javier Tles / Luis Prada / Bruno Selles / César Ordóñez / Leila Méndez /...**

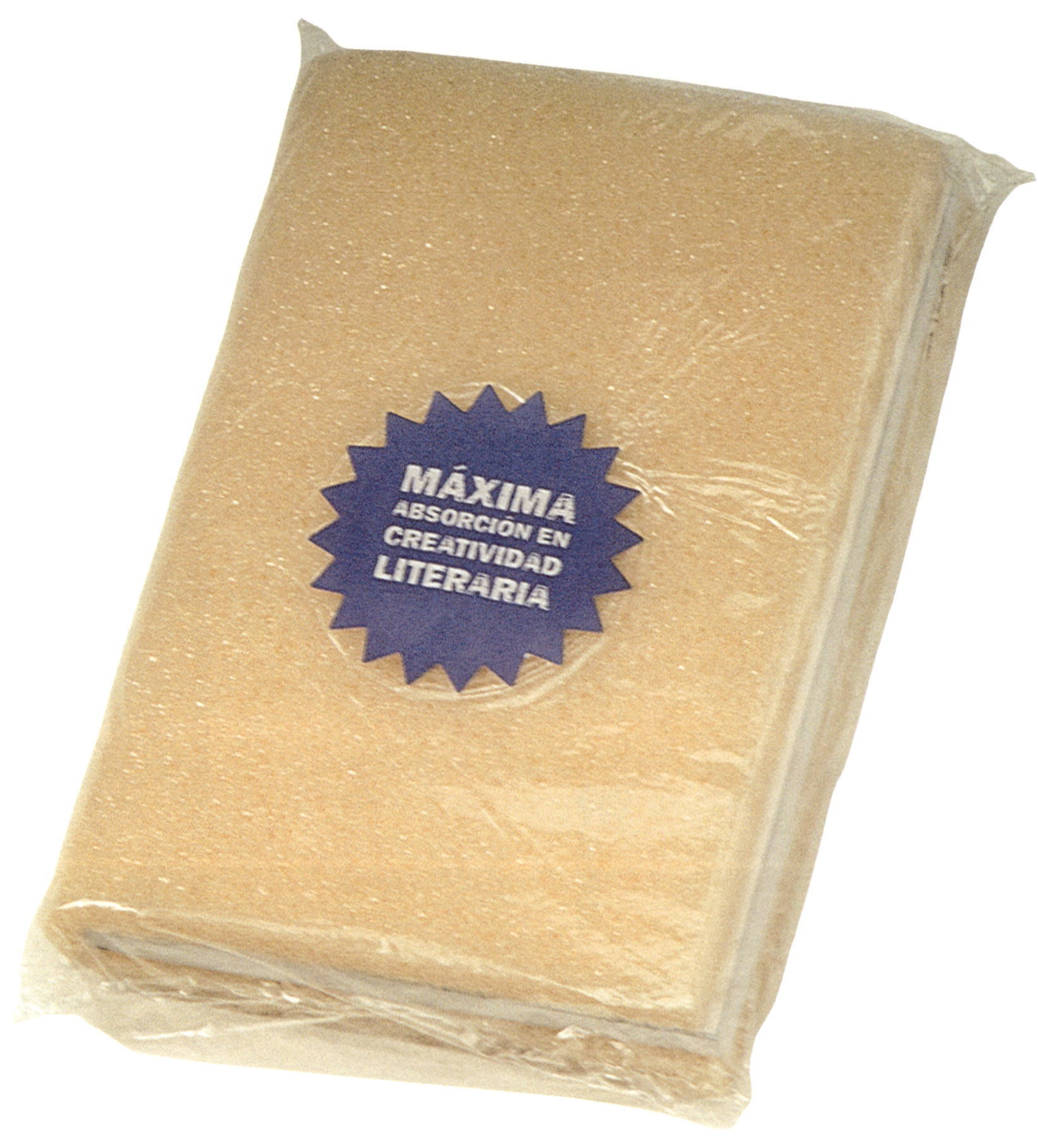

Título Title **Esponja** Autor Created by **David Cabús** Cliente Client **Grupo Edebé** Estudio Studio **Cabús Comunicació** Director creativo Creative Director **Dpto. Marketing Edebé / David Cabús** Director de arte Art director **David Cabús** Copy **David Cabús** Diseñador gráfico Graphic designer **David Cabús / Flora Dominich**

año de
nieves, año
de bienes.

Título Title **Mucha nieve** Autor Created by **Zapping** Cliente Client **Zapping** Agencia Agency **Zapping** Director creativo Creative Director **Uschi Henkes / Urs Frick** Director de arte Art director **Kiko Argomaniz / Uschi Henkes** Copy **David Palacios**

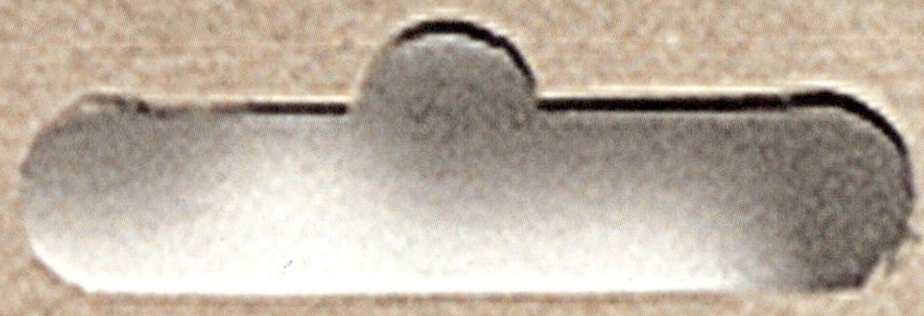

Título Title **Tacos** Autor Created by **Gregori Saavedra / Jaume García / Valverde / de Miquel** Cliente Client **Domènec Rusca**
Grupo creativo Creative Group **Gregori Saavedra / Jaume García** Agencia **Valverde / de Miquel** Estudio Studio **Valverde / de Miquel**
Director creativo Creative Director **Gregori Saavedra** Director de arte Art director **Jaume García** Copy **Gregori Saavedra**
Diseñador gráfico Graphic designer **Jaume García**

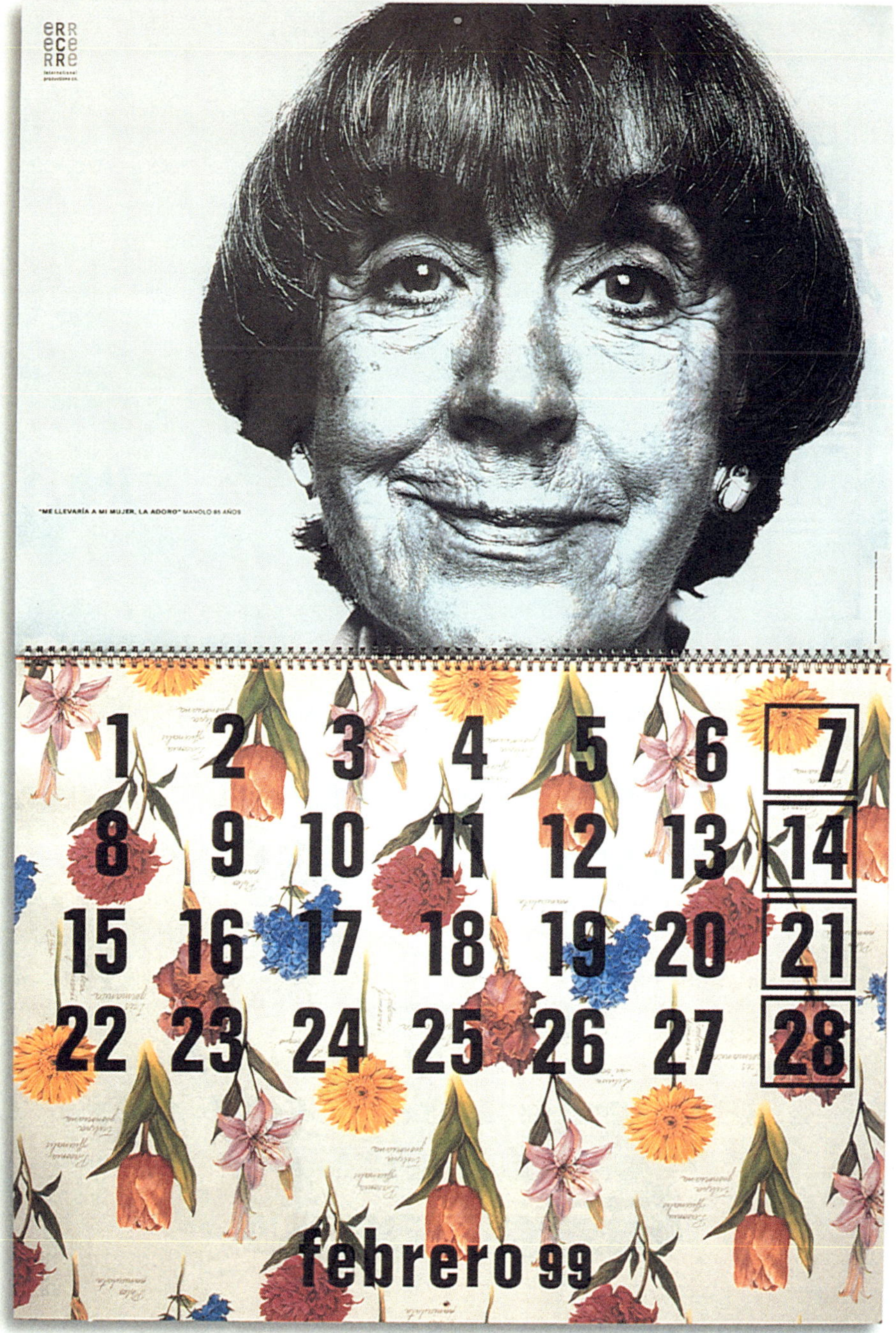

Título Title **Envolver** Autor Created by **Enric Aguilera** Cliente Client **Errecerre** Estudio Studio **Enric Aguilera Asociados** Director creativo Creative Director **Enric Aguilera** Director de arte Art director **Enric Aguilera** Copy **Laura Armet** Diseñador gráfico Graphic designer **Enric Aguilera / Laura Armet** Fotógrafo Photographer **Ricardo Miras**

Packaging

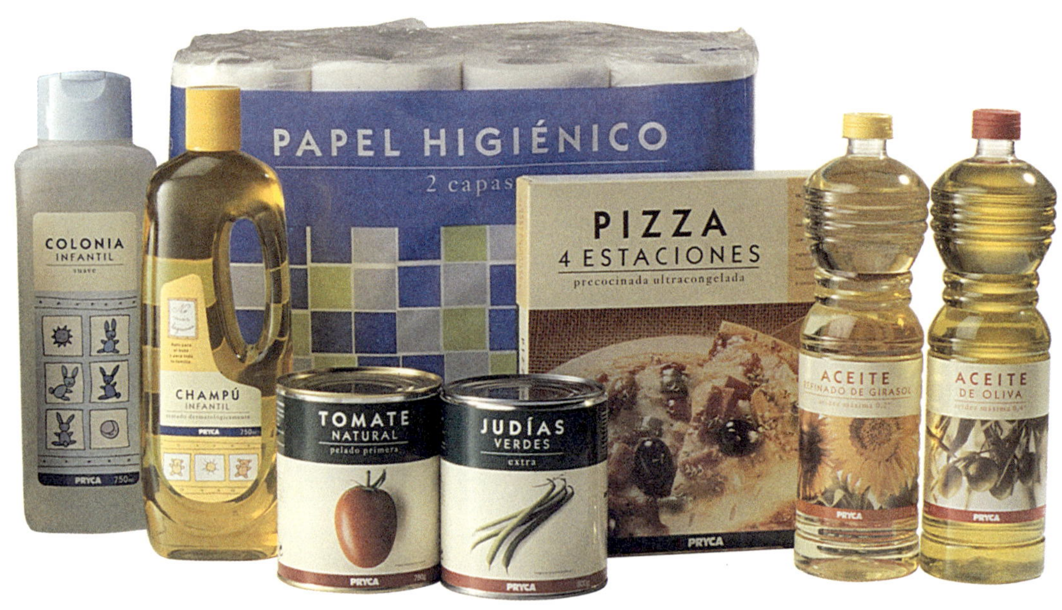
PAPEL HIGIÉNICO
2 capas
COLONIA
INFANTIL
CHAMPÚ
INFANTIL
PIZZA
4 ESTACIONES
precocinada ultracongelada
PRYCA
TOMATE
NATURAL
pelado primera
PRYCA
JUDÍAS
VERDES
extra
PRYCA
ACEITE
DE OLIVA
PRYCA

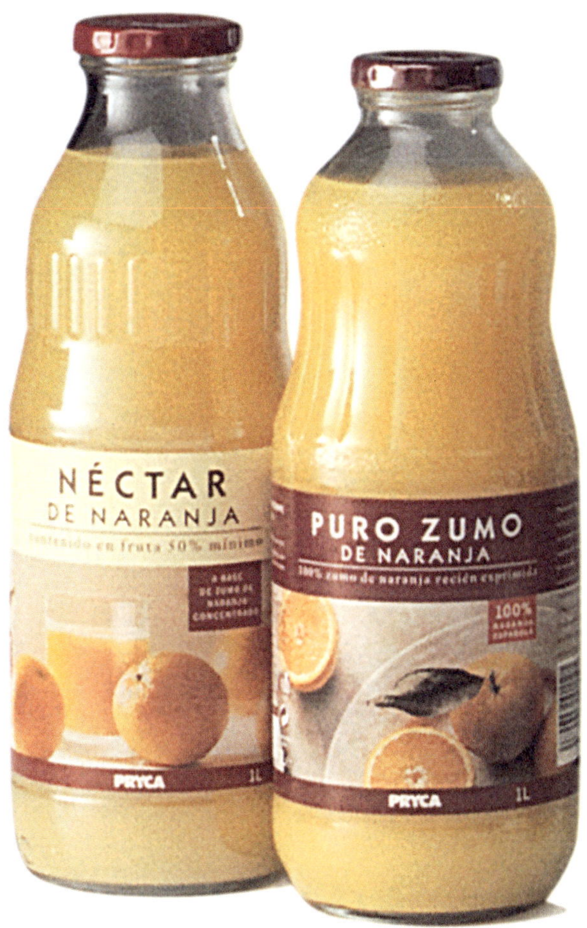

Título Title **Pryca** Autor Created by **AMR** Cliente Client **Pryca** Grupo creativo Creative Group **Aguilera, Morillas, Ruiz** Agencia Agency **AMR** Director creativo Creative Director **AMR** Director de arte Art director **AMR** Fotógrafo Photographer **Jaime Malé** Ilustrador Illustrator **María Alcobre**

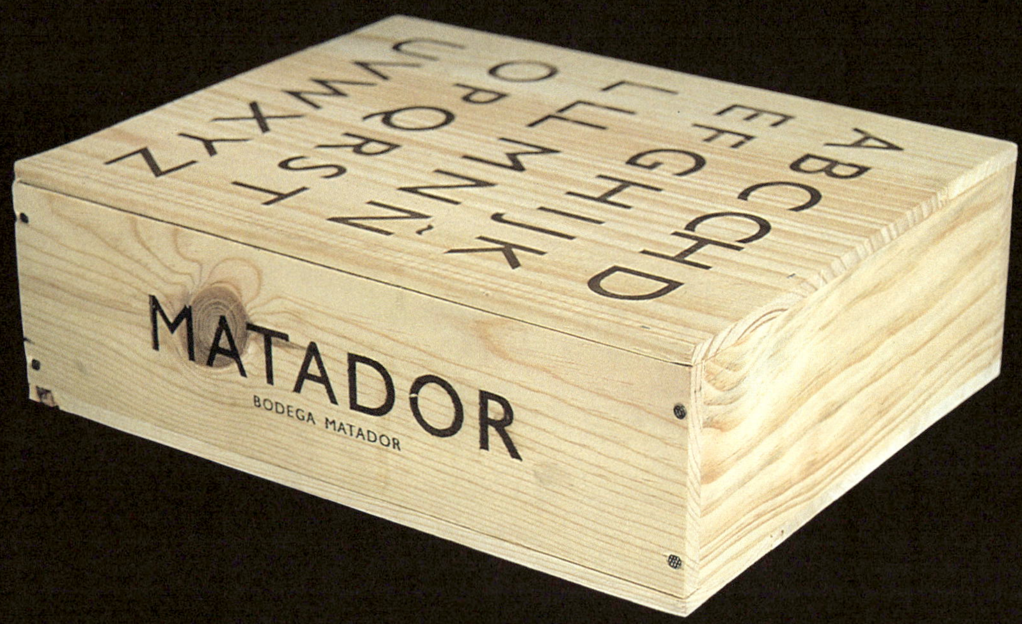

Título Title **Caja Bodega Matador** Autor Created by **Grafica** Cliente Client **La Fábrica** Grupo creativo **Grafica** Estudio Studio **Grafica** Director de arte Art director **Fernando Gutiérrez** Diseñador gráfico Graphic designer **Fernando Gutiérrez / Jennifer Roth**

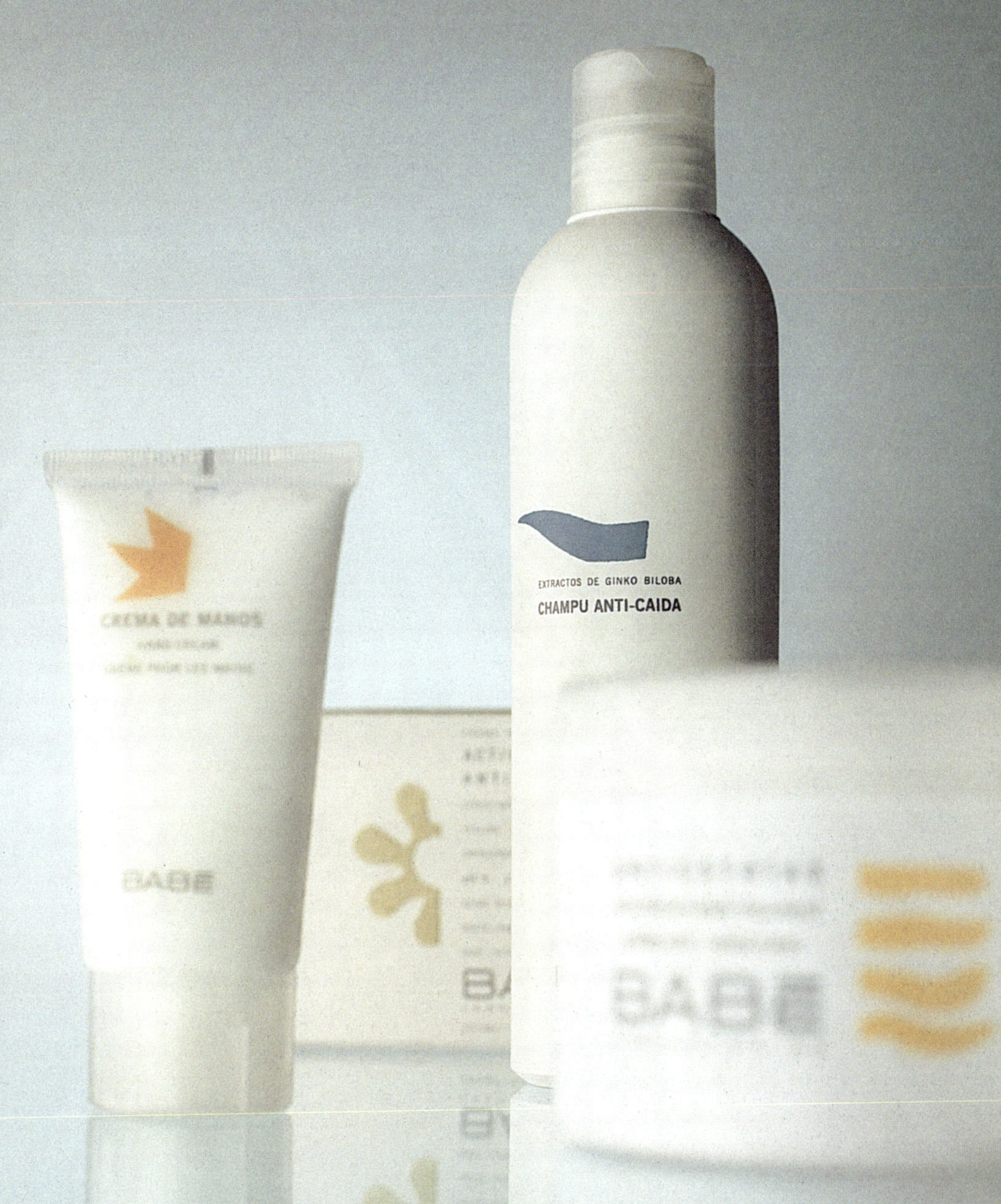

Título Title **Babé** Autor Created by **Nacho Lavernia / Alberto Cienfuegos** Cliente Client **R.N.B., S.L. (Laboratorios Babé)** Grupo creativo Creative Group **Nacho Lavernia / Alberto Cienfuegos** Agencia Agency **Nacho Lavernia y Asociados** Estudio Studio **Nacho Lavernia y Asociados** Fotógrafo Photographer **Enric Pérez**

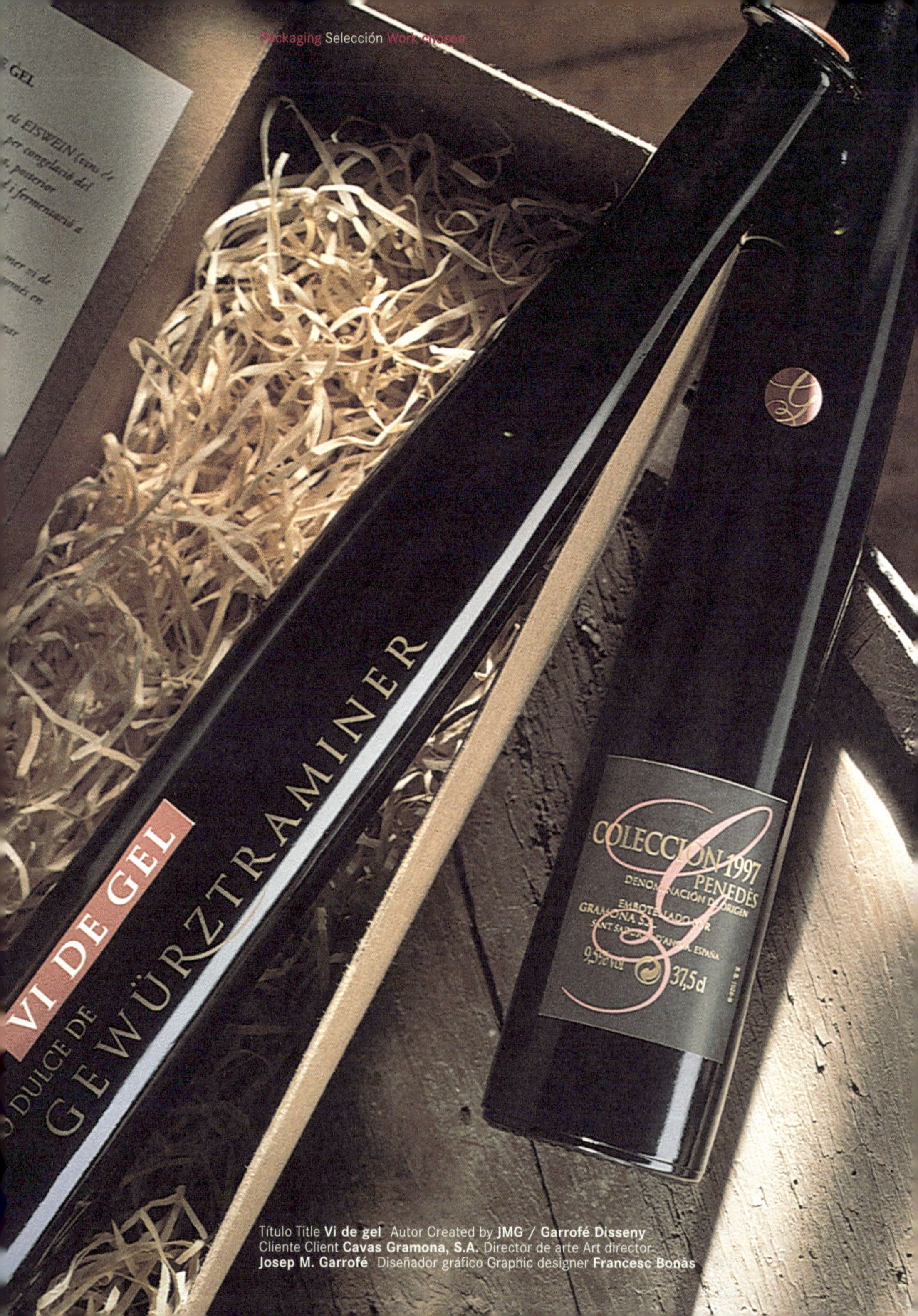

Título Title **Vi de gel** Autor Created by **JMG / Garrofé Disseny**
Cliente Client **Cavas Gramona, S.A.** Director de arte Art director
Josep M. Garrofé Diseñador gráfico Graphic designer **Francesc Bonàs**

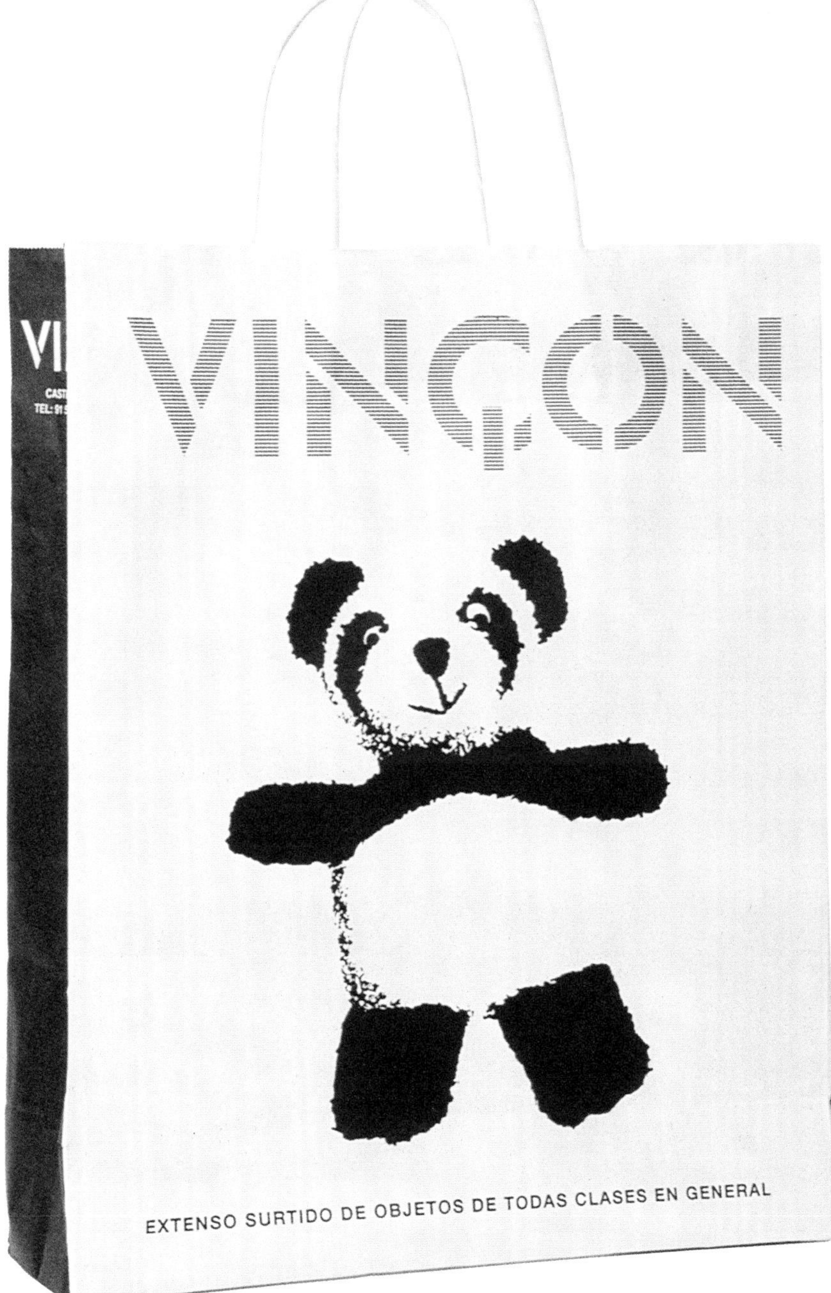

Título Title **Bosses Vinçon** Autor Created by **Pati Núñez / Hug Cirici** Cliente Client **Vinçon** Estudio Studio **Pati Núñez Associats** Director de arte Art director **Pati Núñez** Diseñador gráfico Graphic designer **Pati Núñez & Hug Cirici** Fotógrafo Photographer **Hug Cirici** Ilustrador Illustrator **Hug Cirici**

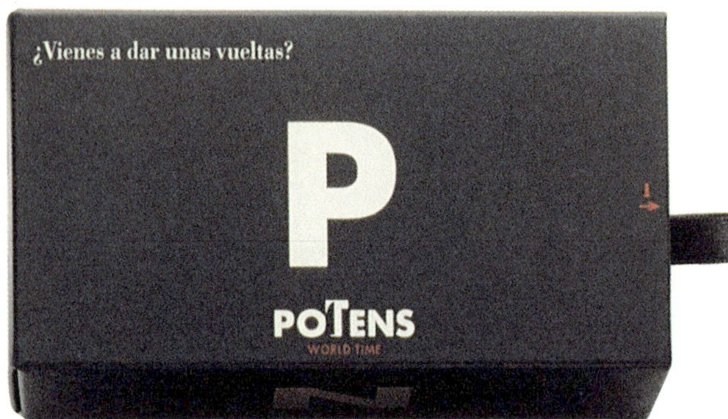

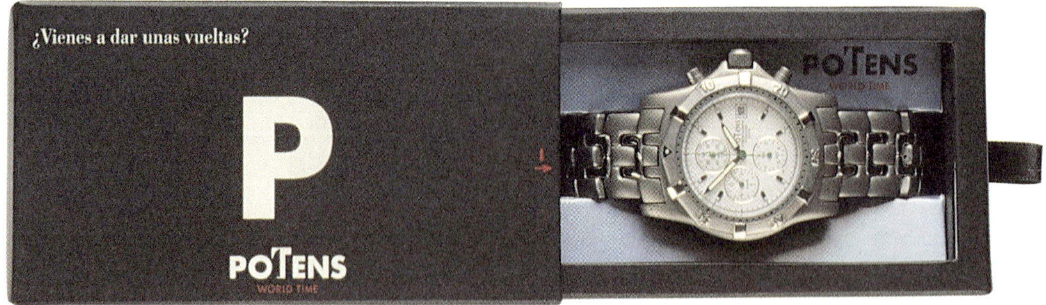

Título Title **Caja del Tiempo La Caja del Reloj** Autor Created by **ABM Serveis de Comunicació** Cliente Client **Industrial Martí de Relojería** Grupo creativo Creative Group **ABM Serveis de Comunicació** Agencia Agency **ABM Serveis de Comunicació** Estudio Studio **ABM Serveis de Comunicació** Director creativo Creative Director **Jaume Anglada** Director de arte Art director **Maurici Palouzié** Diseñador gráfico Graphic designer **Maurici Palouzié / Nacho Tabarés** Potensmóvil Potensmobile **Mecánicas González** Caja del tiempo Time box **Jaume Guasch** Expositor Exhibitor **Casadevall Displays**

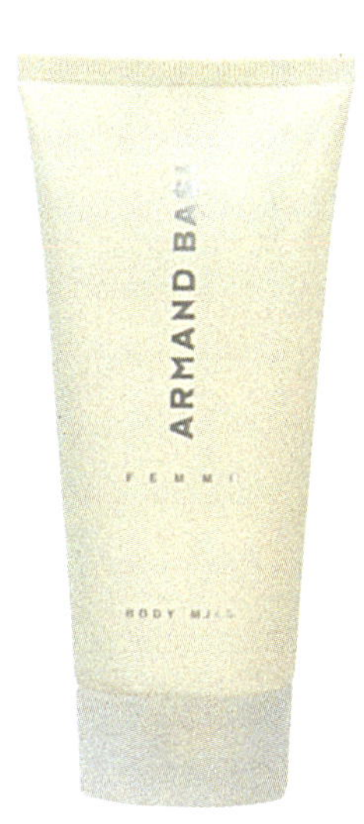

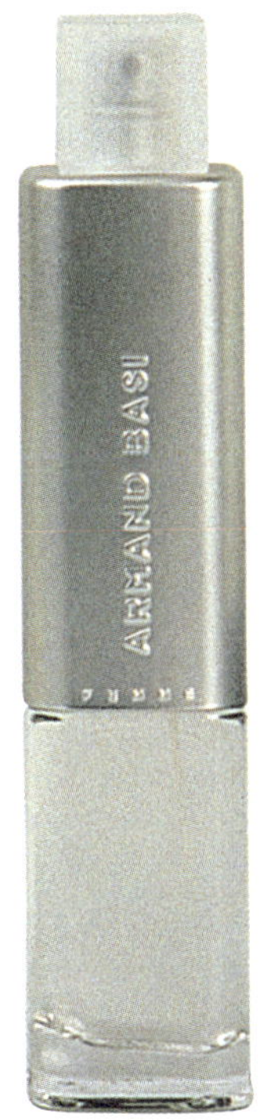

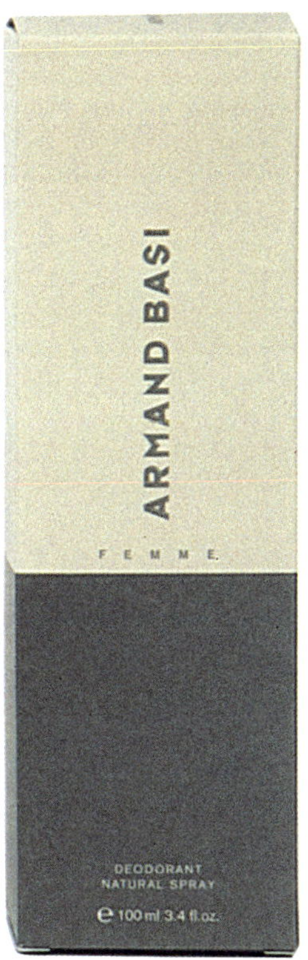

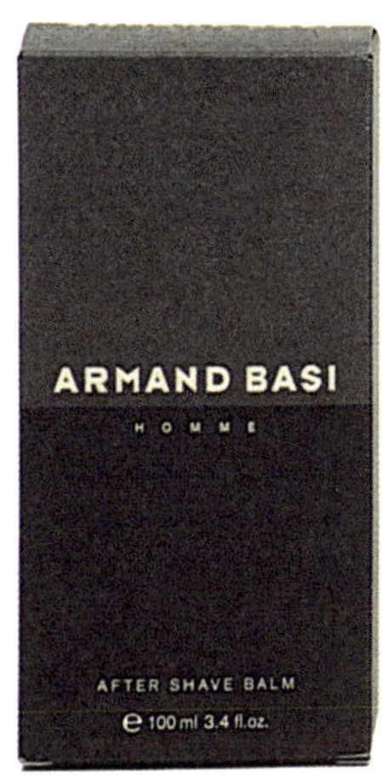

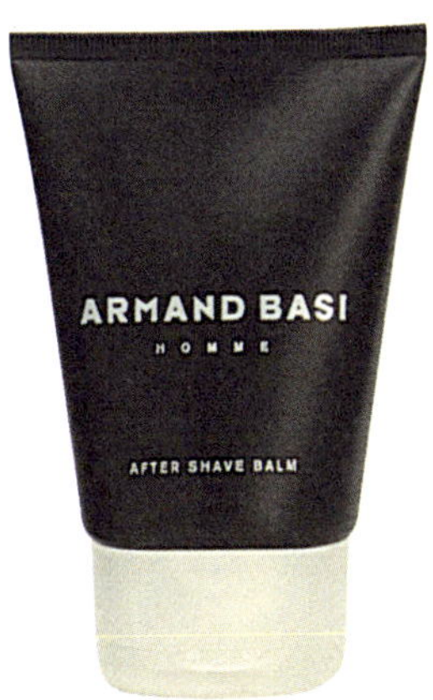

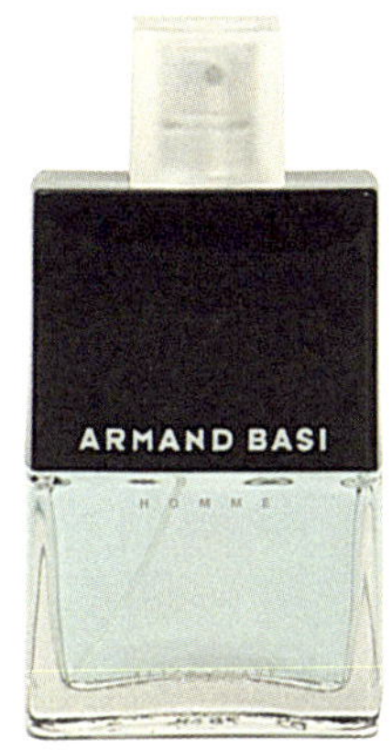

Título Title **Armand Basi Fragances** Autor Created by **Antoni Arola & Pati Núñez Associats** Cliente Client **IDESA Parfums, S.A.** Estudio Studio **Antoni Arola & Pati Núñez Associats** Diseñador gráfico Graphic designer **Pati Núñez & Fernando Naharro** Fotógrafo Photographer **Jordi Sarrà** Diseño industrial Industrial design **Toni Arola & Jordi Tamayo**

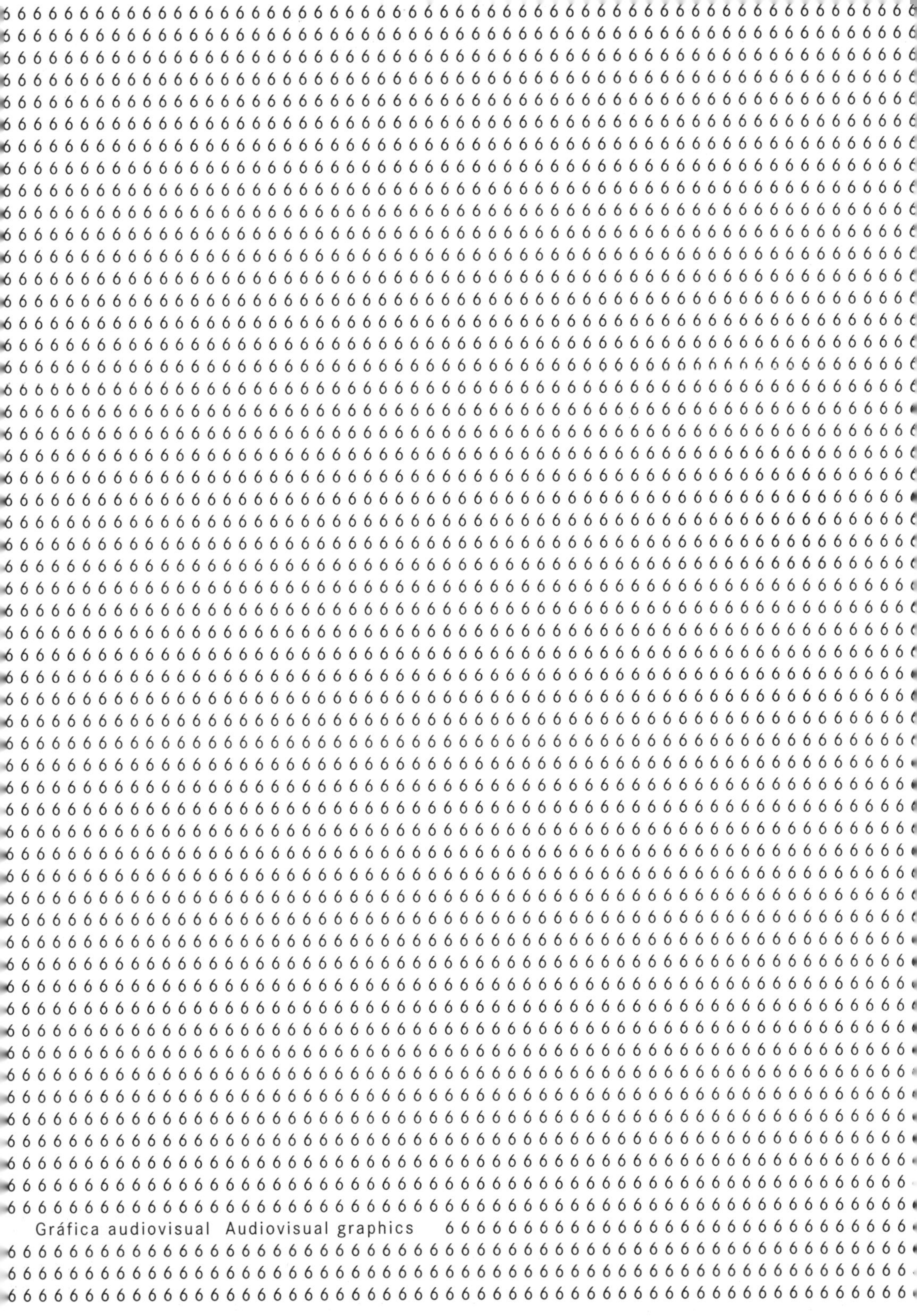
Gráfica audiovisual Audiovisual graphics

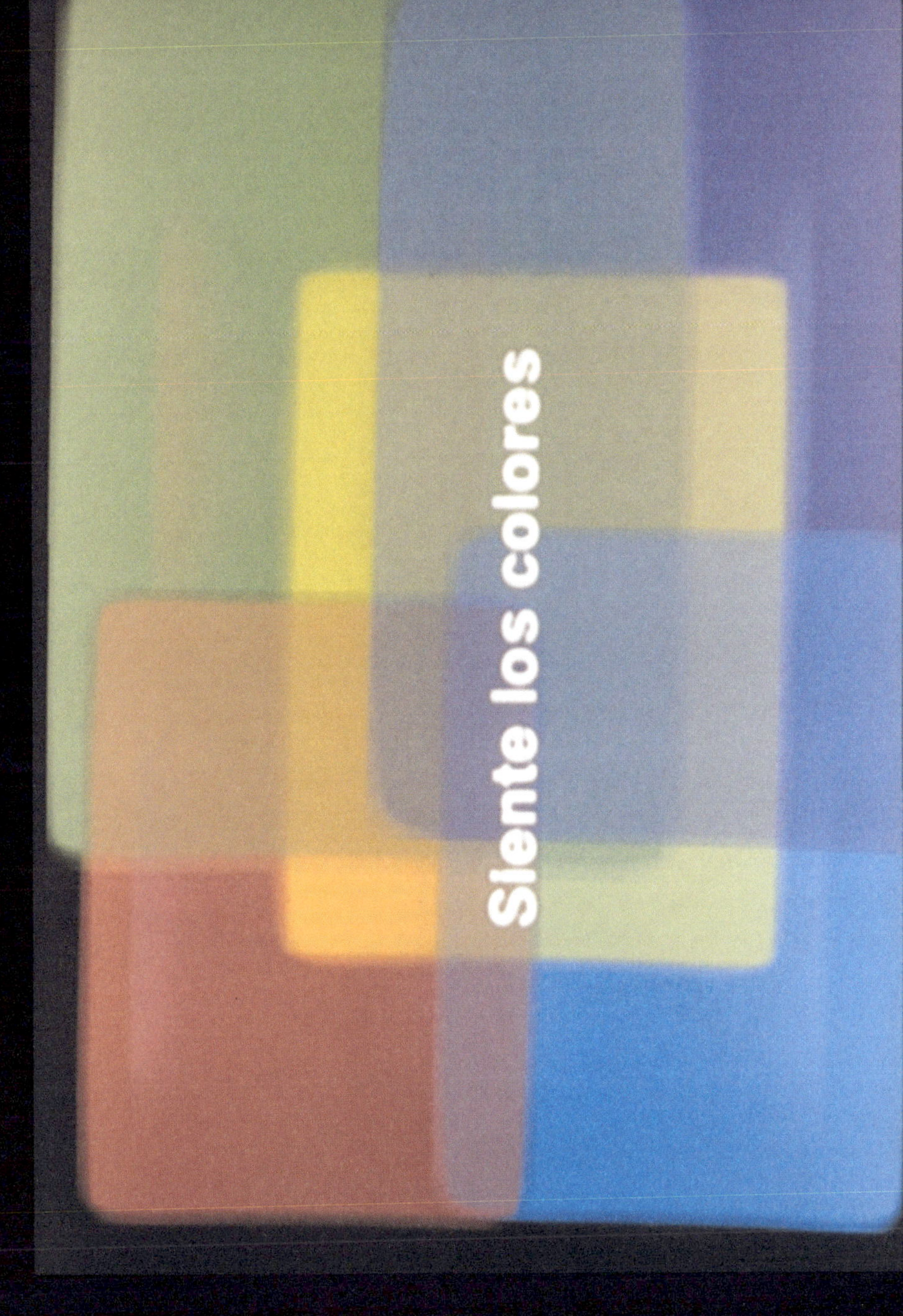

Título Title **Siente los colores** Autor Created by **Taquilla (Canal Satélite Digital)** Cliente Client **Taquilla (Canal Satélite Digital)** Grupo creativo Creative Group **Autopromoción Taquilla** Director creativo Creative Director **Jordi Bayo** Director de arte Art directo **Pau Bosch** Copy **Jordi Bayo** Diseñador gráfico Graphic designer **Gonzalo Cordero** Realizador Director **Gonzalo Cordero**

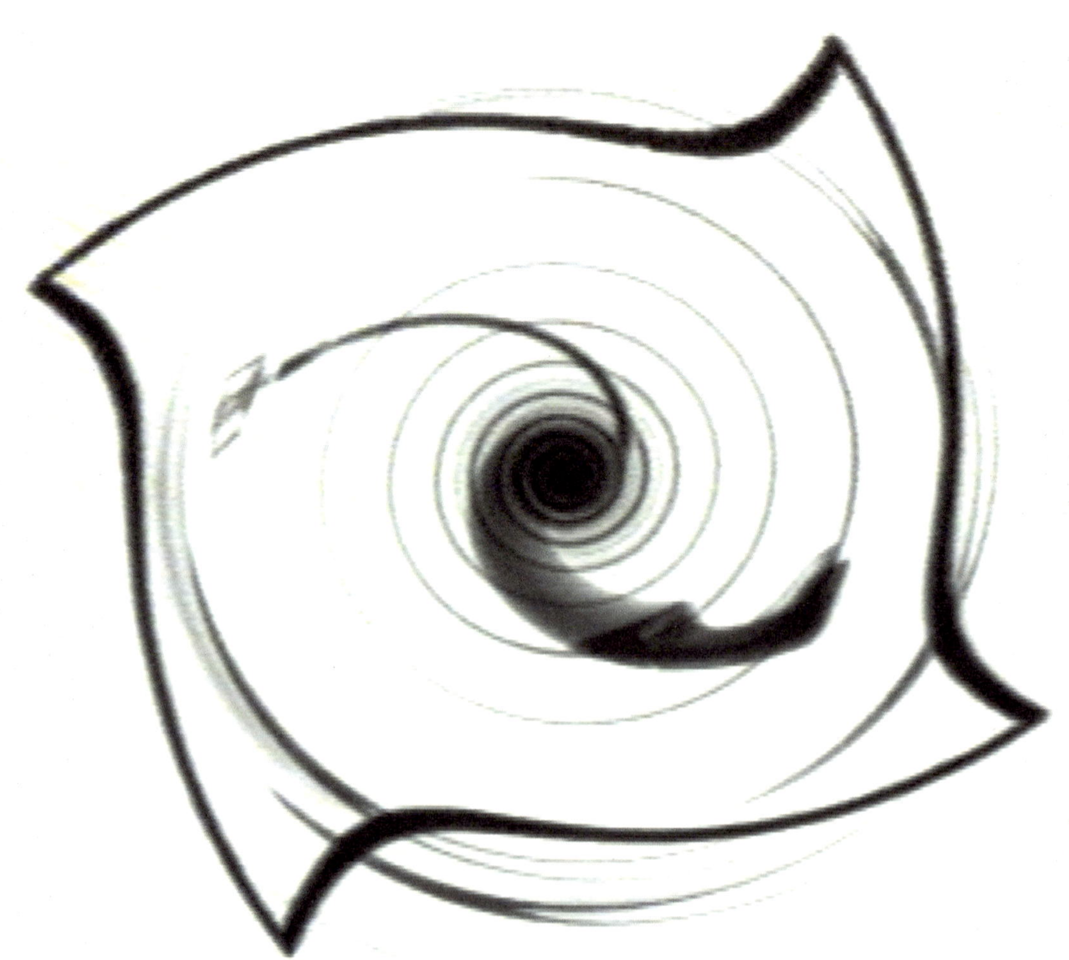

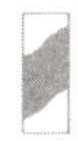

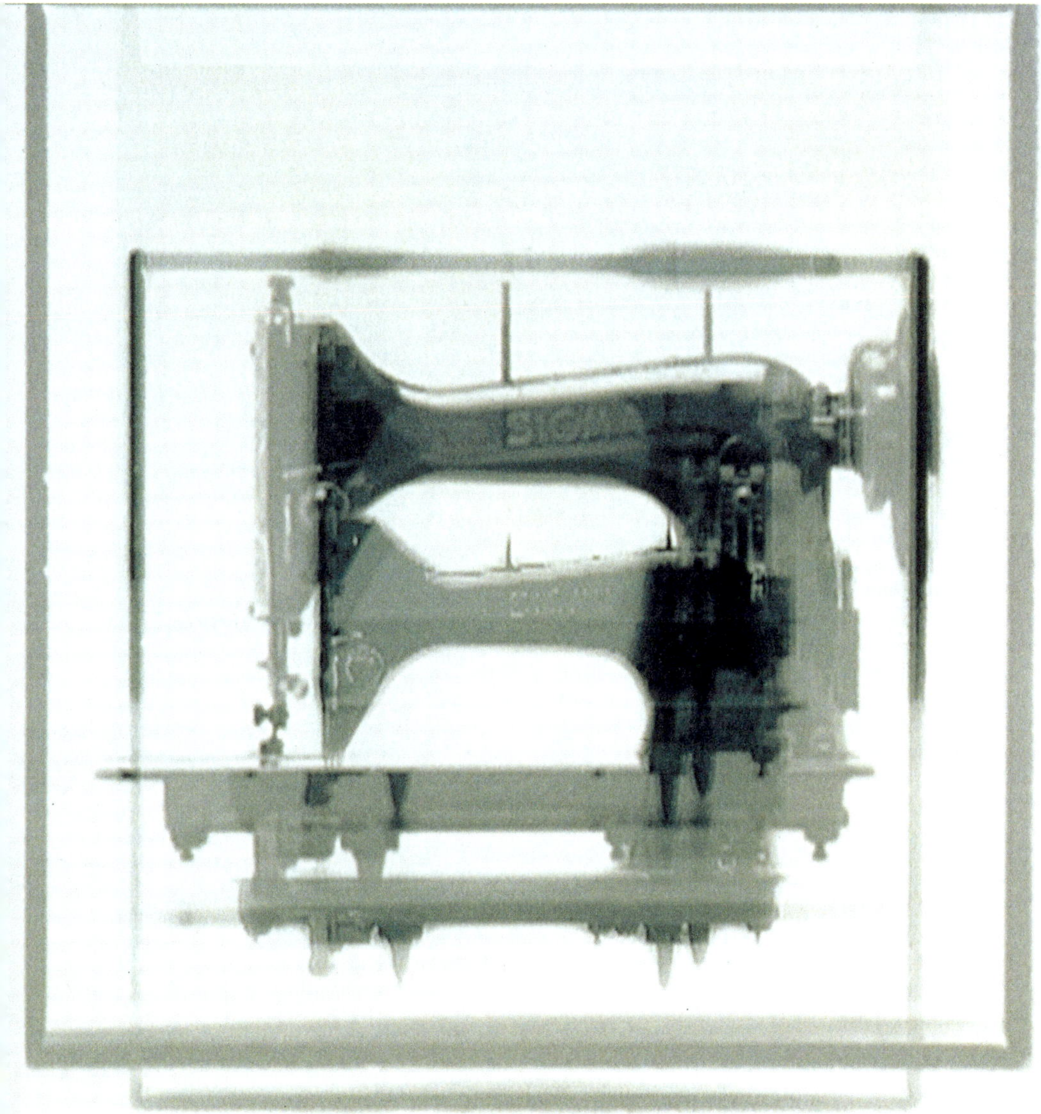

Título Title **Molinetes Sputnik** Autor Created by **David Ruiz + Marina Company** Cliente Client **TV3** Grupo creativo Creative Group **María Ruiz + David Ruiz + Marina Company** Estudio Studio **David Ruiz + Marina Company** Director creativo Creative Director **David Ruiz** Director de arte Art director **David Ruiz** Diseñador gráfico Graphic designer **David Ruiz** Fotógrafo Photographer **Miguel Angel Nalda** Productora Production company **Oframe** Realizador Director **David Ruiz** Música Music **Laboratori Musical Track**

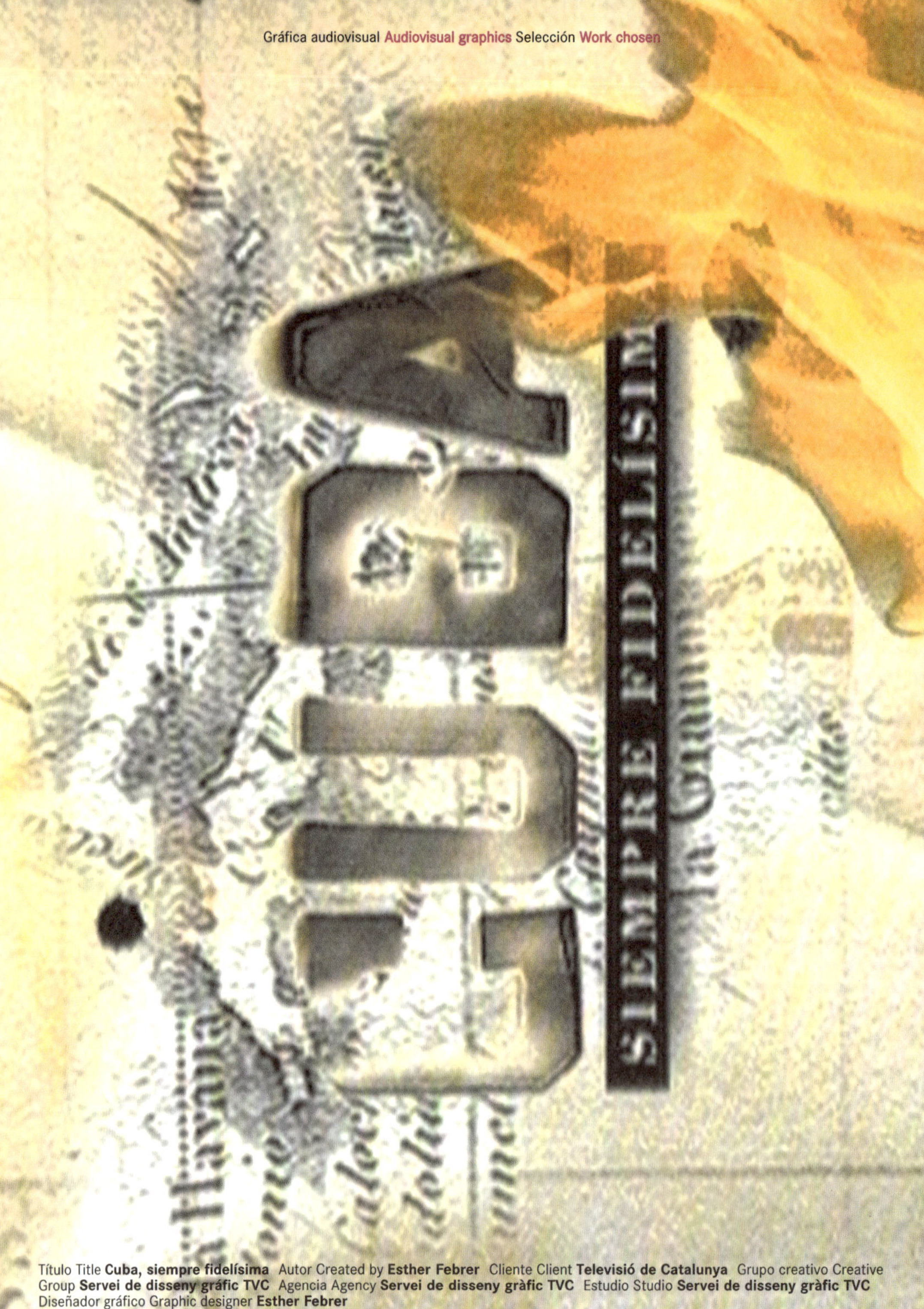

Título Title **Cuba, siempre fidelísima** Autor Created by **Esther Febrer** Cliente Client **Televisió de Catalunya** Grupo creativo Creative Group **Servei de disseny gràfic TVC** Agencia Agency **Servei de disseny gràfic TVC** Estudio Studio **Servei de disseny gràfic TVC** Diseñador gráfico Graphic designer **Esther Febrer**

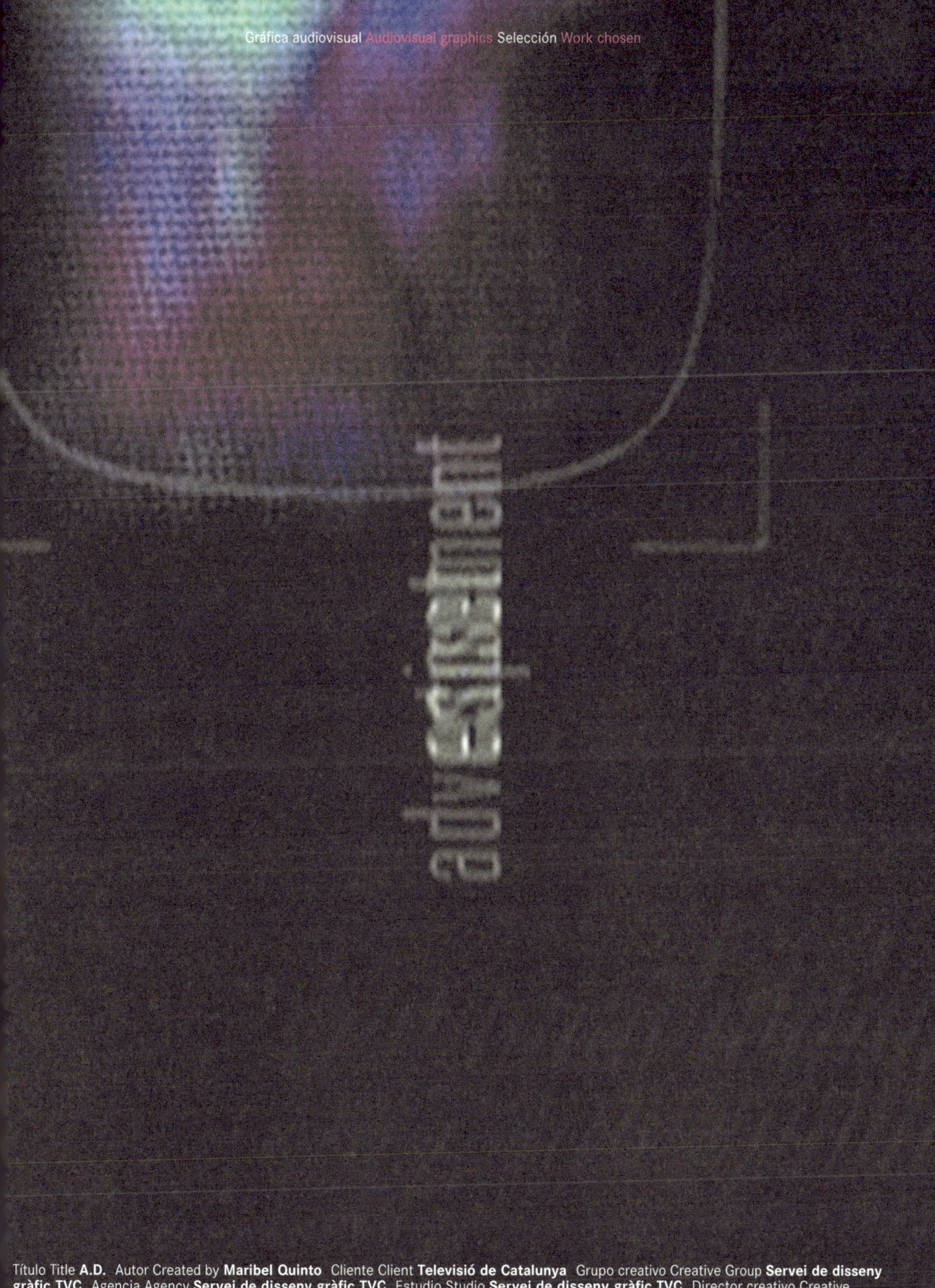

Título Title **A.D.** Autor Created by **Maribel Quinto** Cliente Client **Televisió de Catalunya** Grupo creativo Creative Group **Servei de disseny gràfic TVC** Agencia Agency **Servei de disseny gràfic TVC** Estudio Studio **Servei de disseny gràfic TVC** Director creativo Creative Director **Maribel Quinto** Diseñador gráfico Graphic designer **Maribel Quinto**

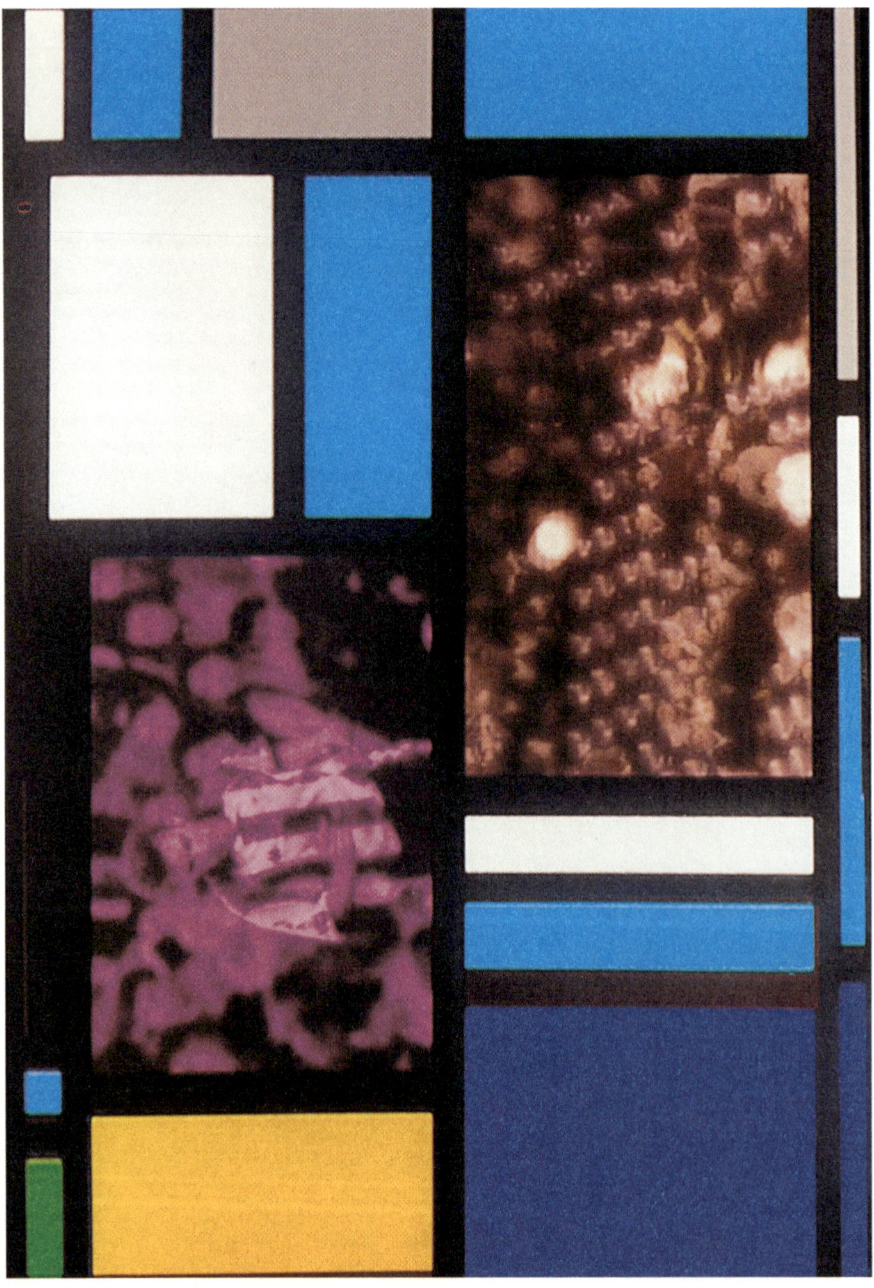

Título Title **Promo fútbol Mondrian** Autor Created by **Taquilla (Canal Satélite Digital)** Cliente Client **Taquilla (Canal Satélite Digital)** Grupo creativo Creative Group **Autopromoción Taquilla** Director creativo Creative Director **Javier Morales** Director de arte Art director **Javier Morales** Copy **Jordi Bayo** Diseñador gráfico Graphic designer **Ricardo Fernández** Realizador Director **Javier Morales**

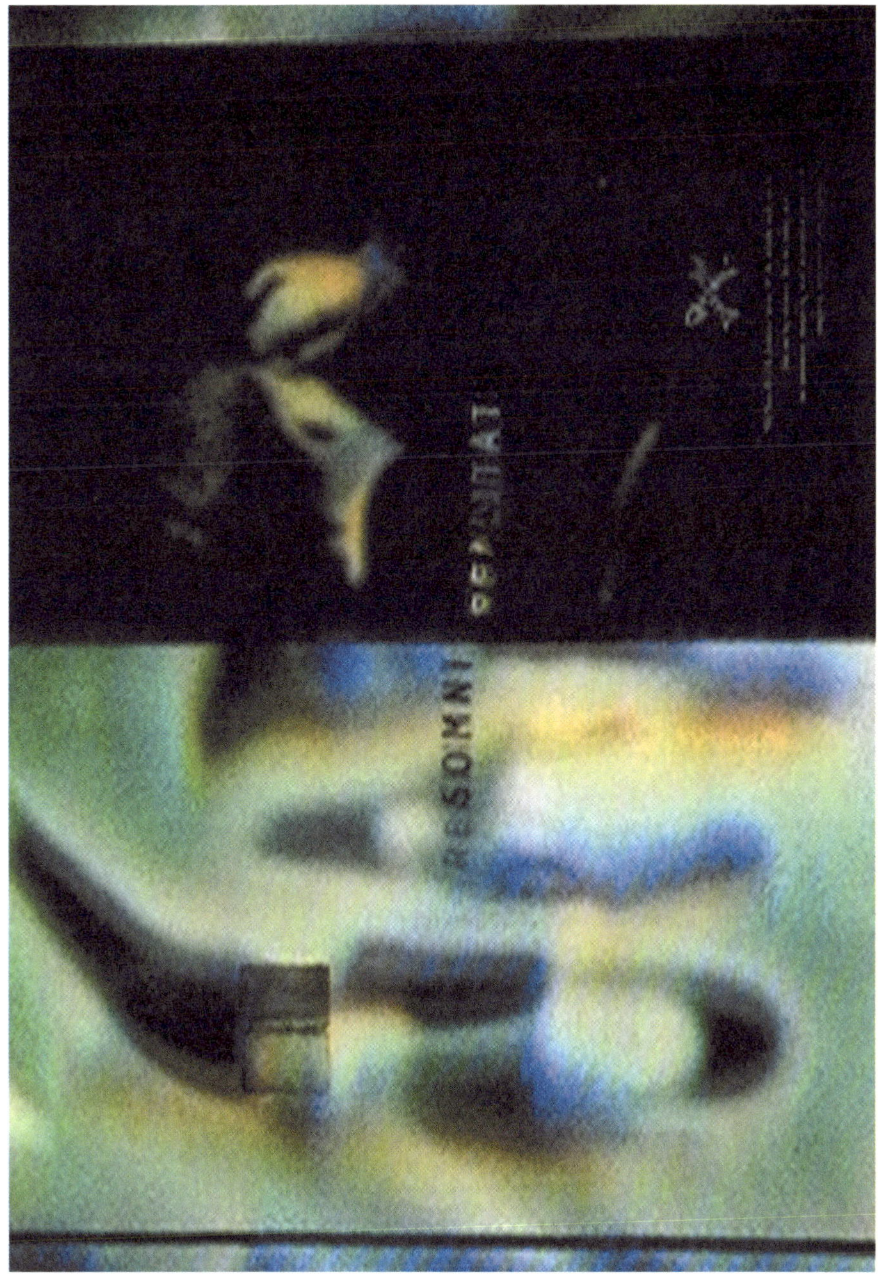

Título Title **Realitat o somni (Jarabe de Palo)** Autor Created by **Sira Viñolas** Cliente Client **Televisió de Catalunya** Grupo creativo Creative Group **Servei de disseny gràfic TVC** Agencia Agency **Servei de disseny gràfic TVC** Estudio Studio **Servei de disseny gràfic TVC** Director creativo Creative Director **Sira Viñolas** Diseñador gráfico Graphic designer **Sira Viñolas**

S|P

VIAJE A LOS SUEÑOS POLARES

Título Title **Línia Caretes 40 TV** Autor Created by **La Truka TV** Cliente Client **40 TV** Grupo creativo Creative Group **La Truka TV**

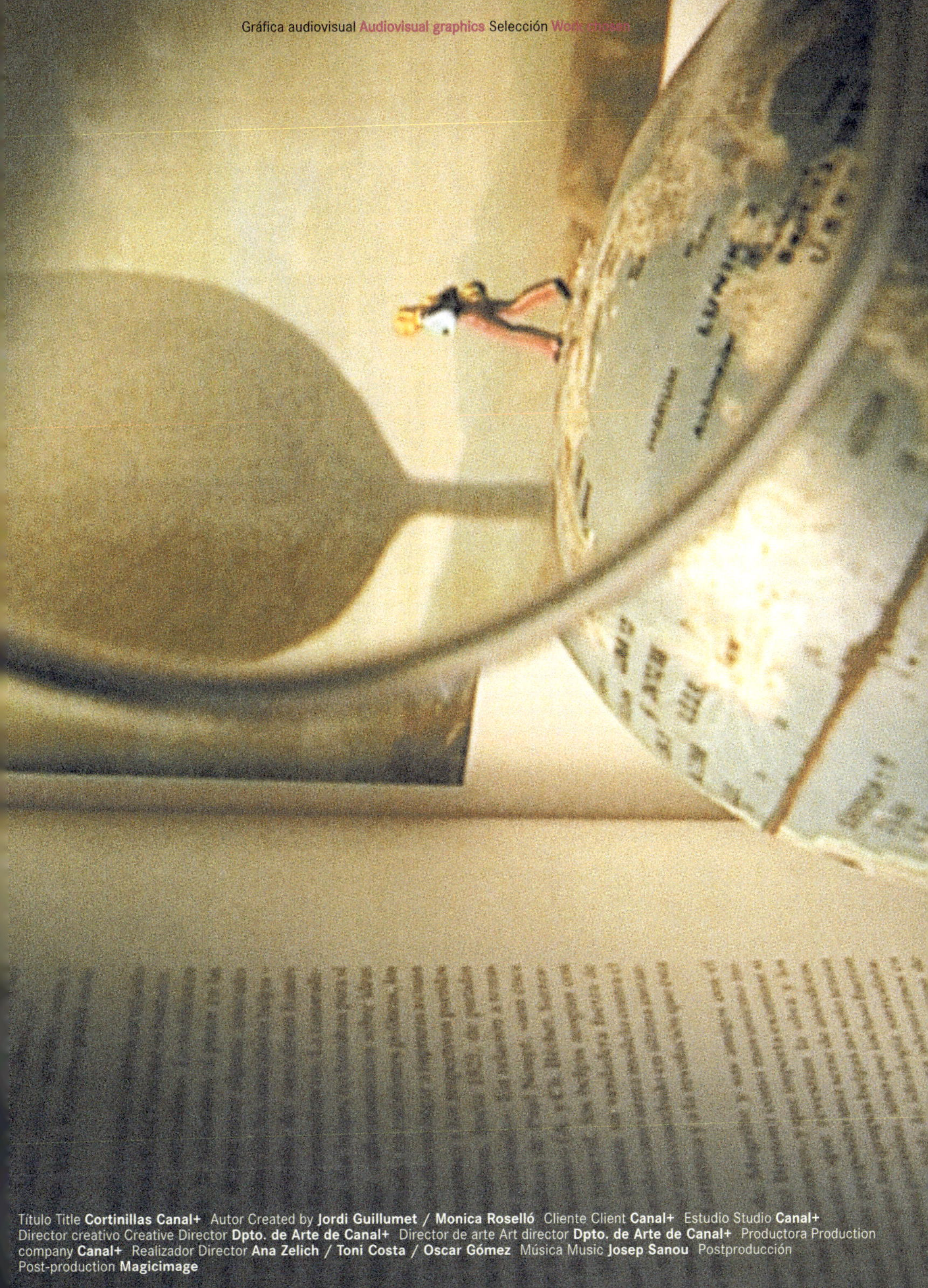

Título Title **Cortinillas Canal+** Autor Created by **Jordi Guillumet / Monica Roselló** Cliente Client **Canal+** Estudio Studio **Canal+** Director creativo Creative Director **Dpto. de Arte de Canal+** Director de arte Art director **Dpto. de Arte de Canal+** Productora Production company **Canal+** Realizador Director **Ana Zelich / Toni Costa / Oscar Gómez** Música Music **Josep Sanou** Postproducción Post-production **Magicimage**

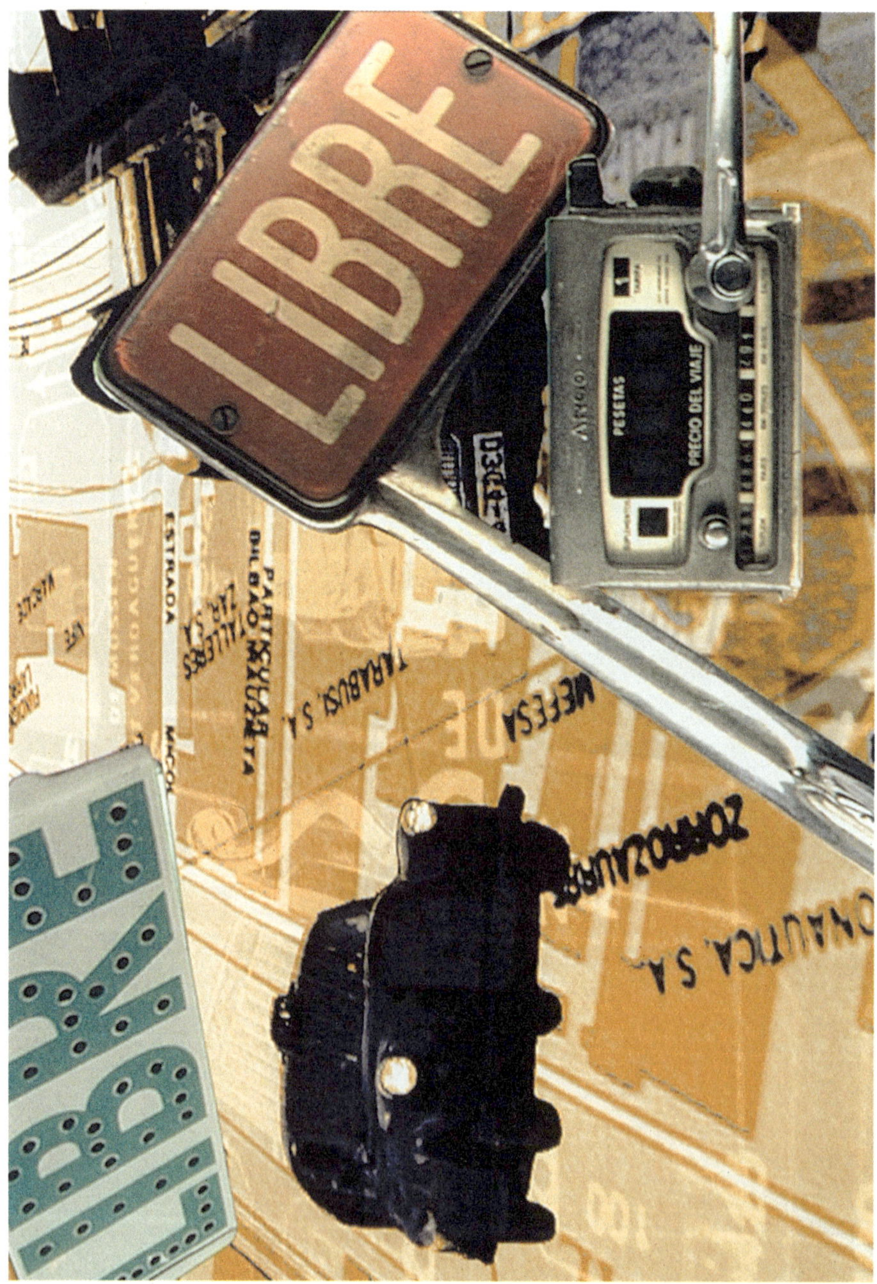

Título Title **Vivir rodando** Autor Created by **Jordi Martínez** Cliente Client **Canal+** Estudio Studio **Dpto. grafismo Canal+** Director creativo Creative Director **Dpto. grafismo Canal+** Director de arte Art director **Dpto. grafismo Canal+** Diseñador gráfico Graphic designer **Jordi Martínez** Productora Production company **Canal+**

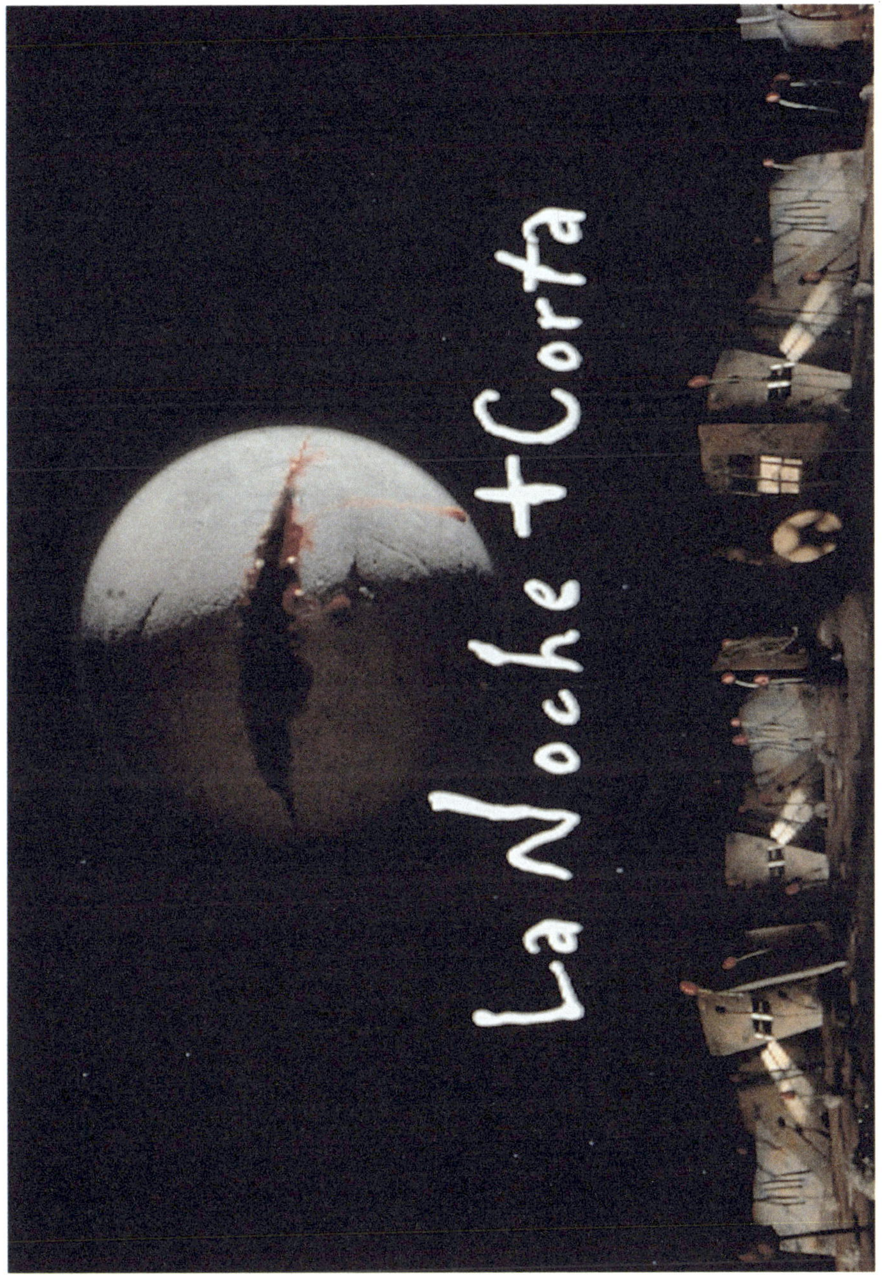

Título Title **La noche + corta** Autor Created by **Roger Fonts / Joaquim Ribes** Cliente Client **Canal+** Estudio Studio **Dpto. grafismo Canal+** Director de arte Art director **Juan Ramón Martín** Diseñador gráfico Graphic designer **Roger Fonts / Joaquín Ribes** Productora Production company **Canal+**

1962

1962

1962

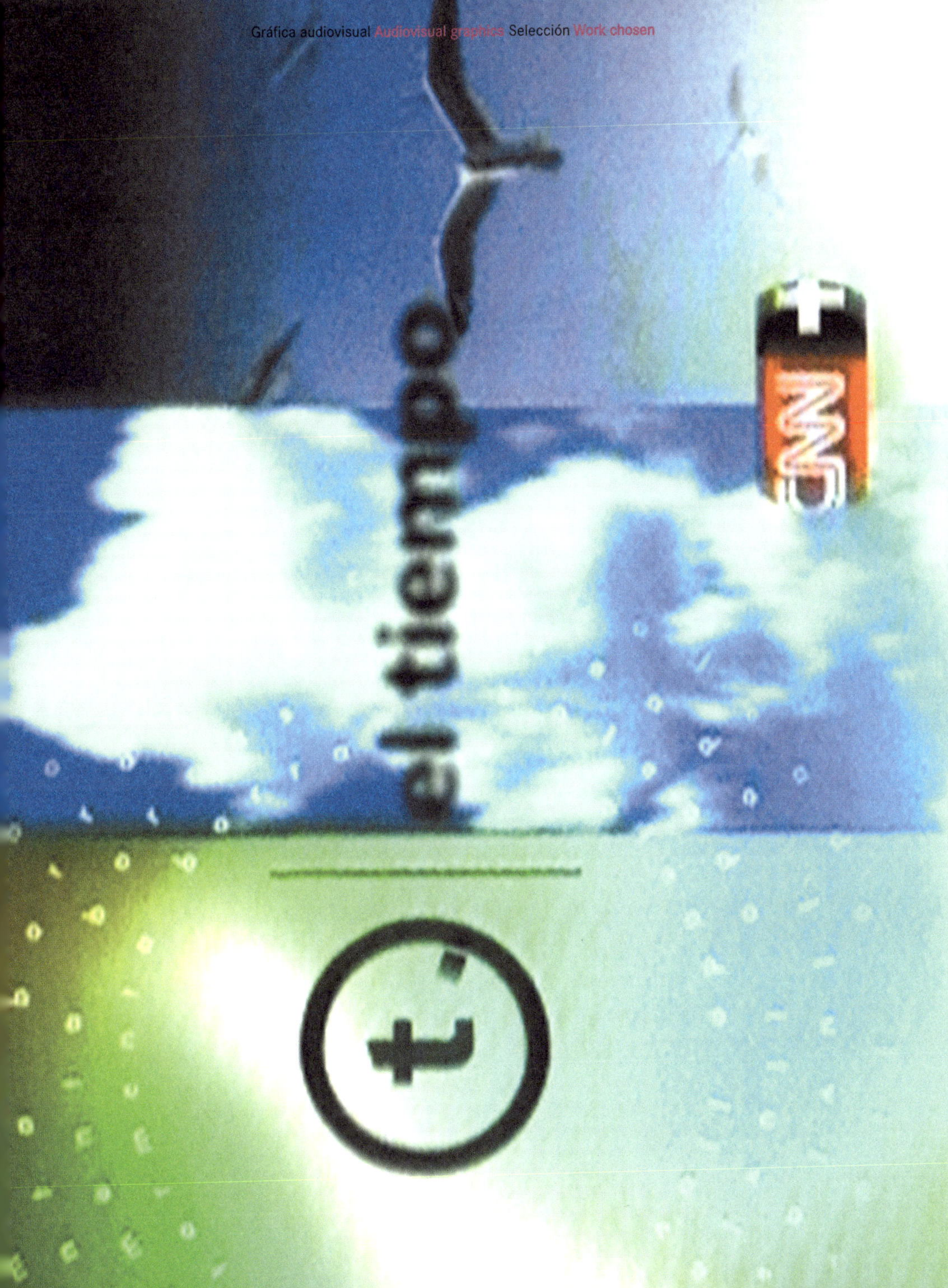

Título Title **Línia de caretes CNN+** Autor Created by **Magicimage** Cliente Client **CNN + (CINTV, S.L.)** Diseñador gráfico Graphic designer **Ana Zelich** Productora Production company **Magicimage** Realizador Director **Ana Zelich / Toni Costa** Música Music **Xavier Ibáñez**

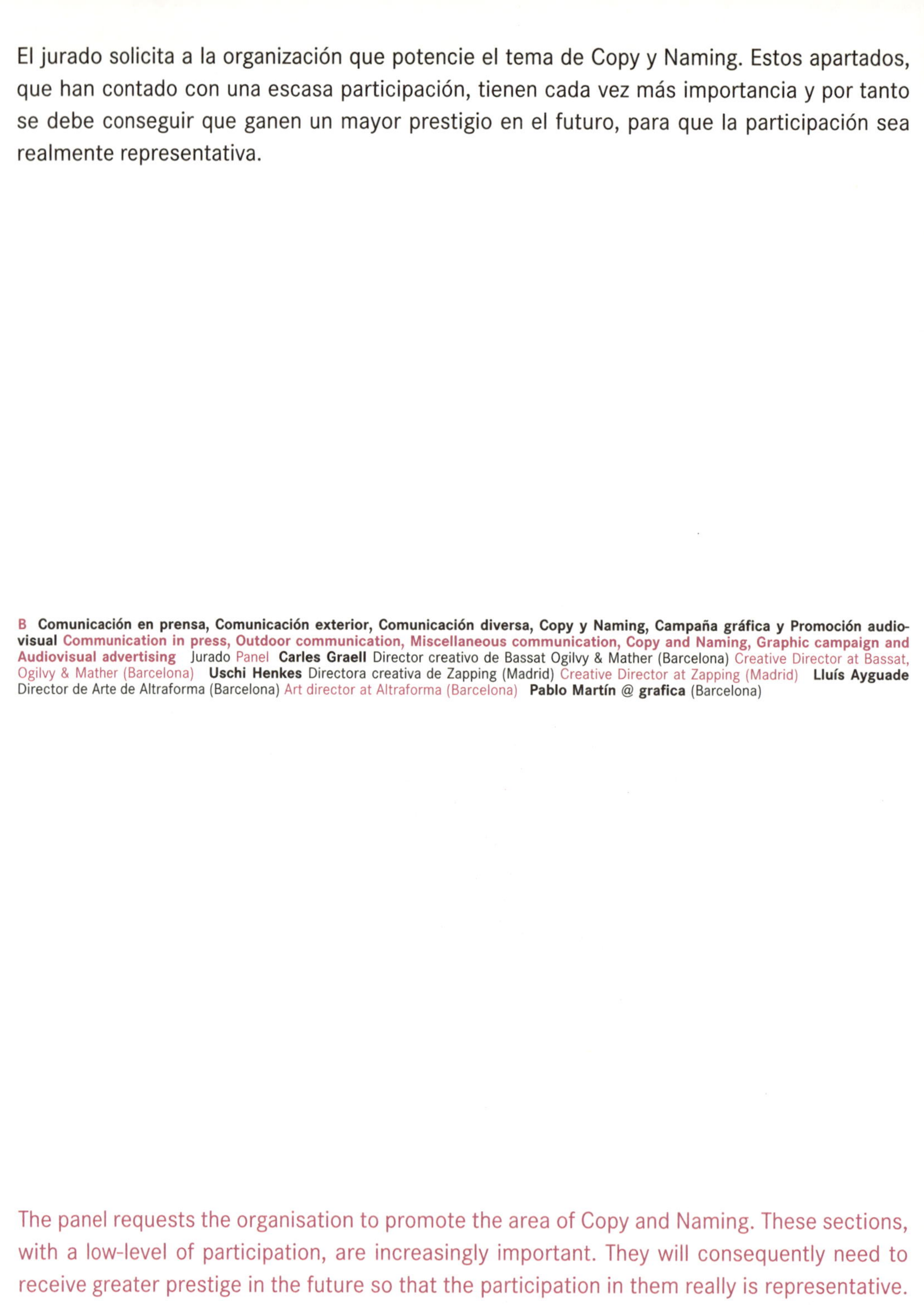

El jurado solicita a la organización que potencie el tema de Copy y Naming. Estos apartados, que han contado con una escasa participación, tienen cada vez más importancia y por tanto se debe conseguir que ganen un mayor prestigio en el futuro, para que la participación sea realmente representativa.

B **Comunicación en prensa, Comunicación exterior, Comunicación diversa, Copy y Naming, Campaña gráfica y Promoción audiovisual** **Communication in press, Outdoor communication, Miscellaneous communication, Copy and Naming, Graphic campaign and Audiovisual advertising** Jurado Panel **Carles Graell** Director creativo de Bassat Ogilvy & Mather (Barcelona) Creative Director at Bassat, Ogilvy & Mather (Barcelona) **Uschi Henkes** Directora creativa de Zapping (Madrid) Creative Director at Zapping (Madrid) **Lluís Ayguade** Director de Arte de Altraforma (Barcelona) Art director at Altraforma (Barcelona) **Pablo Martín @ grafica** (Barcelona)

The panel requests the organisation to promote the area of Copy and Naming. These sections, with a low-level of participation, are increasingly important. They will consequently need to receive greater prestige in the future so that the participation in them really is representative.

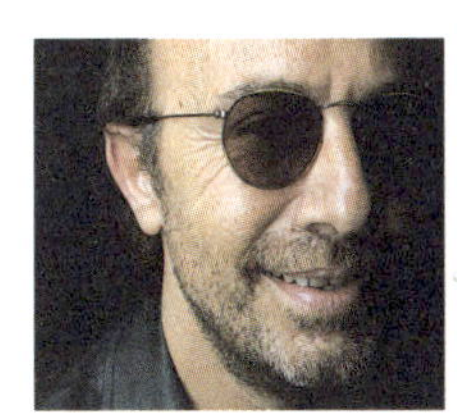
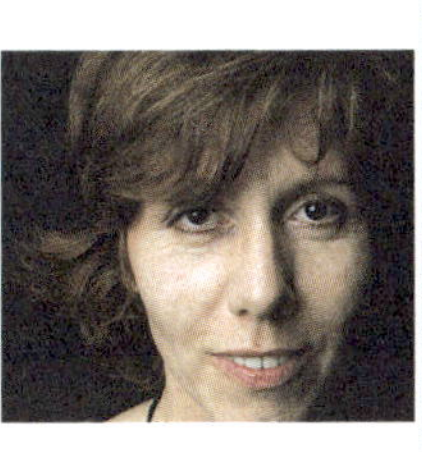
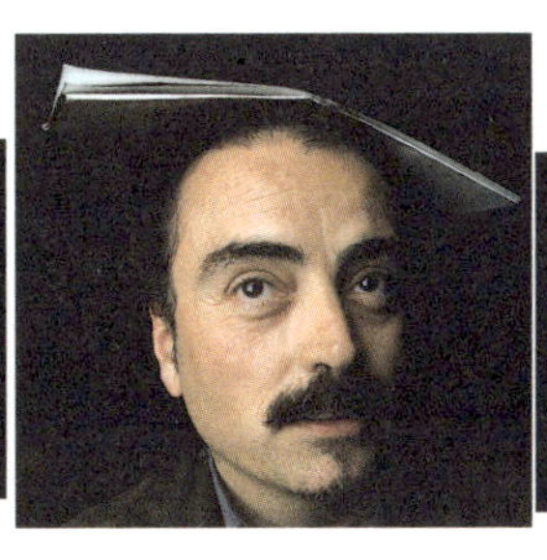
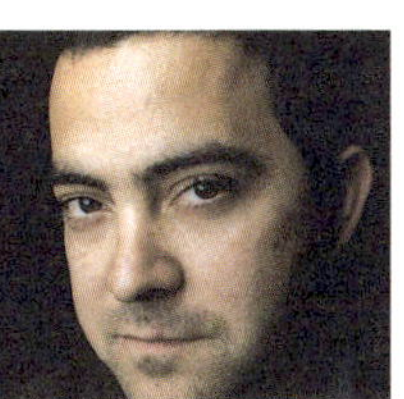

Comunicación en prensa Communication in press

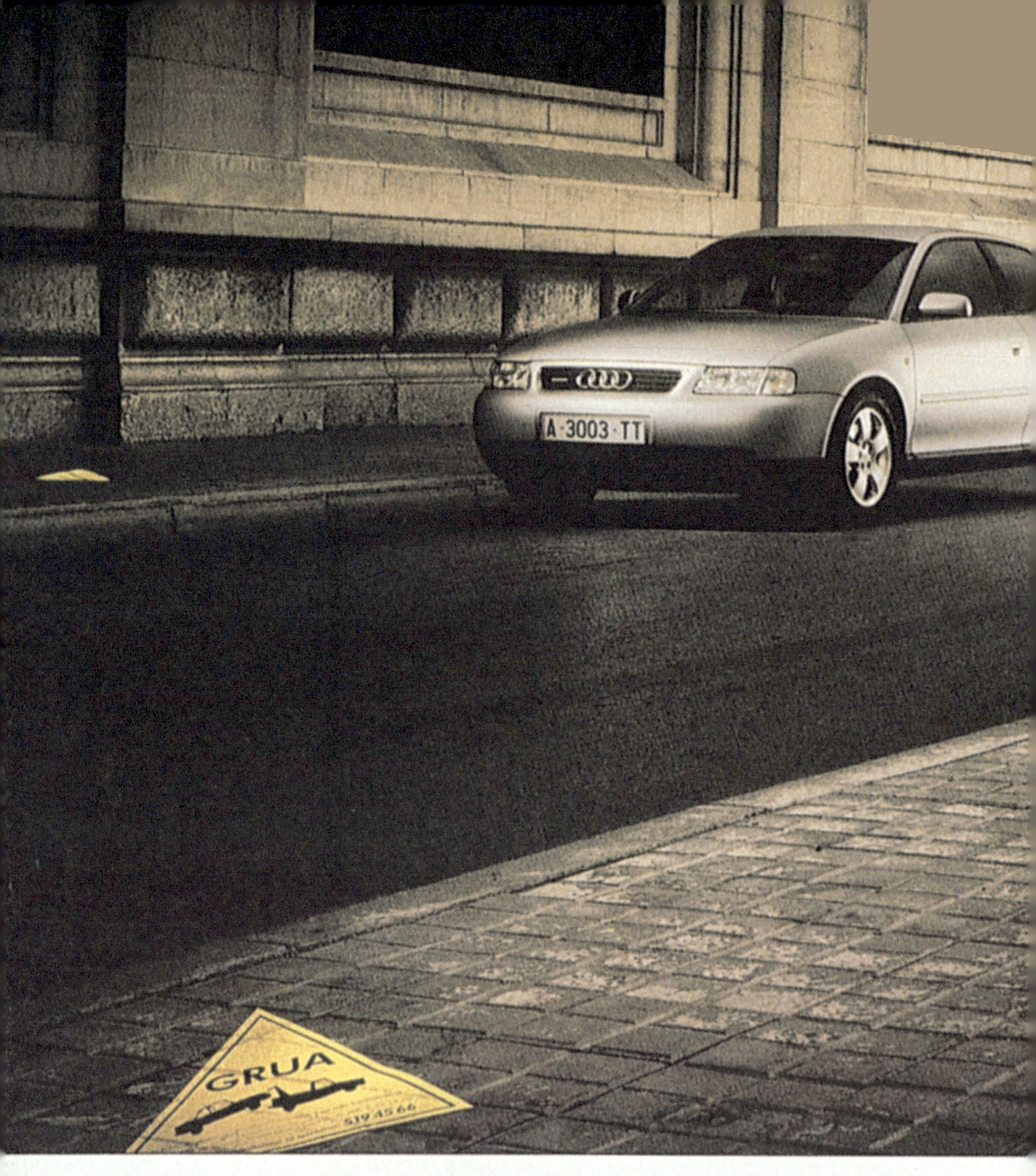

Nuevo Audi A3 quattro

Nada se ag

Título Title **Grua** Autor Created by **Tandem Campmany Guasch DDB, S.A.** Cliente Client **AUDI** Agencia Agency **Tandem Campmany Guasch DDB, S.A.** Grupo creativo Creative Group **J.L. Rois / A. Astorga / D. Ilario** Director creativo Creative Director **J.L. Rois / D. Ilario / A. Astorga** Director de arte Art director **D. Ilario / J. Badia.** Copy **A. Astorga / A. Binéfar**

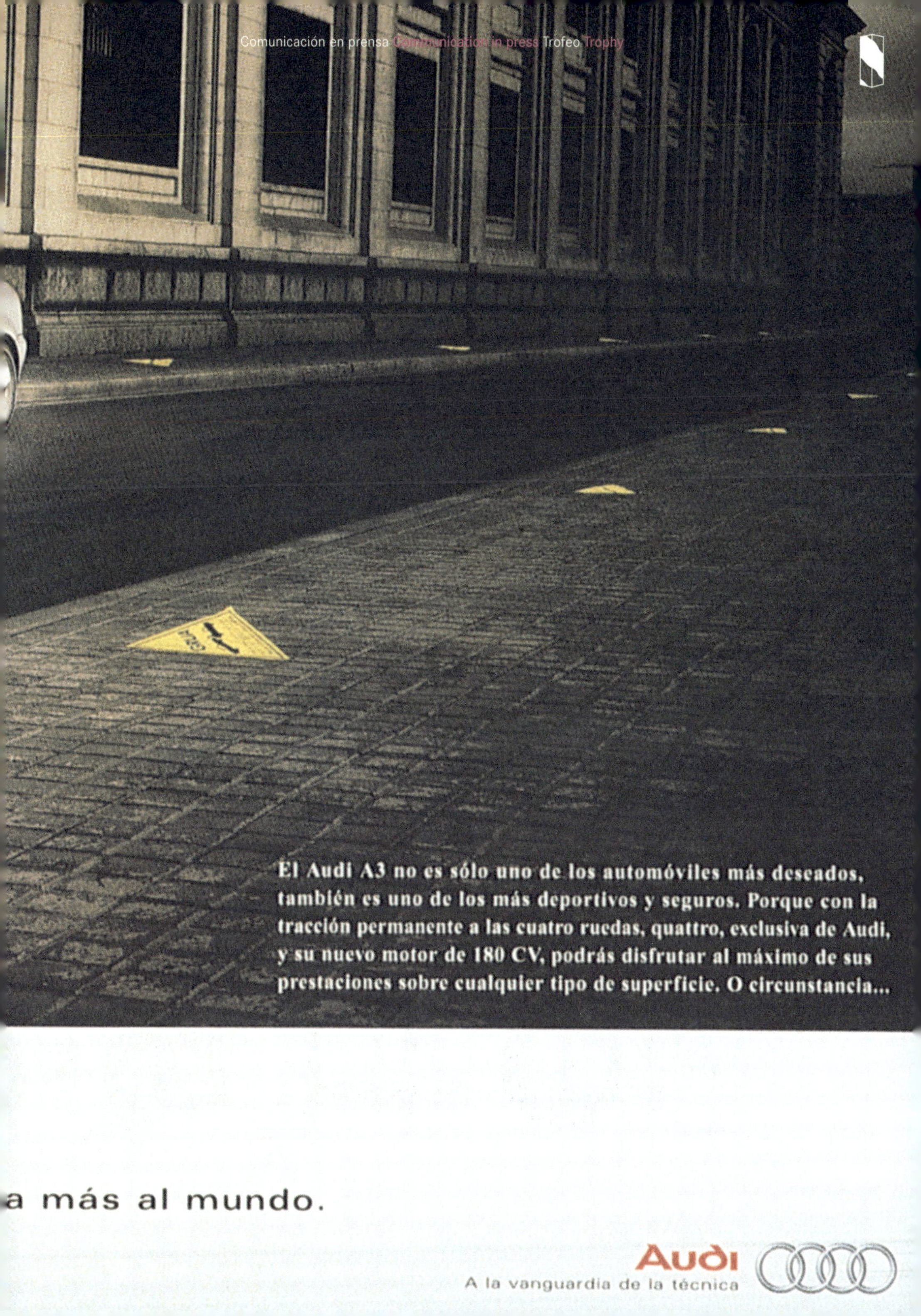

El Audi A3 no es sólo uno de los automóviles más deseados, también es uno de los más deportivos y seguros. Porque con la tracción permanente a las cuatro ruedas, quattro, exclusiva de Audi, y su nuevo motor de 180 CV, podrás disfrutar al máximo de sus prestaciones sobre cualquier tipo de superficie. O circunstancia...
a más al mundo.

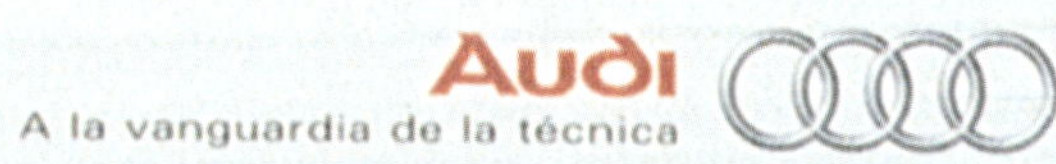
Audi
A la vanguardia de la técnica

Eddie Saeta instant lettering 144pt ÁMANOS O DÉJANOS 6/98 A

BARCELONA

ëèèéddd

iiiiiiiéée

sssàááà;

6/98 A

LLÁMAME: LUIS MIÑARRO.

Eddie Saeta SPACEMATIC heat resistant

Pasaje Permanyer, 14 08009 BARCELONA
Tel. 93 467 70 40 Fax 93 467 74 89

Título Title **Letraset** Autor Created by **Joan Finger / Jordi Almuni / Oscar Vidal de Vinizius Young & Rubicam** Cliente Client **Eddie Saeta** Grupo creativo Creative Group **J. Finger / J. Almuni** Agencia Agency **Vinizius Young & Rubicam** Estudio Studio **Vinizius Young & Rubicam** Grupo creativo Creative Group **Jordi Almuni** Director de arte Art director **Jordi Almuni** Copy **Oscar Vidal / J. Finger** Diseñador gráfico Graphic designer **Xavier Siles** Fotógrafo Photographer **Sergi Centelles**

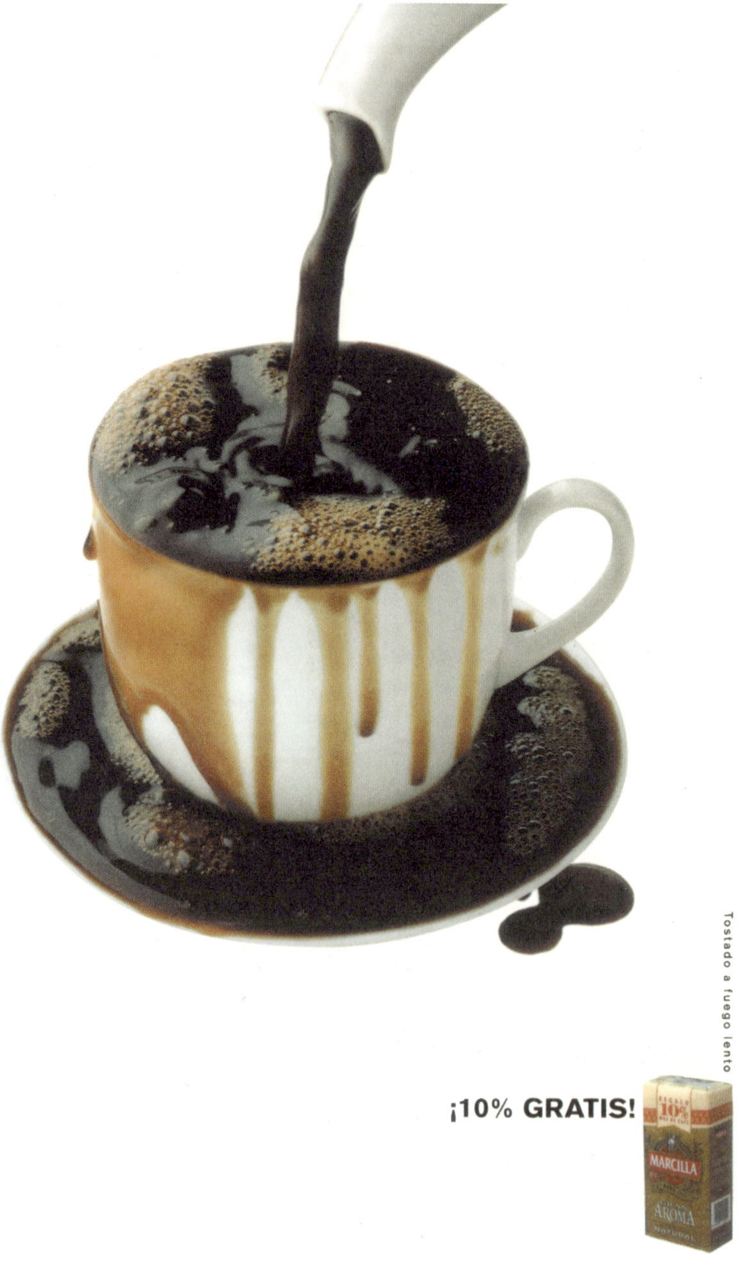

Tostado a fuego lento

¡10% GRATIS!

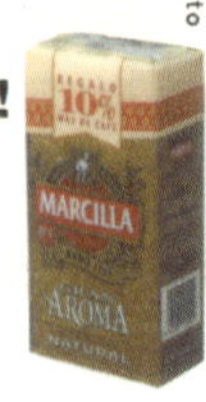

Título Title **10% gratis!** Autor Created by **Tiempo/BBDO** Cliente Client **Marcilla** Agencia Agency **Tiempo/BBDO** Director creativo Creative Director **Víctor Curto** Director de arte Art director **Félix Marimón** Copy **Laura García** Fotógrafo Photographer **Carlos Suárez**

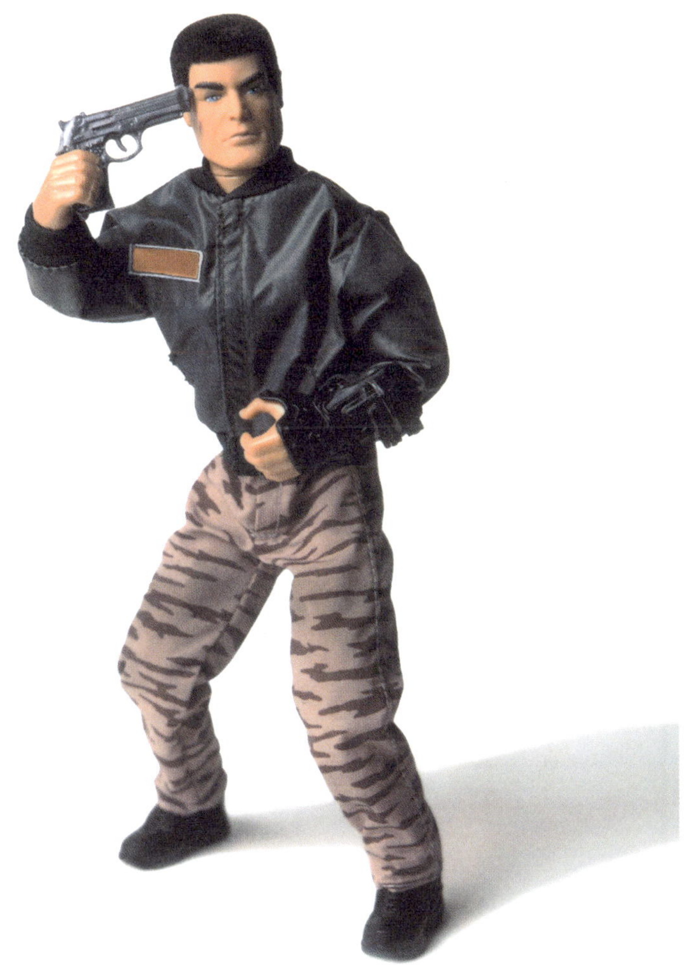

AHORA NINTENDO 64
POR SÓLO 19.900 PTA.

NINTENDO 64

Título Title **Action man** Autor Created by **FCB/Tapsa** Cliente Client **Nintendo** Agencia Agency **FCB/Tapsa** Director creativo Creative Director **Julián Zuazo** Director de arte Art director **Iñaki Bendito / Eduardo Martínez Gil** Copy **Miguel Bueno / Martín Ostiglia** Fotógrafo Photographer **Leila Méndez**

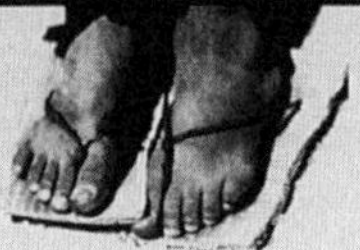

Enhorabona. Gràcies al teu suport,
el teu equip de futbol
ha pogut gastar-se milers de milions
en nous fitxatges.

Pagar 4.000 milions de pessetes per un jugador s'ha convertit no només en un fet real, sinó en un fet comú estès. Qui no pot fer-ho? Qui no ho fa? Avui, quan es parla d'aconseguir la llibertat per fitxar un jugador, es parla en termes de milers de milions. No obstant, quan es tracta d'aconseguir la pau, la justícia i la solidaritat d'un poble sencer, amb prou feines es parla en milers de pessetes. Multiplicar aquests recursos és la feina de Cooperacció. Amb projectes que volen assolir l'autosuficiència i el desenvolupament dels països pobres. Cooperar perquè deixin de dependre de nosaltres. I ho estem aconseguint. Però mai no n'hi ha prou. Perquè depenem de tu.

Depenem del fet que ara decideixis fer-te sòcia i soci d'un equip que mai et fallarà, que sempre aconseguirà la victòria.

Truca'ns al 93 318 34 25.

E-mail acci@arrakis.es

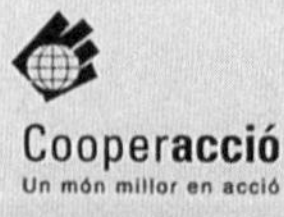

Título Title **Campanya Cooperacció** Autor Created by **Estudi David Espluga** Cliente Client **Cooperacció** Grupo creativo Creative Group **David Espluga + Marc Ros** Agencia Agency **Estudi David Espluga** Director de arte Art director **David Espluga** Copy **Marc Ros** Colaboradores Contributors **Xavi Gassol / Laura Armet**

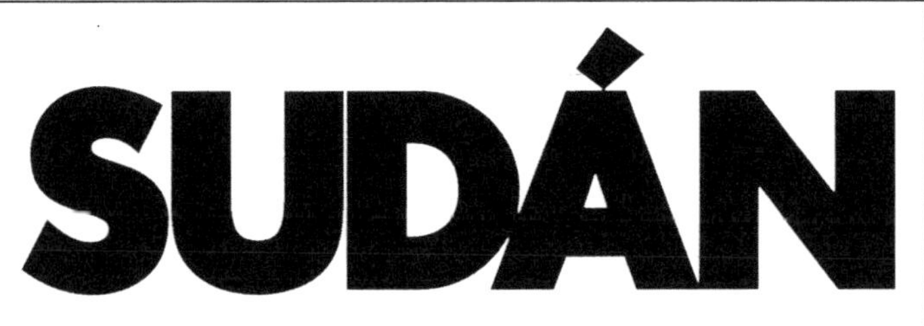

SUDÁN

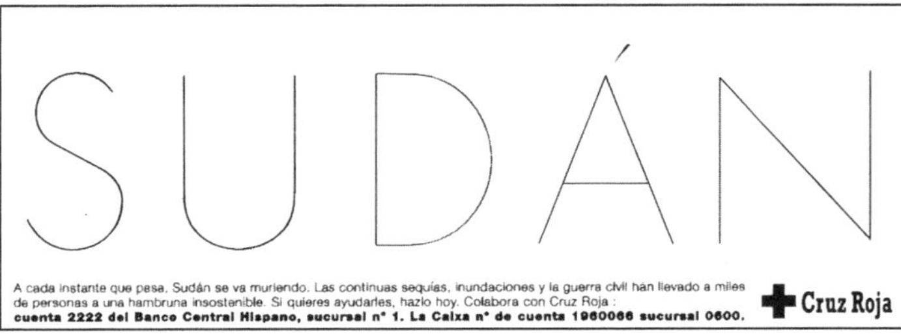

Título Title **Sudán** Autor Created by **Grey Trace** Cliente Client **Cruz Roja** Grupo creativo Creative Group **Agustín Vaquero / Pablo Torreblanca / Gerardo Silva** Agencia Agency **Grey Trace** Estudio Studio **El Callejón del Arte** Director creativo Creative Director **Pablo Torreblanca / Gerardo Silva** Director de arte Art director **Pablo Rodríguez** Copy **Eduardo Guerrero**

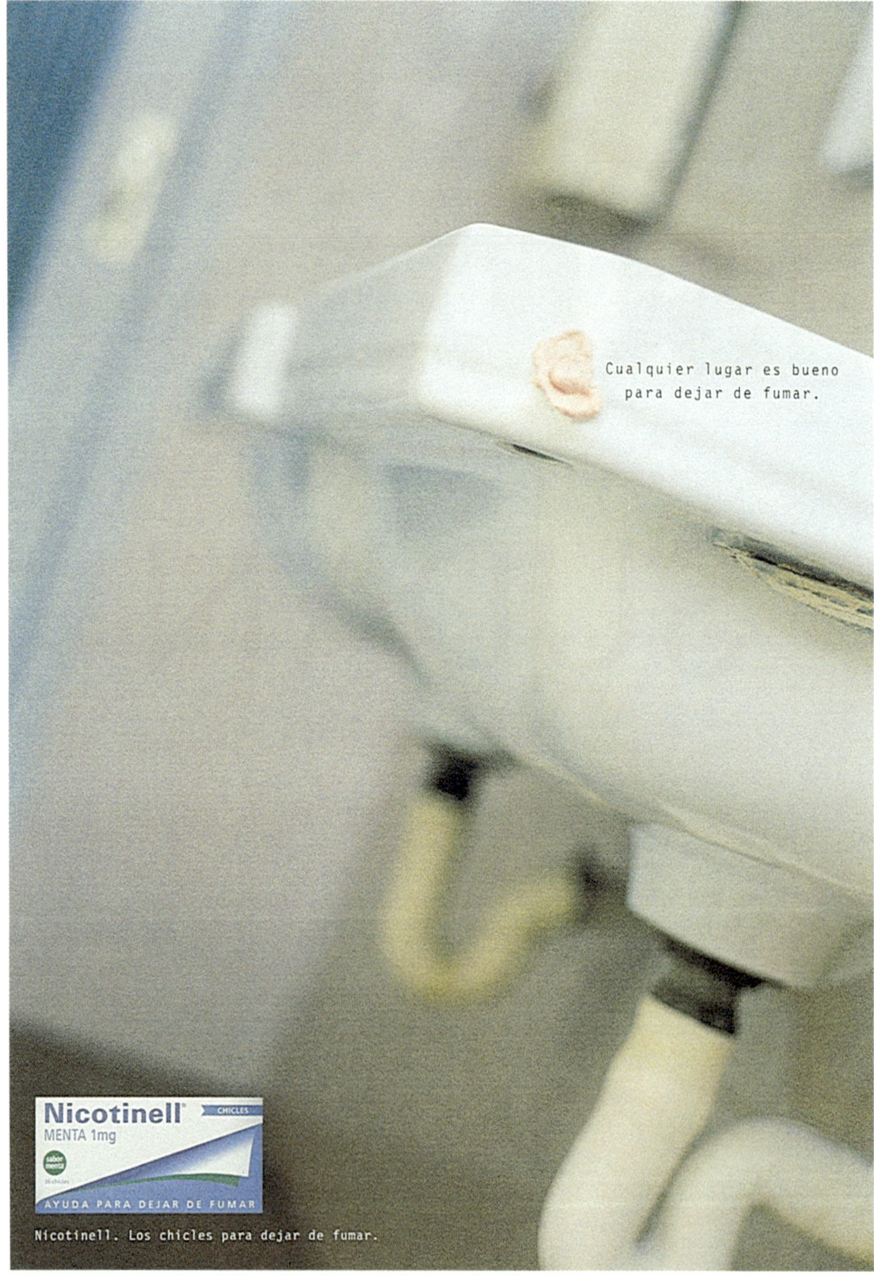

Título Title **Xiclets** Autor Created by **Grey Trace** Cliente Client **Nicotinell** Grupo creativo Creative Group **Agustín Vaquero / Gerardo Díaz / Xavier Solé** Agencia Agency **Grey Trace** Director creativo Creative Director **Agustín Vaquero** Director de arte Art director **Xavier Solé** Copy **Gumersindo Díaz** Fotógrafo Photographer **Miriam Negre**

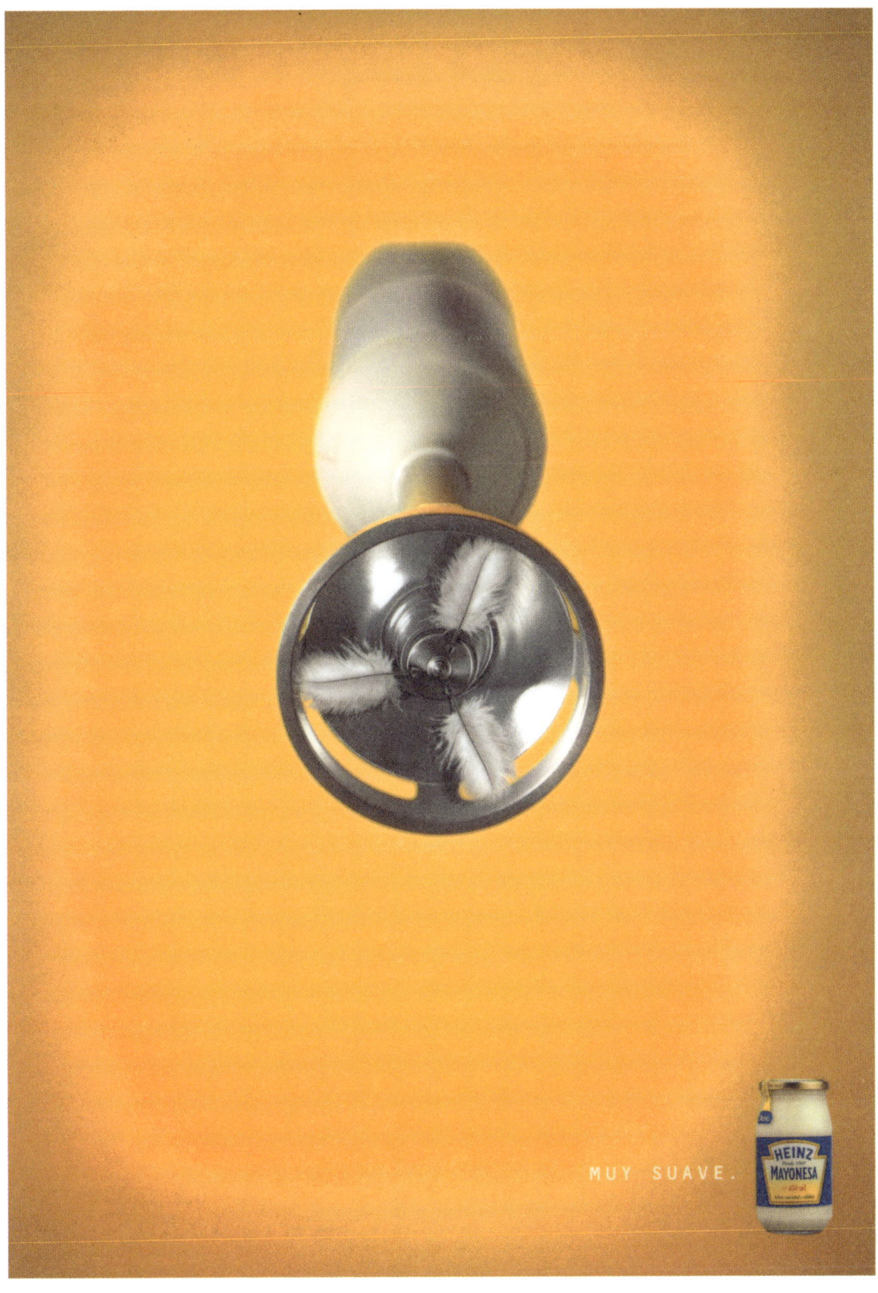

Título Title **Plumas** Autor Created by **Young & Rubicam, S.A.** Cliente Client **Heinz Mayonesa** Agencia Agency **Young & Rubicam, S.A.** Director creativo Creative Director **José María Pujol** Director de arte Art director **Julita Pequeño** Copy **Idoia González** Fotógrafo Photographer **Iñaki Preysler**

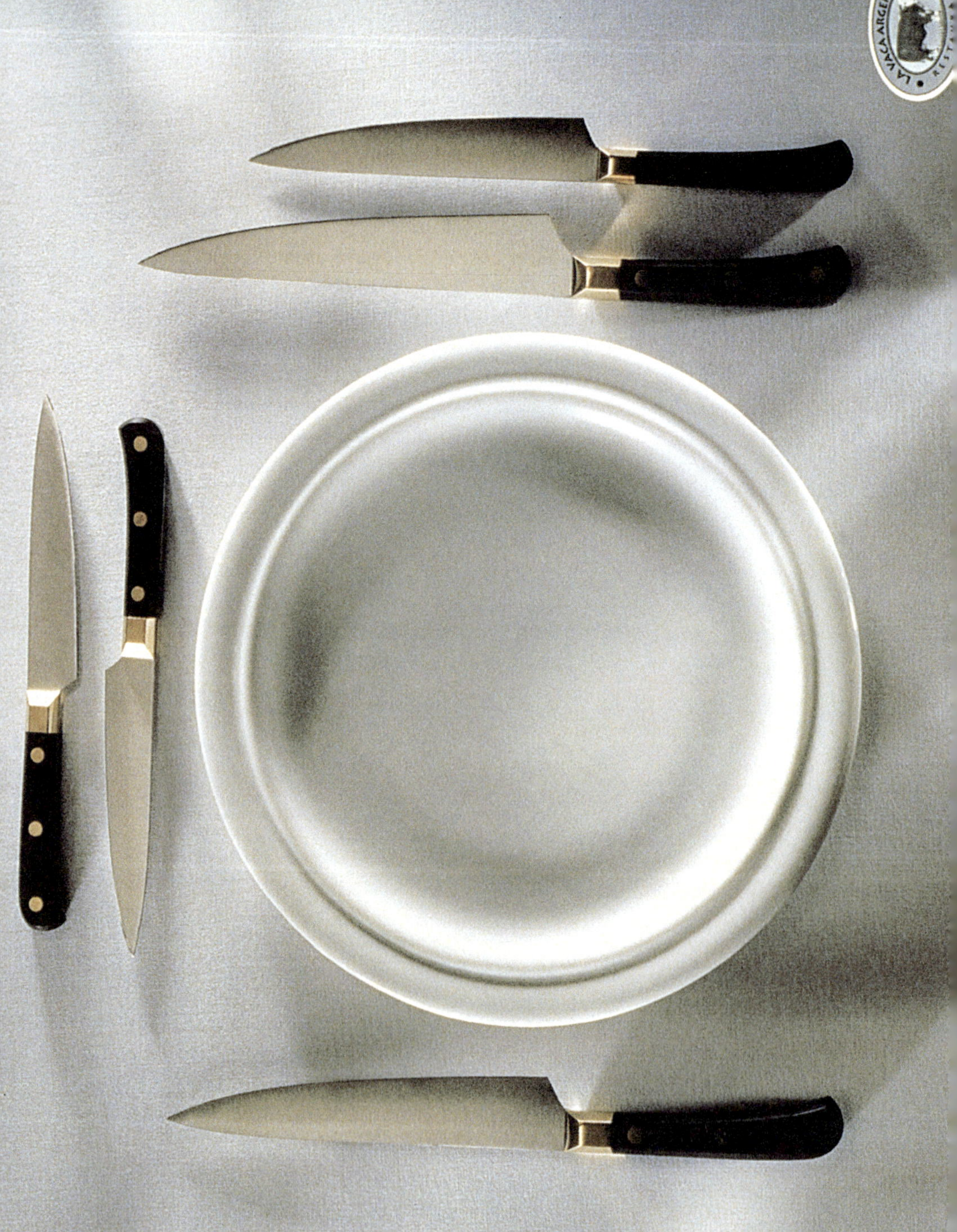

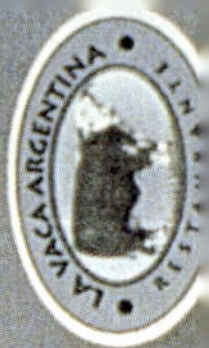

Título Title **Cuchillos** Autor Created by **Ruiz Nicoli** Cliente Client **La vaca argentina** Agencia Agency **Ruiz Nicoli** Director creativo Creative Director **Ana Hidalgo / Arturo López** Director de arte Art director **Laura Parias** Copy **Paco Ruiz Nicoli** Fotógrafo Photographer **Alfonso Zubiaga**

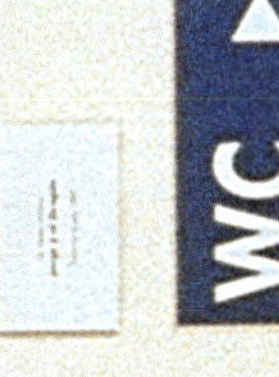

W.C.

10-24 septiembre
GALERIA RINA BOUWEN
Pintura Erótica Española Contemporánea

Título Title **WC** Autor Created by **Young & Rubicam, S.A.** Cliente Client **Rina Bouwen - Galería de Arte** Agencia Agency **Young & Rubicam, S.A.** Director creativo Creative Director **José María Pujol / M.M. Márquez** Director de arte Art director **Judith Francisco** Copy **José María Pujol / M.M. Márquez** Fotógrafo Photographer **Carmela Cabeza**

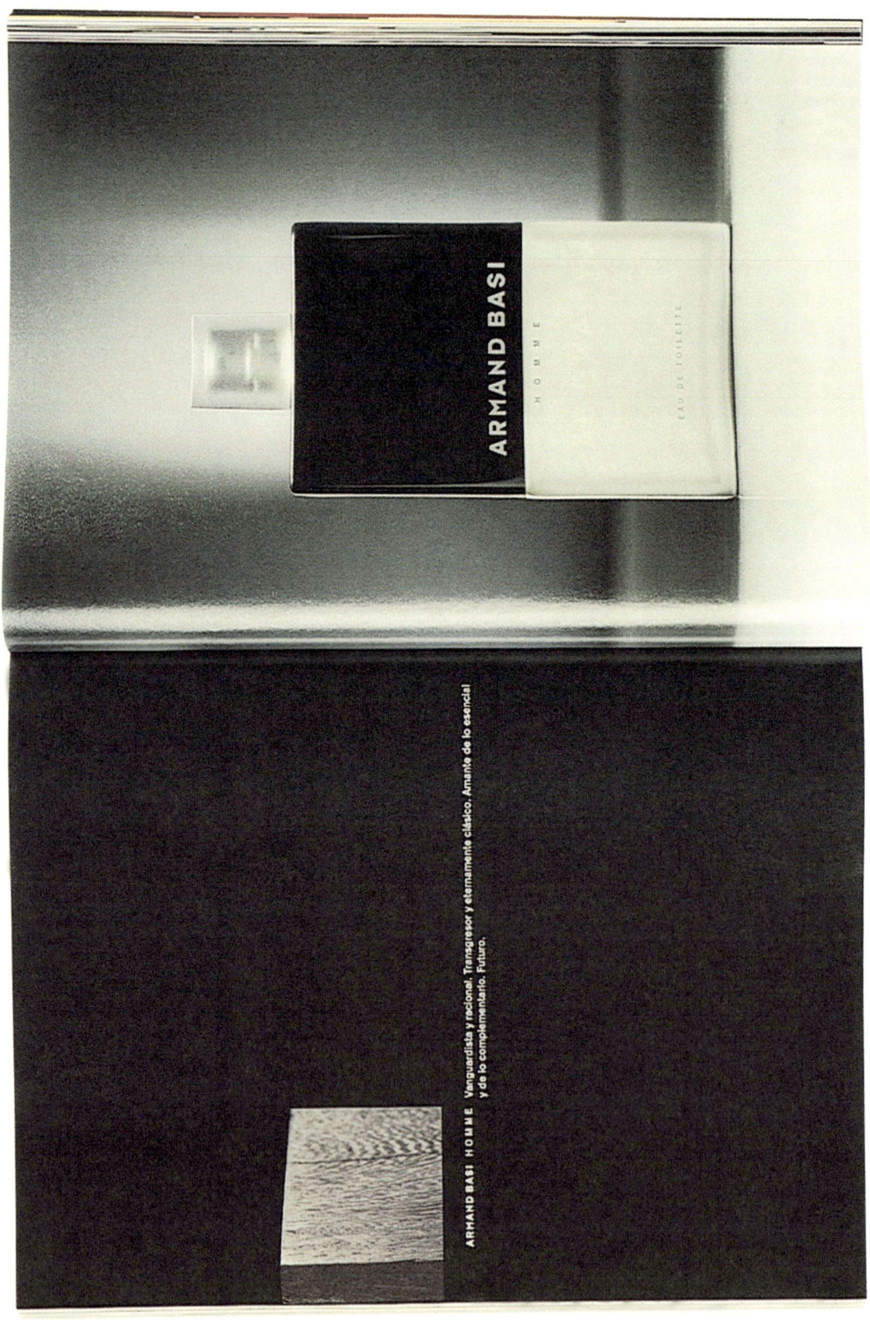

Título Title **Armand Basi Fragances** Autor Created by **Pati Núñez, Antoni Arola & Dayax** Cliente Client **IDESA Parfums, S.A.** Agencia Agency **Dayax** Estudio Studio **Pati Núñez Associats** Director creativo Creative Director **Dayax** Director de arte Art director **Pati Núñez & Antoni Arola** Copy **Dayax** Diseñador gráfico Graphic designer **Pati Núñez & Fernando Naharro** Fotógrafo Photographer **Jordi Sarrà**

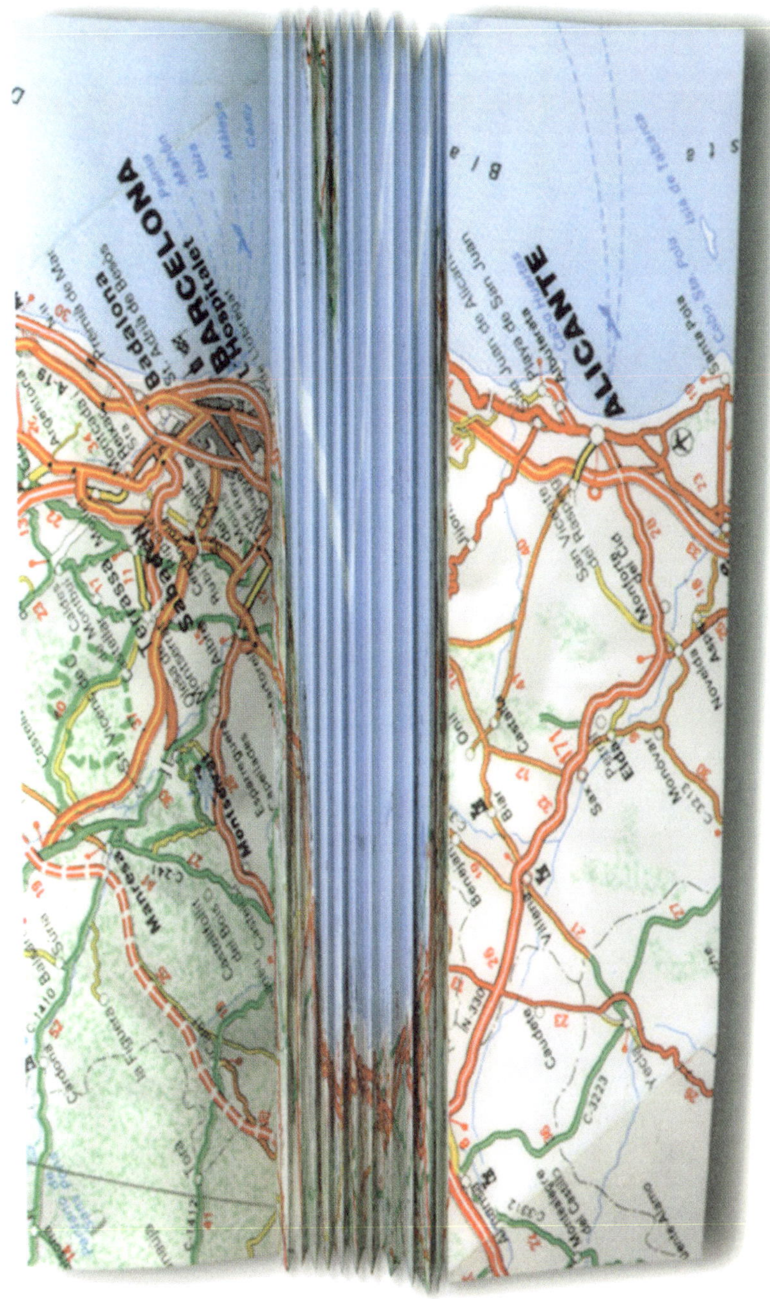

Título Title **Mapa** Autor Created by **FCB/Tapsa** Cliente Client **RENFE** Agencia Agency **FCB/Tapsa** Director creativo Creative Director **Julián Zuazo** Director de arte Art director **Carlos Spottorno** Copy **José Carnero** Fotógrafo Photographer **Iñaki Preysler** Ilustrador Illustrator **Eugenio Ramos**

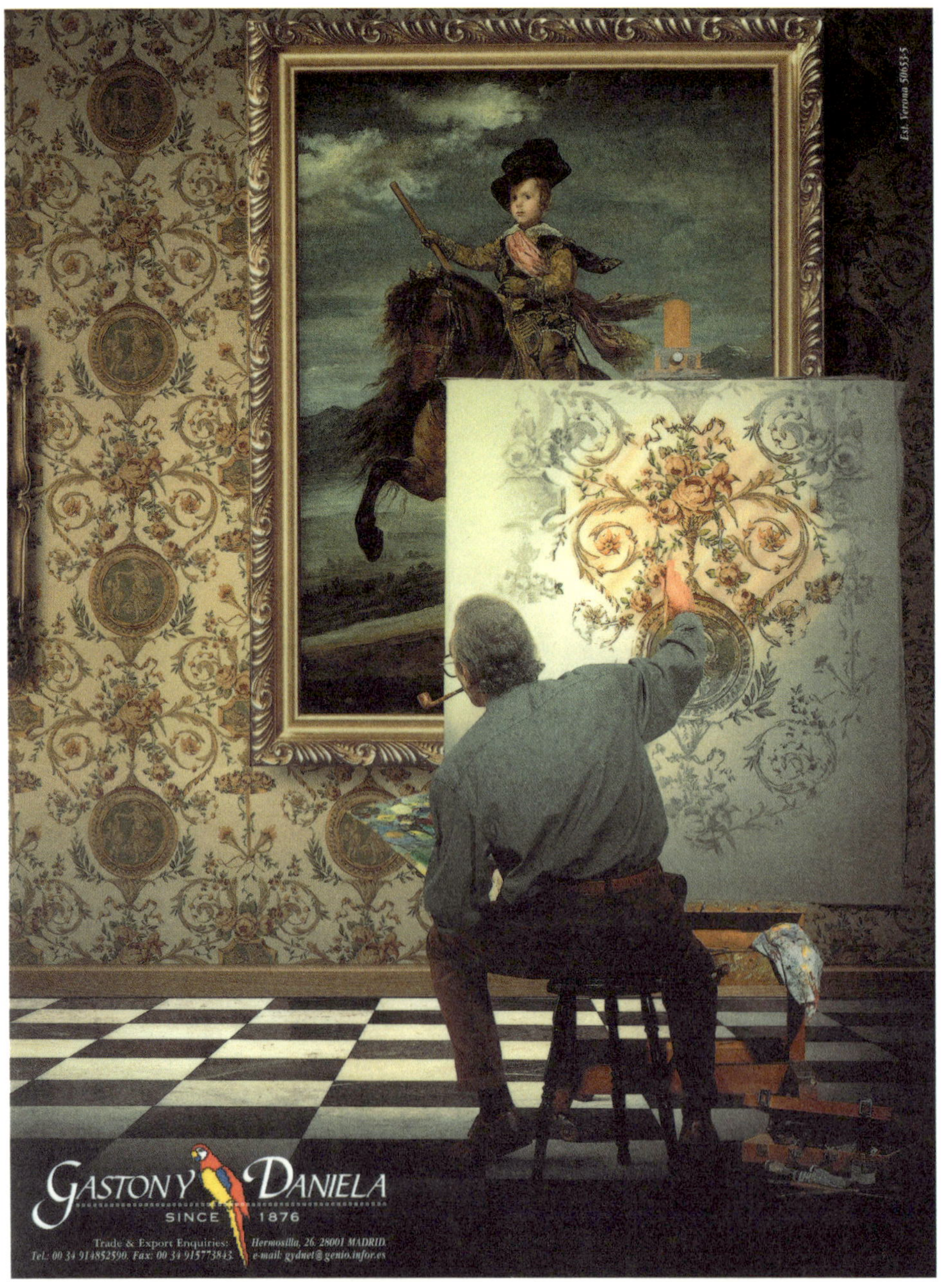

Título Title **Copista** Autor Created by **Ammirati Puris Lintas** Cliente Client **Gastón y Daniela** Agencia Agency **Ammirati Puris Lintas** Estudio Studio **Borrón** Director creativo Creative Director **Lorena Moreno** Director de arte Art director **José Antonio Bosch / Augusto Marín** Fotógrafo Photographer **Carlos Yebra**

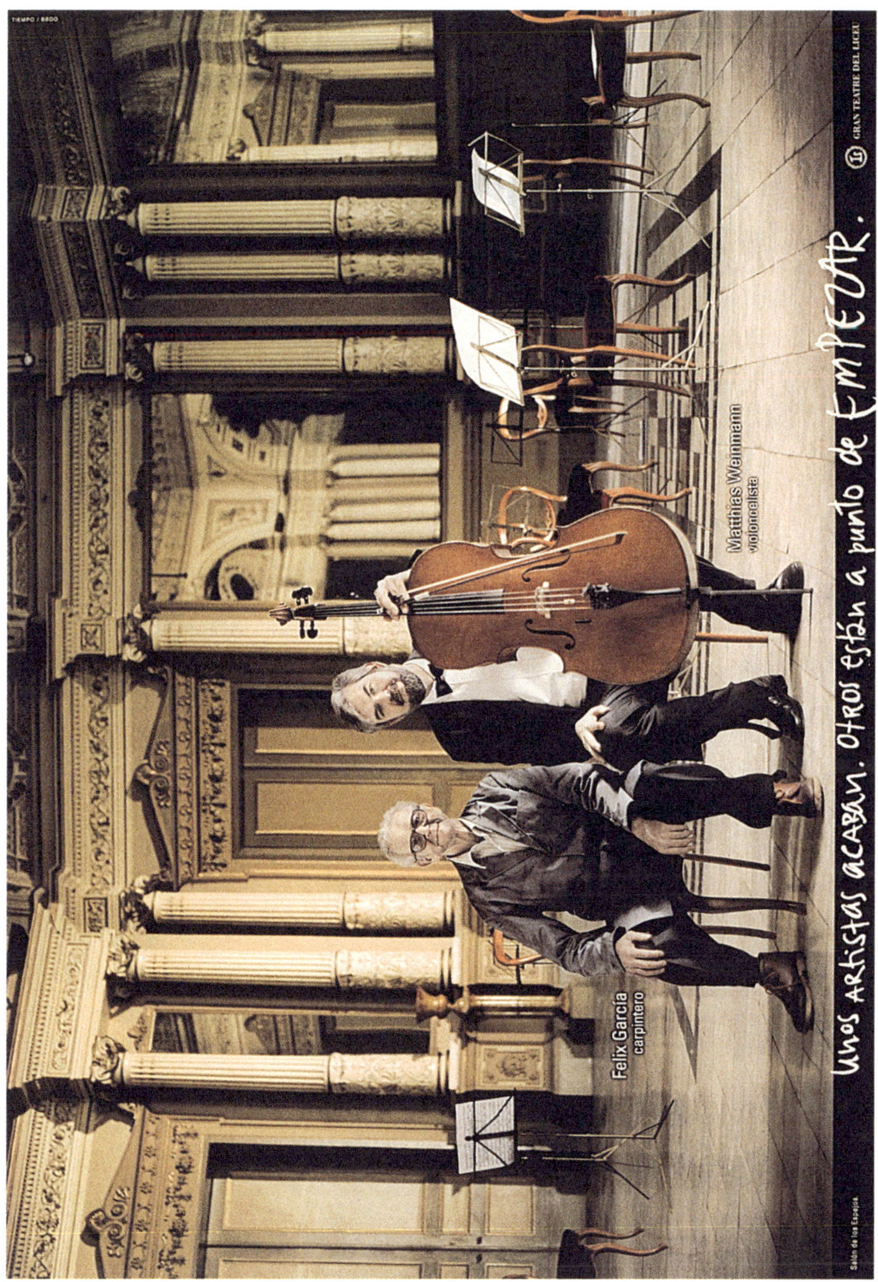

Título Title **Sastra, Regidora, Cantante de coro, Violoncelista (Relevo)** Autor Created by **Tiempo/BBDO** Cliente Client **Gran Teatre del Liceu** Agencia Agency **Tiempo/BBDO** Director creativo Creative Director **Siscu Molina** Director de arte Art director **Jordi Comas** Copy **Siscu Molina / Eva Conesa** Fotógrafo Photographer **Manel Ruiz**

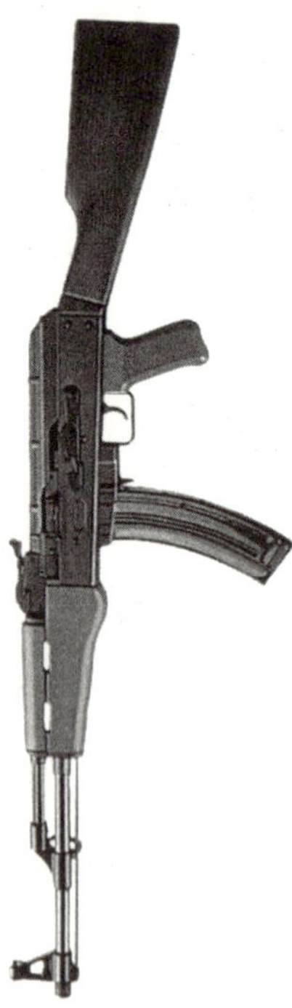

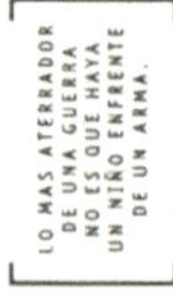

Título Title **Metralleta** Autor Created by **Grey Trace** Cliente Client **Cruz Roja** Grupo creativo Creative Group **Agustín Vaquero / Pablo Torreblanca / Gerardo Silva** Agencia Agency **Grey Trace** Estudio Studio **El Callejón del Arte** Director creativo Creative Director **Pablo Torreblanca / Gerardo Silva** Director de arte Art director **Pablo Rodríguez** Copy **Eduardo Guerrero**

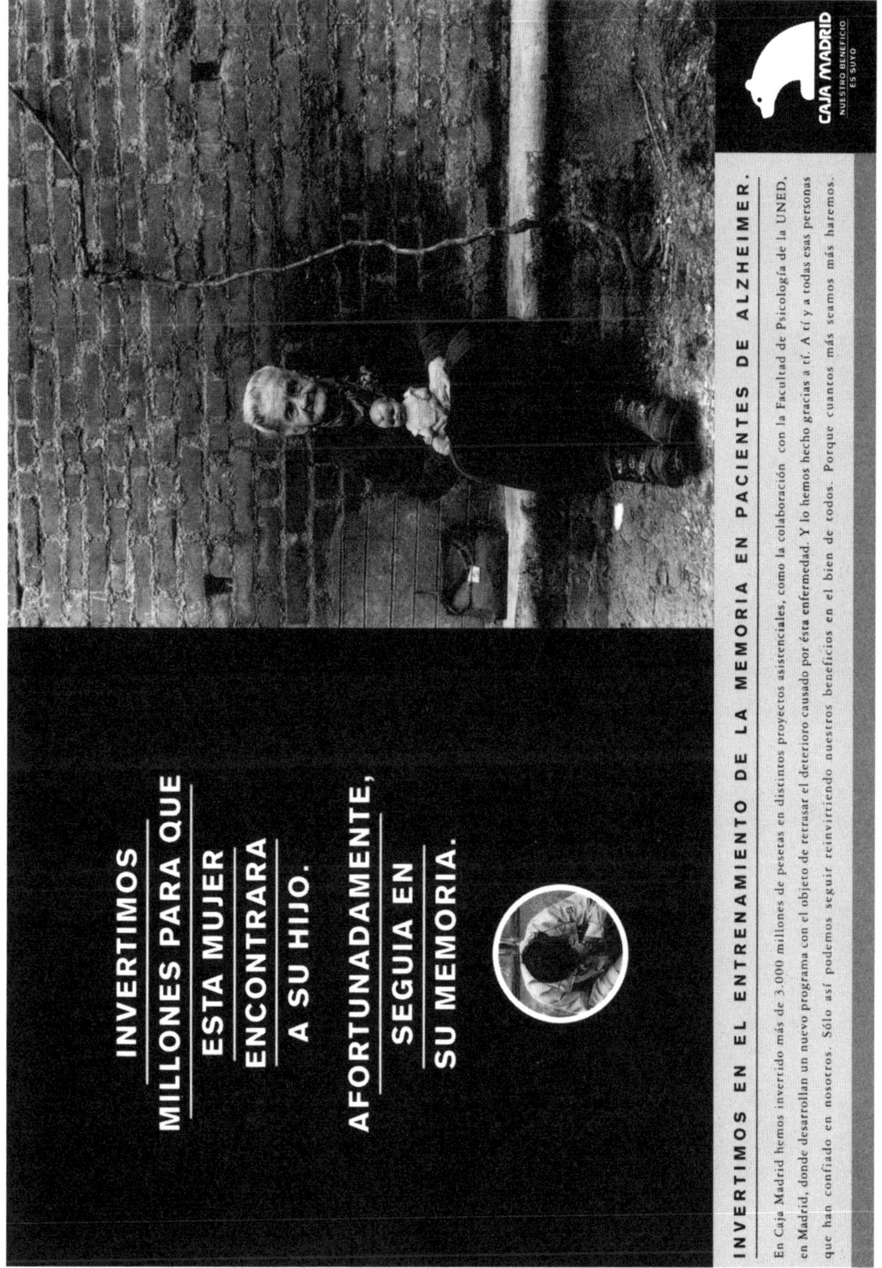

Título Title **Obra social** Autor Created by **FCB/Tapsa** Cliente Client **Caja Madrid** Agencia Agency **FCB/Tapsa** Director creativo Creative Director **Julián Zuazo** Director de arte Art director **Iñaki Bendito** Copy **Miguel Bueno** Fotógrafo Photographer **Image Bank**

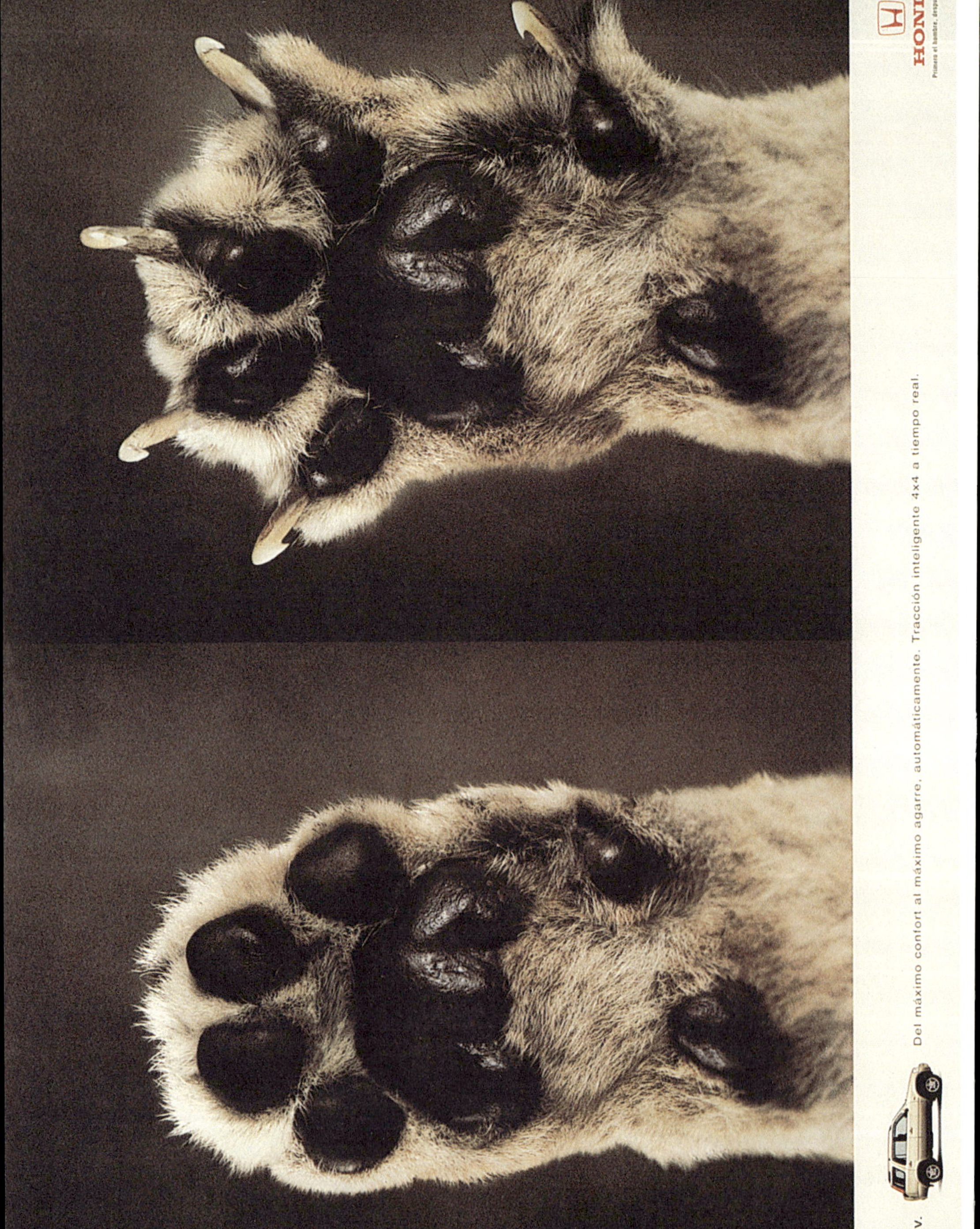

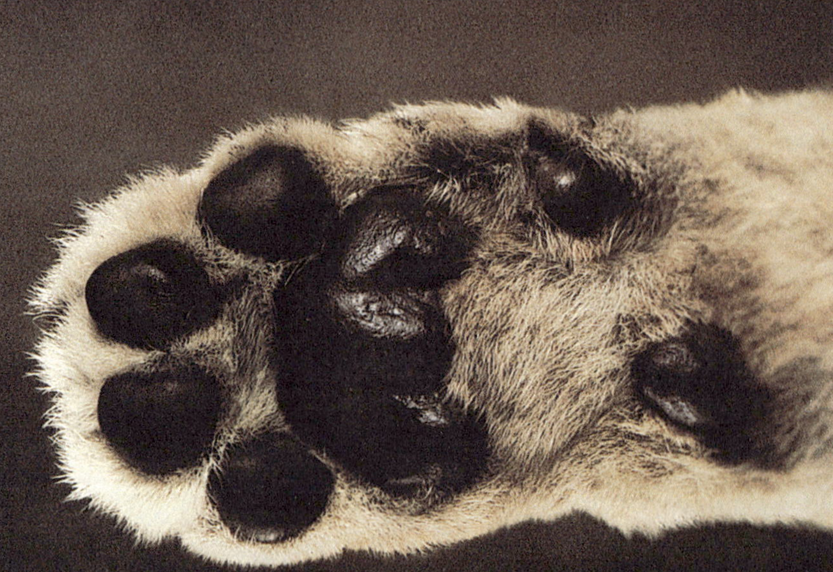

Título Title **Garra** Autor Created by **Grey Trace** Cliente Client **Honda CRV** Grupo creativo Creative Group **Agustín Vaquero / Manuel Hualde / Josep Maria Basora** Agencia Agency **Grey Trace** Director creativo Creative Director **Agustín Vaquero / Manuel Hualde / Josep Maria Basora** Director de arte Art director **Josep Maria Basora / Josep Maria Guinart** Copy **Manuel Hualde / Quim Crespo** Fotógrafo Photographer **Josep M. Roca**

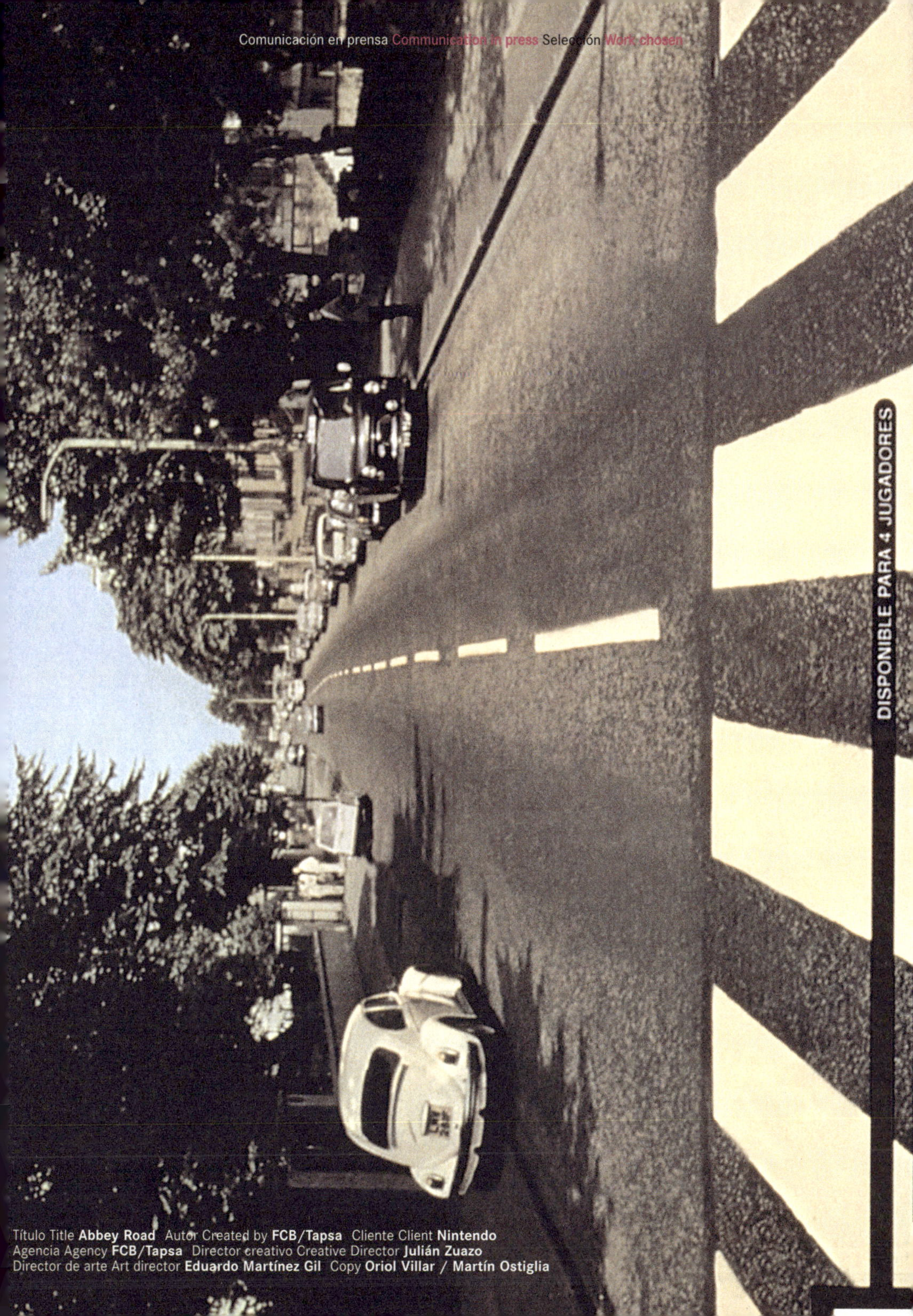

Título Title **Abbey Road** Autor Created by **FCB/Tapsa** Cliente Client **Nintendo**
Agencia Agency **FCB/Tapsa** Director creativo Creative Director **Julián Zuazo**
Director de arte Art director **Eduardo Martínez Gil** Copy **Oriol Villar / Martín Ostiglia**

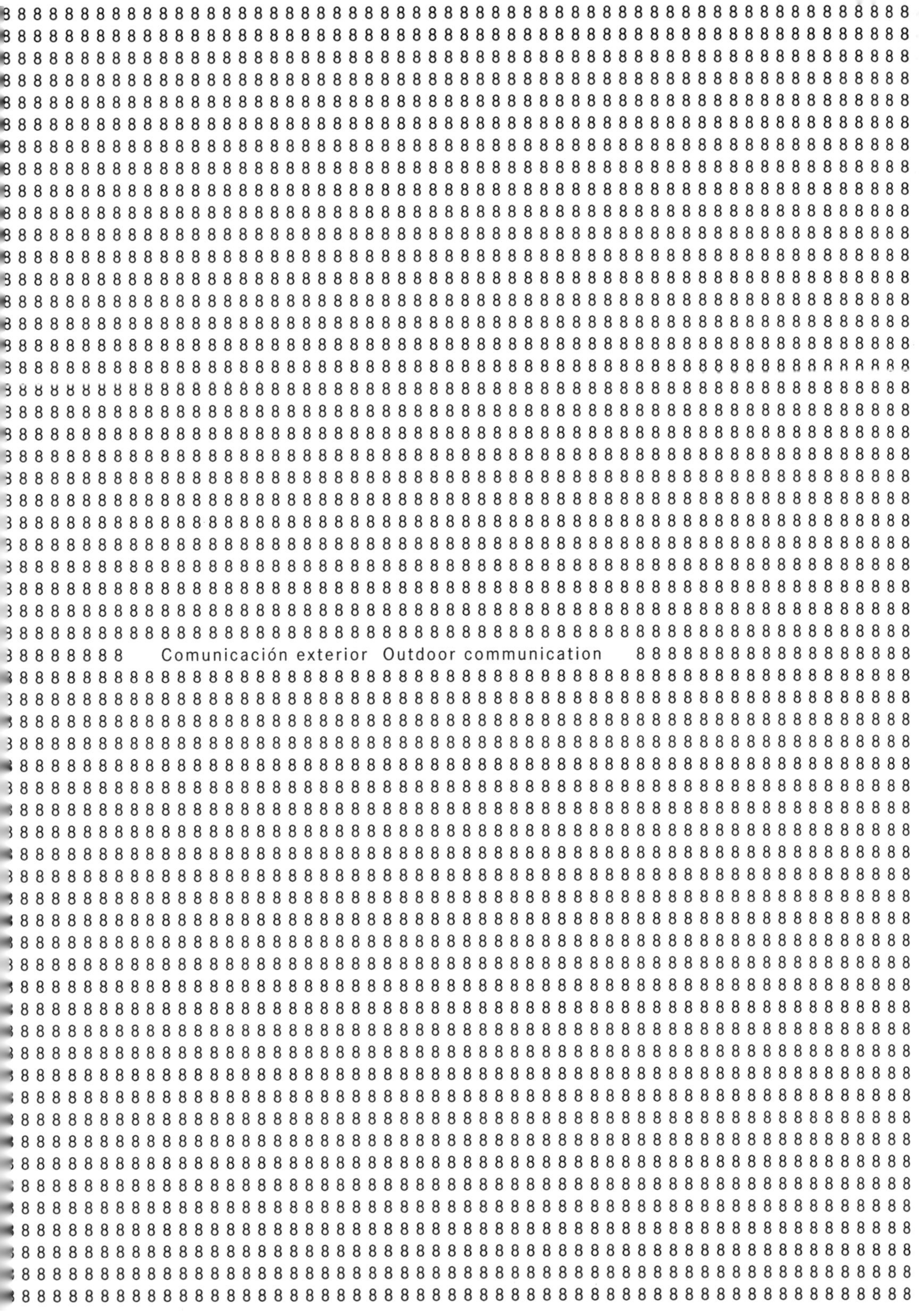
Comunicación exterior Outdoor communication

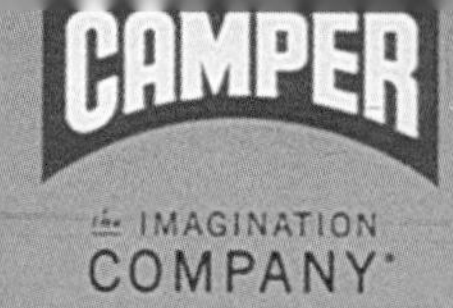

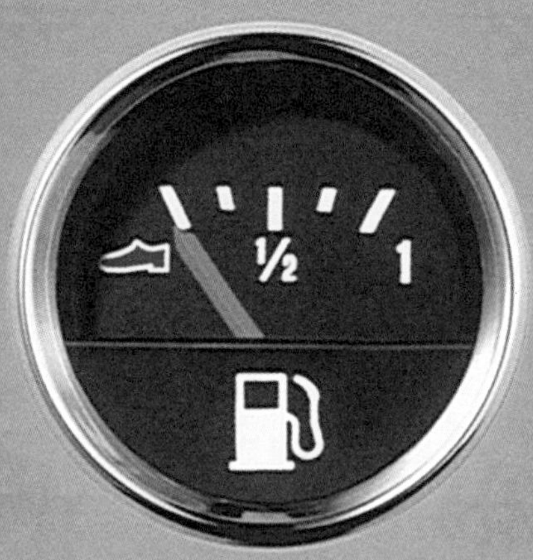

100 Km / 0 litres.

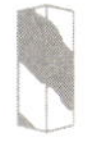

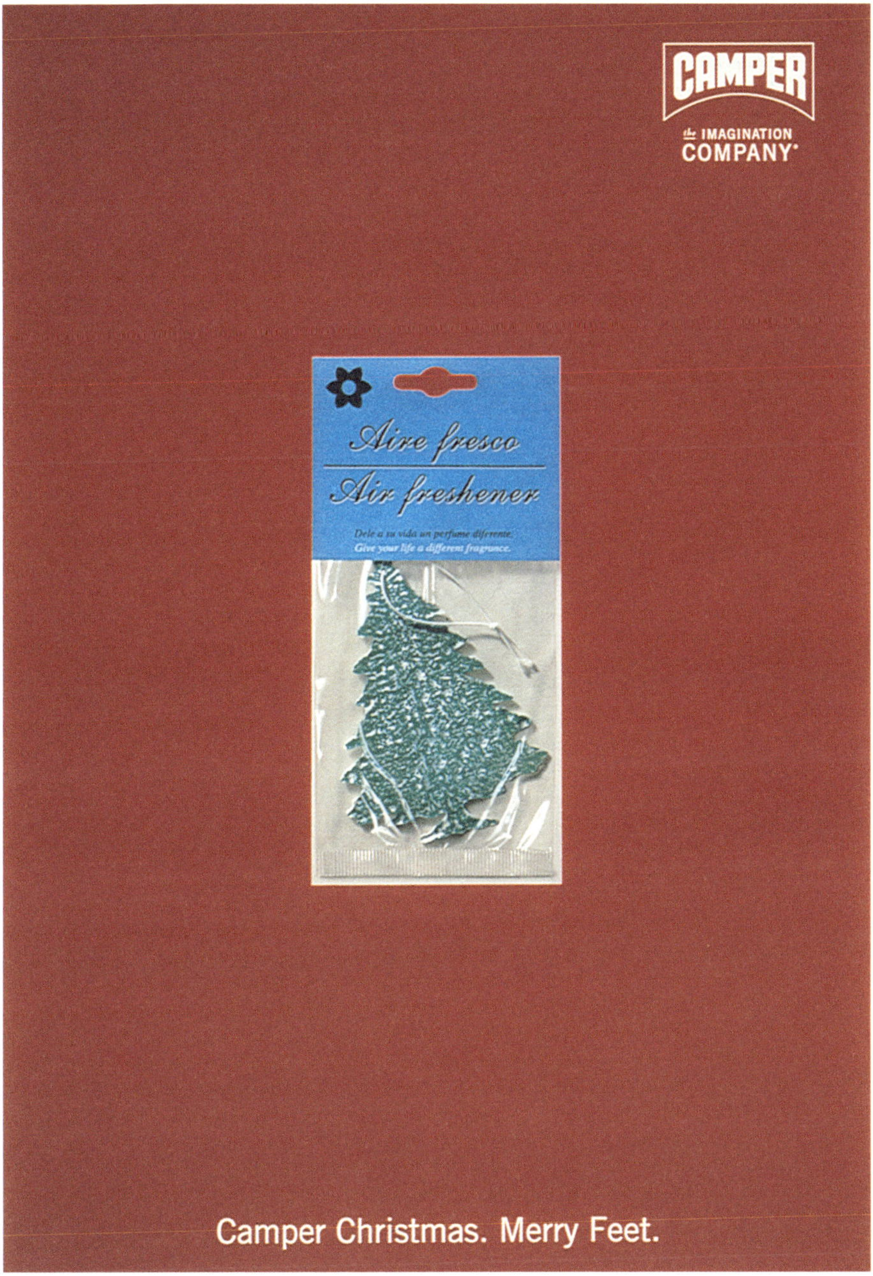

CAMPER
the IMAGINATION COMPANY

Aire fresco
Air freshener

Dele a su vida un perfume diferente.
Give your life a different fragrance.

Camper Christmas. Merry Feet.

Título Title **Línea carteles Camper** Autor Created by **David Ruiz + Marina Company + Quico Vidal** Cliente Client **Camper** Grupo creativo Creative Group **Quico Vidal + David Ruiz + Marina Company** Agencia Agency **E.S.C. Comunicación** Estudio Studio **David Ruiz + Marina Company** Director creativo Creative Director **Quico Vidal** Director de arte Art director **David Ruiz** Copy **Quico Vidal** Diseñador gráfico Graphic designer **David Ruiz, Lisa Noble, Antón Molina** Fotógrafo Photographer **Ramón Serrano**

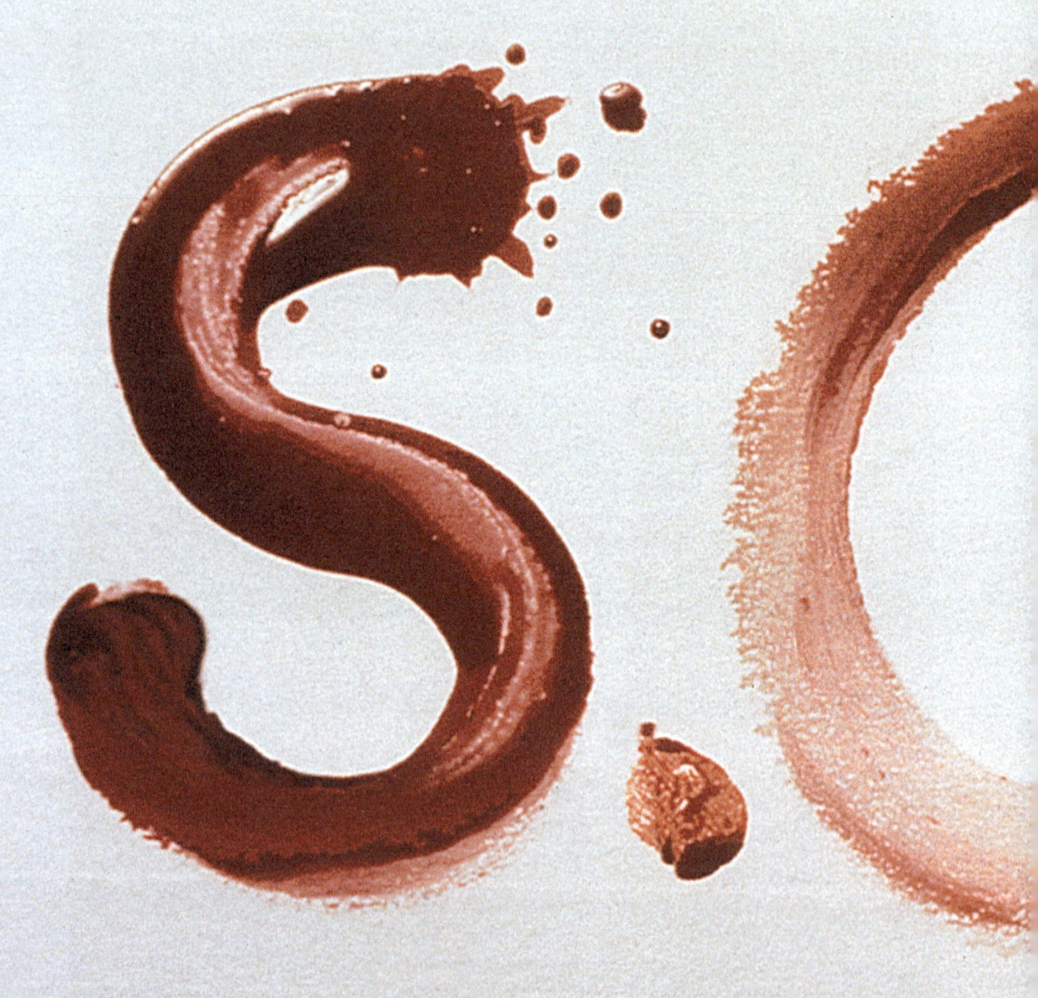

Título Title **Sangre** Autor Created by **Young & Rubicam, S.A.** Cliente Client **Cruz Roja** Agencia Agency **Young & Rubicam, S.A.** Director creativo Creative Director **José María Pujol** Director de arte Art director **Francisco García Rodón** Copy **José María Pujol** Fotógrafo Photographer **David Levin**

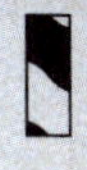

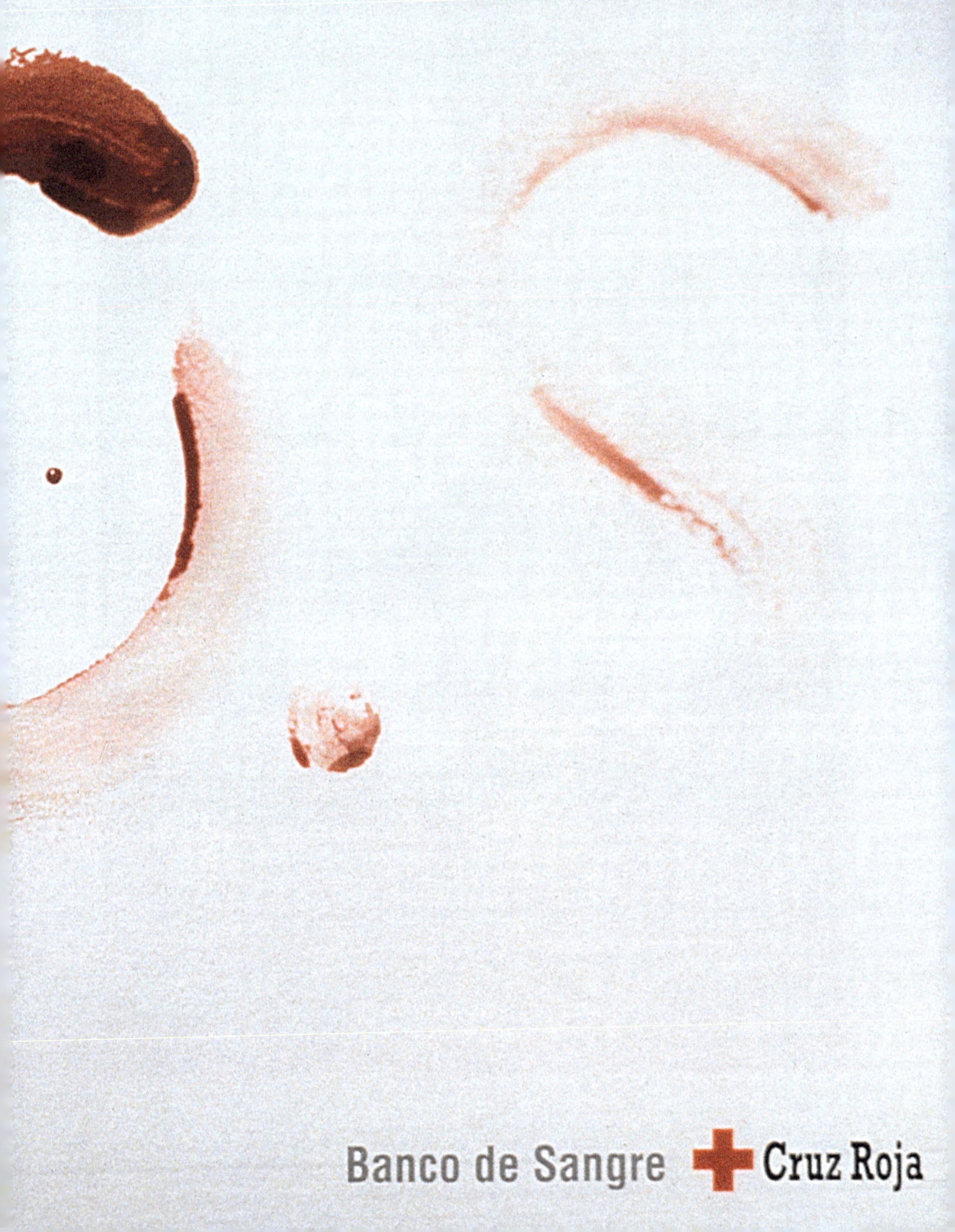

Banco de Sangre Cruz Roja

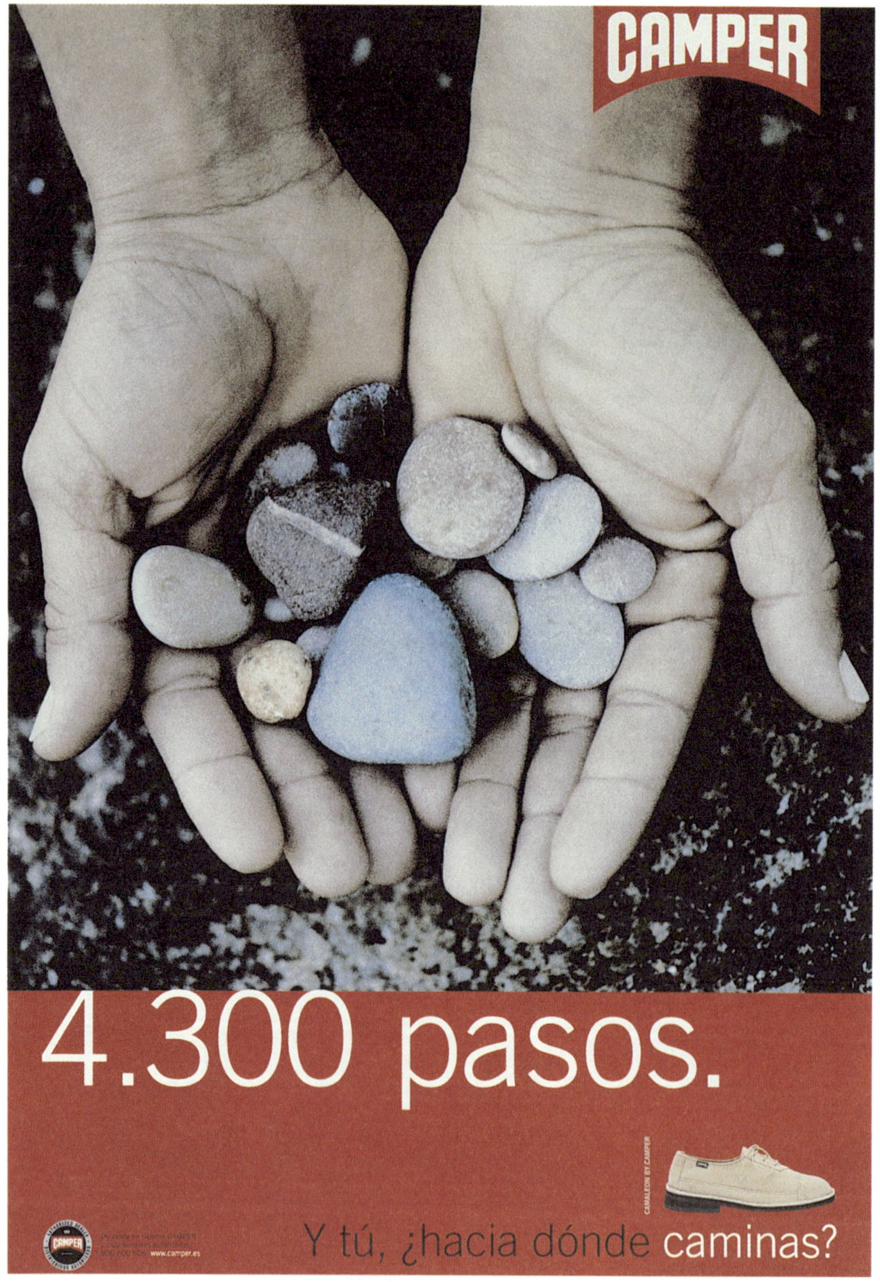

Título Title **Pasos** Autor Created by **Quico Vidal / Pep Carrió** Cliente Client **Camper** Agencia Agency **E.S.C. Comunicación** Estudio Studio **Pep Carrió + Sonia Sánchez** Director creativo Creative Director **Quico Vidal (Camper)** Director de arte Art director **Pep Carrió + Sonia Sánchez** Copy **Quico Vidal (Camper)** Fotógrafo Photographer **Salvador Fresneda y Bela Adler**

QUIERO ADOPTAR
UN SEÑOR CON BIGOTE
Y UNA SEÑORA CON GAFAS

UNA FAMILIA DE LAS QUE DAN PAN
CON CHOCOLATE PARA MERENDAR.
QUE ME PONGAN TIRITAS Y
MERCROMINA SI ME HAGO DAÑO
EN LA RODILLA. QUE ME AYUDEN A HACER
LOS DEBERES Y QUE ME ENSEÑEN A IR
EN BICICLETA. QUIERO UNA FAMILIA
QUE SEPA EXPLICAR CUENTOS Y
QUE ME TAPE
CUANDO VOY A
DORMIR. ES SOLO POR
UNA TEMPORADA,
MIENTRAS MIS PADRES
ARREGLAN SUS
PROBLEMAS.

MARIA

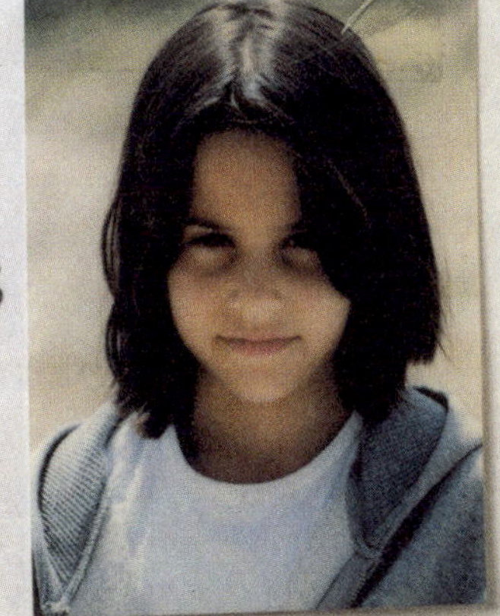

Título Title **Un señor con bigote** Autor Created by **Altraforma, S.A.** Cliente Client **Cruz Roja** Agencia Agency **Altraforma, S.A.** Estudio Studio **Altraforma, S.A.** Director creativo Creative Director **Tito Muñoz** Director de arte Art director **Enric Aguilera** Copy **Tito Muñoz** Diseñador gráfico Graphic designer **Xavi García** Fotógrafo Photographer **J. Jofre**

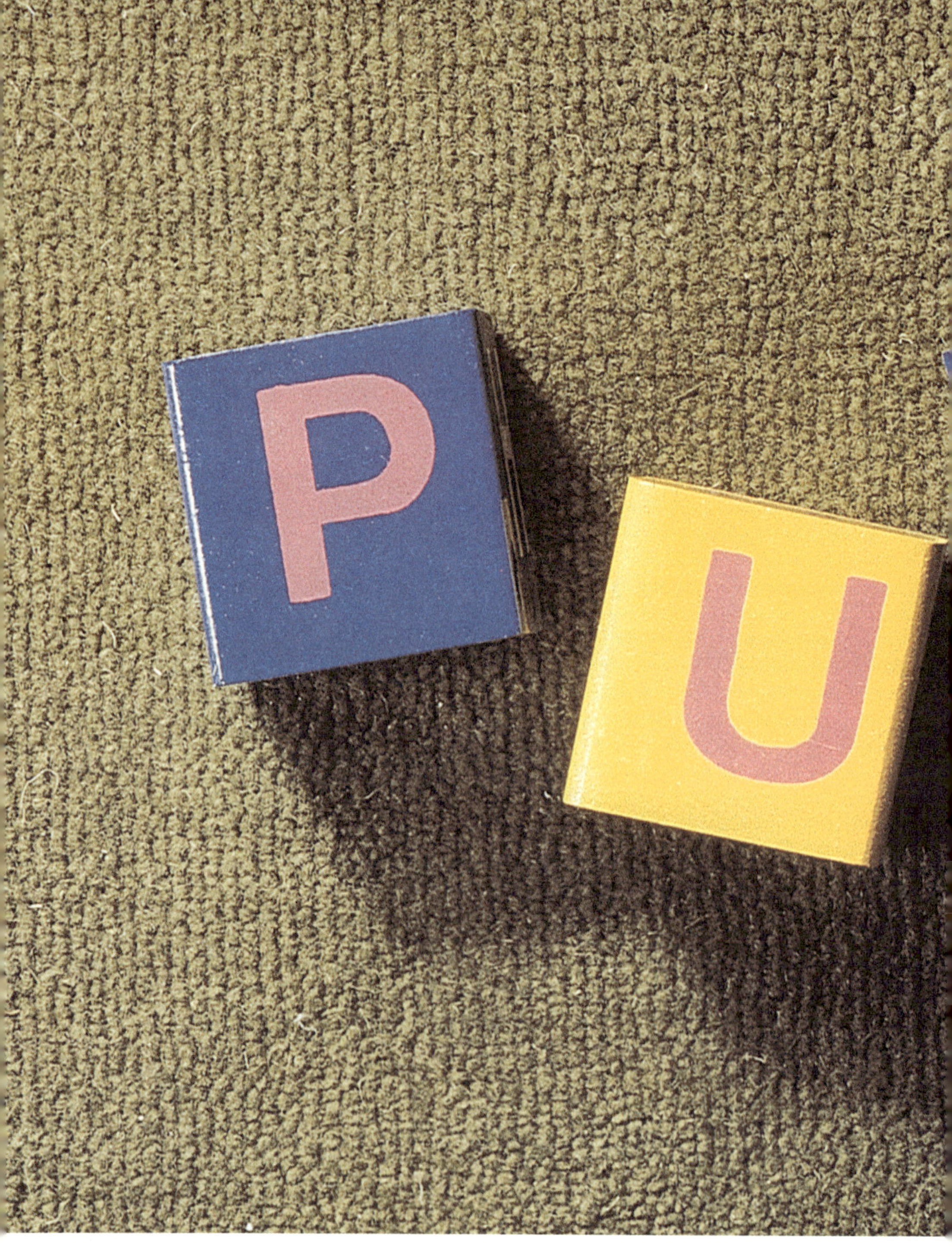

Título Title **Puta / cabrón** Autor Created by **Young & Rubicam, S.A.** Cliente Client **Aldeas infantiles** Agencia Agency **Young & Rubicam, S.A.** Director creativo Creative Director **José María Pujol** Director de arte Art director **Francisco García Rodón** Copy **José María Pujol / Carlos López** Fotógrafo Photographer **David Levin**

T
A
Ellos aprenden de tí.

Aldeas Infantiles SOS

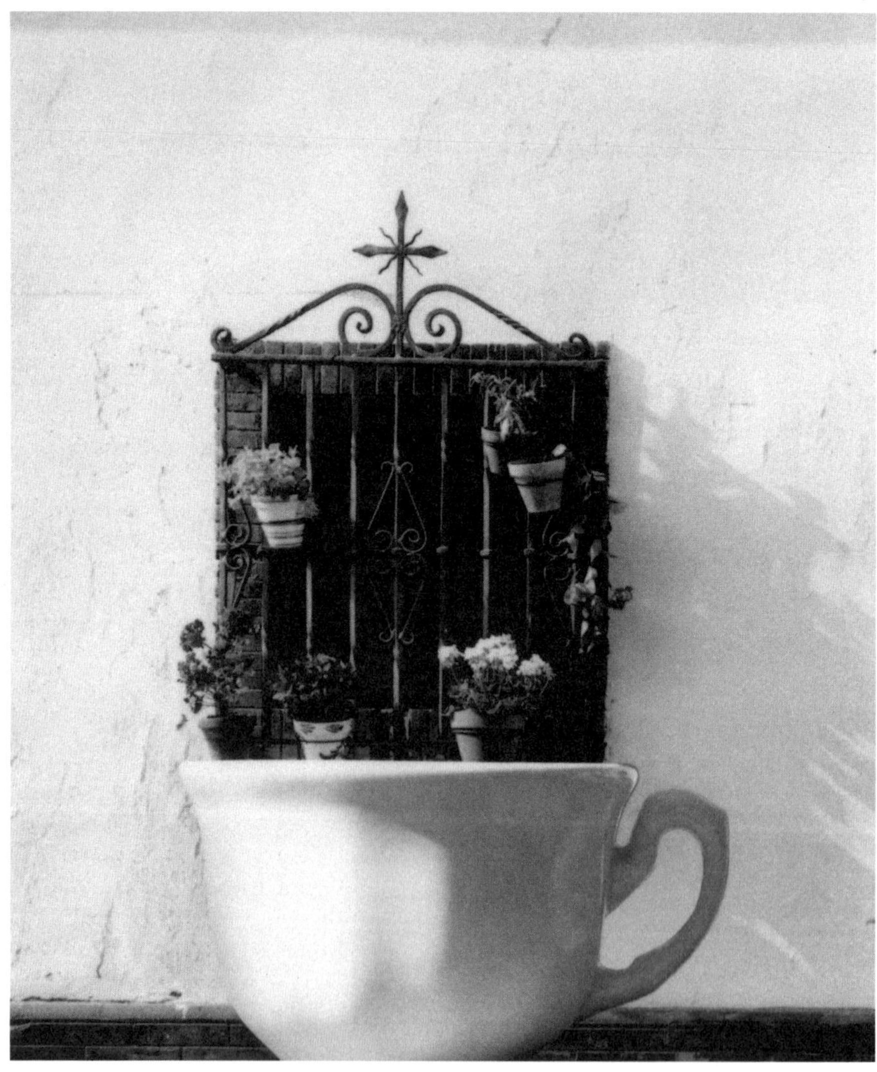

Título Title **Pueblo / calle** Autor Created by **Young & Rubicam, S.A.** Cliente Client **Saimaza gran selección** Agencia Agency **Young & Rubicam, S.A.** Director creativo Creative Director **José María Pujol / M.M. Márquez** Director de arte Art director **Judith Francisco** Copy **Manolo Moreno Márquez** Fotógrafo Photographer **Fernando Manso**

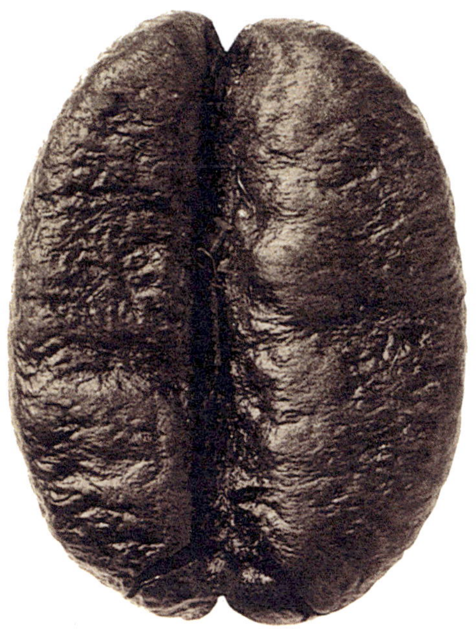

SÓLO PARA RECORDARTE QUE EL CAFÉ ESTIMULA LAS NEURONAS.

Título Title **Cerebro** Autor Created by **Tandem Campmany Guasch DDB, S.A.** Cliente Client **Café de Jamaica** Grupo creativo Creative Group **F. Macià / J. M. Roca** Agencia Agency **Tandem Campmany Guasch DDB, S.A.** Director creativo Creative Director **F. Macià / J.M. Roca** Director de arte Art director **A. Giralt / J.R. Alfaro** Copy **D. Guimaraes / D. Campmany**

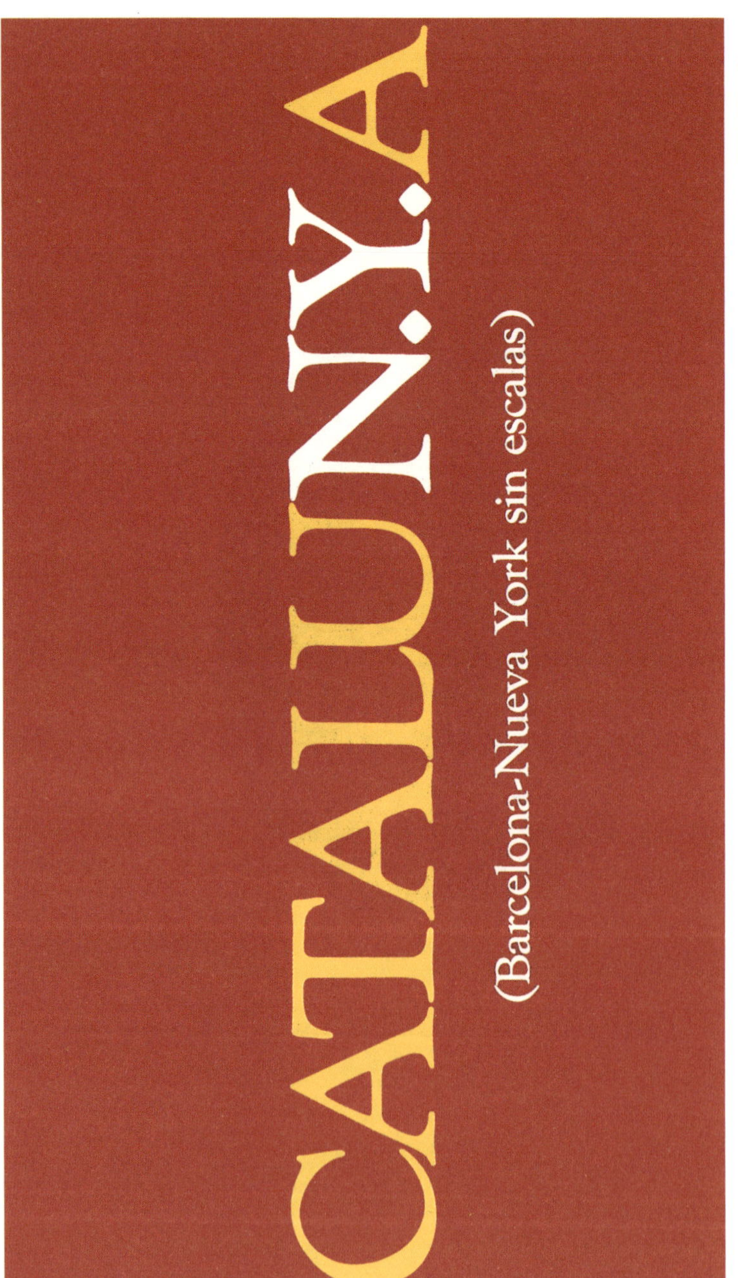

Título Title **Catalunya** Autor Created by **DMB&B** Cliente Client **TWA** Agencia Agency **DMB&B** Director creativo Creative Director **Víctor Pombo** Director de arte Art director **Fernando Serrano** Copy **Santiago Pina**

Título Title **Ozono** Autor Created by **Tiempo/BBDO** Cliente Client **Greenpeace** Agencia Agency **Tiempo/BBDO** Director creativo Creative Director **Ferran Blanch** Director de arte Art director **Manuel Padilla** Copy **Laura García** Fotógrafo Photographer **Carlos Suárez**

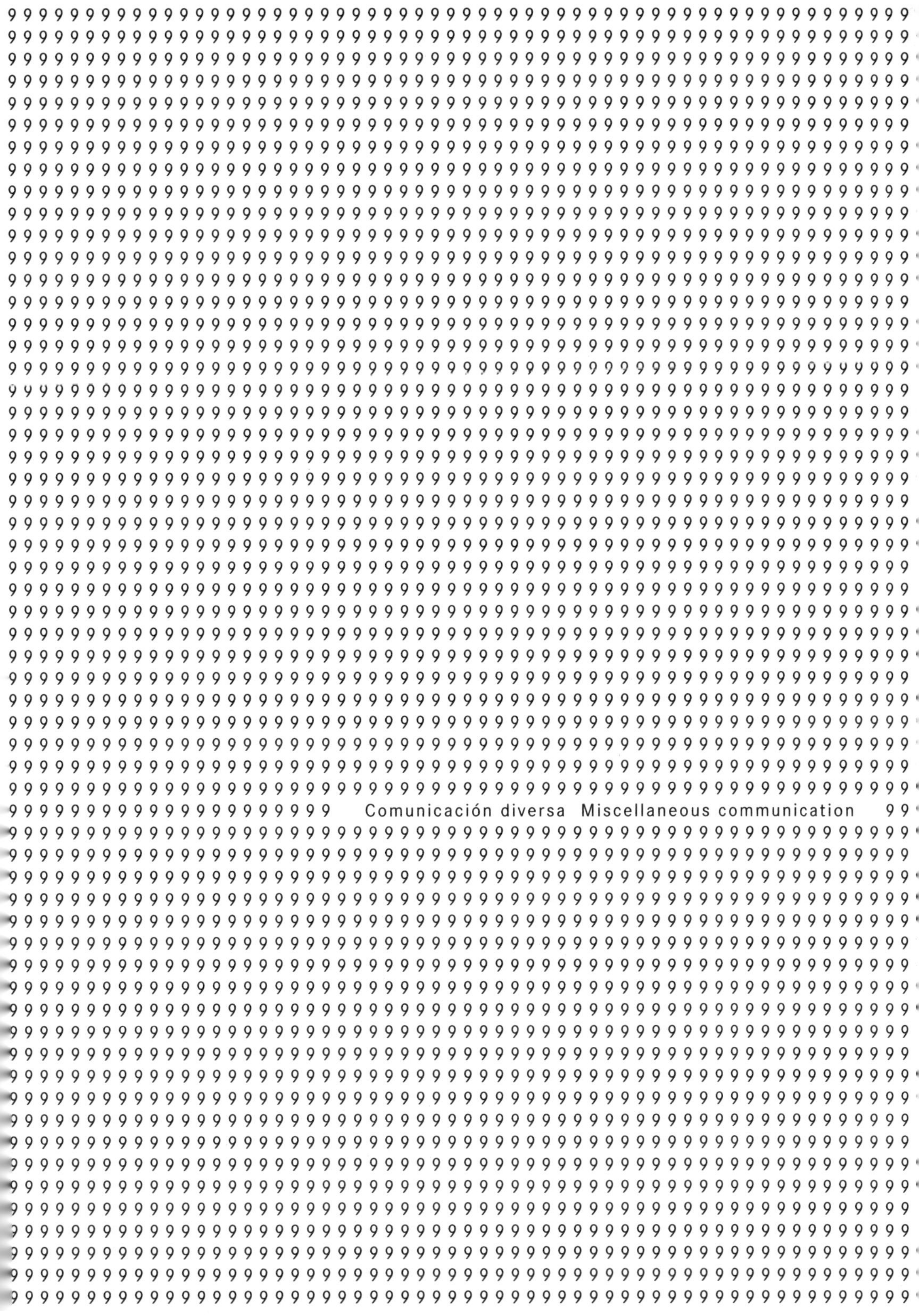
Comunicación diversa Miscellaneous communication

BROMA

Exterior

PENSABAMOS GASTARLE UNA PEQUEÑA BROMA DEJANDO SU COCHE COMO ESTA CAJA.

Interior

PERO NO SABIAMOS SI TENIA UN SEGURO DE AUTOMOVIL DE FENIX DIRECTO.

Las cajas que se enviaron estaban totalmente abolladas. Contenían un video con la última campaña de Fénix Directo (Compañía de seguros de automóviles) realizada por la agencia de publicidad Grey Trace en las que un luchador de sumo abollaba el coche de un desconocido saltando sobre el automóvil.

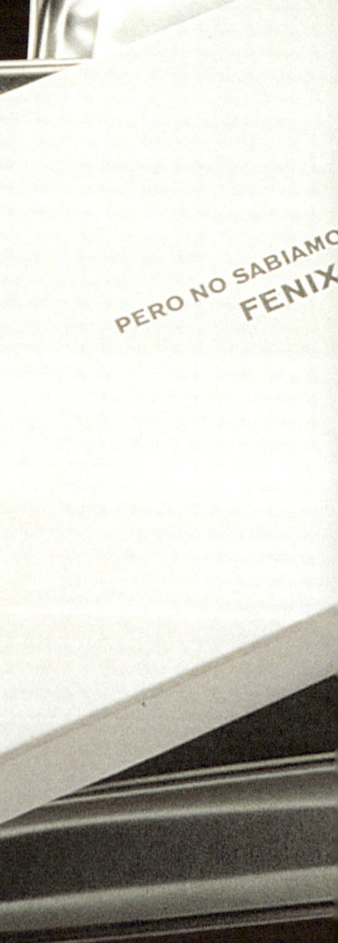

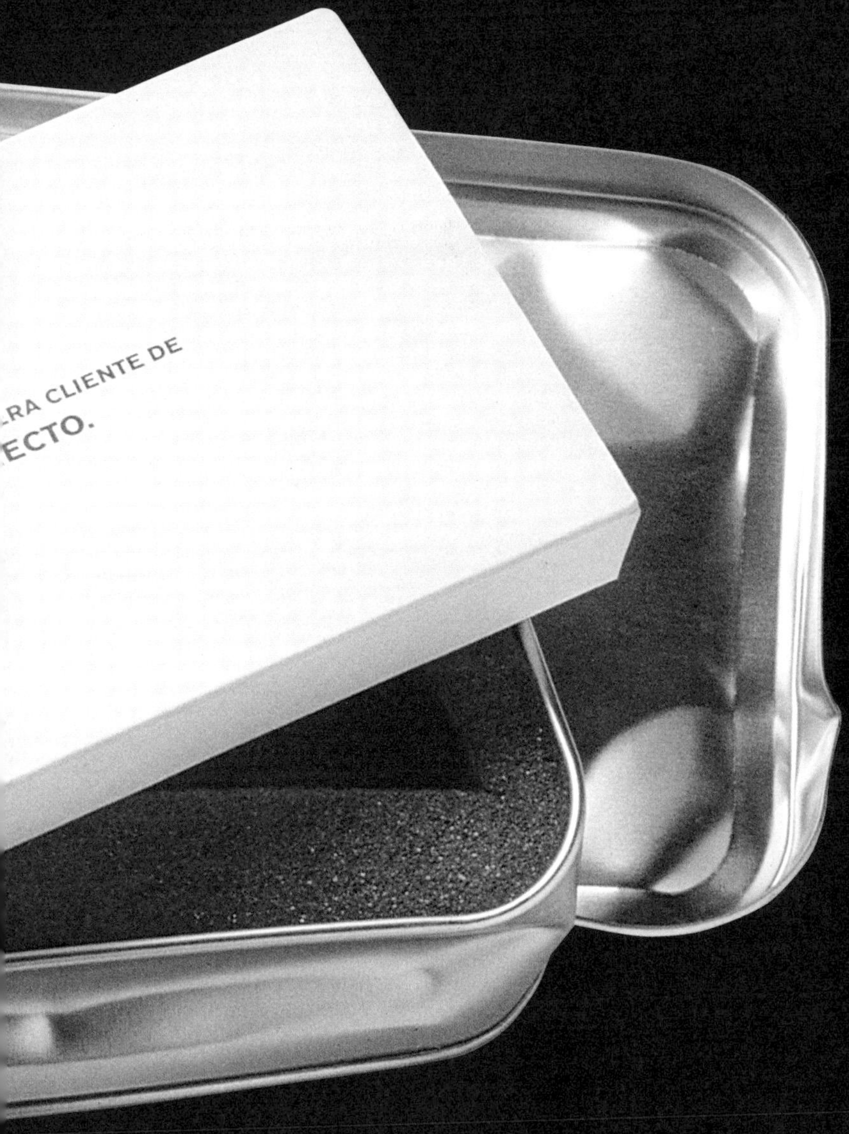

Título de la obra Title of work **Broma** Autor Created by **Grey Trace** Cliente Client **Grey Trace** Grupo creativo Creative Group **Agustín Vaquero / Pablo Torreblanca / Gerardo Silva** Agencia Agency **Grey Trace** Estudio Studio **El Callejón del Arte** Director creativo Creative Director **Pablo Torreblanca + Gerardo Silva** Director de arte Art director **Henar Jiménez de Muñana** Copy **Susana Biedma**

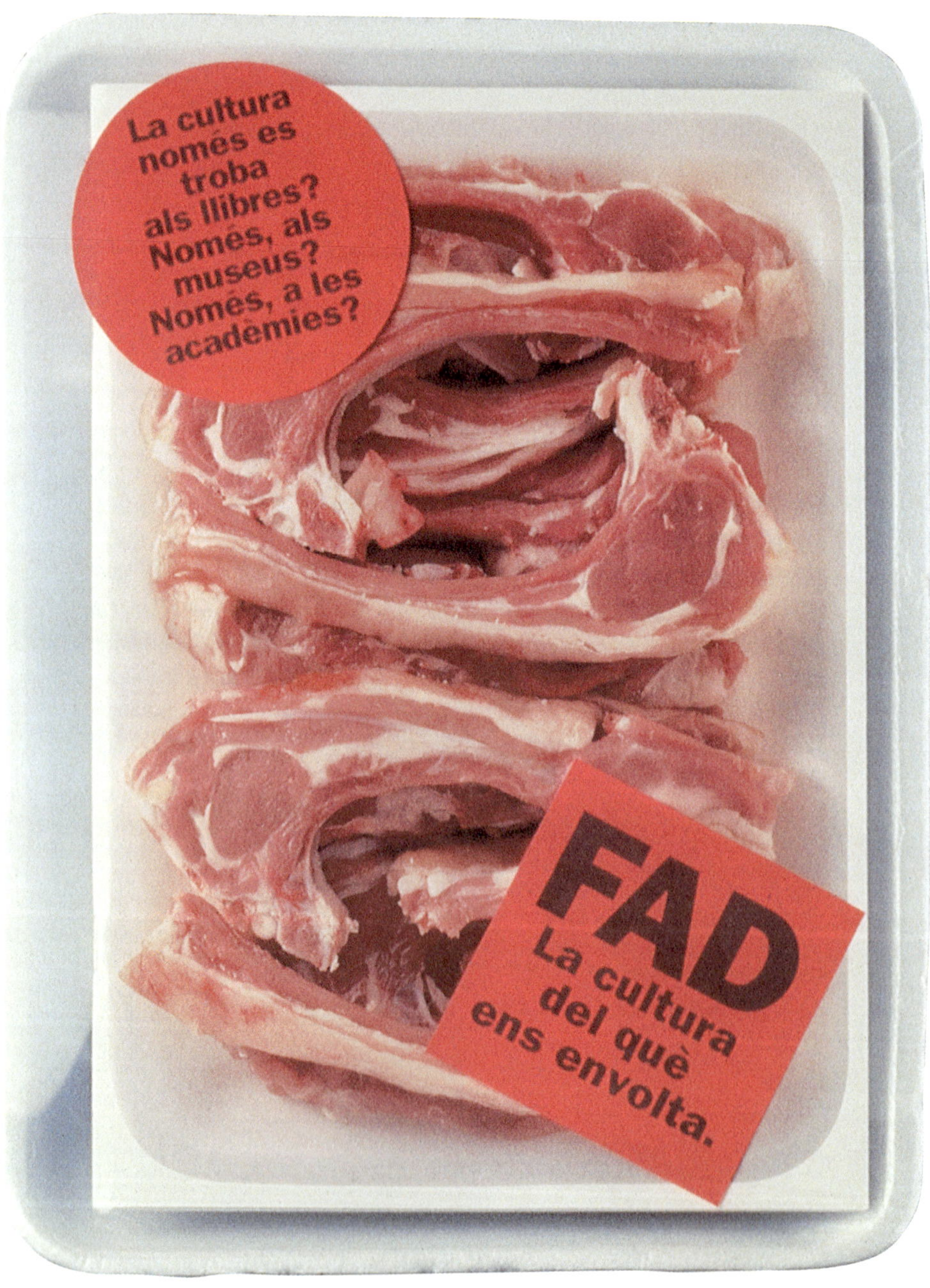

Título Title **Costelles** Autor Created by ***S,C,P,F...** Cliente Client **FAD** Grupo creativo Creative Group **David Caballero / Toni Segarra** Agencia Agency ***S,C,P,F...** Director creativo Creative Director **David Caballero / Toni Segarra** Director de arte Art director **Cristina Castellví / David Caballero** Copy **Toni Segarra** Diseñador gráfico Graphic designer **Cristina Castellví** Fotógrafo Photographer **Ramón Serrano / Stefan**

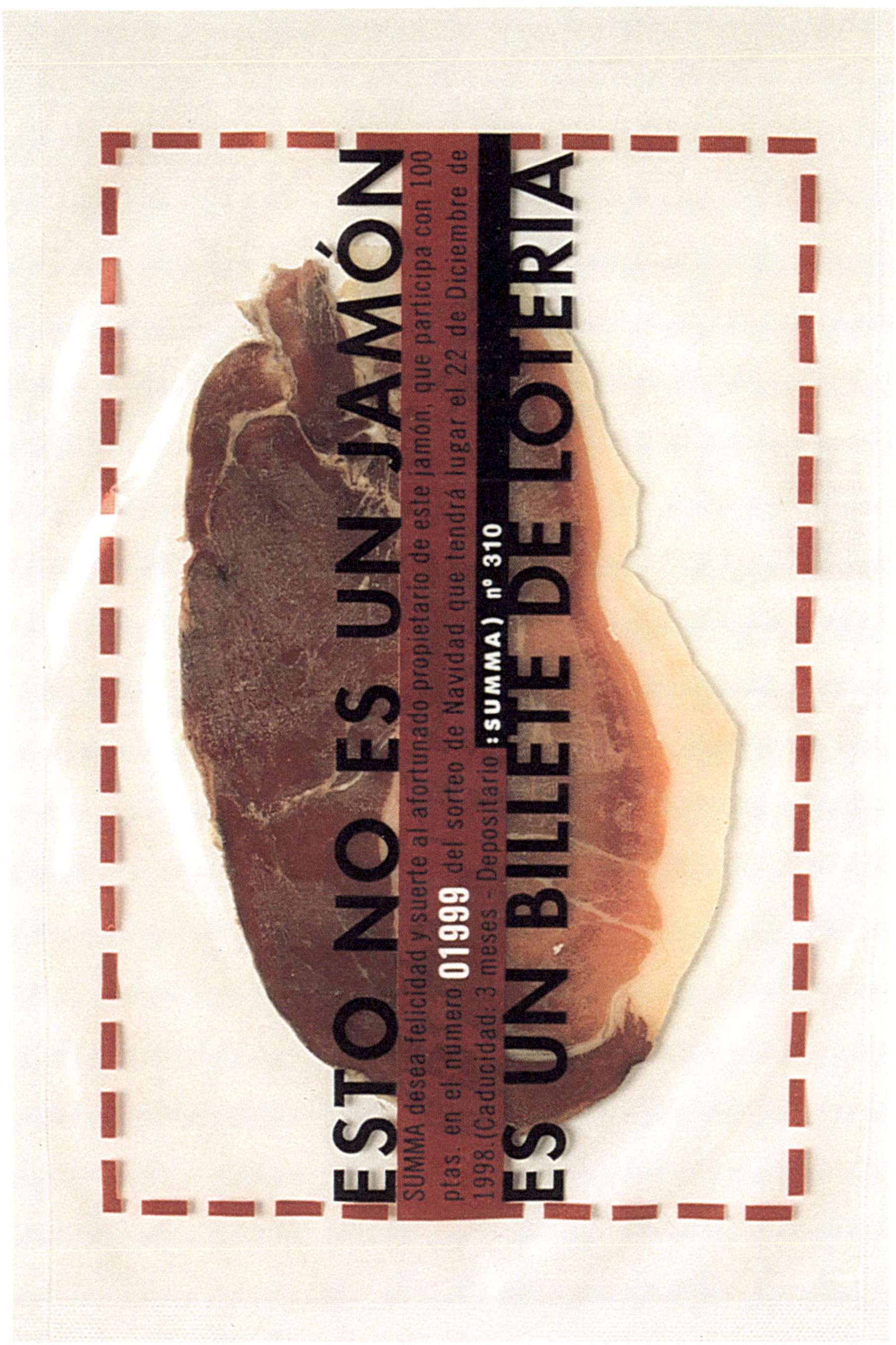

Título Title **Felicitació Nadal** Autor Created by **: SUMMA)** Cliente Client **: SUMMA)** Director creativo Creative Director **Claret Serrahima / Josep Maria Mir** Diseñador gráfico Graphic designer **Silvia Ponce**

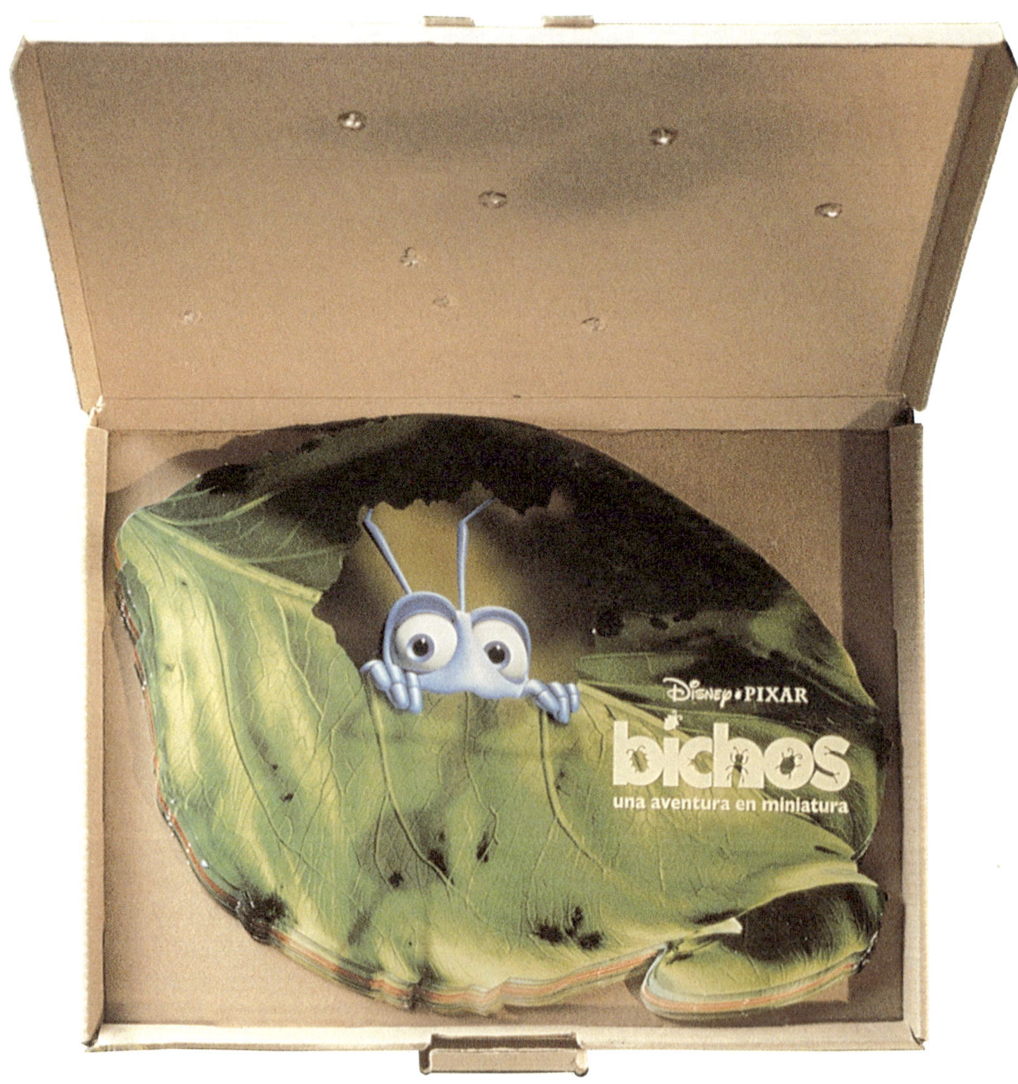

Título Title **Bichos** Autor Created by **Zapping** Cliente Client **Buenavista Internacional** Agencia Agency **Zapping** Director creativo Creative Director **Uschi Henkes / Urs Frick** Director de arte Art director **Kiko Argomaniz** Copy **David Palacios** Directora de cuenta Account executive **Marisa Benavides** Ejecutiva Manager **Pancha Moreno**

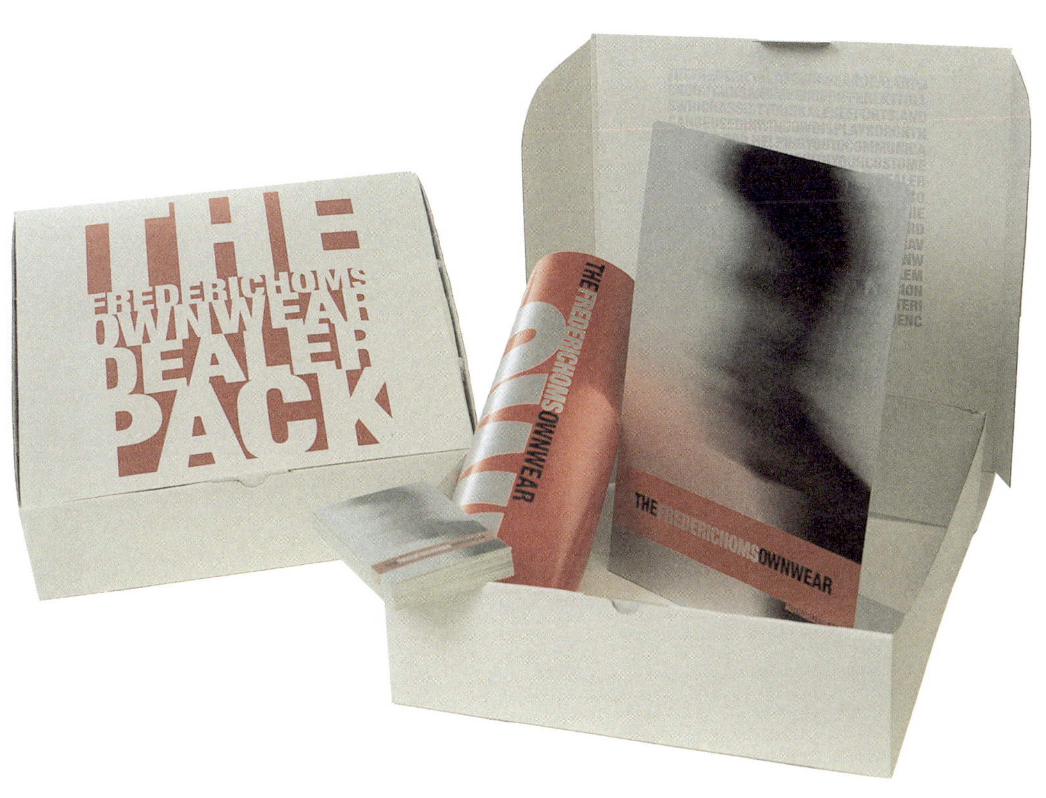

Título Title **The Frederic Homs Dealer Pack** Autor Created by **Pep Valls** Cliente Client **Frederic Homs** Estudio Studio **Pep Valls, Estudi**
Diseñador gráfico Graphic designer **Pep Valls** Coordinació Coordinator **Cristina Pons**

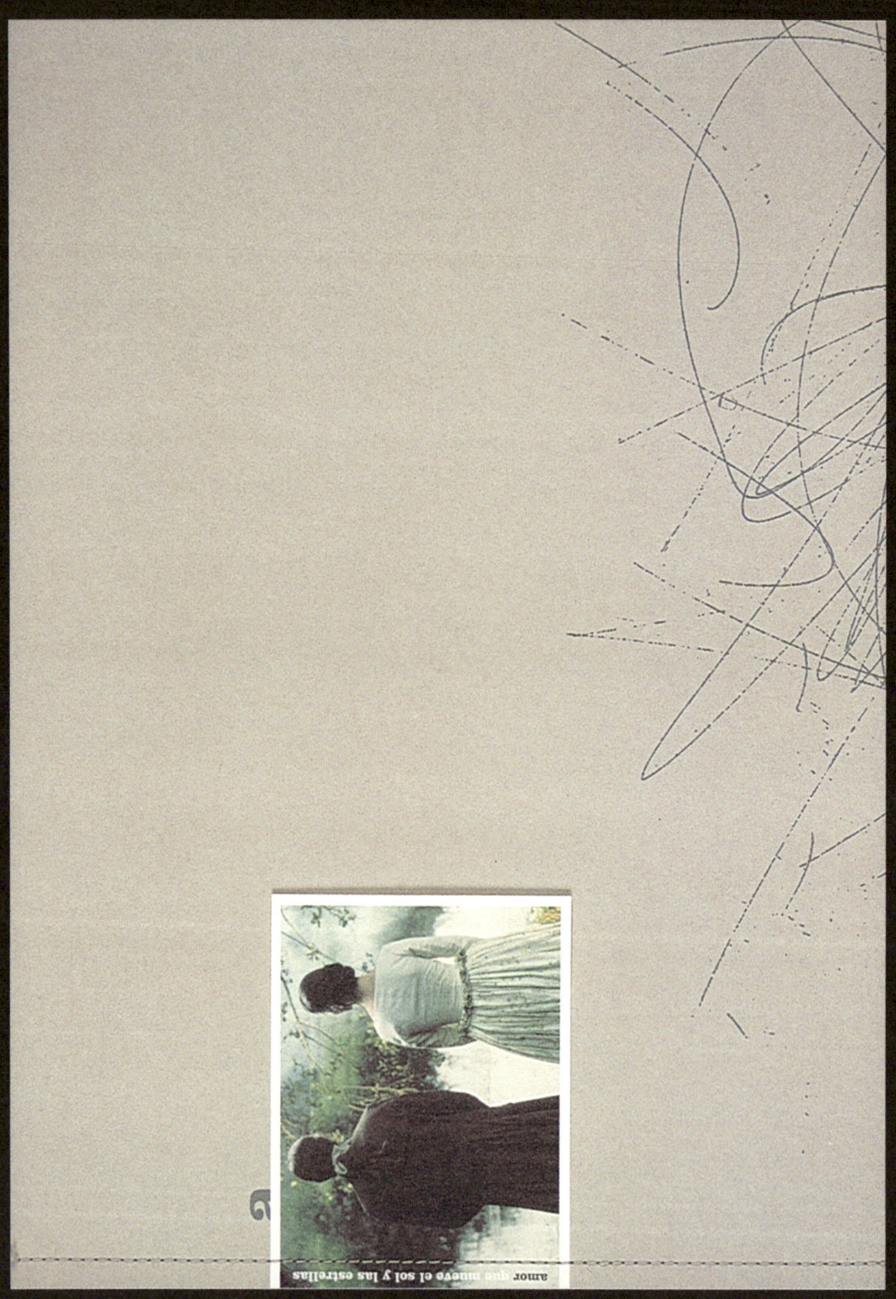

Título Title **Pressbook *A los que aman*** Autor Created by **Grafica** Cliente Client **Sogetel** Grupo creativo Creative Group **Grafica** Estudio Studio **Grafica** Director creativo Creative Director **Fernando Gutiérrez** Director de arte Art director **Fernando Gutiérrez** Diseñador gráfico Graphic designer **Fernando Gutiérrez / Xavier Roca**

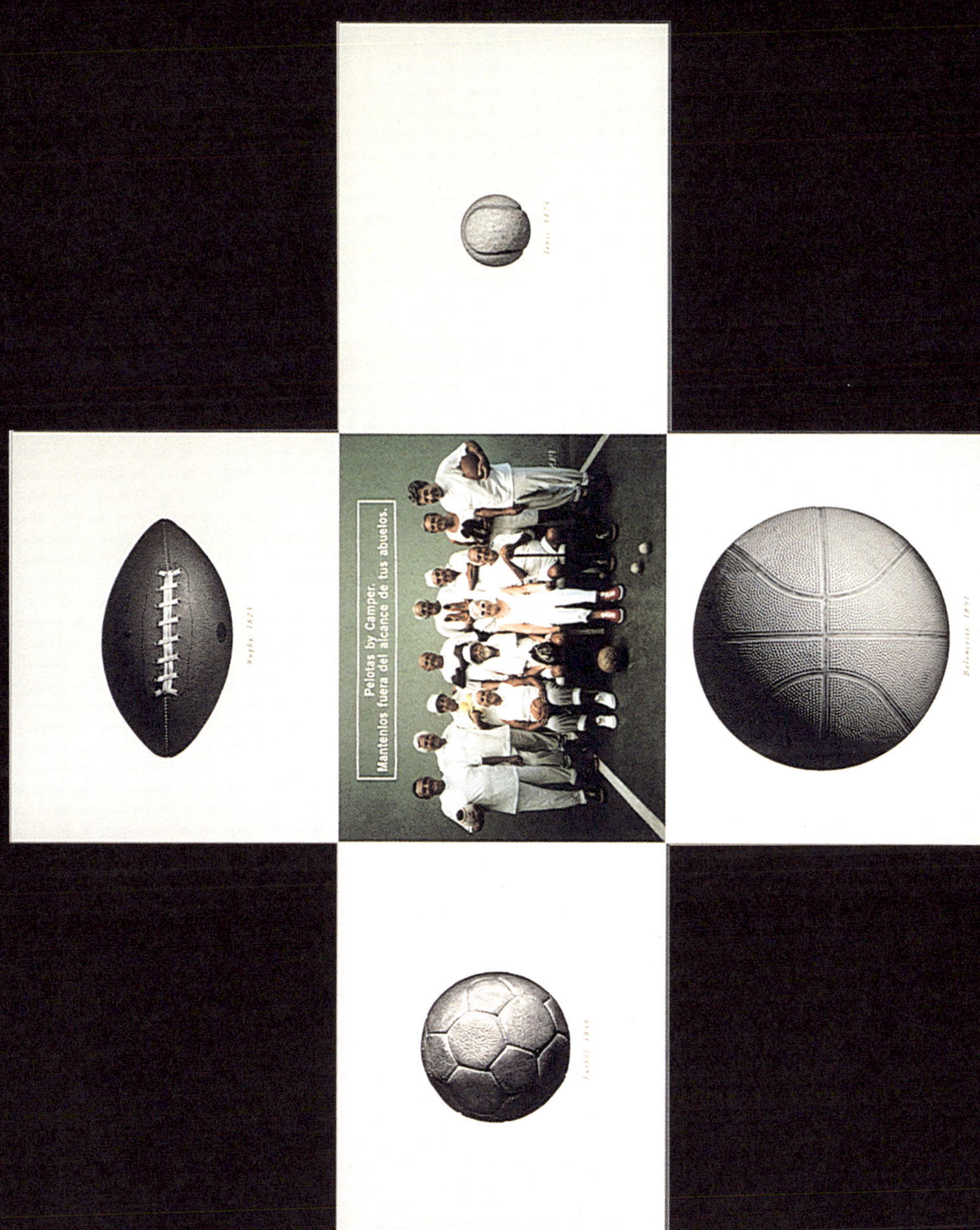

Título Title **Catálogo pelotas** Autor Created by **David Ruiz + Marina Company + Quico Vidal** Cliente Client **Camper** Grupo creativo Creative Group **Quico Vidal + David Ruiz + Marina Company** Agencia Agency **E.S.C. Comunicación** Estudio Studio **David Ruiz + Marina Company** Director creativo Creative Director **Quico Vidal** Director de arte Art director **David Ruiz** Copy **Quico Vidal** Diseñador gráfico Graphic designer **David Ruiz + Lisa Noble** Fotógrafo Photographer **Bela Adler, Salvador Fresneda, Ramón Serrano**

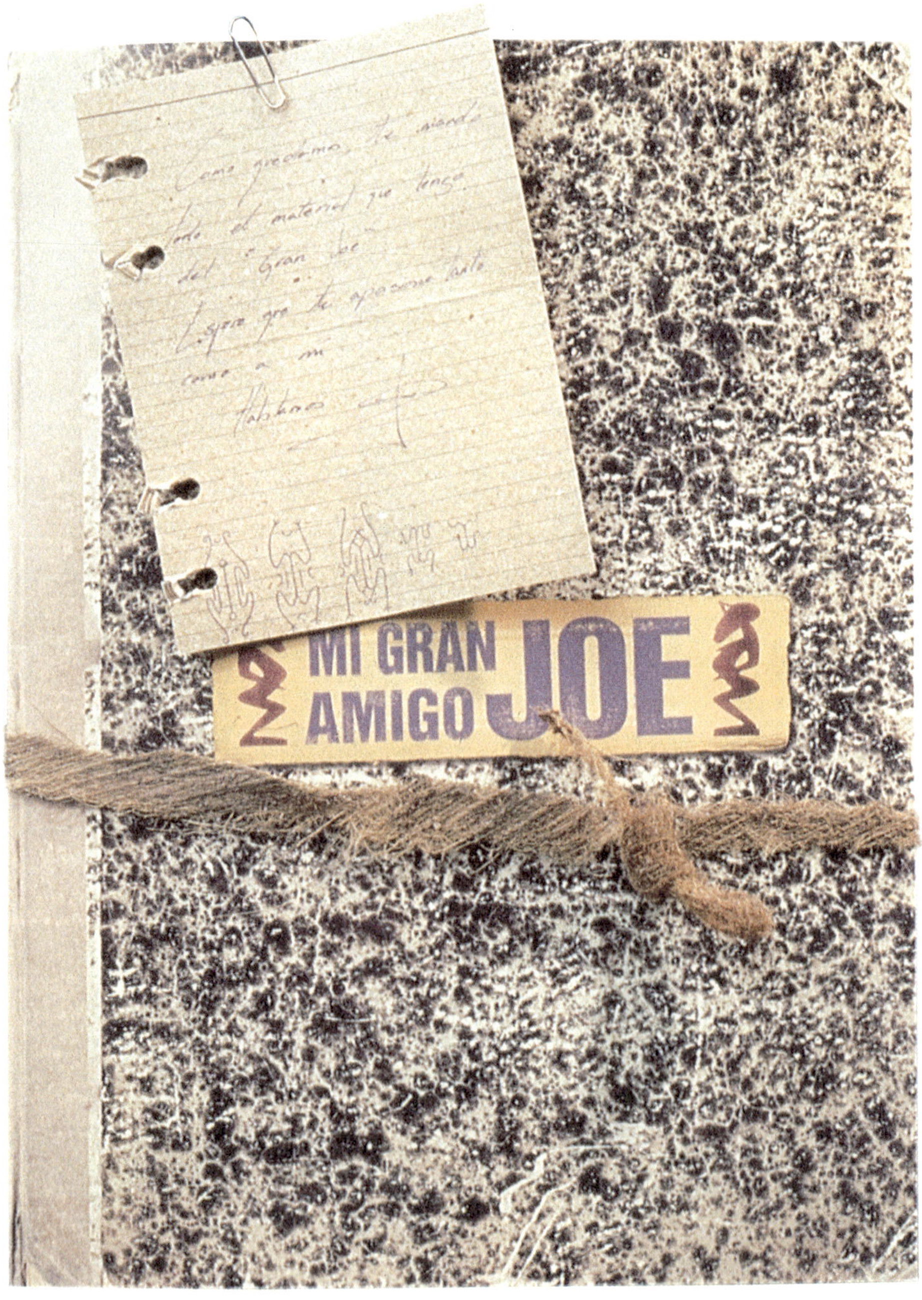

Título Title **Mi gran amigo Joe** Autor Created by **Zapping** Cliente Client **Buenavista internacional** Agencia Agency **Zapping** Director creativo Creative Director **Uschi Henkes / Urs Frick** Director de arte Art director **María Nieto** Copy **David Palacios** Diseñador gráfico Graphic designer **Kiko Argomaniz** Directora de cuenta Account executive **Marisa Benavides** Ejecutiva Manager **Pancha Moreno**

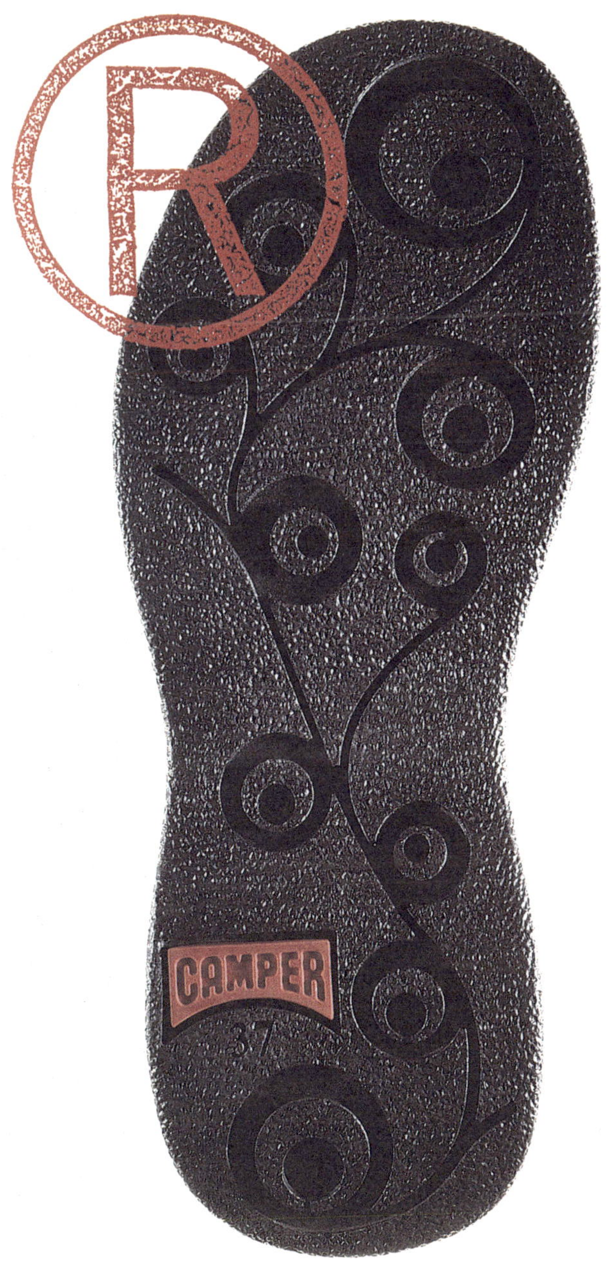

Título Title **Suelas** Autor Created by **Quico Vidal / Pep Carrió** Cliente Client **Camper** Agencia Agency **E.S.C. Comunicación** Estudio Studio **Pep Carrió + Sonia Sánchez** Director creativo Creative Director **Quico Vidal (Camper)** Director de arte Art director **Pep Carrió + Sonia Sánchez** Copy **Quico Vidal (Camper)** Fotógrafo Photographer **Salvador Fresneda / Bela Adler / Santiago Esteban / Miguel Ceernikovski**

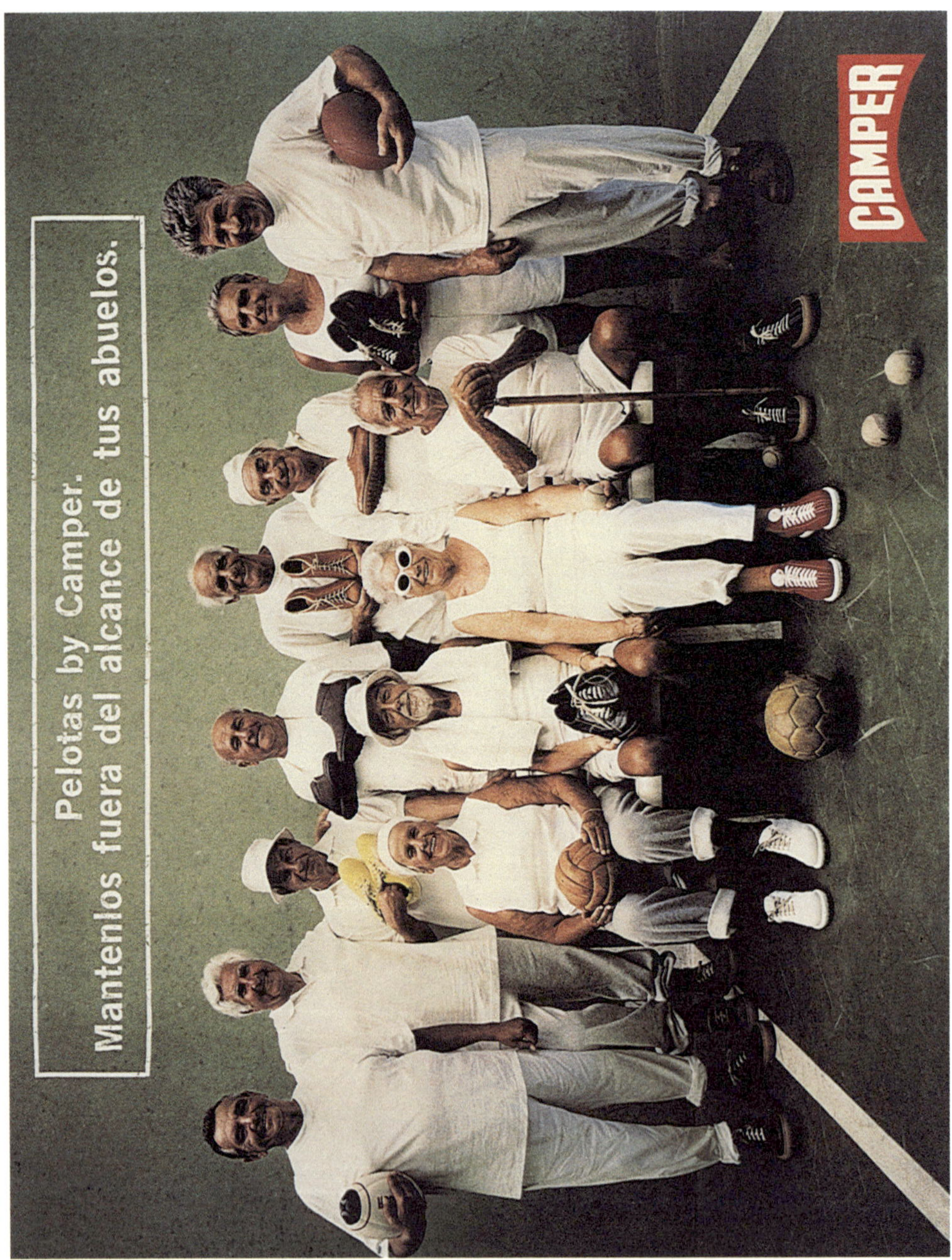

Título Title **Display pelotas by Camper** Autor Created by **David Ruiz + Marina Company + Quico Vidal** Cliente Client **Camper** Grupo creativo Creative Group **Quico Vidal + David Ruiz + Marina Company** Agencia Agency **E.S.C. Comunicación** Estudio Studio **David Ruiz + Marina Company** Director creativo Creative Director **Quico Vidal** Director de arte Art director **David Ruiz** Copy **Quico Vidal** Fotógrafo Photographer **Bela Adler / Salvador Fresneda**

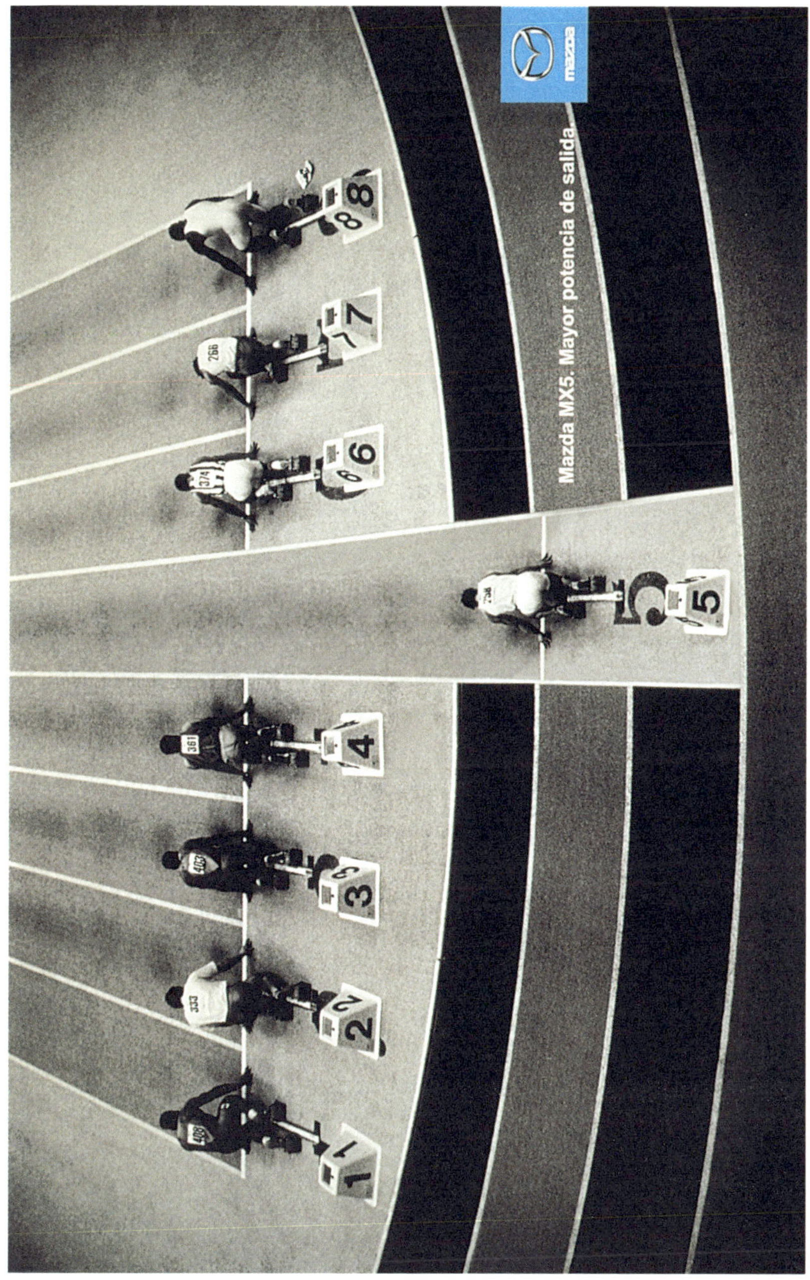

Título Title **Línea de salida** Autor Created by **J. Walter Thompson** Cliente Client **Mazda MX - 5** Agencia Agency **J. Walter Thompson** Director creativo Creative Director **Andrés Linares** Director creativo ejecutivo Executive Creative Director **Paco Segovia** Director de arte Art director **Andrés Linares / A. Fernández** Copy **Hernán Goñi / E. García Fierro** Fotógrafo Photographer **Rodrigo Zabala**

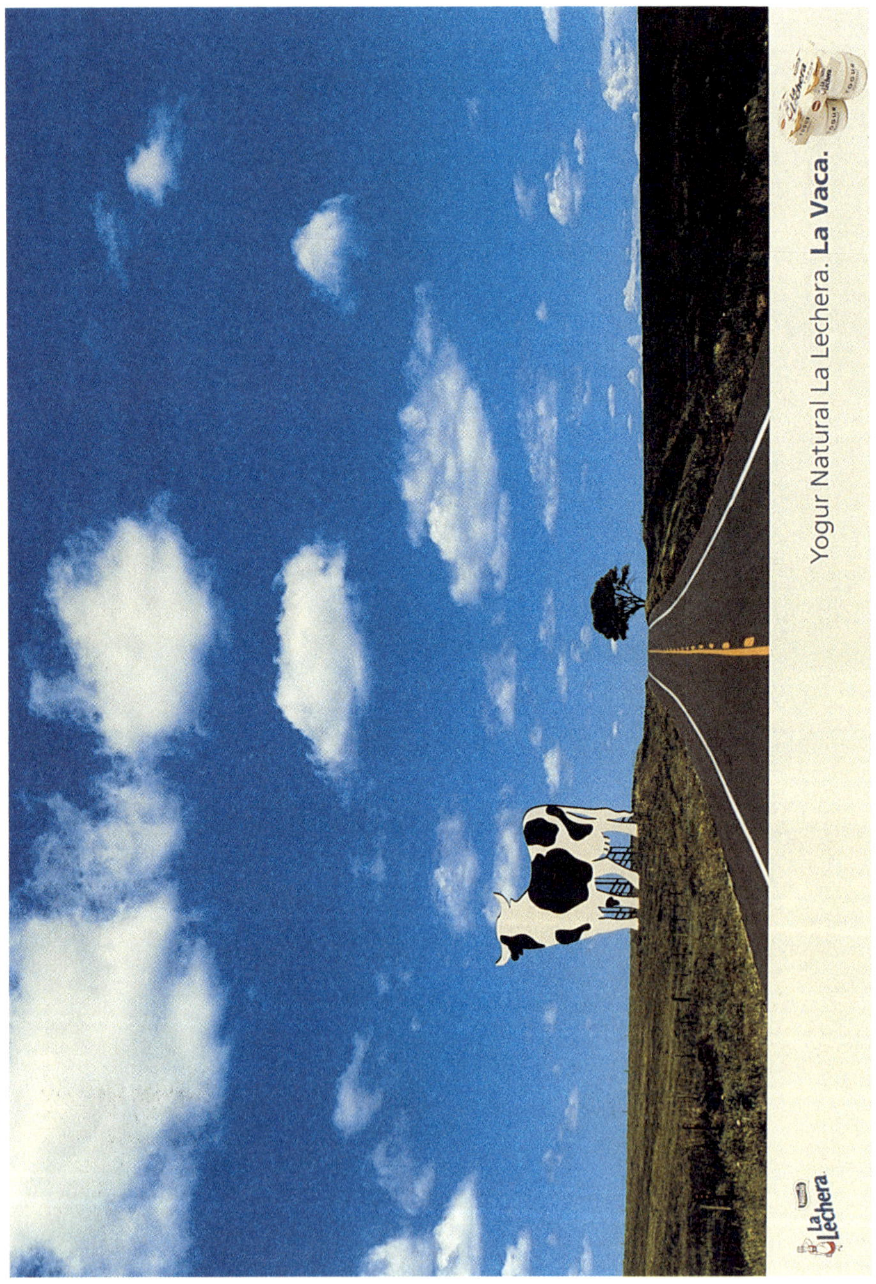

Título Title **Vaca** Autor Created by **Tiempo/BBDO** Cliente Client **Nestlé - La Lechera** Agencia Agency **Tiempo/BBDO** Director creativo Creative Director **Siscu Molina** Director de arte Art director **Gabriel Penalva** Copy **Carles Grau** Fotógrafo Photographer **Vicente Carvajal** Ilustración Illustrator **Estudi Xifra**

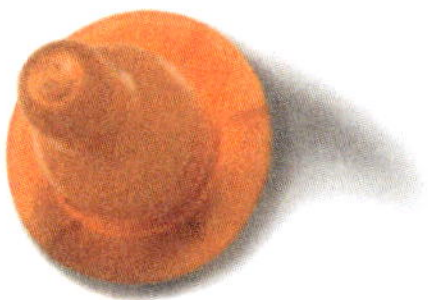

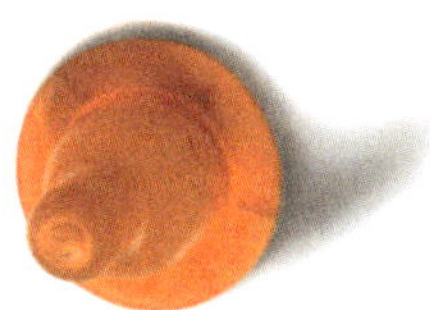

Título Title **Tetinas** Autor Created by **J. Walter Thompson** Cliente Client **Mustela** Agencia Agency **J. Walter Thompson** Director creativo Creative Director **Andrés Linares** Director creativo ejecutivo Executive Creative Director **Paco Segovia** Director de arte Art director **Andrés Linares** Copy **Hernán Goñi** Fotógrafo Photographer **Rodrigo Zabala**

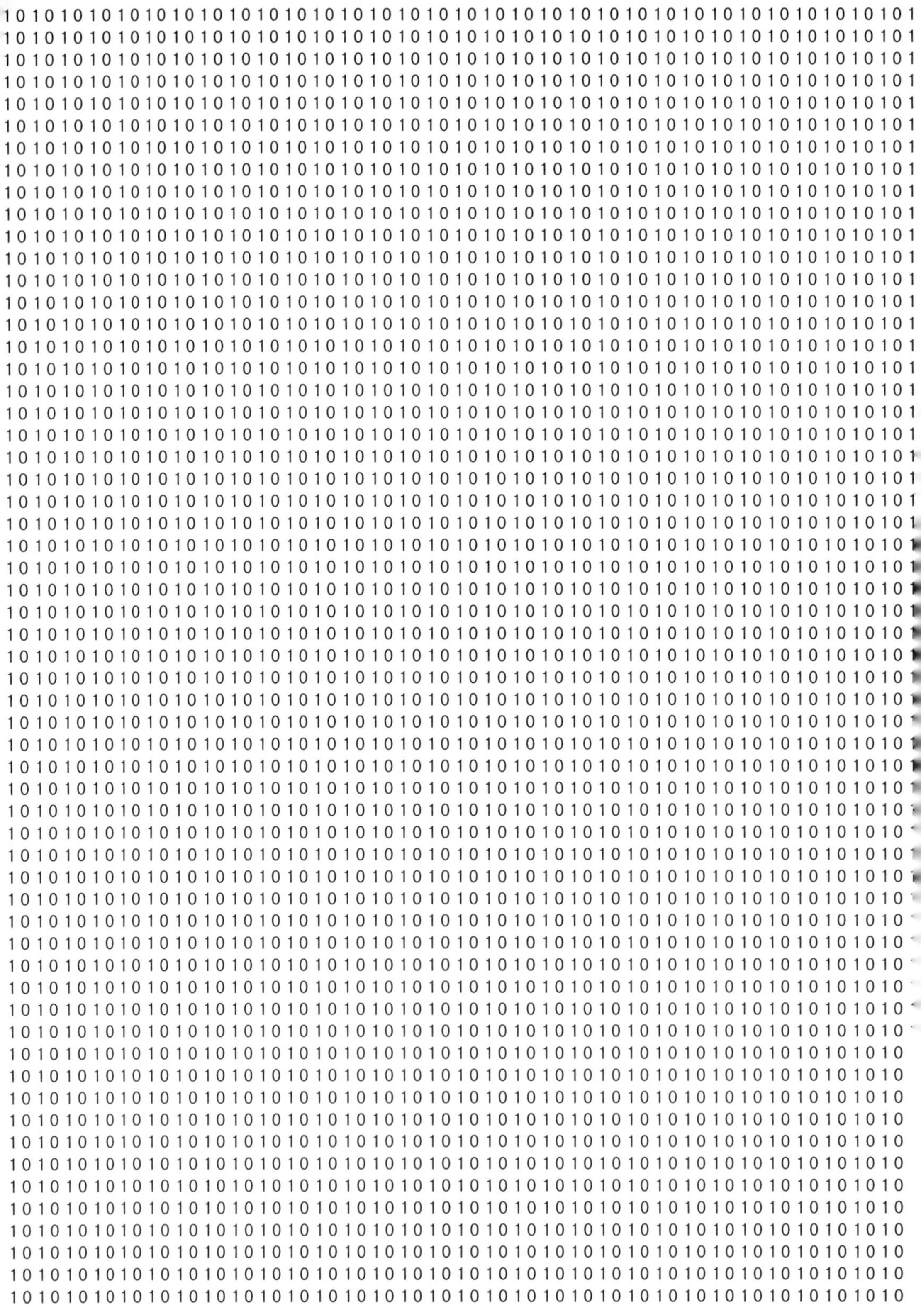

Copy, Naming

"PIXI I DIXI"

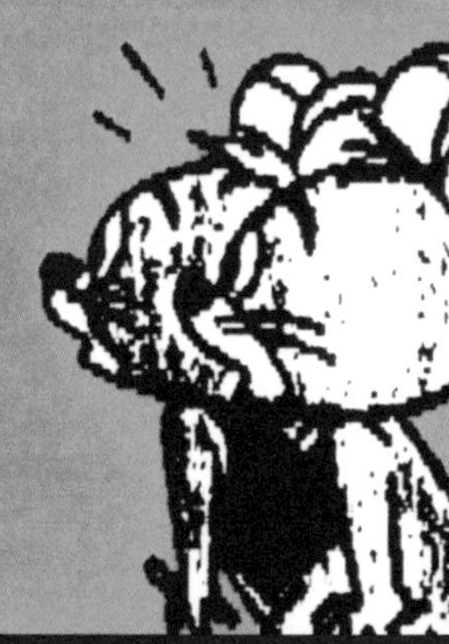

"MARDITOS ROEDORE"

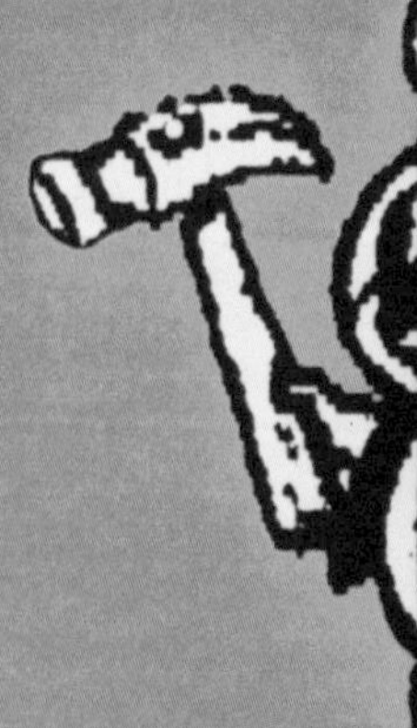

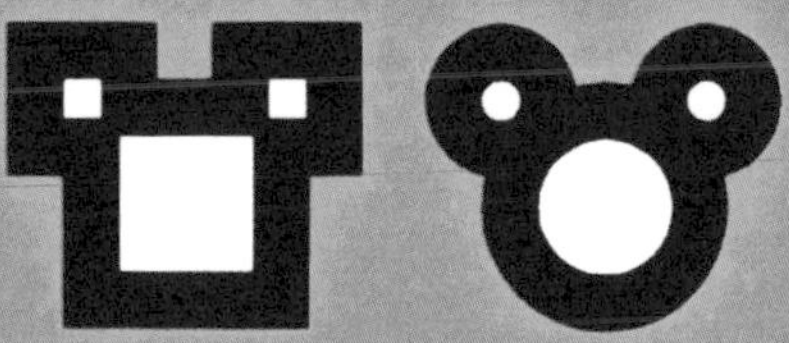

P I X E L I D I X E L

Título Title **Pixel i Dixel naming** Autor Created by **Cati Palou / Juan Cardosa** Cliente Client **Pixel i Dixel**

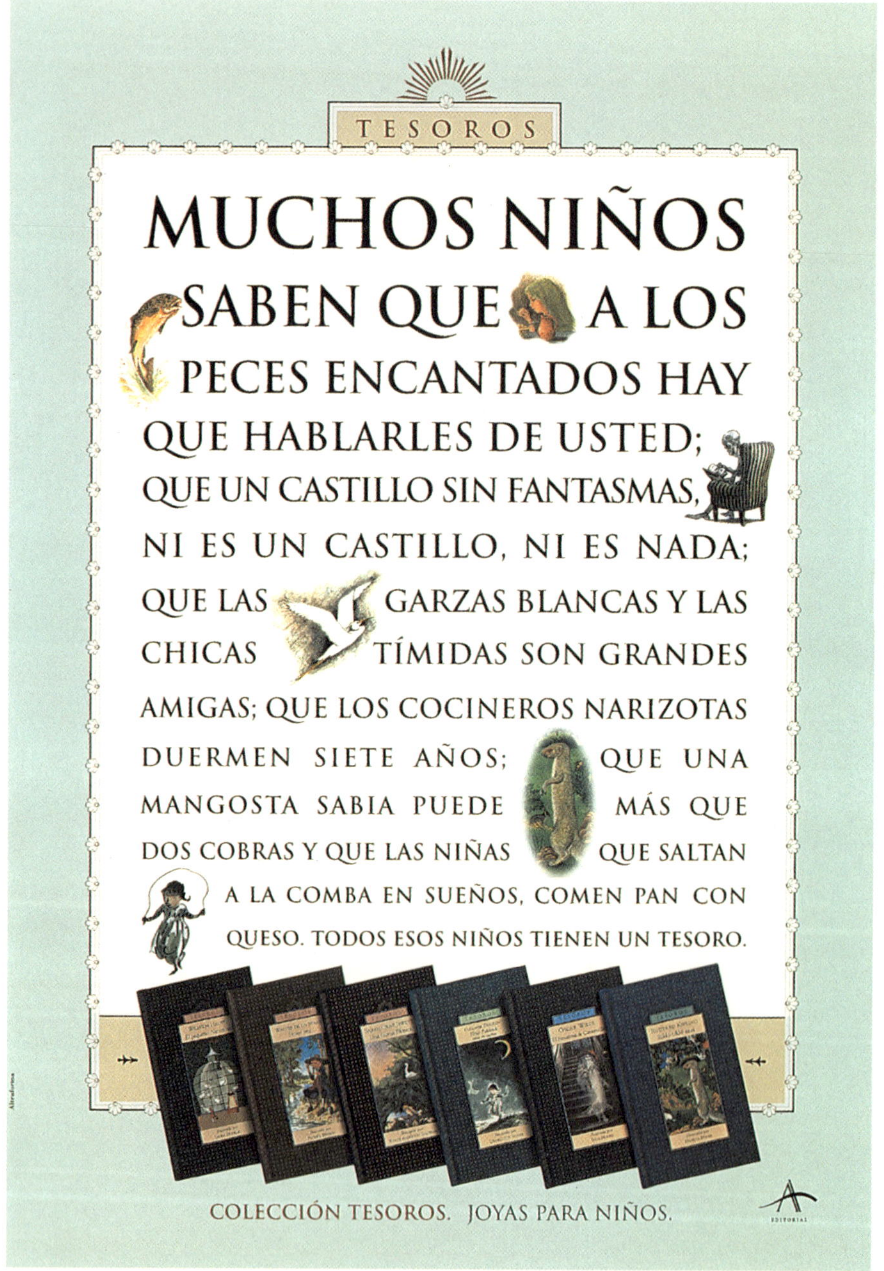

Título Title **Tesoros** Autor Created by **Altraforma, S.A.** Cliente Client **Editorial Alba, S.A.** Agencia Agency **Altraforma, S.A.** Estudio Studio **Altraforma, S.A.** Director creativo Creative Director **Tito Muñoz / Manolo Portabella** Director de arte Art director **Lluís Ayguadé** Copy **David Bayona** Diseñador gráfico Graphic designer **Albert Bernal** Fotógrafo Photographer **Pep Herrero**

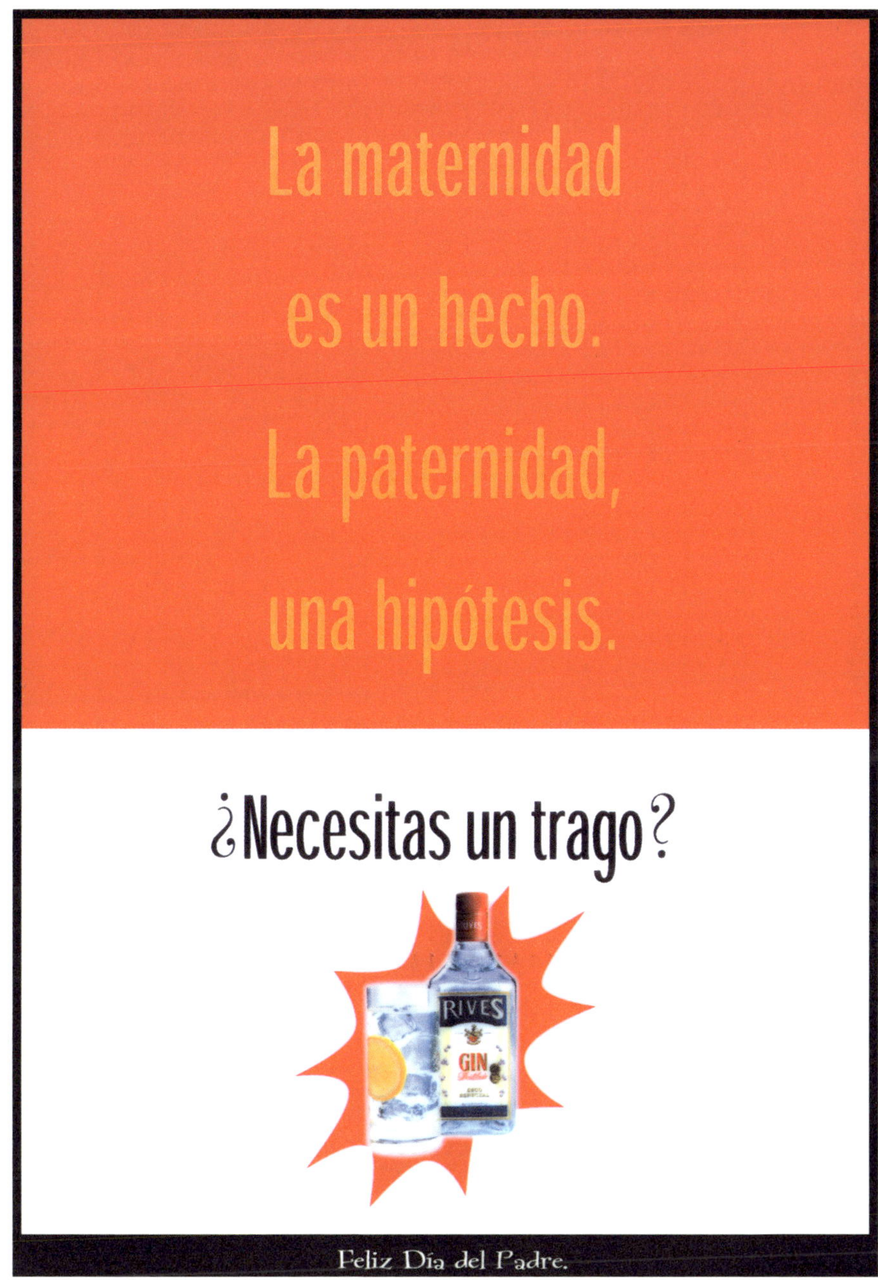

Título Title **Trago** Autor Created by **Grey Trace** Cliente Client **Rives Pitman** Grupo creativo Creative Group **Agustín Vaquero / Pablo Torreblanca / Gerardo Silva** Agencia Agency **Grey Trace** Estudio Studio **El Callejón del Arte** Director creativo Creative Director **Pablo Torreblanca / Gerardo Silva** Director de arte Art director **Miriam Maneiro / Pablo Torreblanca** Copy **Breno Cotta / Gerardo Silva** Fotógrafo Photographer **Santiago Boil**

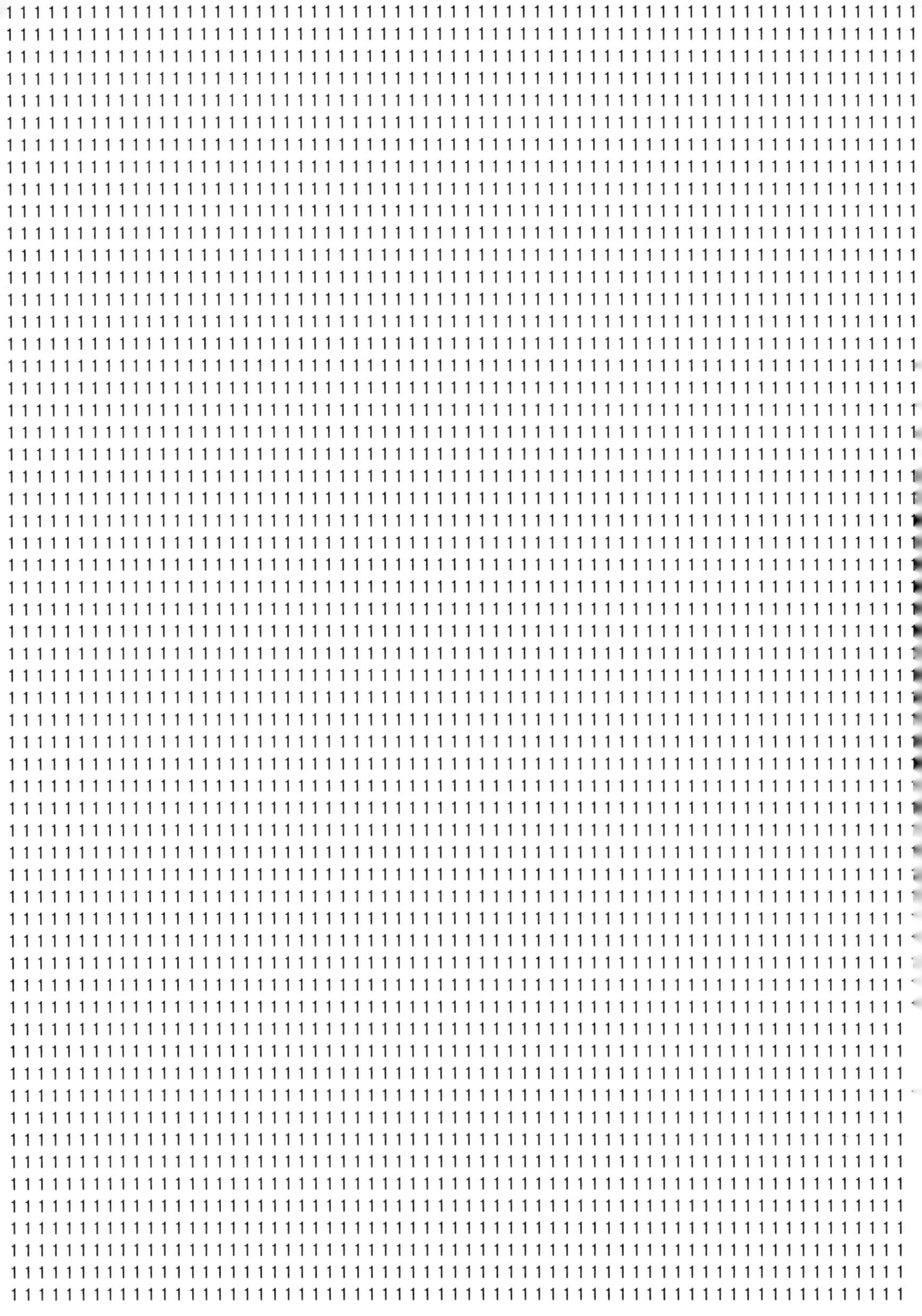

11 Campaña gráfica Graphic campaign

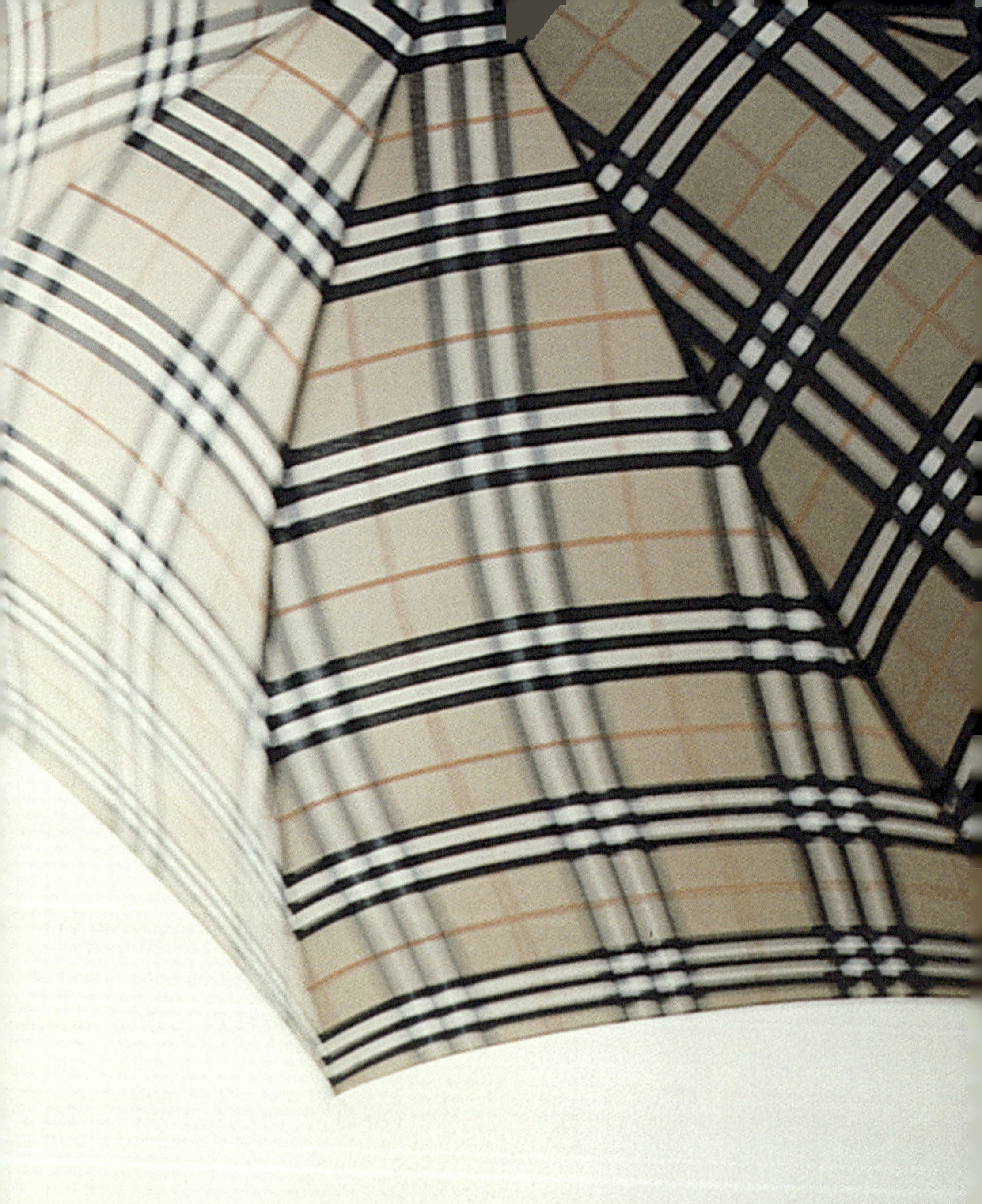

Título Title **The Burberry look in Exmoor** Autor Created by **Bassat Ogilvy & Mather** Cliente Client **Burberrys** Grupo creativo Creative Group **Jorge Villena / Carles Graell** Agencia Agency **Bassat Ogilvy & Mather** Estudio Studio **Graell Graphic Line, S.L.** Director creativo Creative Director **Jorge Villena** Director de arte Art director **Carles Graell** Copy **Jorge Villena** Diseñador gráfico Graphic designer **Carles Graell** Fotógrafo Photographer **José Manuel Ferrater**

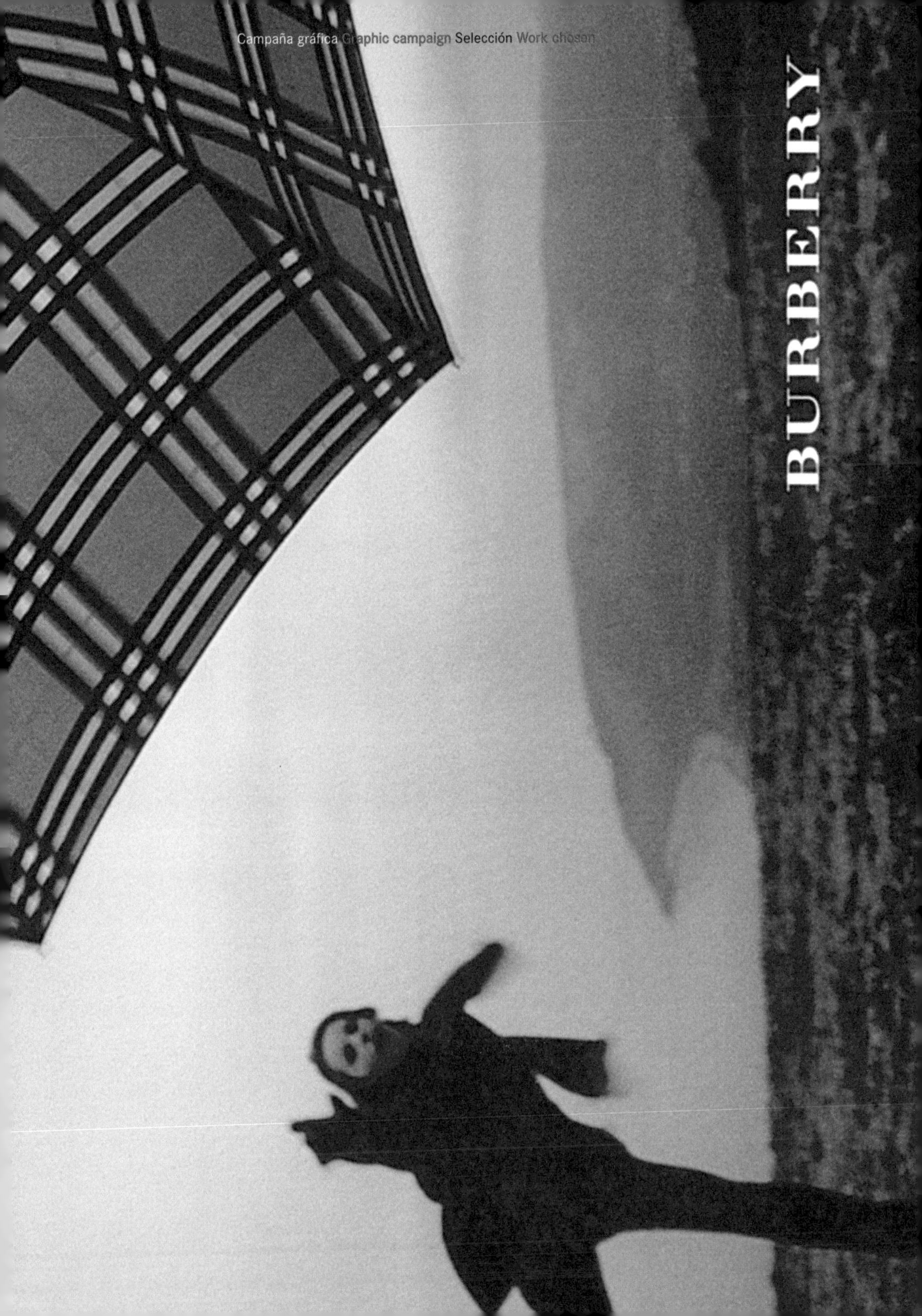
BURBERRY

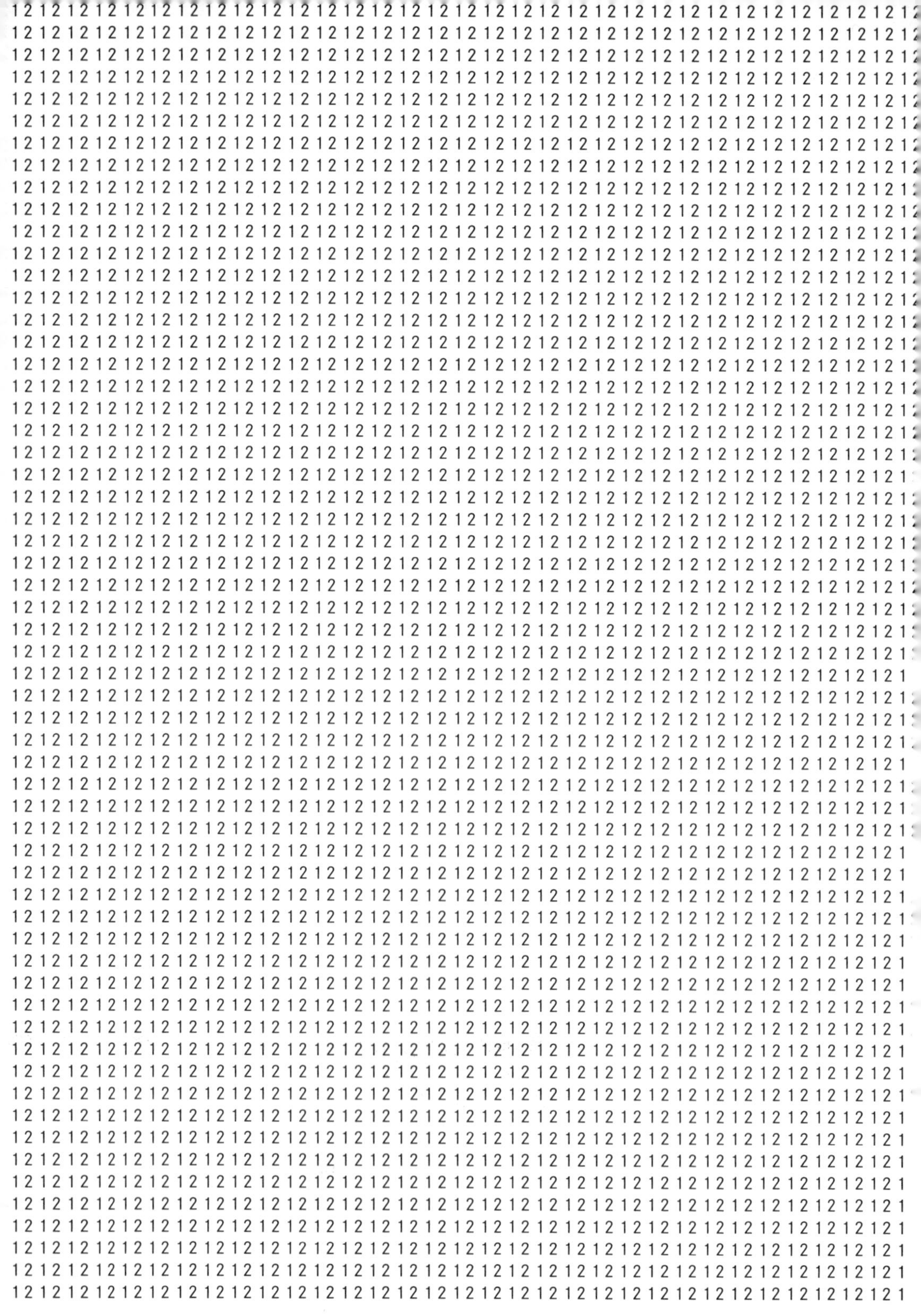

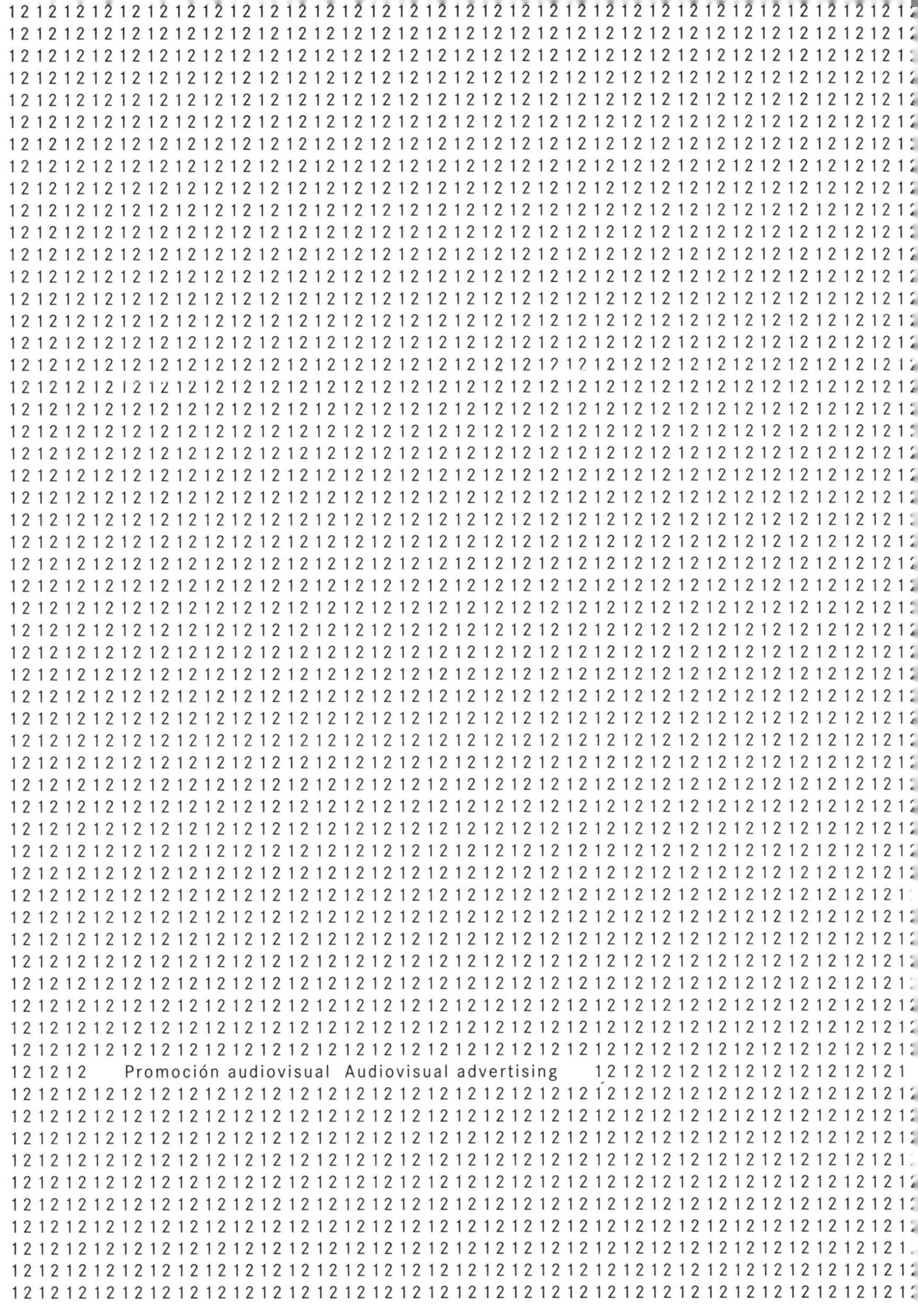
Promoción audiovisual Audiovisual advertising

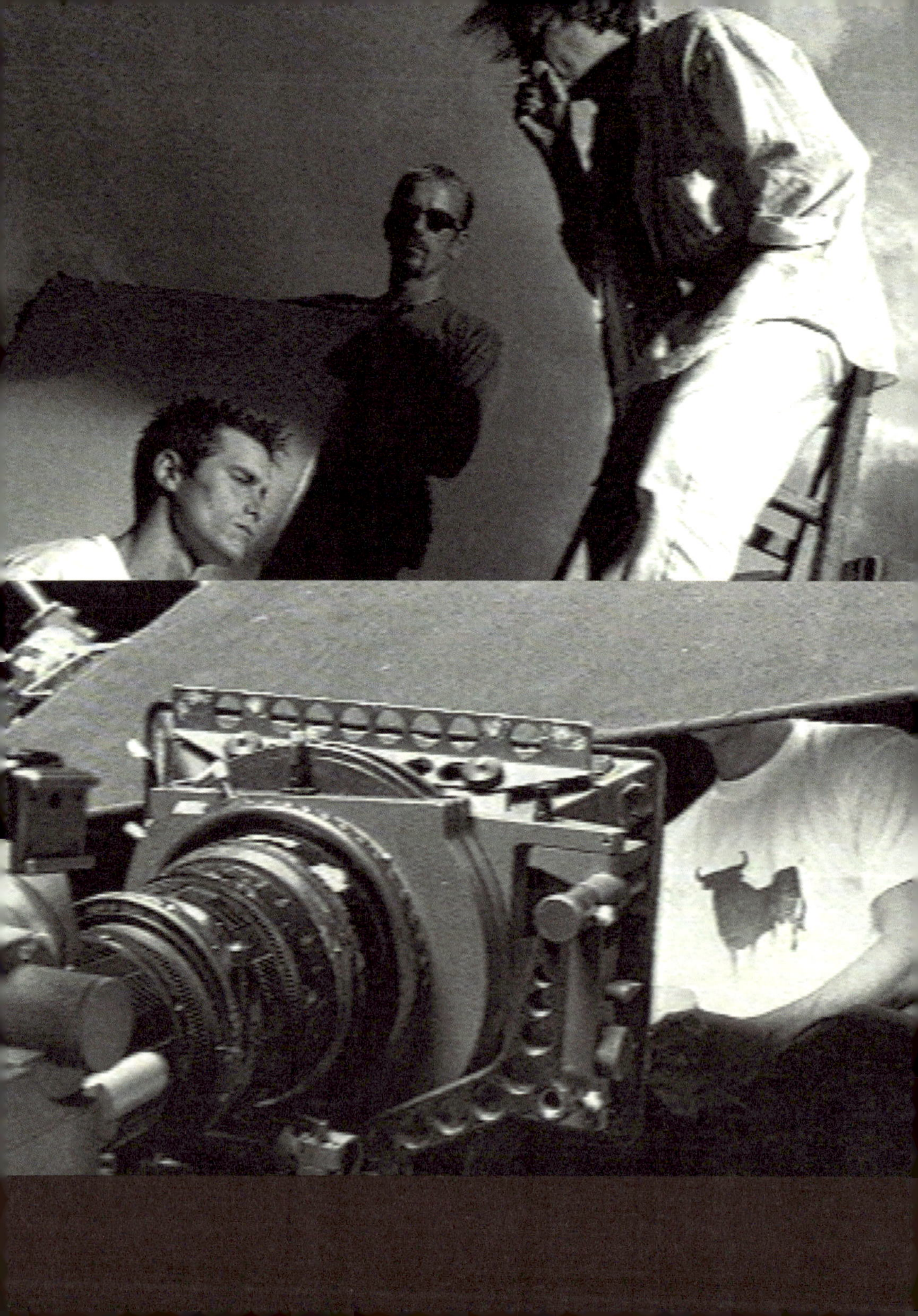

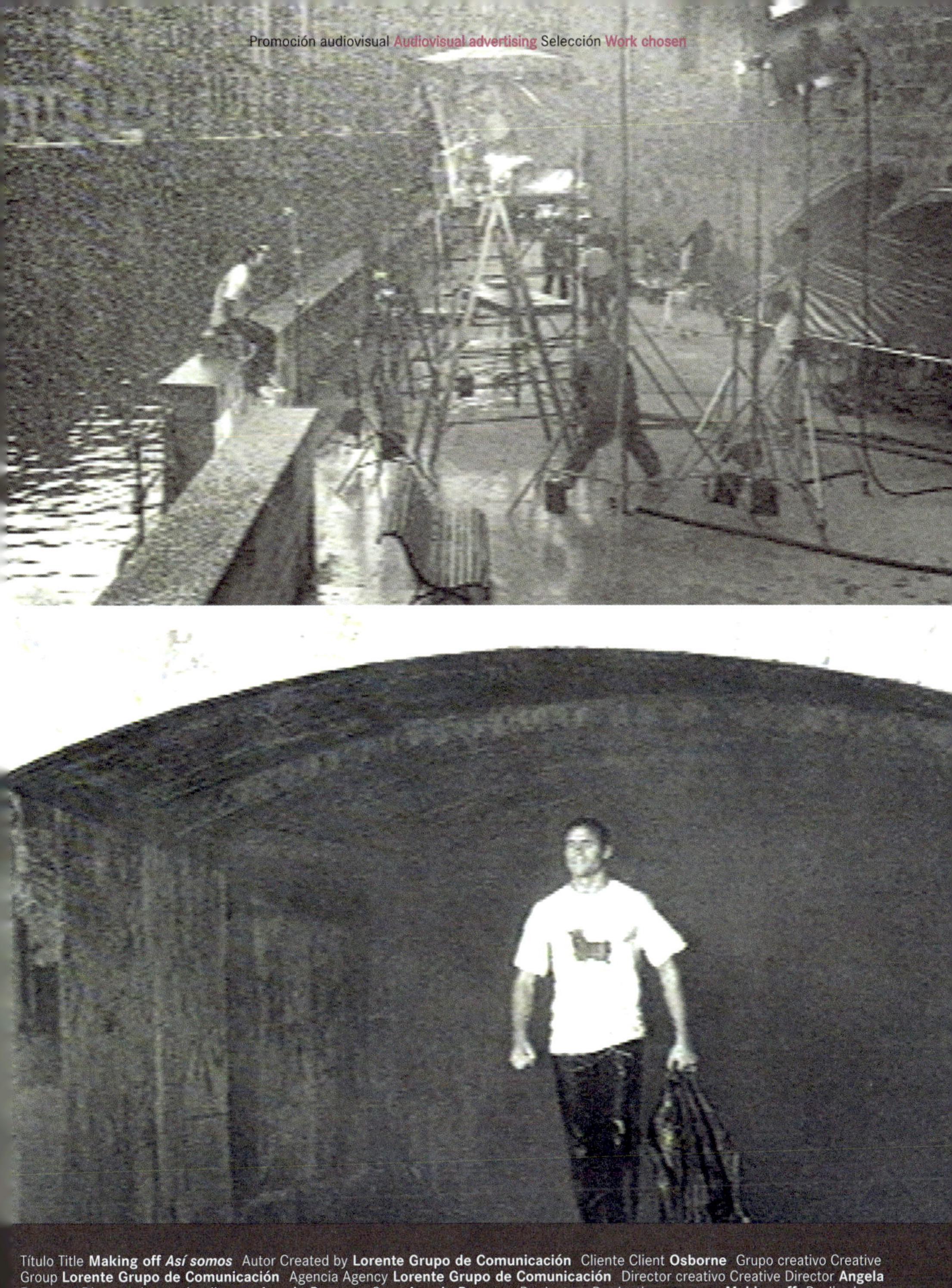

Título Title **Making off** ***Así somos*** Autor Created by **Lorente Grupo de Comunicación** Cliente Client **Osborne** Grupo creativo Creative Group **Lorente Grupo de Comunicación** Agencia Agency **Lorente Grupo de Comunicación** Director creativo Creative Director **Angela Becerra** Director de arte Art director **Angela Becerra** Copy **Angela Becerra** Productora Production company **Making off** Realizador Director **Albert Olaria / Elias Lalaux** Cámara Cameraperson **Albert Olaria**

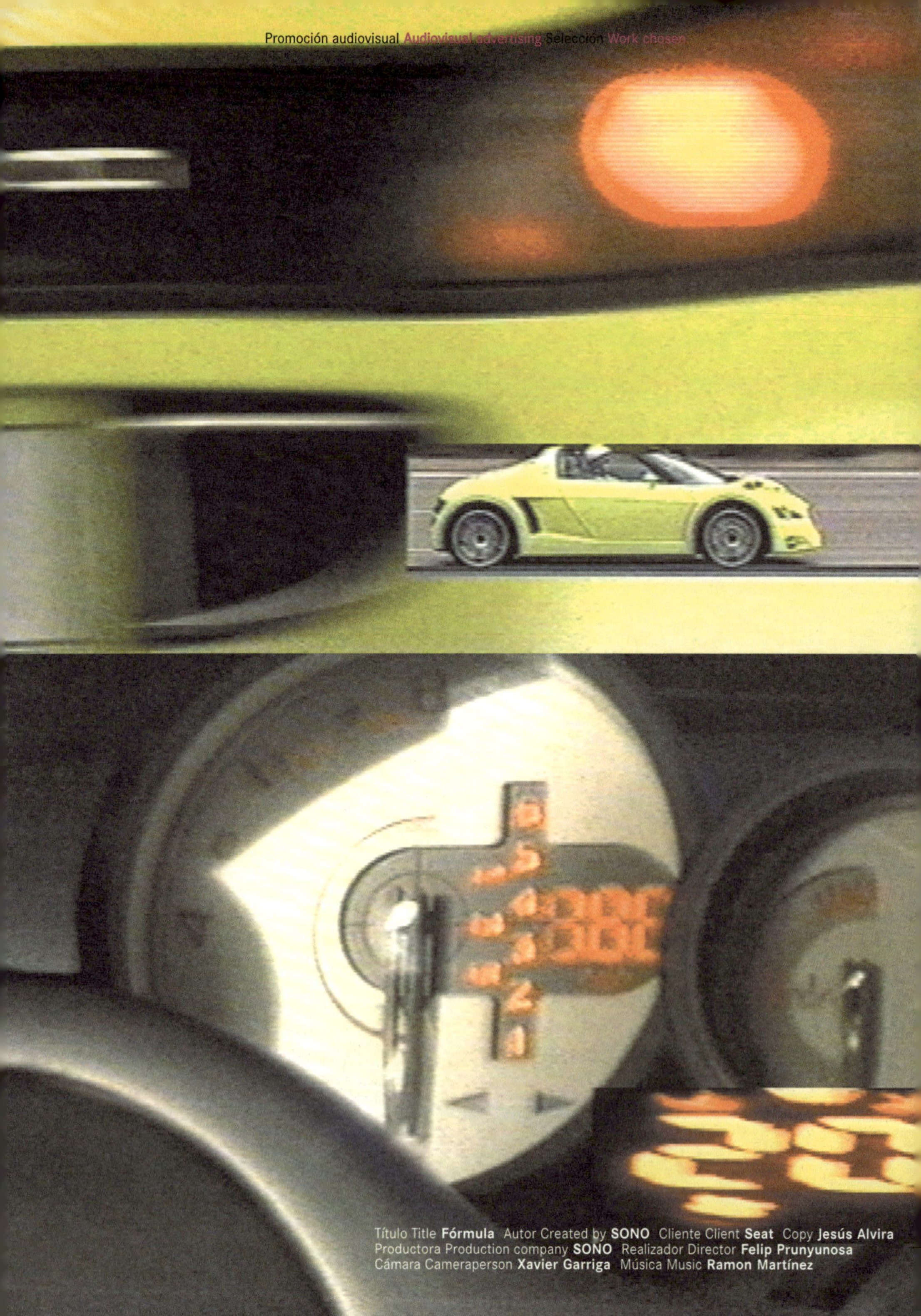

Título Title **Fórmula** Autor Created by **SONO** Cliente Client **Seat** Copy **Jesús Alvira**
Productora Production company **SONO** Realizador Director **Felip Prunyunosa**
Cámara Cameraperson **Xavier Garriga** Música Music **Ramon Martínez**

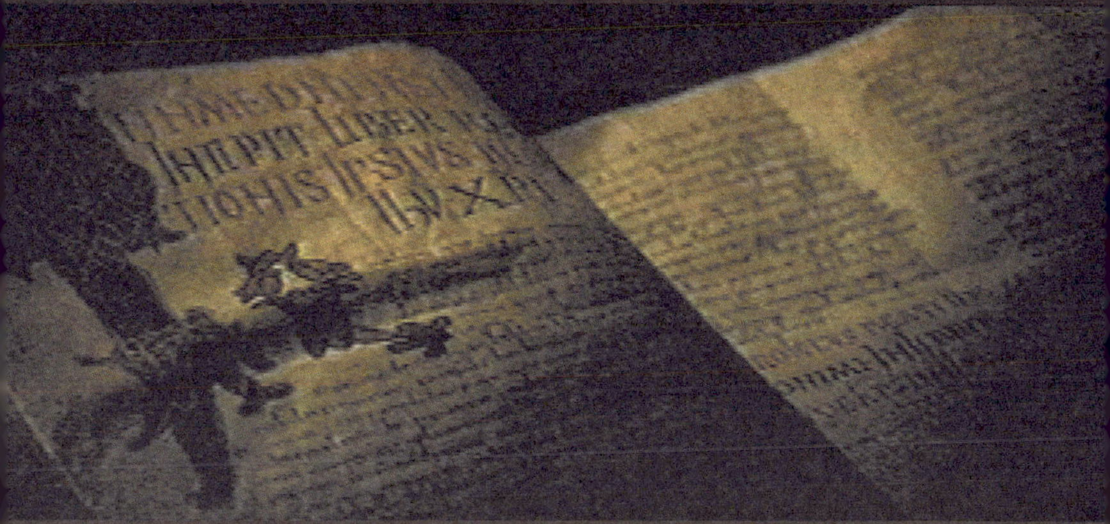

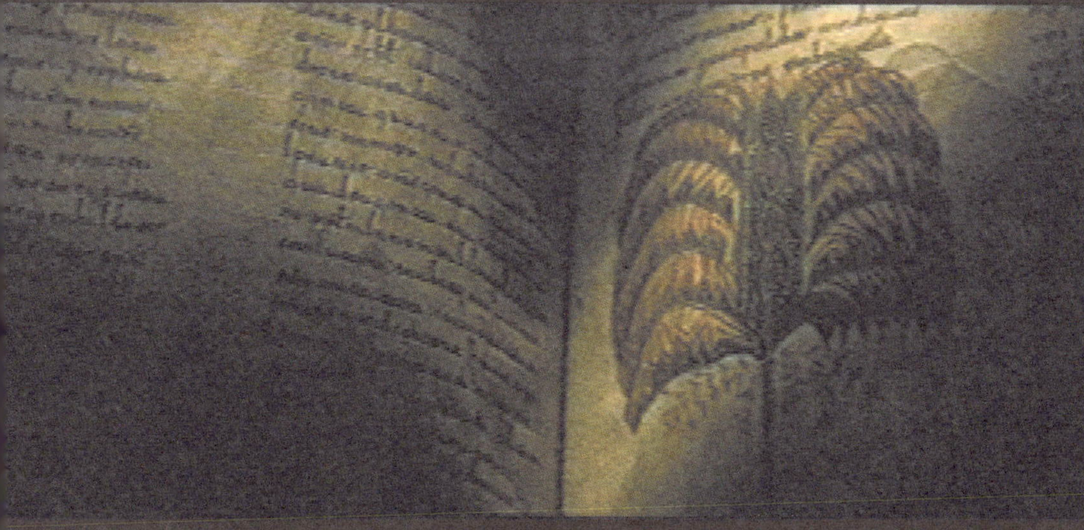

Título Title **Museo Diocesano de La Seu d'Urgell** Autor Created by **Beatus** Cliente Client **Konic Audiovisuals** Productora Production company **Konic Audiovisuals** Realizador Director **Pep Botey** Música Music **Quartet veus del Pirineu y Música de Librería**

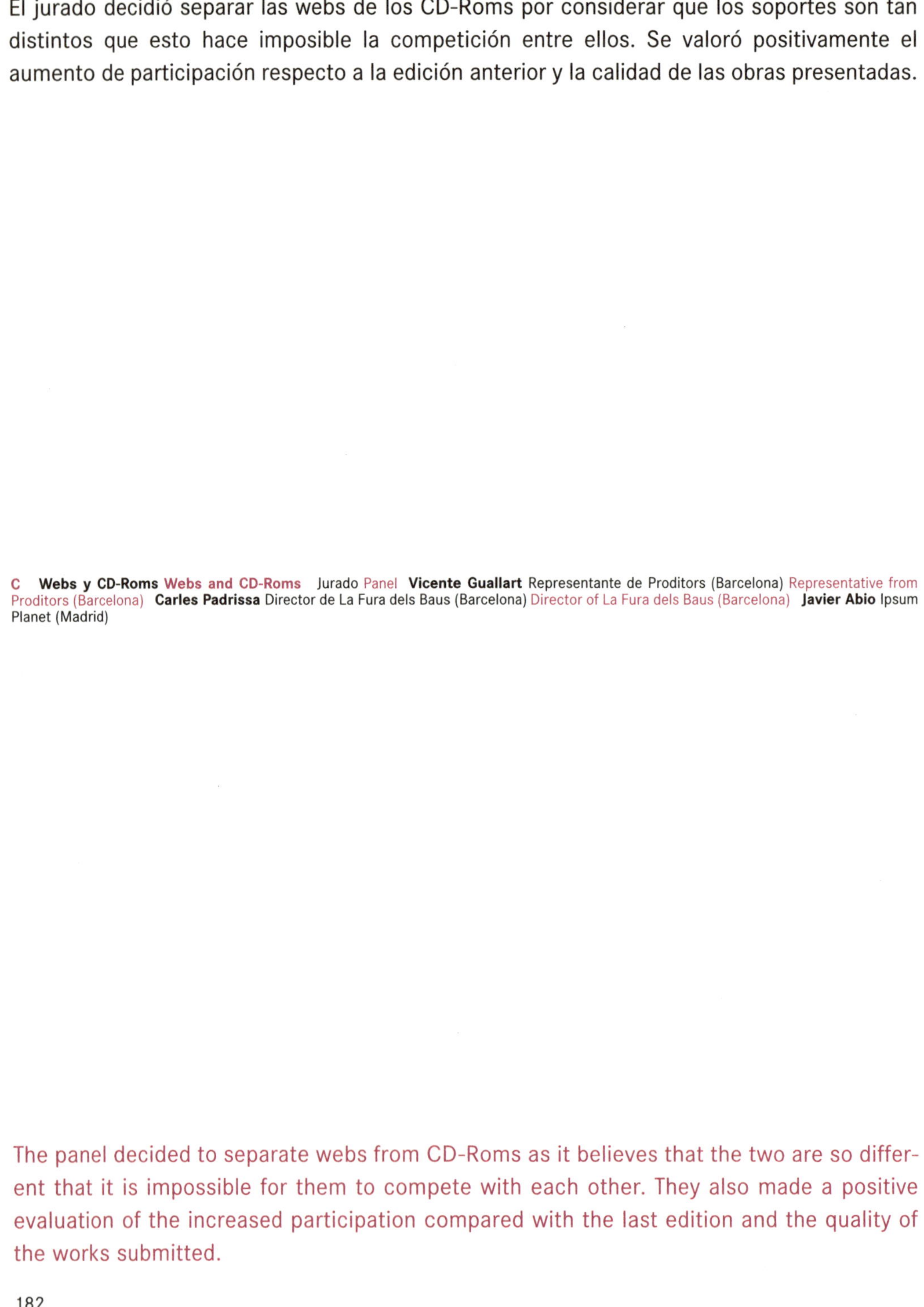

El jurado decidió separar las webs de los CD-Roms por considerar que los soportes son tan distintos que esto hace imposible la competición entre ellos. Se valoró positivamente el aumento de participación respecto a la edición anterior y la calidad de las obras presentadas.

C **Webs y CD-Roms** **Webs and CD-Roms** Jurado Panel **Vicente Guallart** Representante de Proditors (Barcelona) Representative from Proditors (Barcelona) **Carles Padrissa** Director de La Fura dels Baus (Barcelona) Director of La Fura dels Baus (Barcelona) **Javier Abio** Ipsum Planet (Madrid)

The panel decided to separate webs from CD-Roms as it believes that the two are so different that it is impossible for them to compete with each other. They also made a positive evaluation of the increased participation compared with the last edition and the quality of the works submitted.

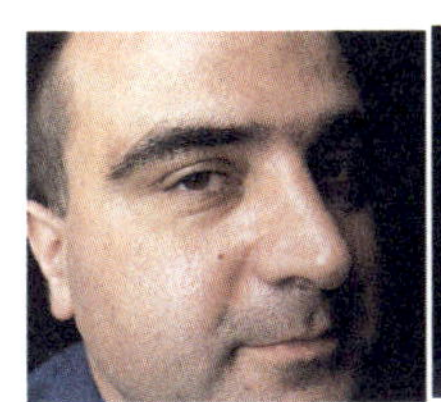 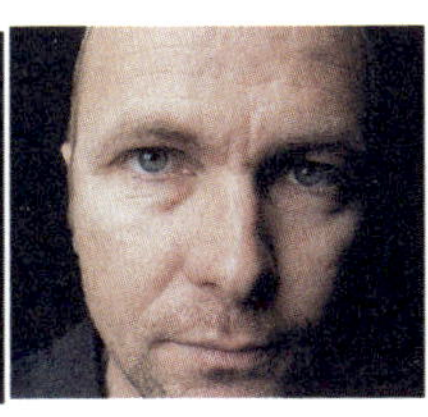 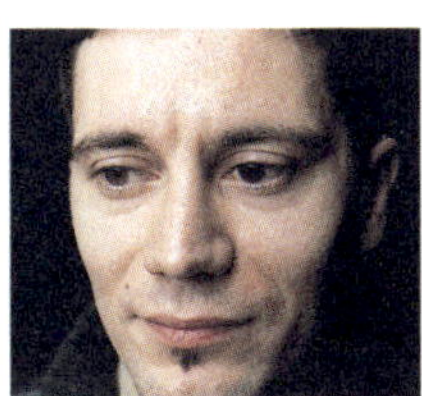

1313131313131313131313131313131313131313131313131313131313131313131313
1313131313131313131313131313131313131313131313131313131313131313131313
1313131313131313131313131313131313131313131313131313131313131313131313
1313131313131313131313131313131313131313131313131313131313131313131313
1313131313131313131313131313131313131313131313131313131313131313131313
1313131313131313131313131313131313131313131313131313131313131313131313
1313131313131313131313131313131313131313131313131313131313131313131313
1313131313131313131313131313131313131313131313131313131313131313131313
1313131313131313131313131313131313131313131313131313131313131313131313
1313131313131313131313131313131313131313131313131313131313131313131313
1313131313131313131313131313131313131313131313131313131313131313131313
1313131313131313131313131313131313131313131313131313131313131313131313
1313131313131313131313131313131313131313131313131313131313131313131313
1313131313131313131313131313131313131313131313131313131313131313131313
1313131313131313131313131313131313131313131313131313131313131313131313
1313131313131313131313131313131313131313131313131313131313131313131313
1313131313131313131313131313131313131313131313131313131313131313131313
1313131313131313131313131313131313131313131313131313131313131313131313
1313131313131313131313131313131313131313131313131313131313131313131313
1313131313131313131313131313131313131313131313131313131313131313131313
1313131313131313131313131313131313131313131313131313131313131313131313
1313131313131313131313131313131313131313131313131313131313131313131313
1313131313131313131313131313131313131313131313131313131313131313131313
1313131313131313131313131313131313131313131313131313131313131313131313
1313131313131313131313131313131313131313131313131313131313131313131313
1313131313131313131313131313131313131313131313131313131313131313131313
1313131313131313131313131313131313131313131313131313131313131313131313
1313131313131313131313131313131313131313131313131313131313131313131313
1313131313131313131313131313131313131313131313131313131313131313131313
1313131313131313131313131313131313131313131313131313131313131313131313
1313131313131313131313131313131313131313131313131313131313131313131313
1313131313131313131313131313131313131313131313131313131313131313131313
1313131313131313131313131313131313131313131313131313131313131313131313
1313131313131313131313131313131313131313131313131313131313131313131313
1313131313131313131313131313131313131313131313131313131313131313131313
1313131313131313131313131313131313131313131313131313131313131313131313
1313131313131313131313131313131313131313131313131313131313131313131313
1313131313131313131313131313131313131313131313131313131313131313131313
1313131313131313131313131313131313131313131313131313131313131313131313
1313131313131313131313131313131313131313131313131313131313131313131313
1313131313131313131313131313131313131313131313131313131313131313131313
1313131313131313131313131313131313131313131313131313131313131313131313
1313131313131313131313131313131313131313131313131313131313131313131313
1313131313131313131313131313131313131313131313131313131313131313131313
1313131313131313131313131313131313131313131313131313131313131313131313
1313131313131313131313131313131313131313131313131313131313131313131313
1313131313131313131313131313131313131313131313131313131313131313131313
1313131313131313131313131313131313131313131313131313131313131313131313
1313131313131313131313131313131313131313131313131313131313131313131313
1313131313131313131313131313131313131313131313131313131313131313131313
1313131313131313131313131313131313131313131313131313131313131313131313
1313131313131313131313131313131313131313131313131313131313131313131313
1313131313131313131313131313131313131313131313131313131313131313131313
1313131313131313131313131313131313131313131313131313131313131313131313
1313131313131313131313131313131313131313131313131313131313131313131313
1313131313131313131313131313131313131313131313131313131313131313131313
1313131313131313131313131313131313131313131313131313131313131313131313
1313131313131313131313131313131313131313131313131313131313131313131313
1313131313131313131313131313131313131313131313131313131313131313131313

Webs

1 2 3 4 5 6 7 8

2 Banners con tecnologia Flash en La Vanguardia Digital.

La Vanguardia Digital ha incorporado la tecnología Flash, por primera vez, en la presentación de un "banner" de publicidad --una novedad en el mercado de la promoción online--, que ha sido desarrollado por Discovery Net para Winterthur.

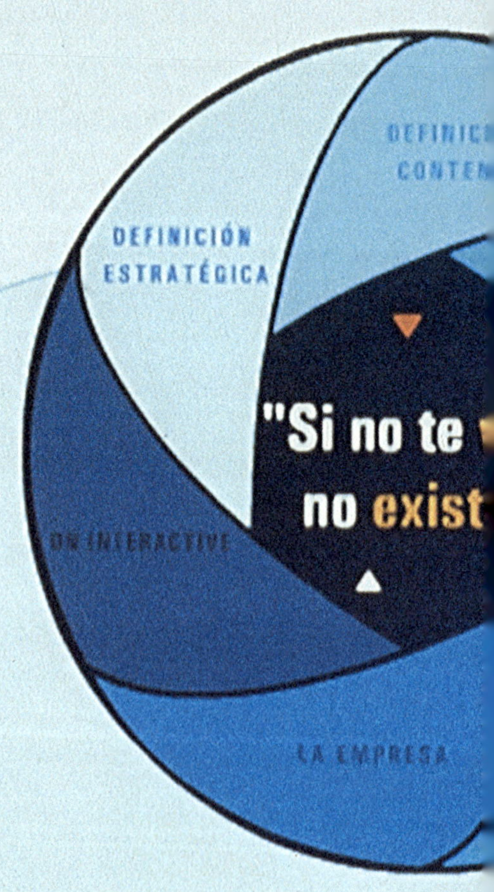

English Catalan Html E-mail Aviso Legal

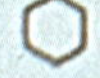    

© Discovery Net: T

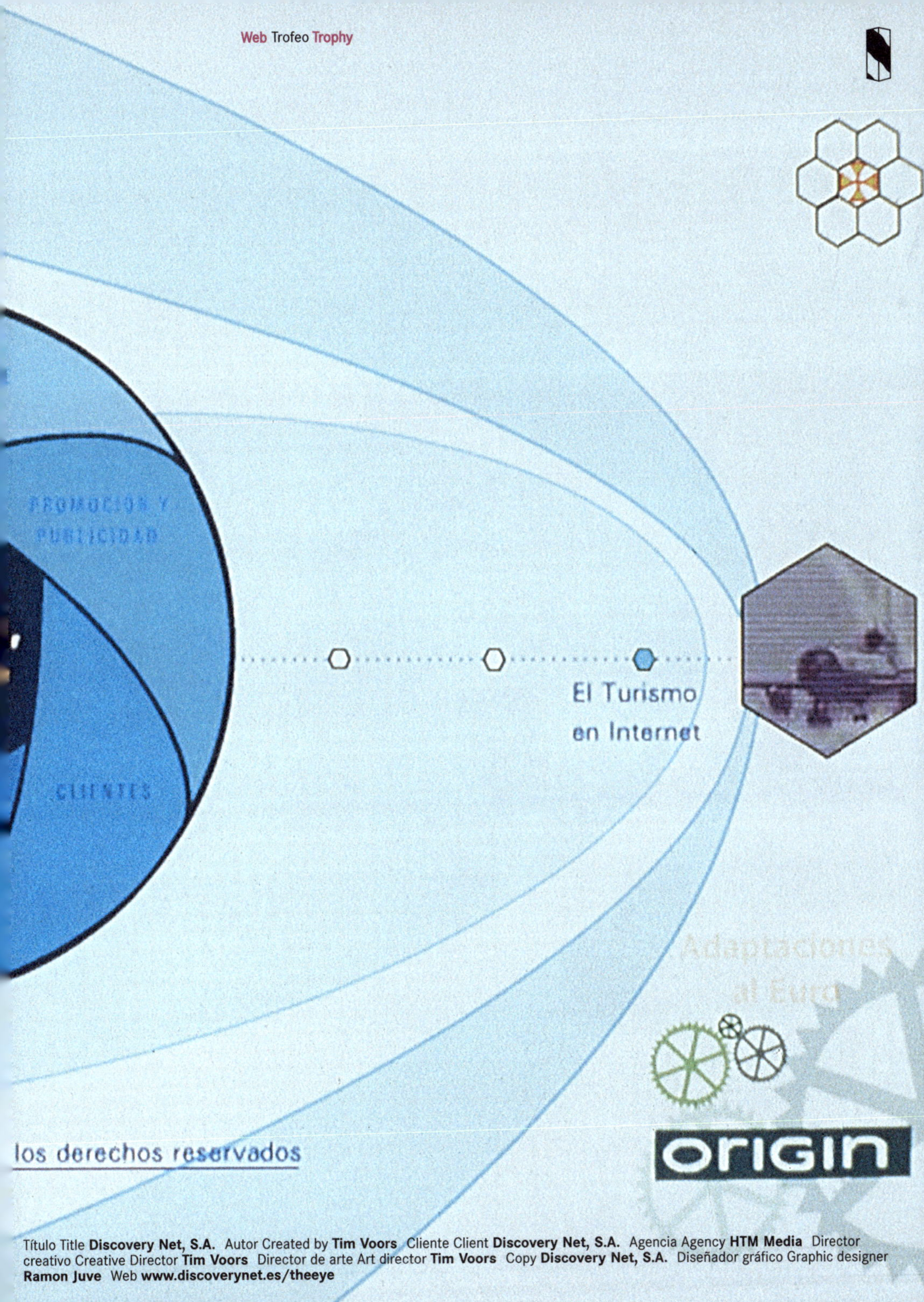

Título Title **Discovery Net, S.A.** Autor Created by **Tim Voors** Cliente Client **Discovery Net, S.A.** Agencia Agency **HTM Media** Director creativo Creative Director **Tim Voors** Director de arte Art director **Tim Voors** Copy **Discovery Net, S.A.** Diseñador gráfico Graphic designer **Ramon Juve** Web **www.discoverynet.es/theeye**

EscuchaNdo imAgENes
bernardo rivavelarde
vmg

> bernardo vavelarde > vmg > digital ima

> images
> music
> bernardo
> vmg
recomended view
1024x768

8-13

[what I see]

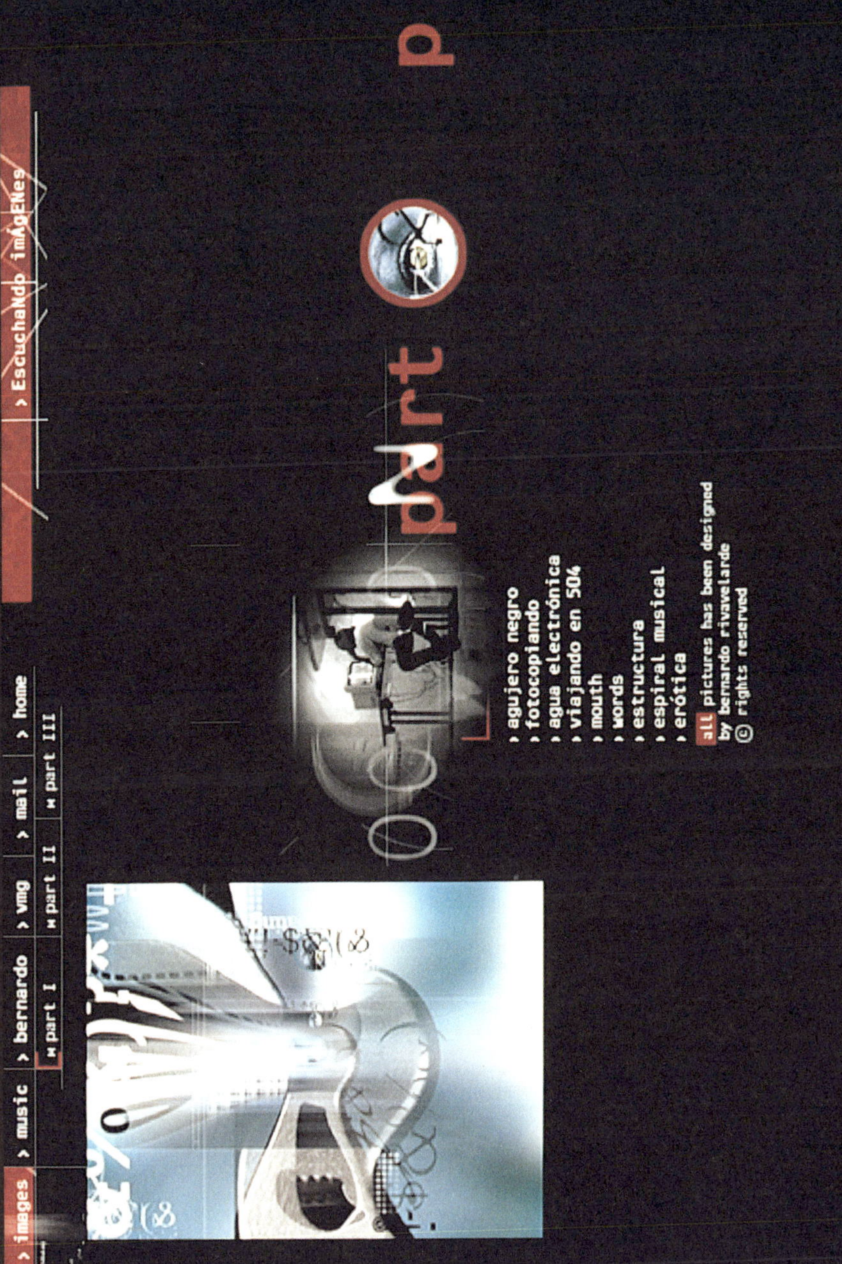

Título Title **Escuchando imágenes** Autor Created by **Bernardo López Díaz-Rivavelarde** Cliente Client **Bernardo López Díaz-Rivavelarde** Director creativo Creative Director **Bernardo López Díaz-Rivavelarde** Director de arte Art director **Bernardo López Díaz-Rivavelarde** Copy **Bernardo López Díaz-Rivavelarde** Diseñador gráfico Graphic designer **Bernardo López Díaz-Rivavelarde** Fotógrafo Photographer **Bernardo López Díaz-Rivavelarde** Música Music **VMG** Web **www.iconmedialab.es/ei**

PUNTO SUSPENSIVO

Experiencia Interactiva nº31

PUNTO ADHESIVO

Experiencia Interactiva nº35

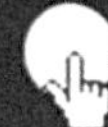

Título Title **Banners Punto Blanco** Autor Created by **Double You** Cliente Client **Punto Blanco** Agencia Agency **Double You** Director creativo Creative Director **Daniel Solana** Director de arte Art director **Blanca Piera** Copy **Esther Pino** Realizador Director **Joakim Borgström** Web **www.puntoblanco.com/banners**

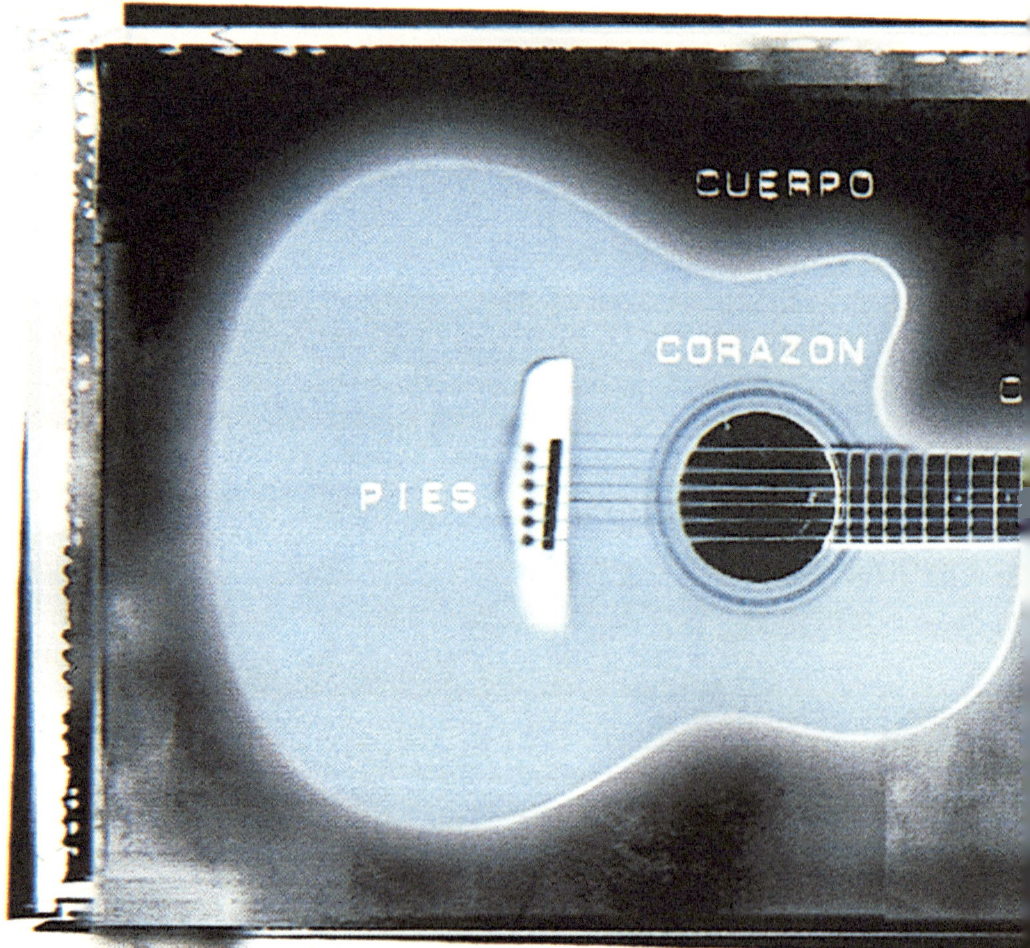
CUERPO
CORAZON
PIES

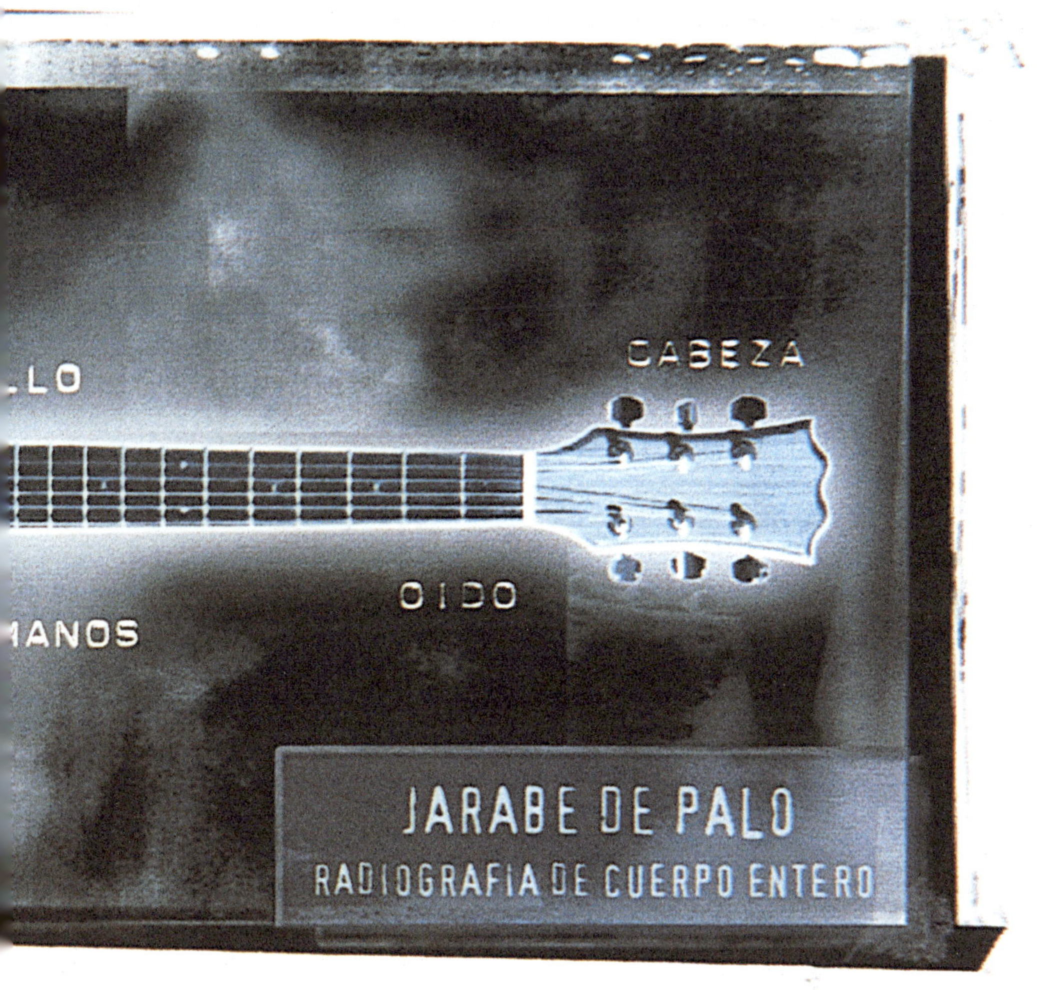

Título Title **Jarabe de Palo Cuerpo y Alma** Autor Created by **Herraiz Soto & Co.** Cliente Client **Jarabe de Palo** Agencia Agency **Herraiz Soto & Co.** Director creativo Creative Director **Herraiz Soto** Director de arte Art director **Angel Herraiz García Monzón** Copy **Rafael Soto Linares** Diseñador gráfico Graphic designer **Judith Roig** Fotógrafo Photographer **Maria Espeus** Realizador Director **Francesca Galera** Música Music **Jarabe de Palo** Web **www.jarabedepalo.com**

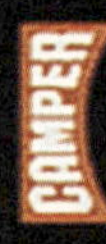

the walking homepage

MIRA QUÉ ZAPATOS
¡QUIERO ESOS CAMPER!
SOS
¿DÓNDE ESTÁ...?
TÚ SUGIERES
E-MAIL

Español English

HECHOS PARA CAMINAR ¿QUÉ ES CAMPER? ¿QUIÉN ANDA AHÍ? ¿ES ESTO UNA BRÚJULA? THE CAMPER VIRTUAL MUSEUM THE CAMPER INTERACTIVE EXPERIENCE

Título Title **Web Camper** Autor Created by **Teknoland** Cliente Client **Camper** Web **www.camper.es**

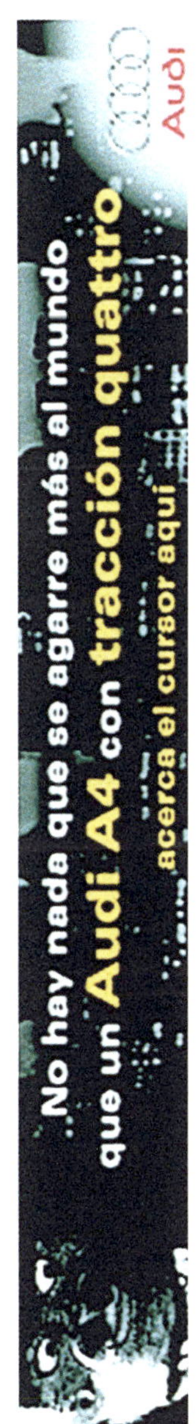

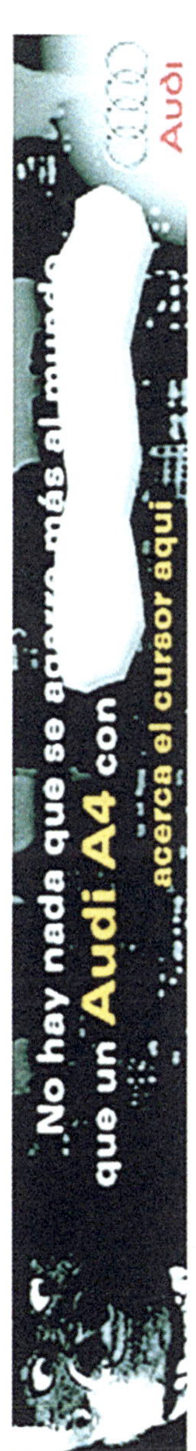

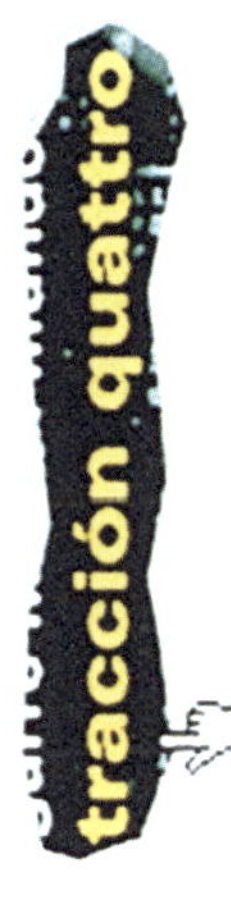

Título Title **Banners Audi King Kong** Autor Created by **Double You** Cliente Client **Audi** Agencia Agency **Double You**
Director creativo Creative Director **Daniel Solana** Director de arte Art director **Blanca Piera** Realizador Director **Joakim Borgström**
Web **www.doubleyou.com/kingkong**

14 14 14 14 14 14 14 14 14 14 14 14 14 14 14 14 14 14 14 14 14 14 14 14 14 14 14 14 14 14 14 14 14 14
14 14 14 14 14 14 14 14 14 14 14 14 14 14 14 14 14 14 14 14 14 14 14 14 14 14 14 14 14 14 14 14 14 14
14 14 14 14 14 14 14 14 14 14 14 14 14 14 14 14 14 14 14 14 14 14 14 14 14 14 14 14 14 14 14 14 14 14
14 14 14 14 14 14 14 14 14 14 14 14 14 14 14 14 14 14 14 14 14 14 14 14 14 14 14 14 14 14 14 14 14 14
14 14 14 14 14 14 14 14 14 14 14 14 14 14 14 14 14 14 14 14 14 14 14 14 14 14 14 14 14 14 14 14 14 14
14 14 14 14 14 14 14 14 14 14 14 14 14 14 14 14 14 14 14 14 14 14 14 14 14 14 14 14 14 14 14 14 14 14
14 14 14 14 14 14 14 14 14 14 14 14 14 14 14 14 14 14 14 14 14 14 14 14 14 14 14 14 14 14 14 14 14 14
14 14 14 14 14 14 14 14 14 14 14 14 14 14 14 14 14 14 14 14 14 14 14 14 14 14 14 14 14 14 14 14 14 14
14 14 14 14 14 14 14 14 14 14 14 14 14 14 14 14 14 14 14 14 14 14 14 14 14 14 14 14 14 14 14 14 14 14
14 14 14 14 14 14 14 14 14 14 14 14 14 14 14 14 14 14 14 14 14 14 14 14 14 14 14 14 14 14 14 14 14 14
14 14 14 14 14 14 14 14 14 14 14 14 14 14 14 14 14 14 14 14 14 14 14 14 14 14 14 14 14 14 14 14 14 14
14 14 14 14 14 14 14 14 14 14 14 14 14 14 14 14 14 14 14 14 14 14 14 14 14 14 14 14 14 14 14 14 14 14
14 14 14 14 14 14 14 14 14 14 14 14 14 14 14 14 14 14 14 14 14 14 14 14 14 14 14 14 14 14 14 14 14 14
14 14 14 14 14 14 14 14 14 14 14 14 14 14 14 14 14 14 14 14 14 14 14 14 14 14 14 14 14 14 14 14 14 14
14 14 14 14 14 14 14 14 14 14 14 14 14 14 14 14 14 14 14 14 14 14 14 14 14 14 14 14 14 14 14 14 14 14
14 14 14 14 14 14 14 14 14 14 14 14 14 14 14 14 14 14 14 14 14 14 14 14 14 14 14 14 14 14 14 14 14 14
14 14 14 14 14 14 14 14 14 14 14 14 14 14 14 14 14 14 14 14 14 14 14 14 14 14 14 14 14 14 14 14 14 14
14 14 14 14 14 14 14 14 14 14 14 14 14 14 14 14 14 14 14 14 14 14 14 14 14 14 14 14 14 14 14 14 14 14
14 14 14 14 14 14 14 14 14 14 14 14 14 14 14 14 14 14 14 14 14 14 14 14 14 14 14 14 14 14 14 14 14 14
14 14 14 14 14 14 14 14 14 14 14 14 14 14 14 14 14 14 14 14 14 14 14 14 14 14 14 14 14 14 14 14 14 14
14 14 14 14 14 14 14 14 14 14 14 14 14 14 14 14 14 14 14 14 14 14 14 14 14 14 14 14 14 14 14 14 14 14
14 14 14 14 14 14 14 14 14 14 14 14 14 14 14 14 14 14 14 14 14 14 14 14 14 14 14 14 14 14 14 14 14 14
14 14 14 14 14 14 14 14 14 14 14 14 14 14 14 14 14 14 14 14 14 14 14 14 14 14 14 14 14 14 14 14 14 14
14 14 14 14 14 14 14 14 14 14 14 14 14 14 14 14 14 14 14 14 14 14 14 14 14 14 14 14 14 14 14 14 14 14
14 14 14 14 14 14 14 14 14 14 14 14 14 14 14 14 14 14 14 14 14 14 14 14 14 14 14 14 14 14 14 14 14 14
14 14 14 14 14 14 14 14 14 14 14 14 14 14 14 14 14 14 14 14 14 14 14 14 14 14 14 14 14 14 14 14 14 14
14 14 14 14 14 14 14 14 14 14 14 14 14 14 14 14 14 14 14 14 14 14 14 14 14 14 14 14 14 14 14 14 14 14
14 14 14 14 14 14 14 14 14 14 14 14 14 14 14 14 14 14 14 14 14 14 14 14 14 14 14 14 14 14 14 14 14 14
14 14 14 14 14 14 14 14 14 14 14 14 14 14 14 14 14 14 14 14 14 14 14 14 14 14 14 14 14 14 14 14 14 14
14 14 14 14 14 14 14 14 14 14 14 14 14 14 14 14 14 14 14 14 14 14 14 14 14 14 14 14 14 14 14 14 14 14
14 14 14 14 14 14 14 14 14 14 14 14 14 14 14 14 14 14 14 14 14 14 14 14 14 14 14 14 14 14 14 14 14 14
14 14 14 14 14 14 14 14 14 14 14 14 14 14 14 14 14 14 14 14 14 14 14 14 14 14 14 14 14 14 14 14 14 14
14 14 14 14 14 14 14 14 14 14 14 14 14 14 14 14 14 14 14 14 14 14 14 14 14 14 14 14 14 14 14 14 14 14
14 14 14 14 14 14 14 14 14 14 14 14 14 14 14 14 14 14 14 14 14 14 14 14 14 14 14 14 14 14 14 14 14 14
14 14 14 14 14 14 14 14 14 14 14 14 14 14 14 14 14 14 14 14 14 14 14 14 14 14 14 14 14 14 14 14 14 14
14 14 14 14 14 14 14 14 14 14 14 14 14 14 14 14 14 14 14 14 14 14 14 14 14 14 14 14 14 14 14 14 14 14
14 14 14 14 14 14 14 14 14 14 14 14 14 14 14 14 14 14 14 14 14 14 14 14 14 14 14 14 14 14 14 14 14 14
14 14 14 14 14 14 14 14 14 14 14 14 14 14 14 14 14 14 14 14 14 14 14 14 14 14 14 14 14 14 14 14 14 14
14 14 14 14 14 14 14 14 14 14 14 14 14 14 14 14 14 14 14 14 14 14 14 14 14 14 14 14 14 14 14 14 14 14
14 14 14 14 14 14 14 14 14 14 14 14 14 14 14 14 14 14 14 14 14 14 14 14 14 14 14 14 14 14 14 14 14 14
14 14 14 14 14 14 14 14 14 14 14 14 14 14 14 14 14 14 14 14 14 14 14 14 14 14 14 14 14 14 14 14 14 14
14 14 14 14 14 14 14 14 14 14 14 14 14 14 14 14 14 14 14 14 14 14 14 14 14 14 14 14 14 14 14 14 14 14
14 14 14 14 14 14 14 14 14 14 14 14 14 14 14 14 14 14 14 14 14 14 14 14 14 14 14 14 14 14 14 14 14 14
14 14 14 14 14 14 14 14 14 14 14 14 14 14 14 14 14 14 14 14 14 14 14 14 14 14 14 14 14 14 14 14 14 14
14 14 14 14 14 14 14 14 14 14 14 14 14 14 14 14 14 14 14 14 14 14 14 14 14 14 14 14 14 14 14 14 14 14
14 14 14 14 14 14 14 14 14 14 14 14 14 14 14 14 14 14 14 14 14 14 14 14 14 14 14 14 14 14 14 14 14 14
14 14 14 14 14 14 14 14 14 14 14 14 14 14 14 14 14 14 14 14 14 14 14 14 14 14 14 14 14 14 14 14 14 14
14 14 14 14 14 14 14 14 14 14 14 14 14 14 14 14 14 14 14 14 14 14 14 14 14 14 14 14 14 14 14 14 14 14
14 14 14 14 14 14 14 14 14 14 14 14 14 14 14 14 14 14 14 14 14 14 14 14 14 14 14 14 14 14 14 14 14 14
14 14 14 14 14 14 14 14 14 14 14 14 14 14 14 14 14 14 14 14 14 14 14 14 14 14 14 14 14 14 14 14 14 14
14 14 14 14 14 14 14 14 14 14 14 14 14 14 14 14 14 14 14 14 14 14 14 14 14 14 14 14 14 14 14 14 14 14
14 14 14 14 14 14 14 14 14 14 14 14 14 14 14 14 14 14 14 14 14 14 14 14 14 14 14 14 14 14 14 14 14 14
14 14 14 14 14 14 14 14 14 14 14 14 14 14 14 14 14 14 14 14 14 14 14 14 14 14 14 14 14 14 14 14 14 14
14 14 14 14 14 14 14 14 14 14 14 14 14 14 14 14 14 14 14 14 14 14 14 14 14 14 14 14 14 14 14 14 14 14
14 14 14 14 14 14 14 14 14 14 14 14 14 14 14 14 14 14 14 14 14 14 14 14 14 14 14 14 14 14 14 14 14 14

14

CD-Rom

SUVRE
ODCUD
OVRUD
UNVOS
ASURA

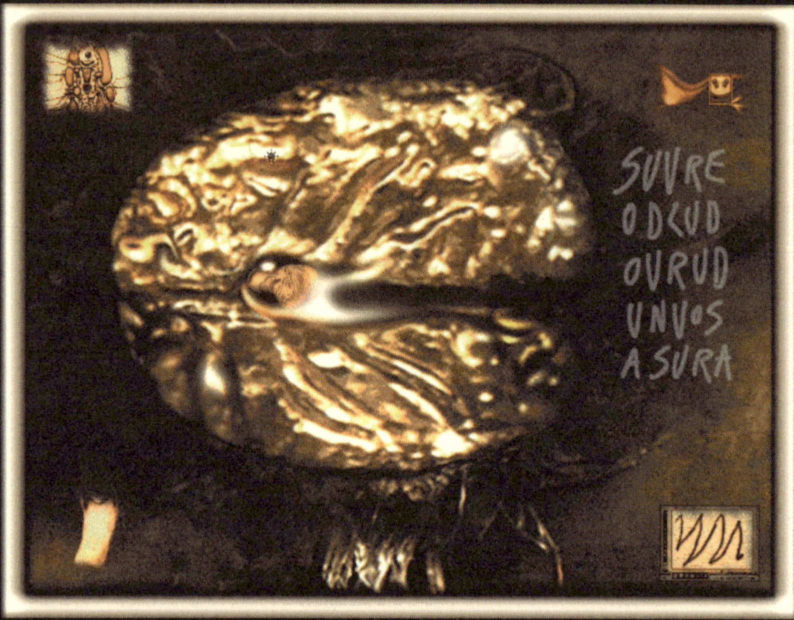

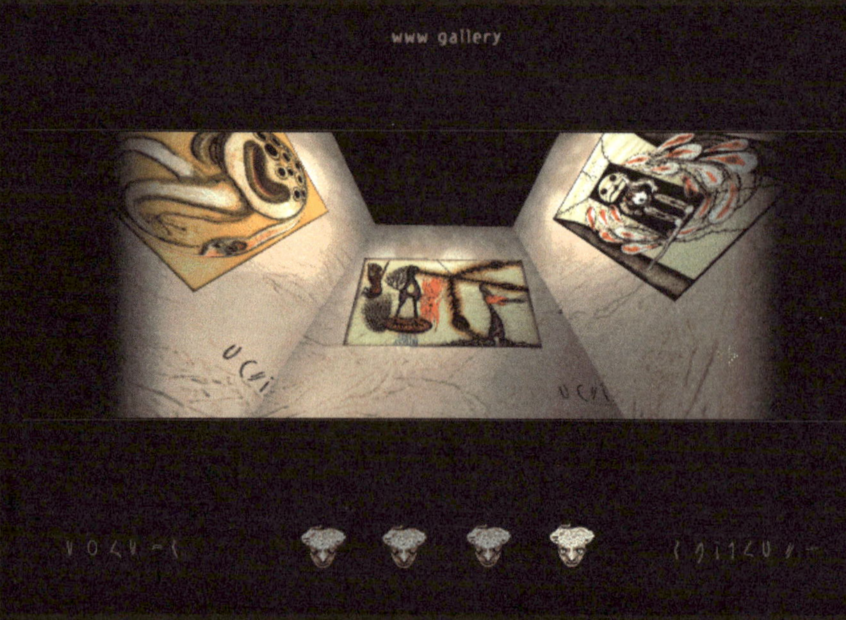

www gallery

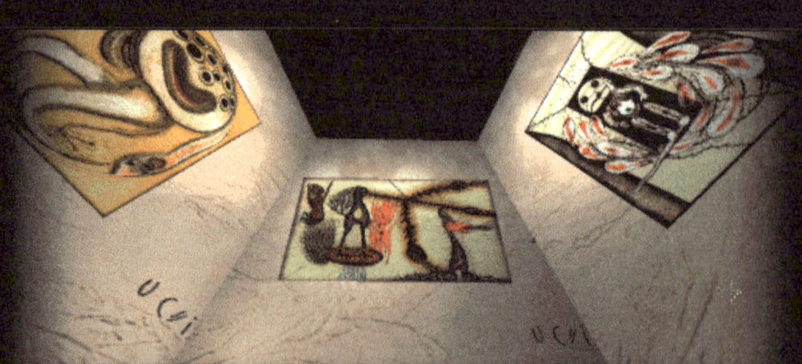

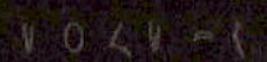

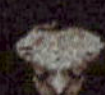

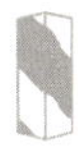

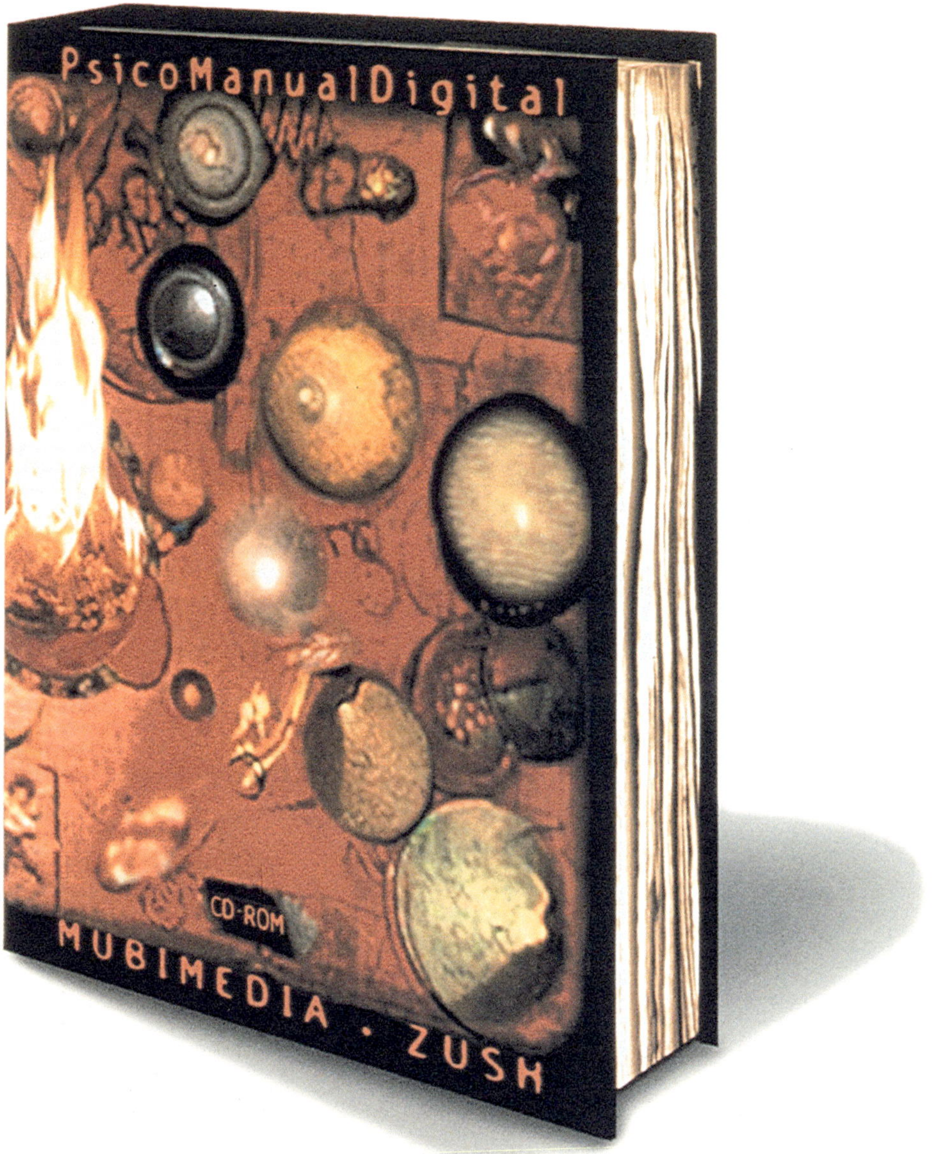

Título Title **Psicomanualdigital** Autor Created by **Mubimedia, S.L. / Zush** Cliente Client **Mubimedia, S.L.** Productora Production company **Mubimedia, S.L.** Realizador Director **Mubimedia, S.L.** Música Music **Peter Gabriel / Zush - Tres / Sumo**

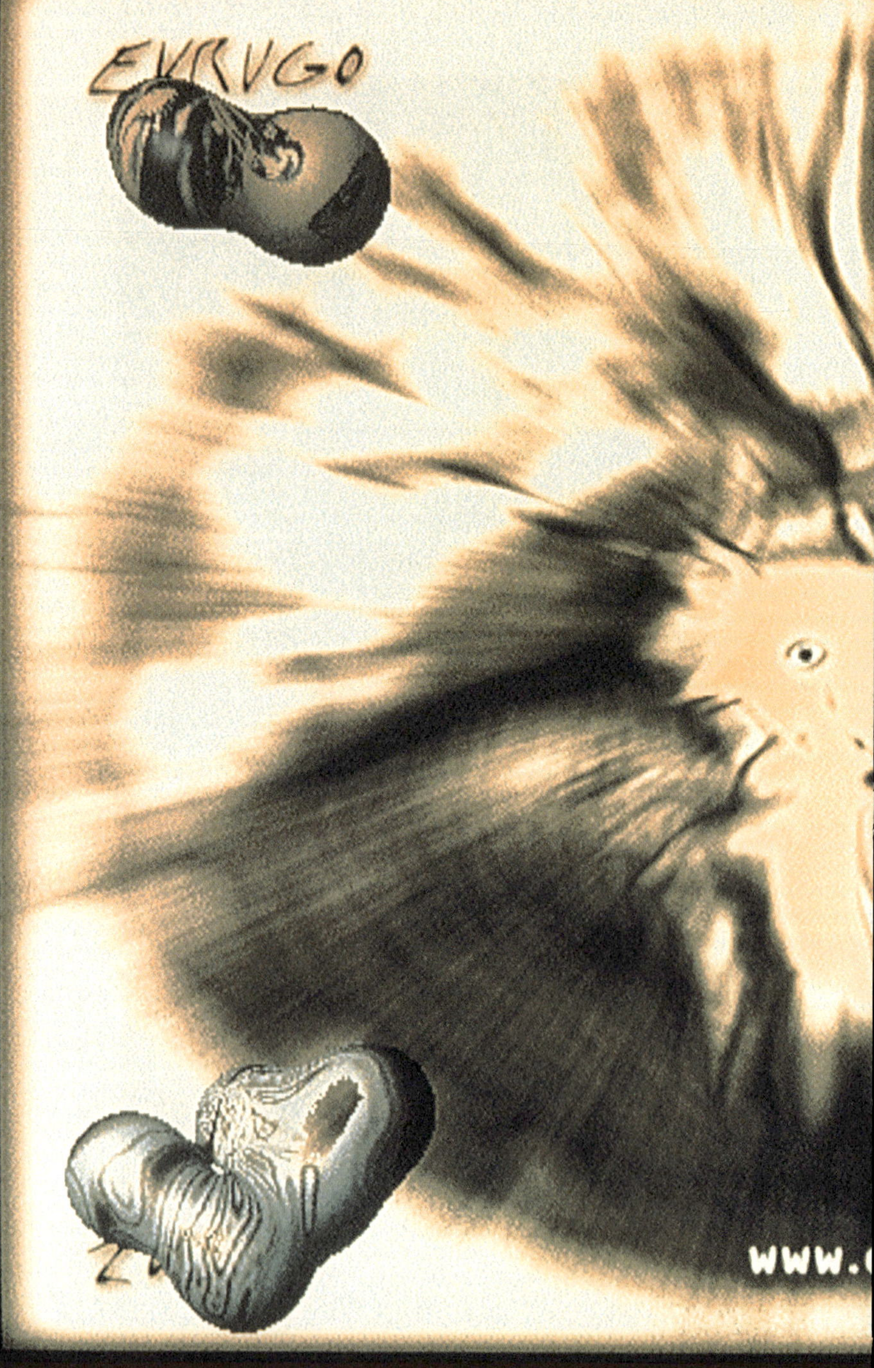
EVRUGO
www.

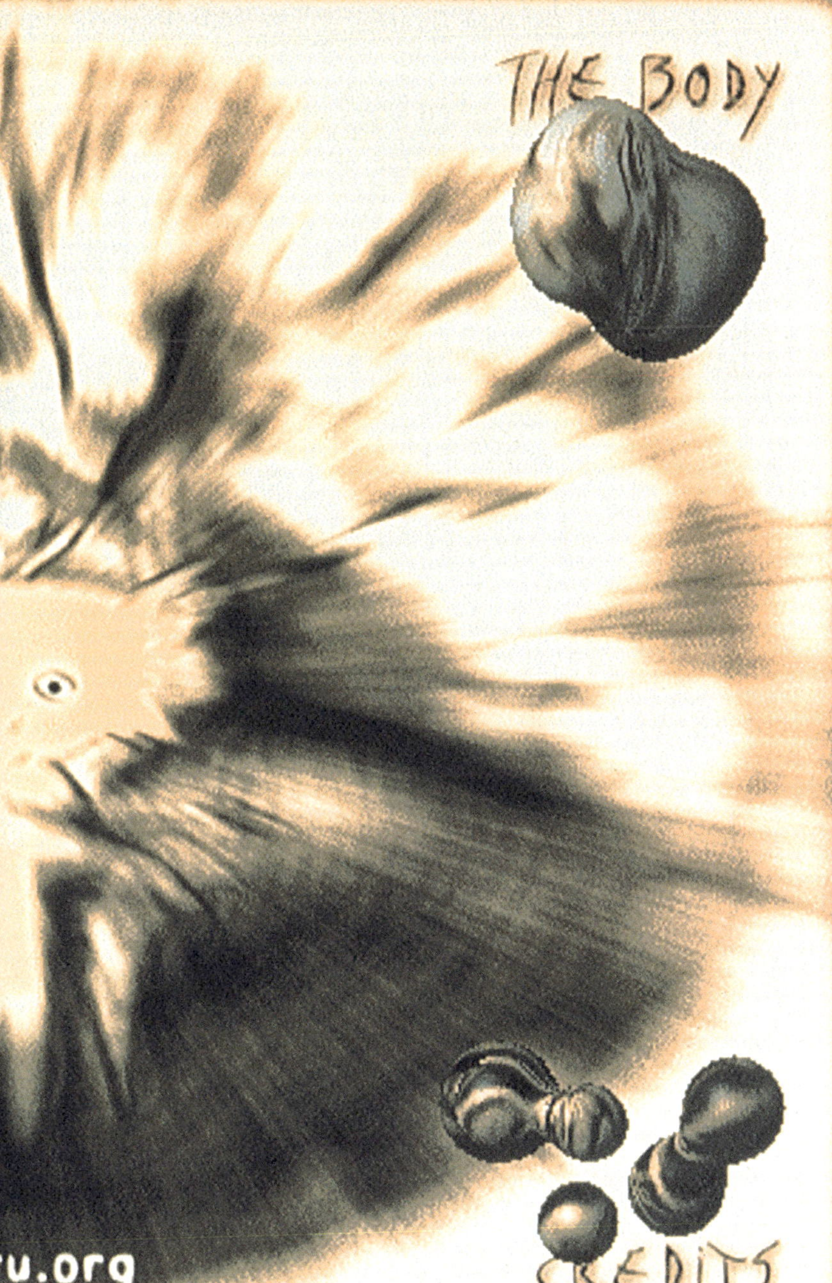
THE BODY
CREDITS
u.org

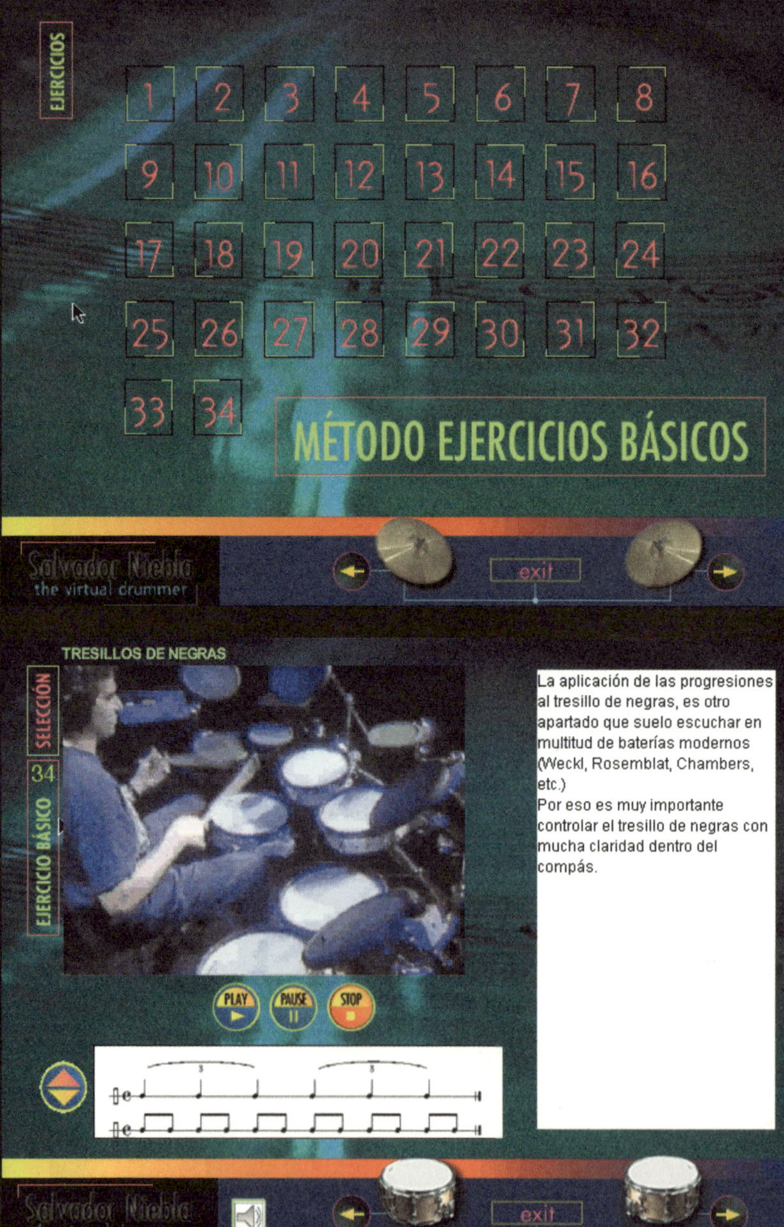

Título Title **The virtual drummer** Autor Created by **Salvador Niebla** Cliente Client **Edicions Music Distribució / Salvador Niebla** Director creativo Creative Director **Anna Genís, R&A Interactius** Director de arte Art director **Montse Gomis** Diseñador gráfico Graphic designer **Montse Gomis / Manel Collado - Enprensa** Fotógrafo Photographer **Carlos Suárez** Productora Production company **Gringos** Realizador Director **Jaume Subirana / Sergio Riera** Cámara Cameraperson **Jaume Subirana** Música Music **Salvador Niebla** Partituras Score **Toni Payés / Pablo Schvarzman / J. Antón Mas** Programación Programming **R&A Interactius**

Info Colección **Andrés Sardá**

Baño 99

Info Colección **Risk**

Info Colección **University**

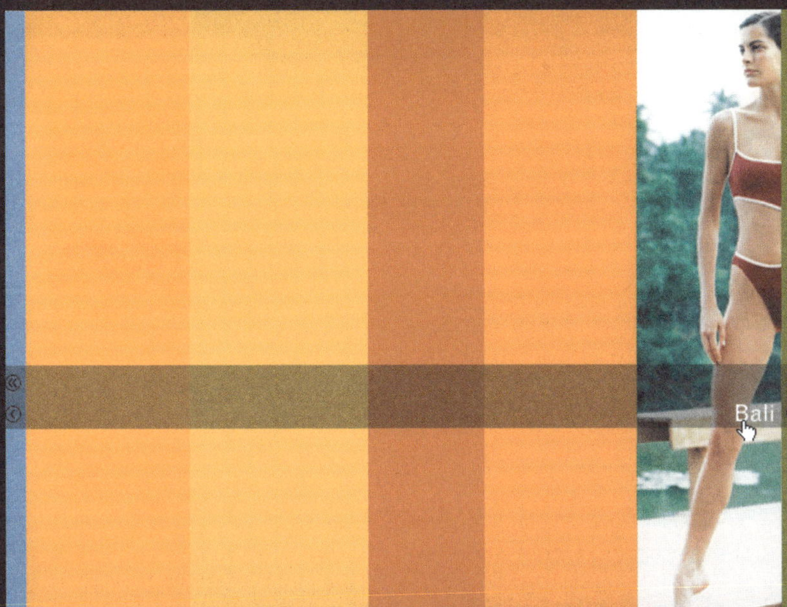

Título Title **Dossier de premsa Bany 99** Autor Created by **Base BCN** Cliente Client **Eurocorset, S.A.** Estudio **Base BCN** Diseñador gráfico Graphic designer **Marc Panero / Judith Rovira** Fotógrafo Photographer **Miquel Arnal / Xavier Lanau / José Manuel Ferrater** Programación Programming **Susana Castillón / Oriol Pujadó**

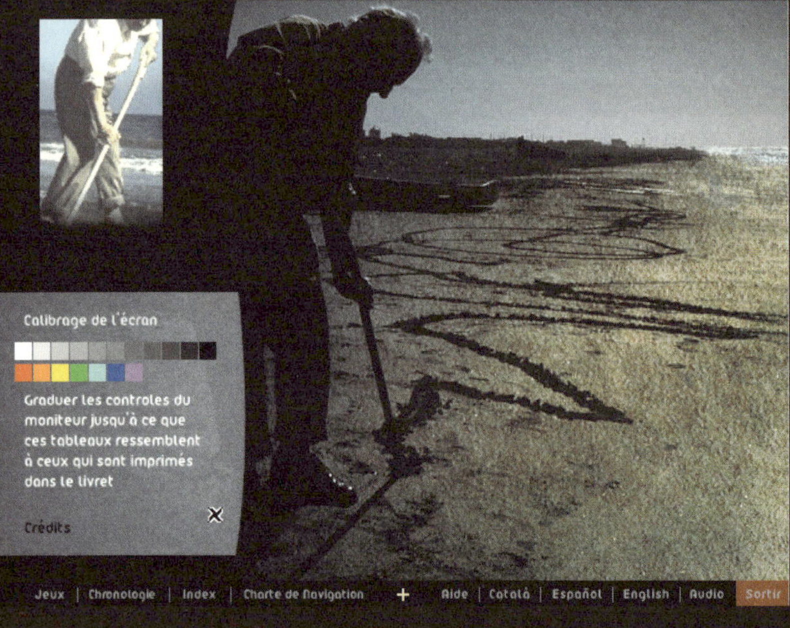
Calibrage de l'écran
Graduer les controles du moniteur jusqu'à ce que ces tableaux ressemblent à ceux qui sont imprimés dans le livret
Crédits
Jeux | Chronologie | Index | Charte de Navigation + Aide | Català | Español | English | Audio Sortir

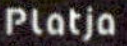

Platja

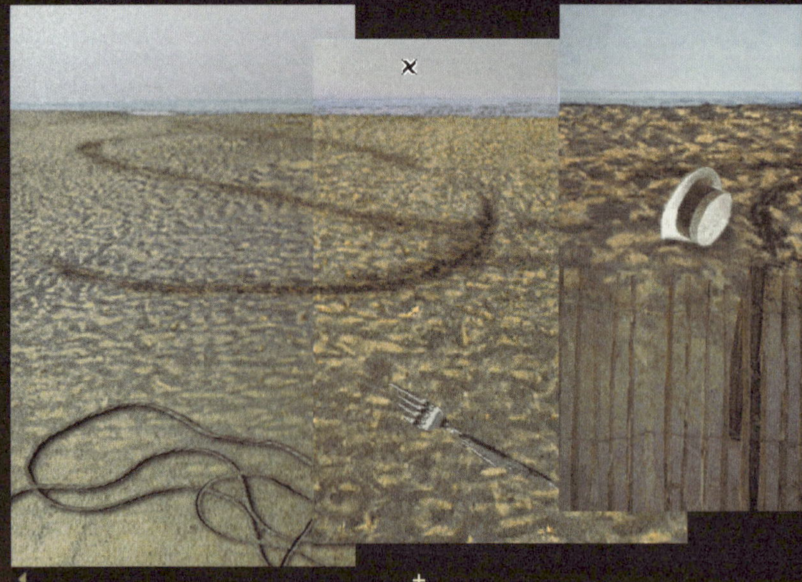

Jocs Flaix

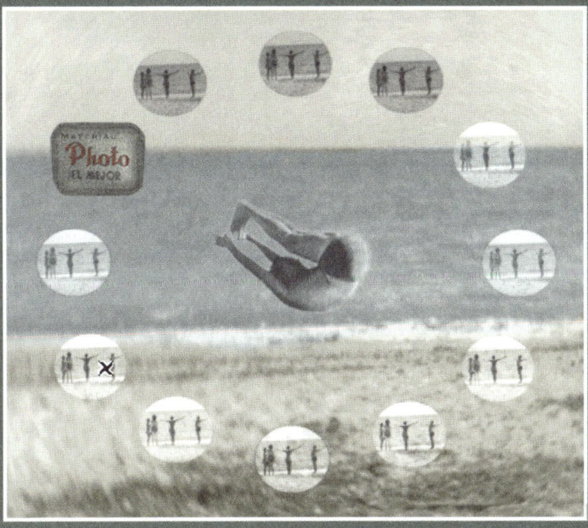

Jocs Joguines animades

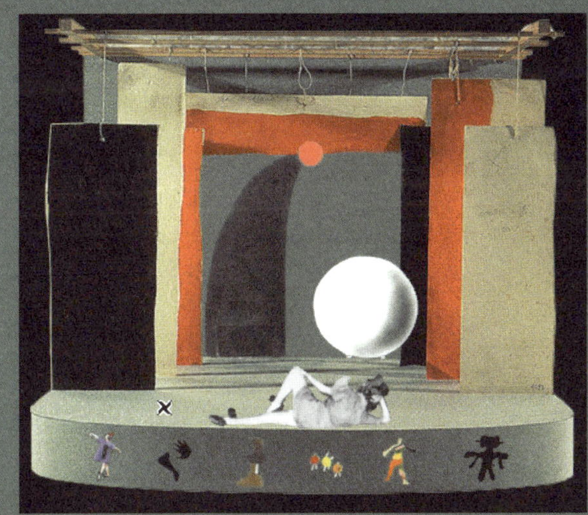

Título Title **Joan Miró. El Color dels somnis** Autor Created by **Pere Freixa i Font**
Cliente Client **Institut Universitari de l'Audiovisual de la UPF / Fundació Joan Miró, Barcelona**

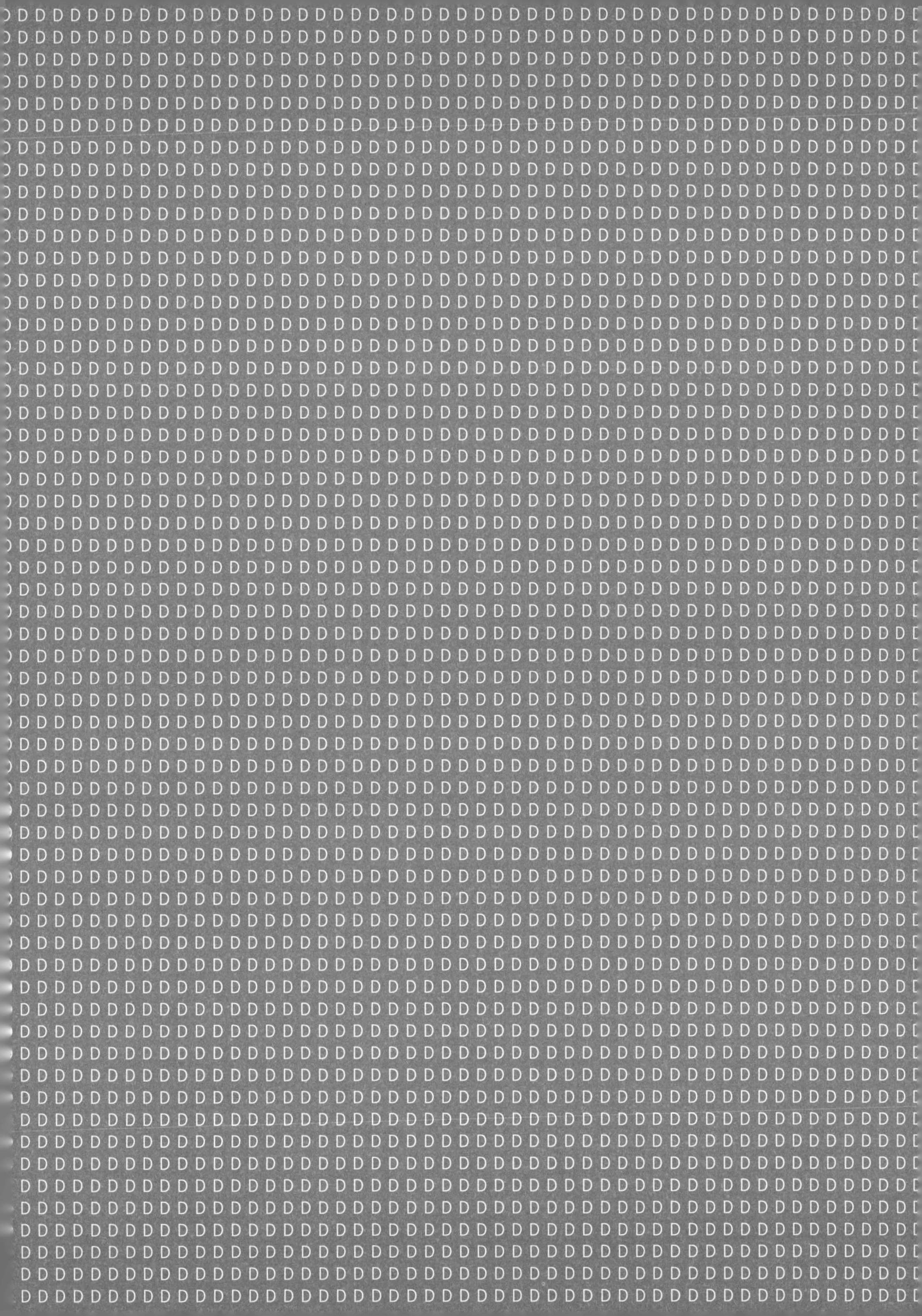

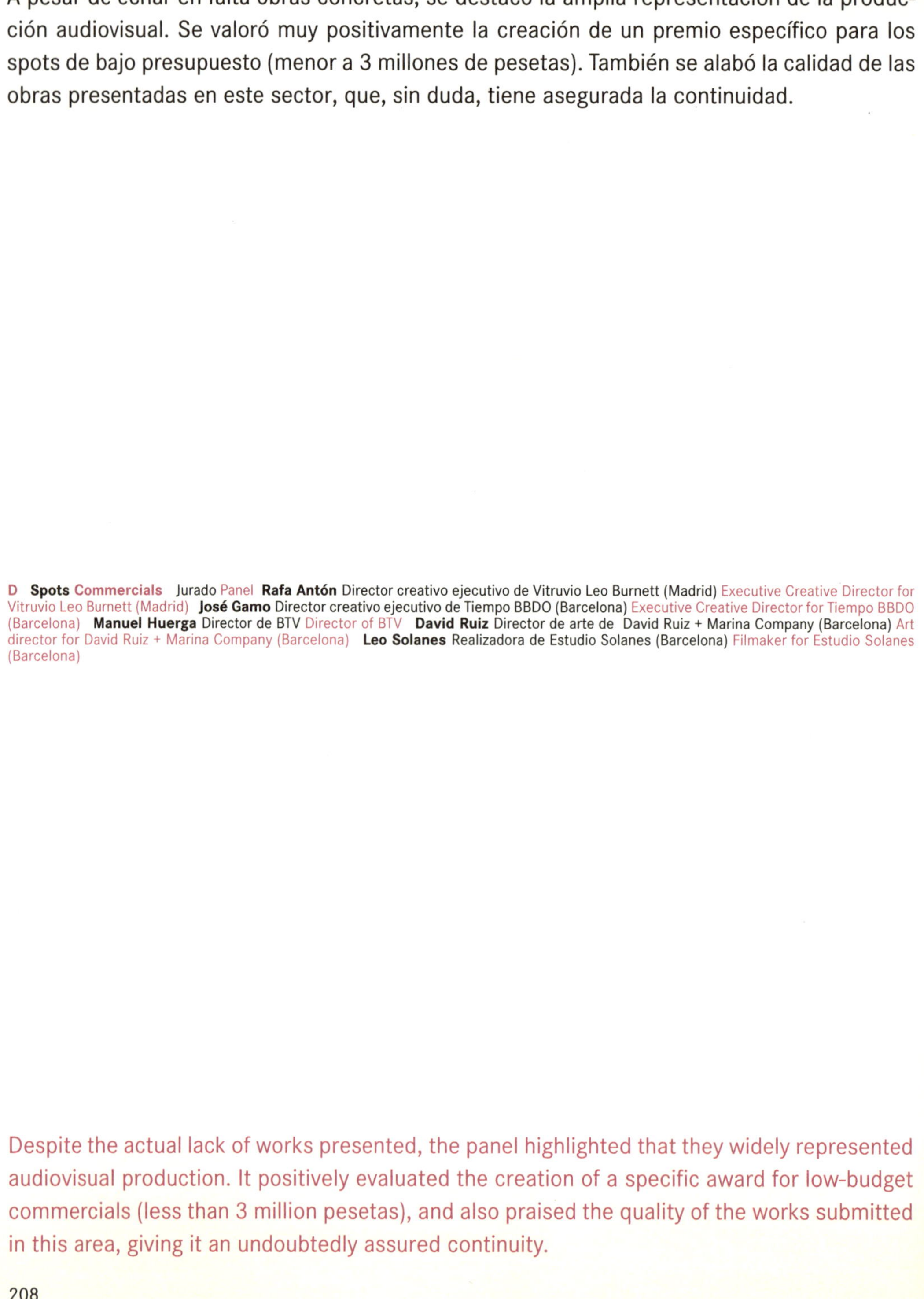

A pesar de echar en falta obras concretas, se destacó la amplia representación de la producción audiovisual. Se valoró muy positivamente la creación de un premio específico para los spots de bajo presupuesto (menor a 3 millones de pesetas). También se alabó la calidad de las obras presentadas en este sector, que, sin duda, tiene asegurada la continuidad.

D **Spots** Commercials Jurado Panel **Rafa Antón** Director creativo ejecutivo de Vitruvio Leo Burnett (Madrid) Executive Creative Director for Vitruvio Leo Burnett (Madrid) **José Gamo** Director creativo ejecutivo de Tiempo BBDO (Barcelona) Executive Creative Director for Tiempo BBDO (Barcelona) **Manuel Huerga** Director de BTV Director of BTV **David Ruiz** Director de arte de David Ruiz + Marina Company (Barcelona) Art director for David Ruiz + Marina Company (Barcelona) **Leo Solanes** Realizadora de Estudio Solanes (Barcelona) Filmaker for Estudio Solanes (Barcelona)

Despite the actual lack of works presented, the panel highlighted that they widely represented audiovisual production. It positively evaluated the creation of a specific award for low-budget commercials (less than 3 million pesetas), and also praised the quality of the works submitted in this area, giving it an undoubtedly assured continuity.

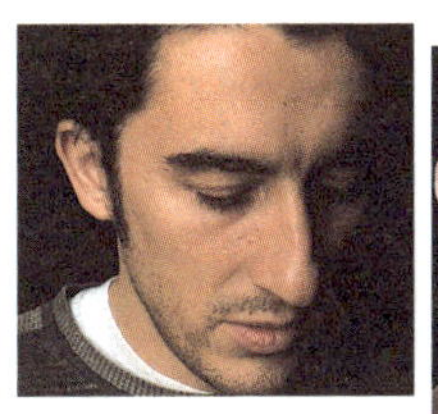
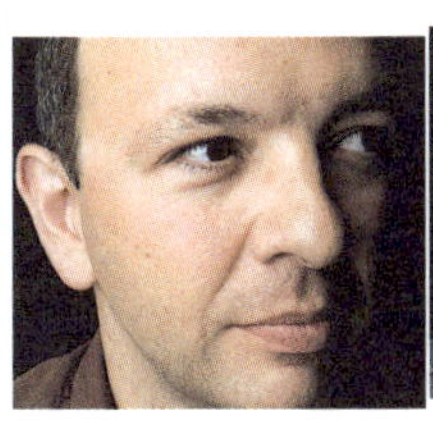
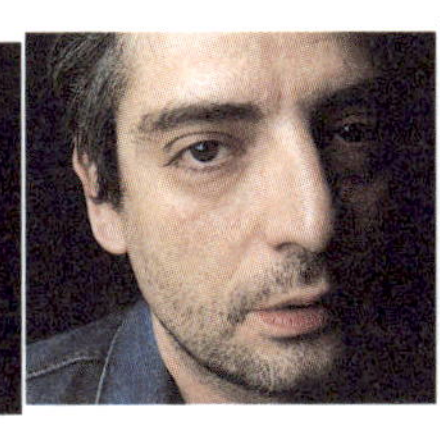
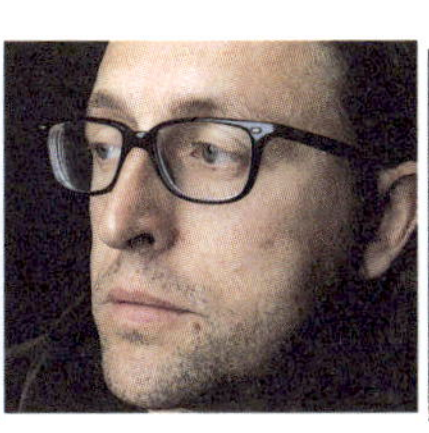
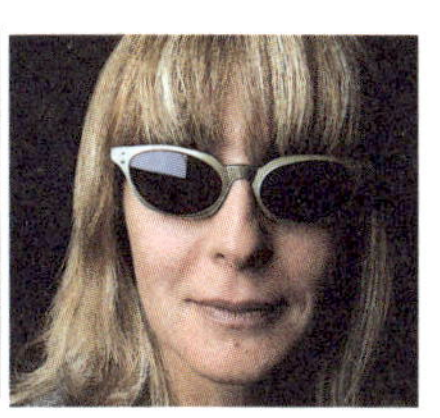

15 Spot Mejor animación de imagen o efectos especiale

Commercial Best animation or special effects

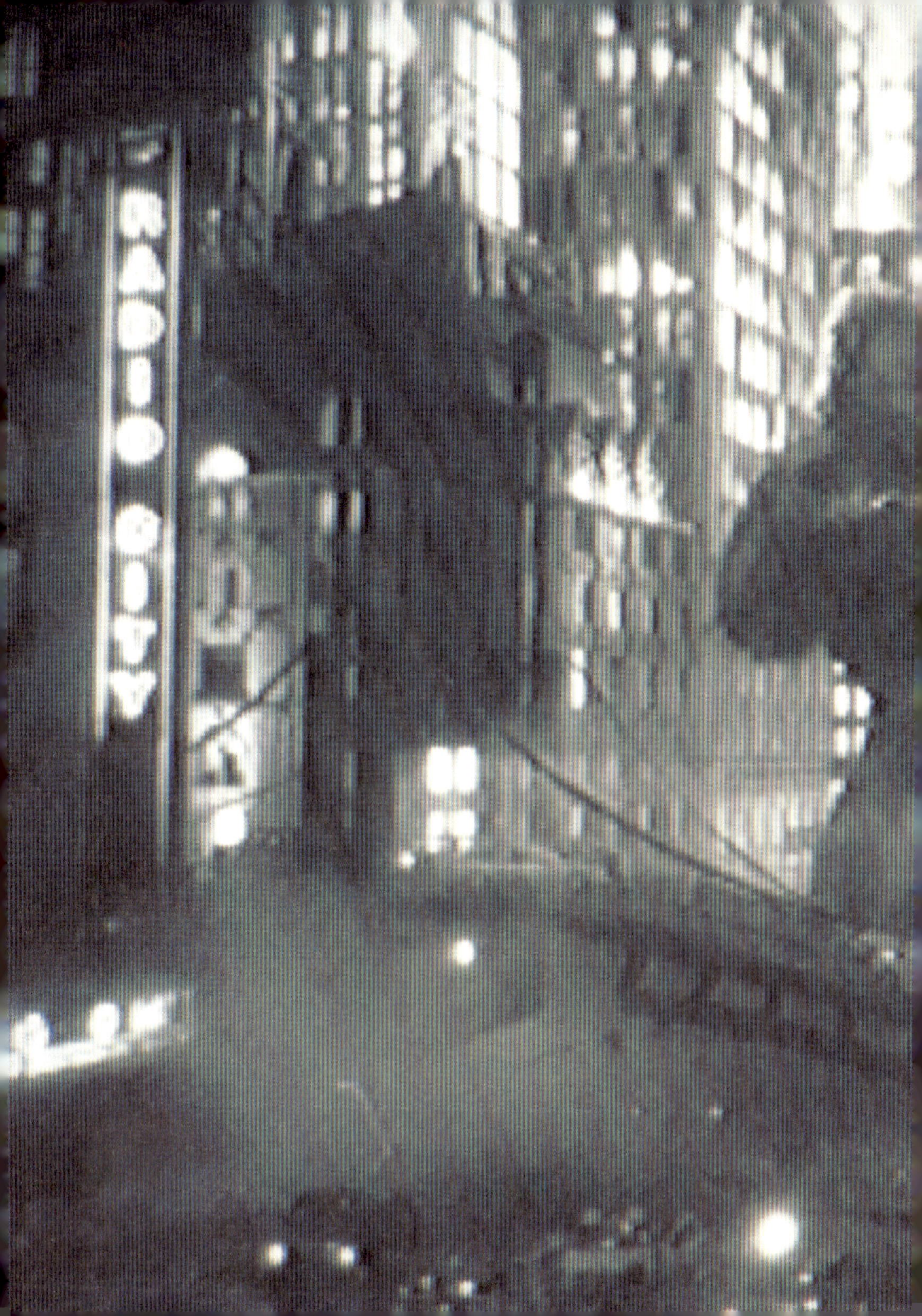
RADIO CITY

Spot Mejor animación de imag[illegible]o efectos especiales
Commercial Best animation or special effects Trofeo Trophy

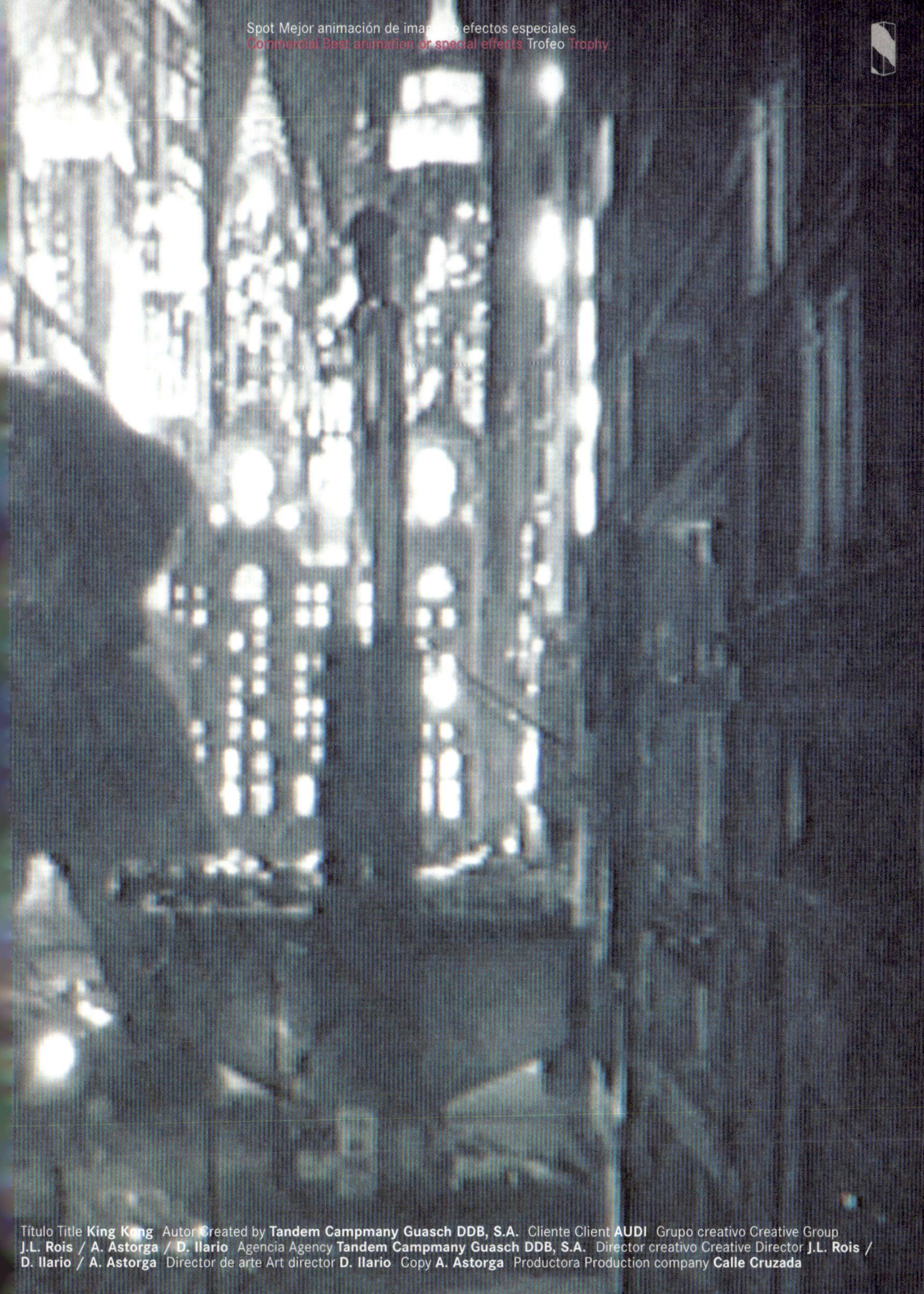

Título Title **King Kong** Autor Created by **Tandem Campmany Guasch DDB, S.A.** Cliente Client **AUDI** Grupo creativo Creative Group **J.L. Rois / A. Astorga / D. Ilario** Agencia Agency **Tandem Campmany Guasch DDB, S.A.** Director creativo Creative Director **J.L. Rois / D. Ilario / A. Astorga** Director de arte Art director **D. Ilario** Copy **A. Astorga** Productora Production company **Calle Cruzada**

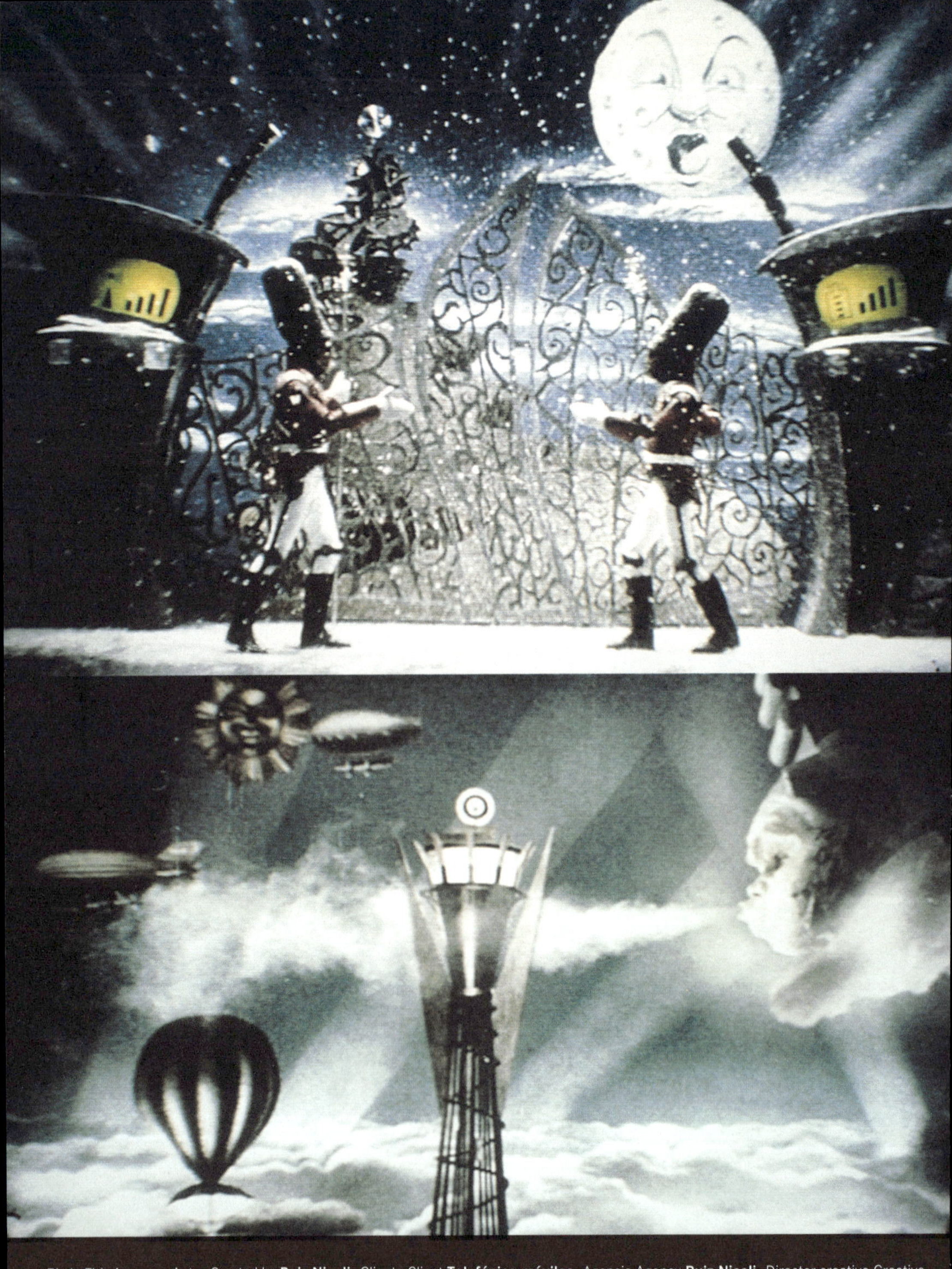

Título Title **Imagen** Autor Created by **Ruiz Nicoli** Cliente Client **Telefónica móviles** Agencia Agency **Ruiz Nicoli** Director creativo Creative Director **Ana Hidalgo / Pablo Palazón / Fernando Cerro** Director de arte Art director **Fernando Cerro** Copy **Pablo Palazón** Productora Production company **Tesauro**

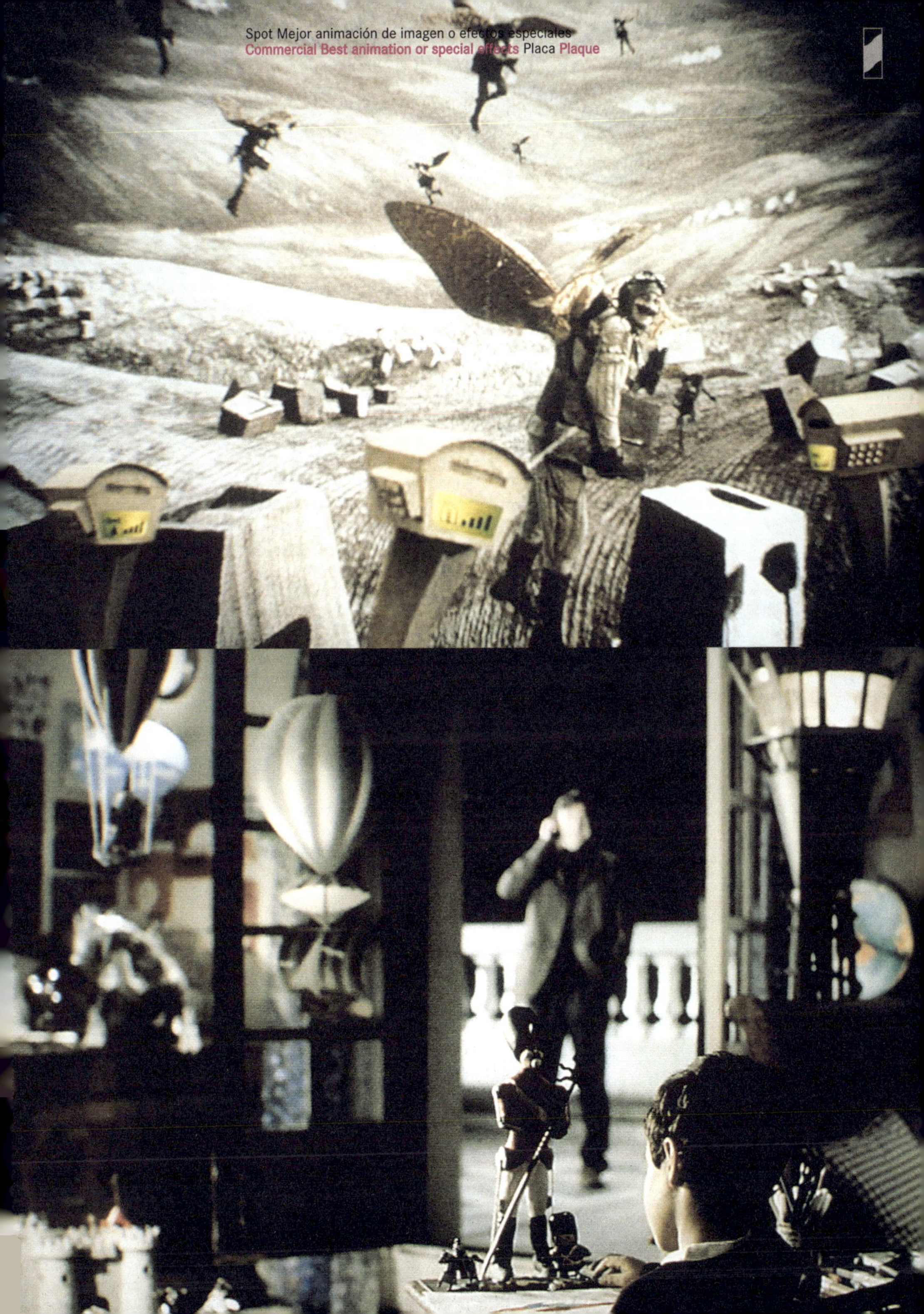

Spot Mejor animación de imagen o efectos especiales
Commercial Best animation or special effects Placa Plaque

Spot Mejor animación de imagen o efectos especiales
Commercial Best animation or special effects Selección Work chosen

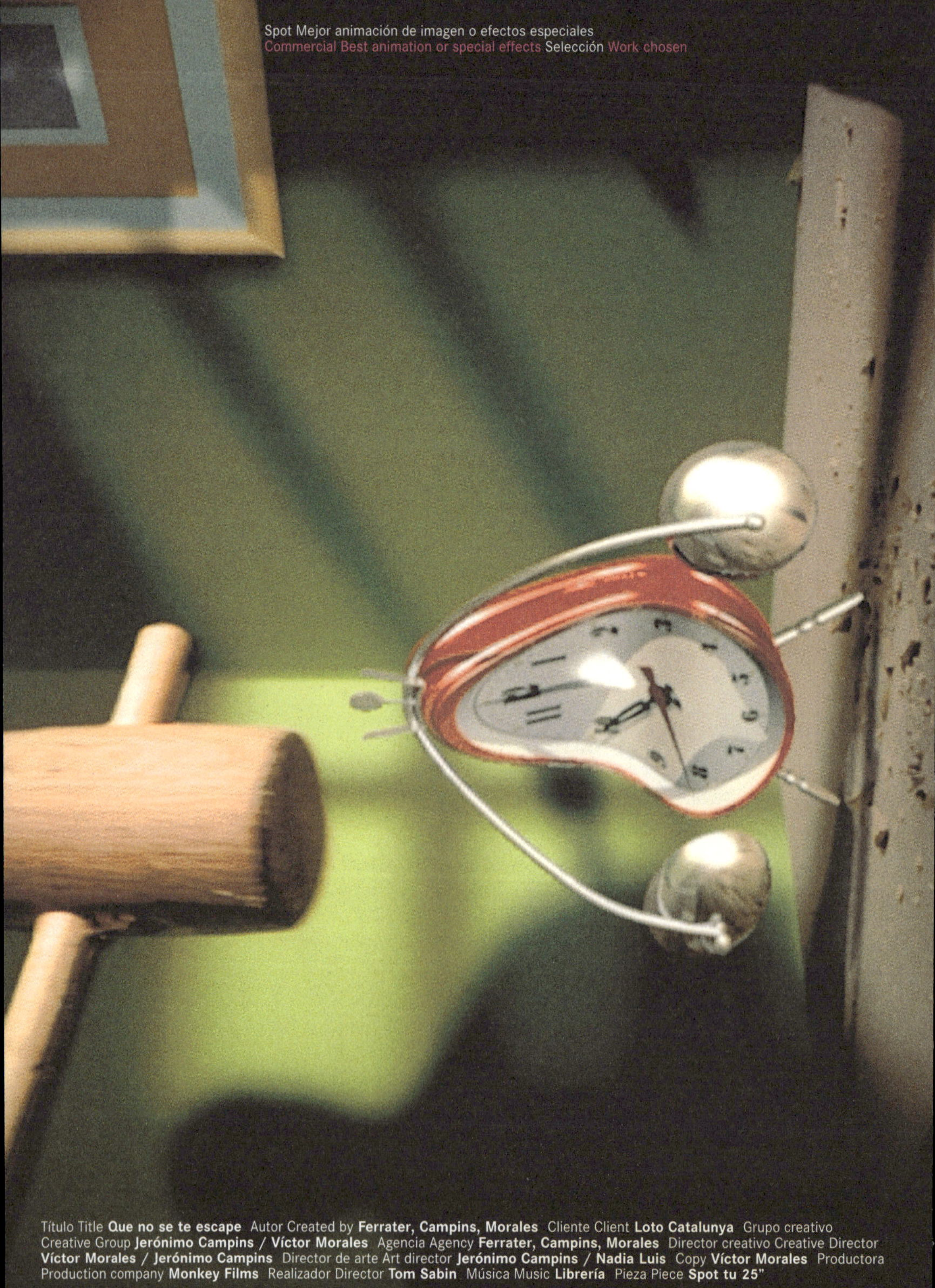

Título Title **Que no se te escape** Autor Created by **Ferrater, Campins, Morales** Cliente Client **Loto Catalunya** Grupo creativo Creative Group **Jerónimo Campins / Víctor Morales** Agencia Agency **Ferrater, Campins, Morales** Director creativo Creative Director **Víctor Morales / Jerónimo Campins** Director de arte Art director **Jerónimo Campins / Nadia Luis** Copy **Víctor Morales** Productora Production company **Monkey Films** Realizador Director **Tom Sabin** Música Music **Librería** Pieza Piece **Spot tu 25"**

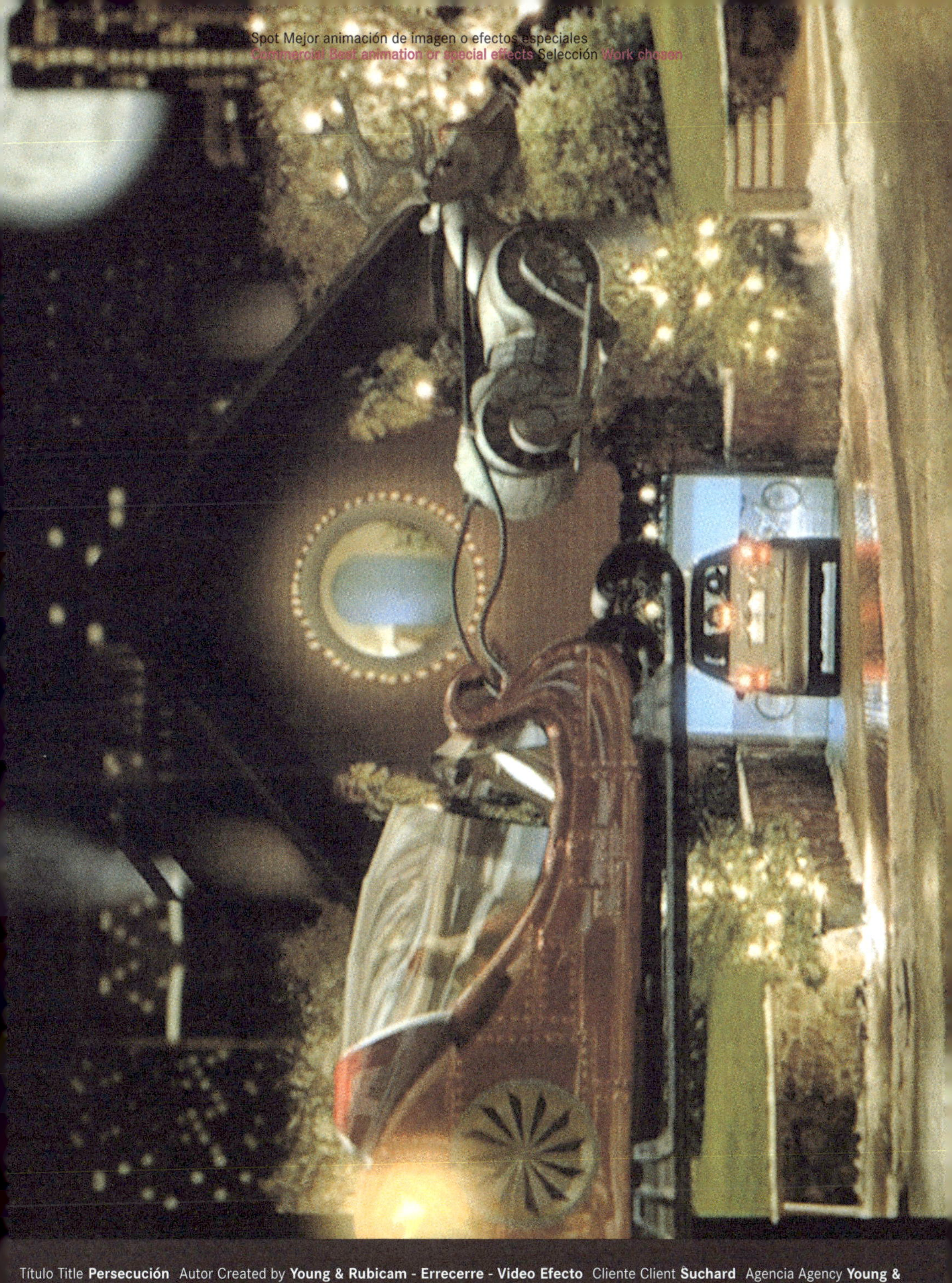

Spot Mejor animación de imagen o efectos especiales
Commercial Best animation or special effects Selección Work chosen

Título Title **Persecución** Autor Created by **Young & Rubicam - Errecerre - Video Efecto** Cliente Client **Suchard** Agencia Agency **Young & Rubicam** Productora Production company **Errecerre** Realizador Director **Daniel Benmayor** Cámara Cameraperson **Francisco Femenía** Música Music **Charly Capella** Postproducción Post-production **Video Efecto**

Spot Mejor animación de imagen o efectos especiales
Commercial Best animation or special effects Selección Work chosen

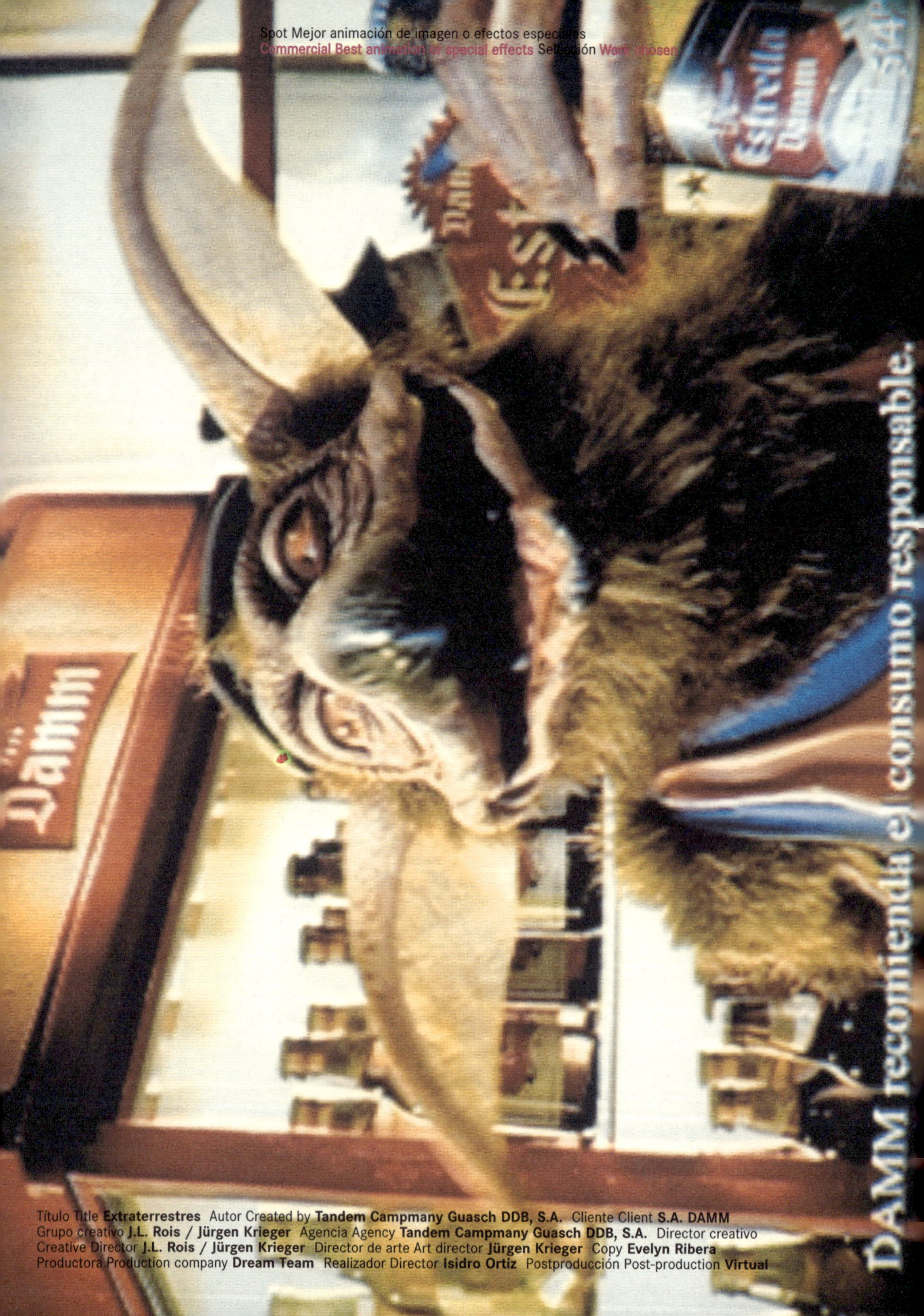

Título Title **Extraterrestres** Autor Created by **Tandem Campmany Guasch DDB, S.A.** Cliente Client **S.A. DAMM** Grupo creativo **J.L. Rois / Jürgen Krieger** Agencia Agency **Tandem Campmany Guasch DDB, S.A.** Director creativo Creative Director **J.L. Rois / Jürgen Krieger** Director de arte Art director **Jürgen Krieger** Copy **Evelyn Ribera** Productora Production company **Dream Team** Realizador Director **Isidro Ortiz** Postproducción Post-production **Virtual**

Spot Mejor animación de imagen o efectos especiales
Commercial Best animation or special effects Selección Work chosen

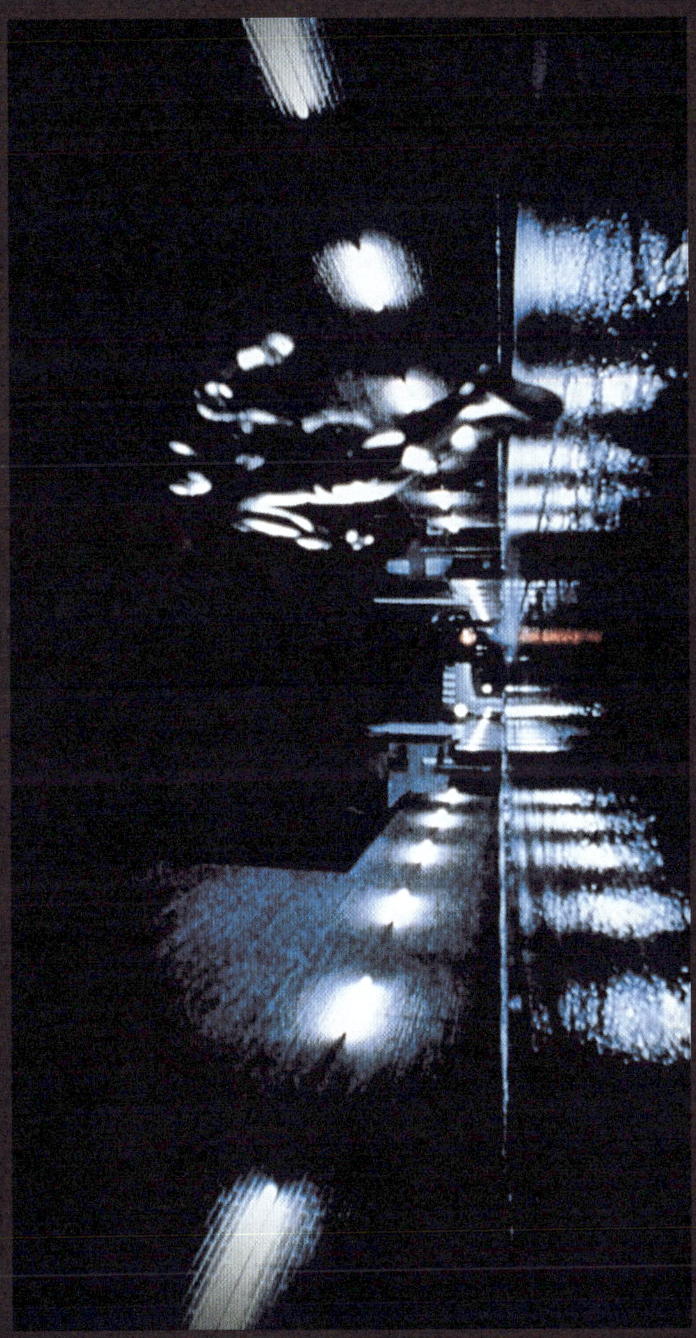

Título Title **Robot** Autor Created by **Ruiz Nicoli** Cliente Client **Servired** Agencia Agency **Ruiz Nicoli** Director creativo Creative Director **Ana Hidalgo / Pablo Palazón / Fernando Cerro** Director de arte Art director **Fernando Cerro** Copy **Pablo Palazón** Productora Production company **Alamo Films** Realizador Director **Julio del Alamo**

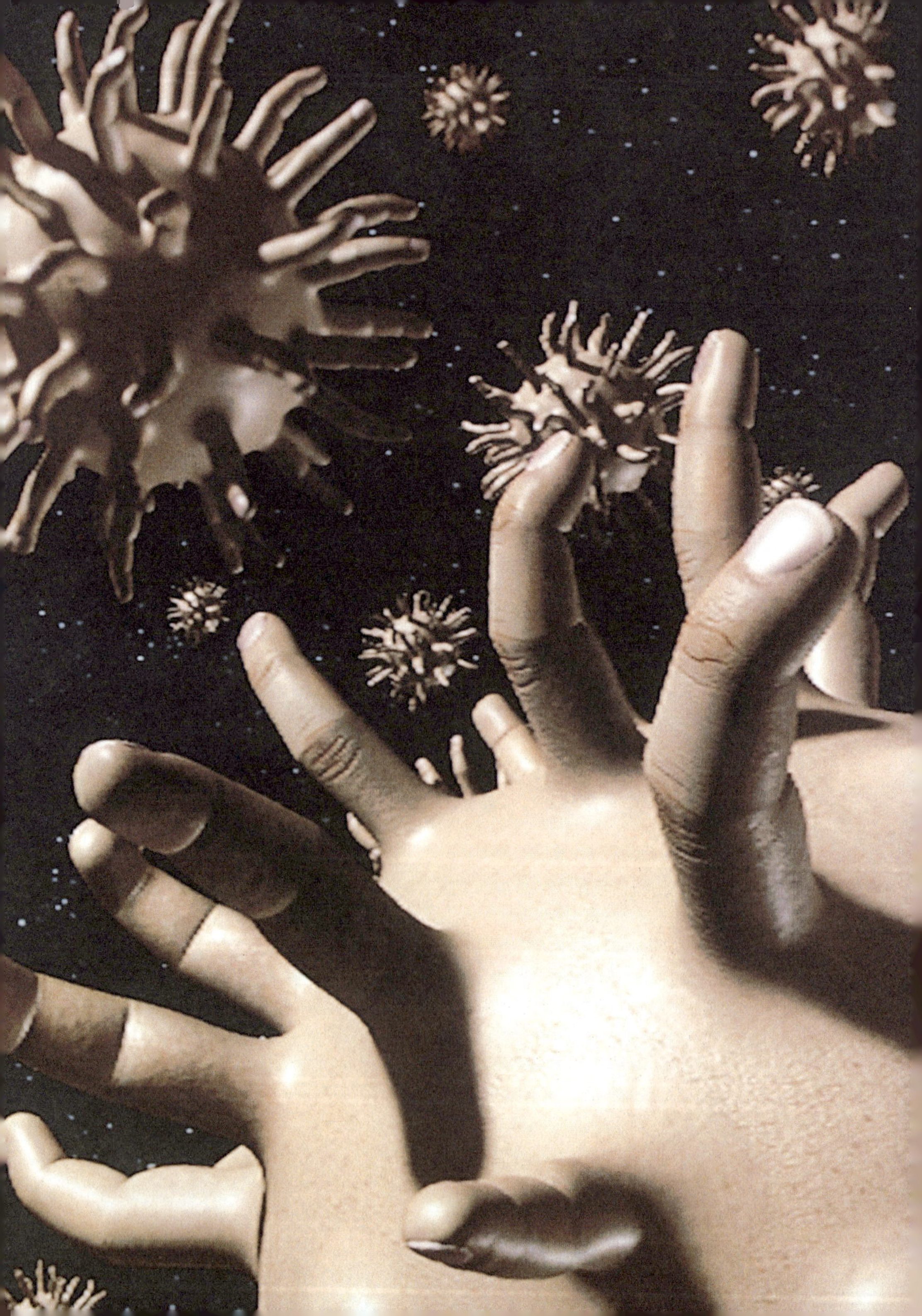

Spot Mejor animación de imagen o efectos especiales
Commercial Best animation or special effects Selección Work chosen

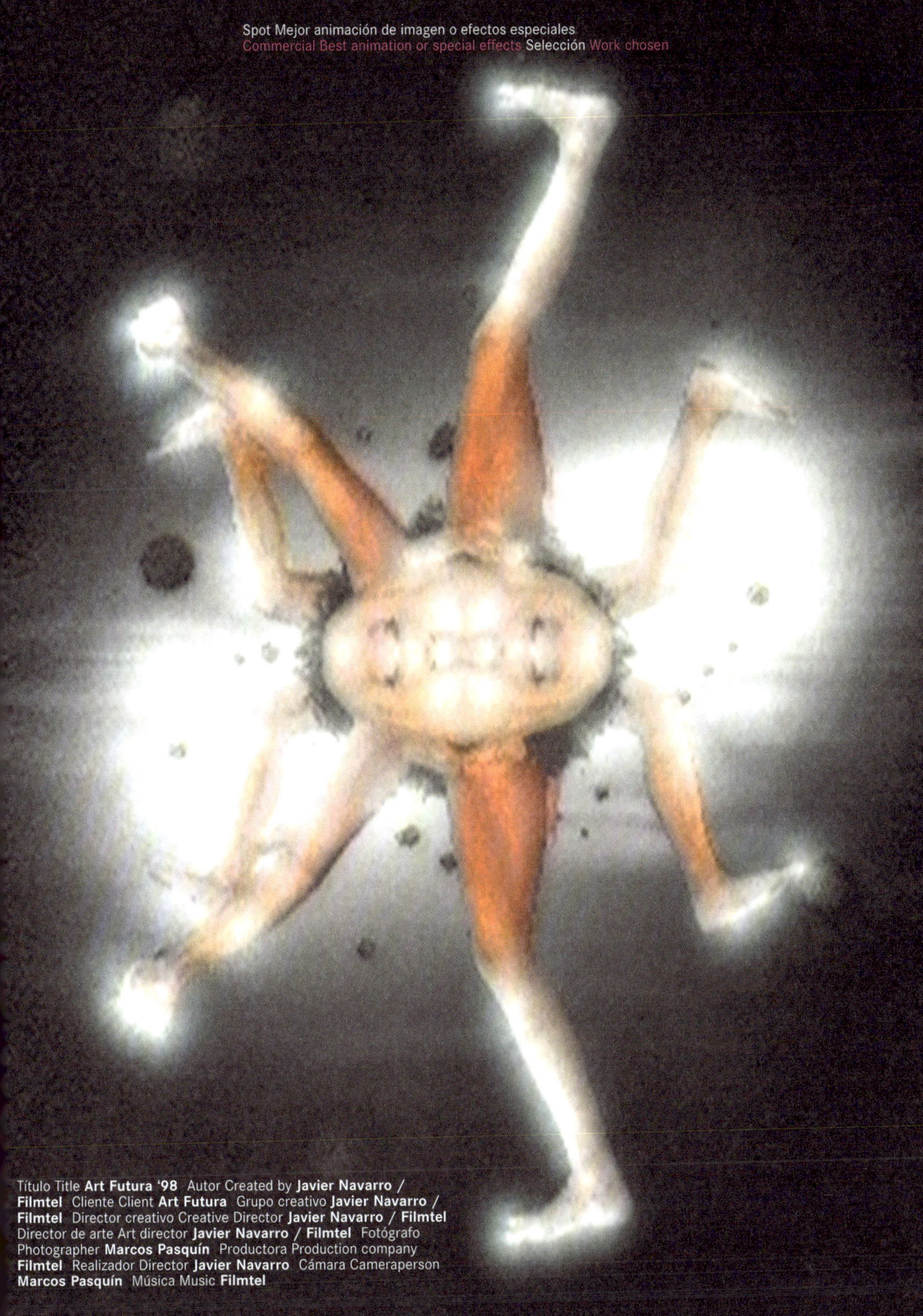

Título Title **Art Futura '98** Autor Created by **Javier Navarro / Filmtel** Cliente Client **Art Futura** Grupo creativo **Javier Navarro / Filmtel** Director creativo Creative Director **Javier Navarro / Filmtel** Director de arte Art director **Javier Navarro / Filmtel** Fotógrafo Photographer **Marcos Pasquín** Productora Production company **Filmtel** Realizador Director **Javier Navarro** Cámara Cameraperson **Marcos Pasquín** Música Music **Filmtel**

16

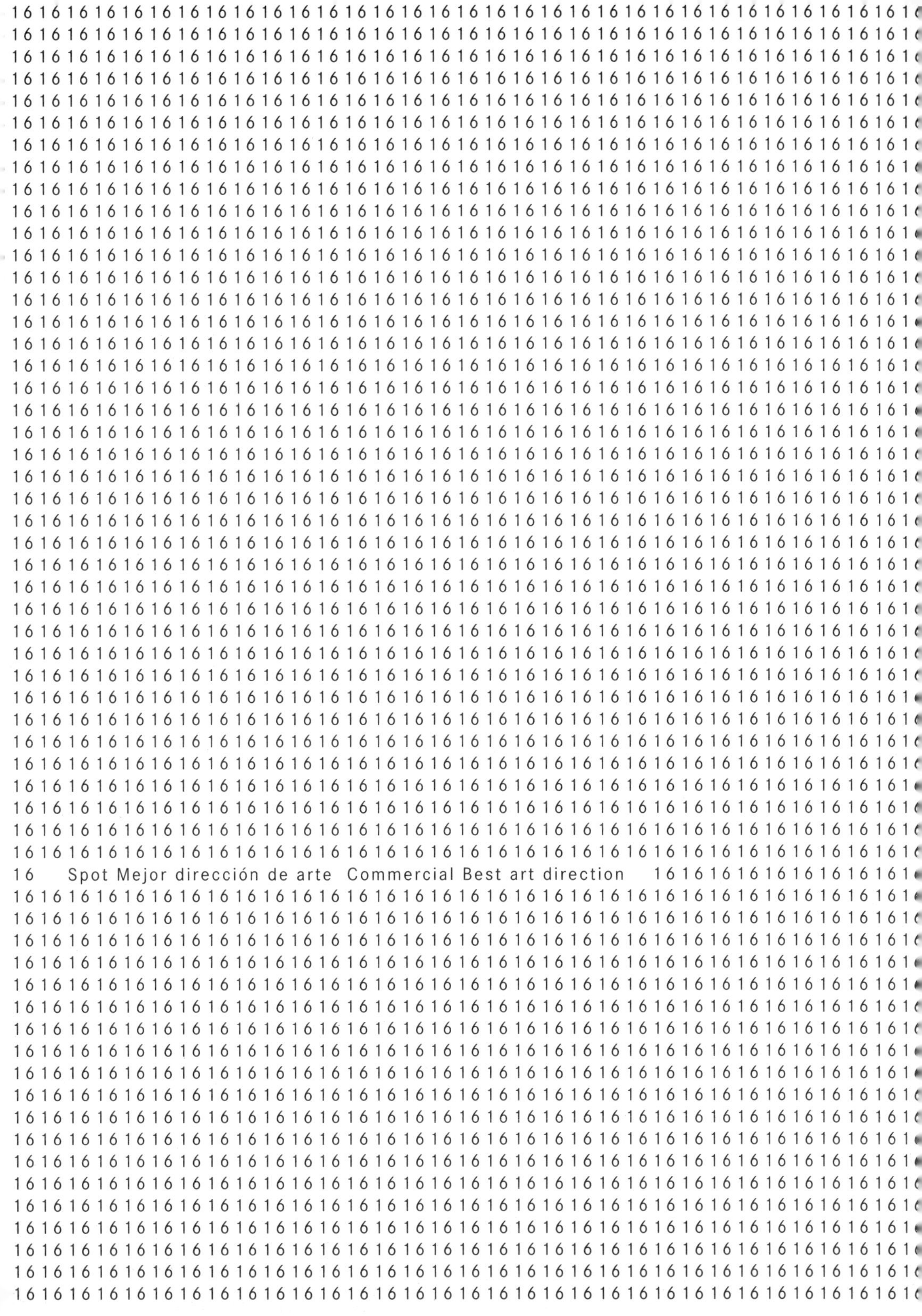

16 Spot Mejor dirección de arte Commercial Best art direction

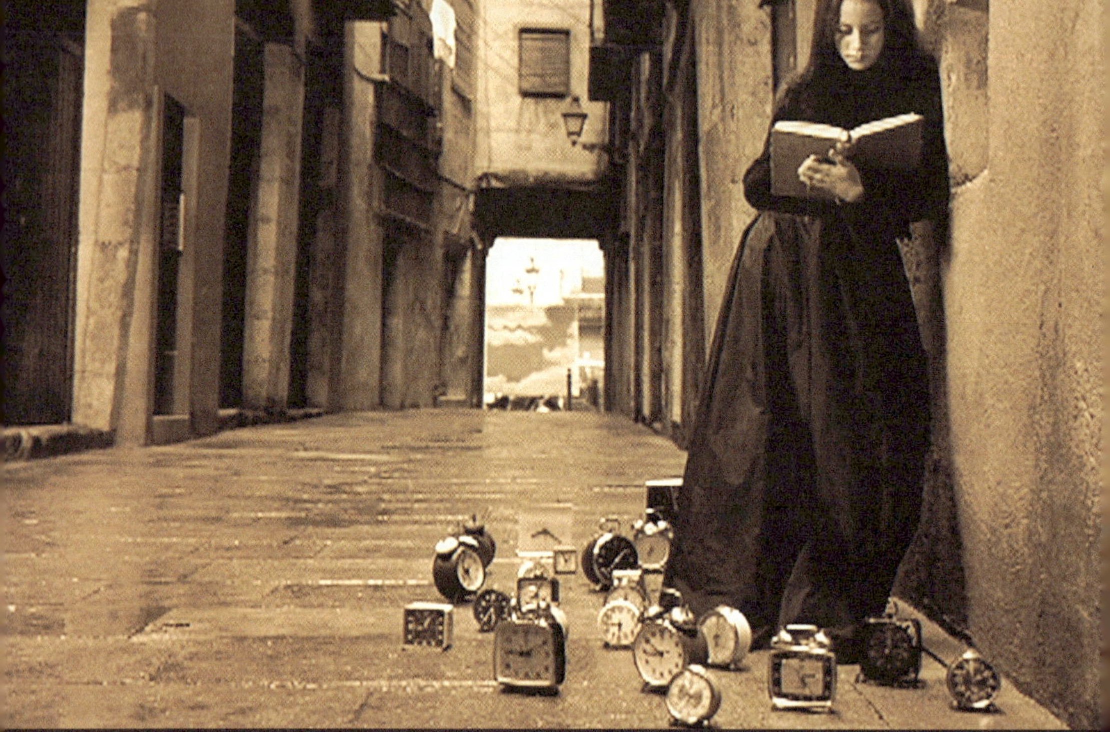

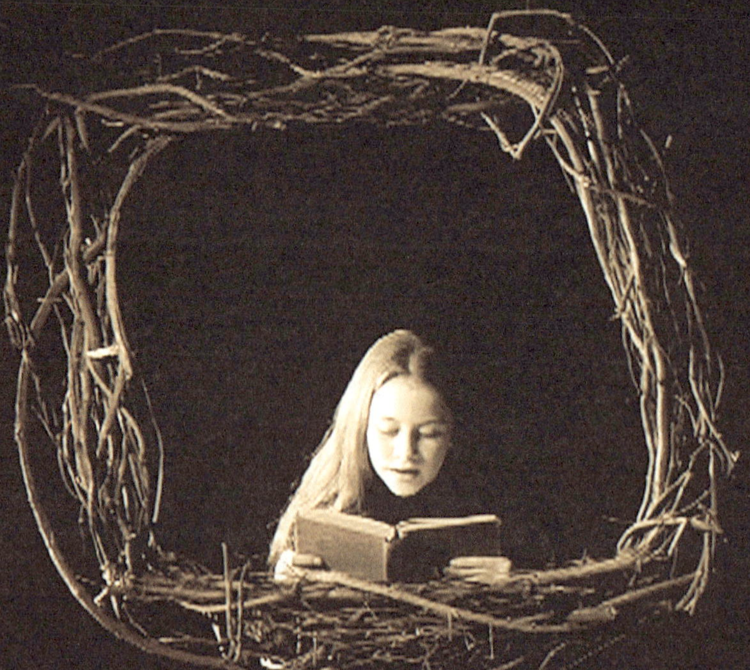

Título Title **Poemas** Autor Created by **Enric Aguilera** Cliente Client **La Caixa** Grupo creativo Creative Group **Enric Aguilera / Cuca Canals** Agencia Agency **Enric Aguilera Asociados** Director creativo Creative Director **Enric Aguilera / Cuca Canals** Director de arte Art director **Enric Aguilera** Copy **Cuca Canals** Productora Production company **Eddie Saeta** Realizador Director **Isabel Coixet**

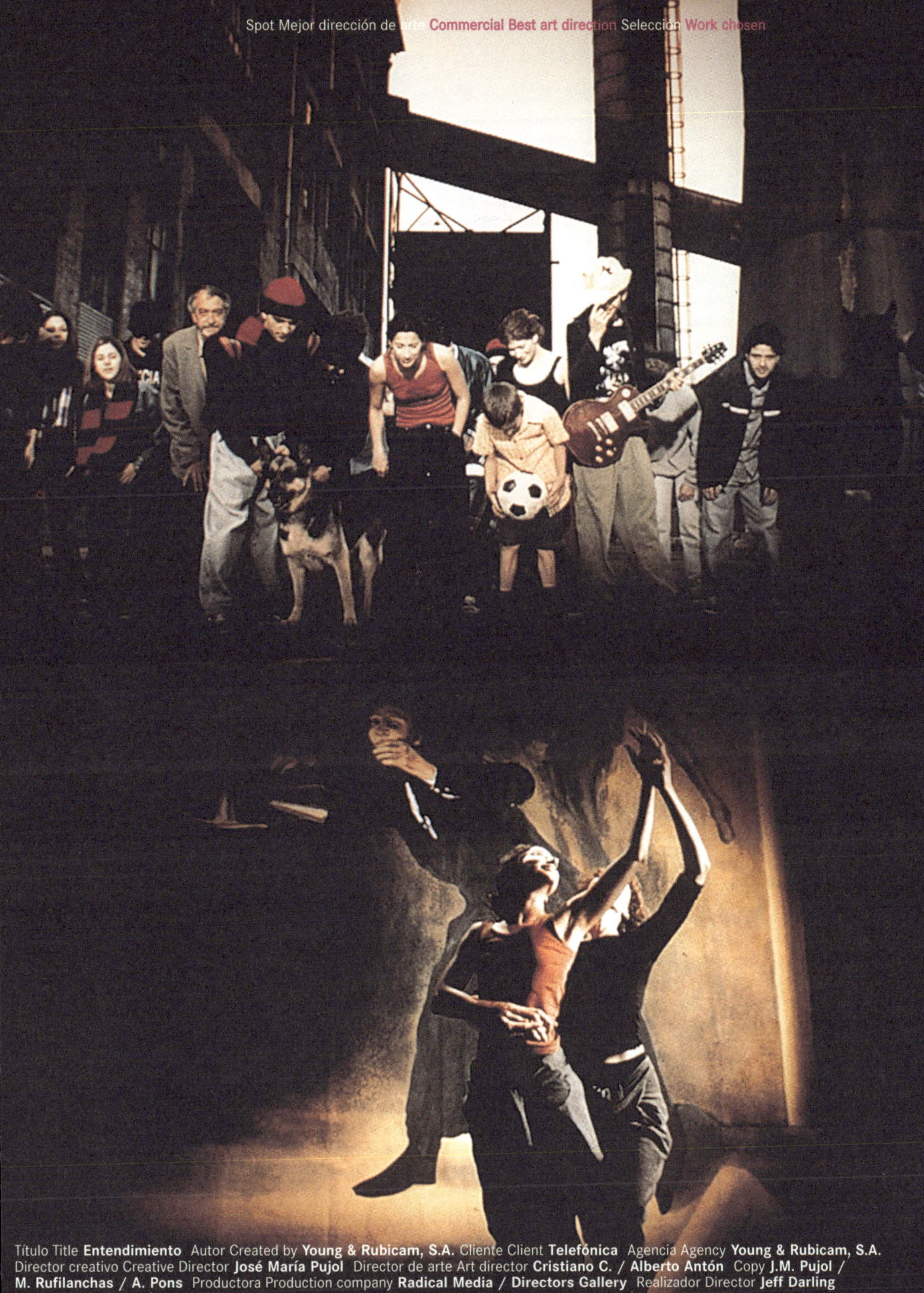

Título Title **Entendimiento** Autor Created by **Young & Rubicam, S.A.** Cliente Client **Telefónica** Agencia Agency **Young & Rubicam, S.A.** Director creativo Creative Director **José María Pujol** Director de arte Art director **Cristiano C. / Alberto Antón** Copy **J.M. Pujol / M. Rufilanchas / A. Pons** Productora Production company **Radical Media / Directors Gallery** Realizador Director **Jeff Darling** Música Music **Sintonía**

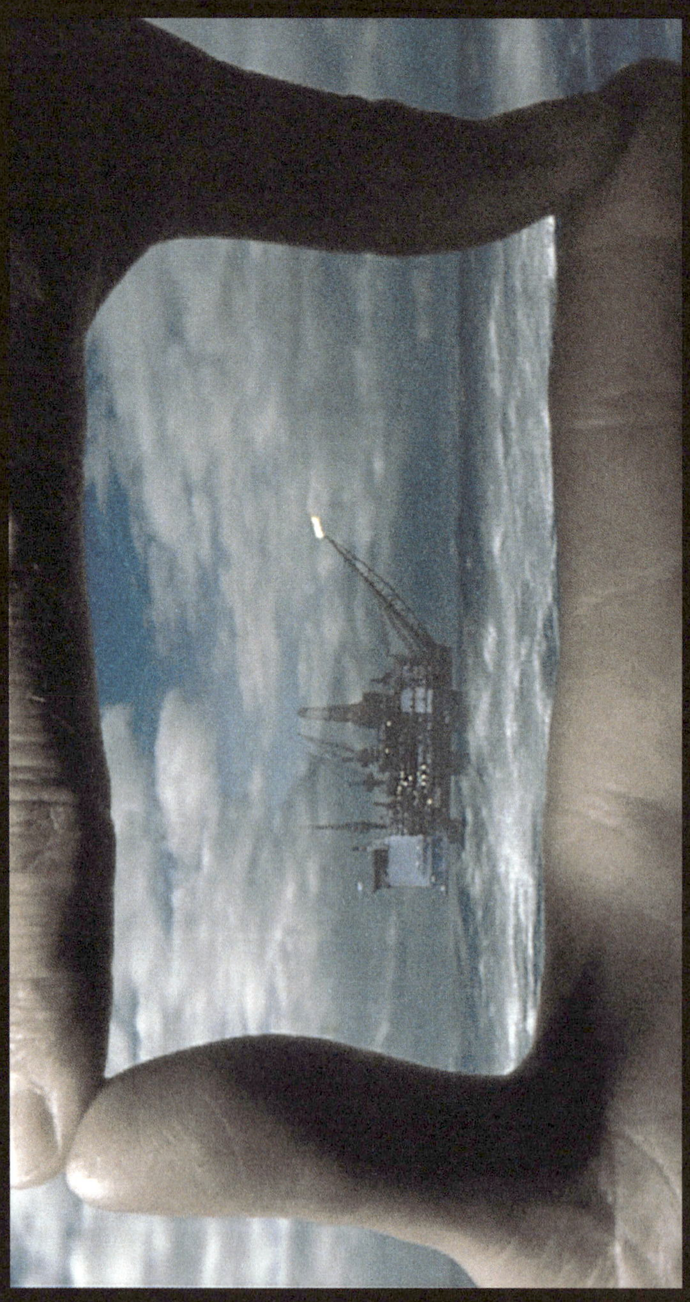

Título Title **Chile** Autor Created by **Young & Rubicam, S.A.** Cliente Client **Repsol Visa** Agencia Agency **Young & Rubicam, S.A.** Director creativo Creative Director **José María Pujol / Germán Silva** Director de arte Art director **Ramón Ruiz de la Prada** Copy **José María Pujol / Germán Silva** Productora Production company **Pirámide** Realizador Director **Nacho Gayán** Música Music **Prodigi / Classic & New**

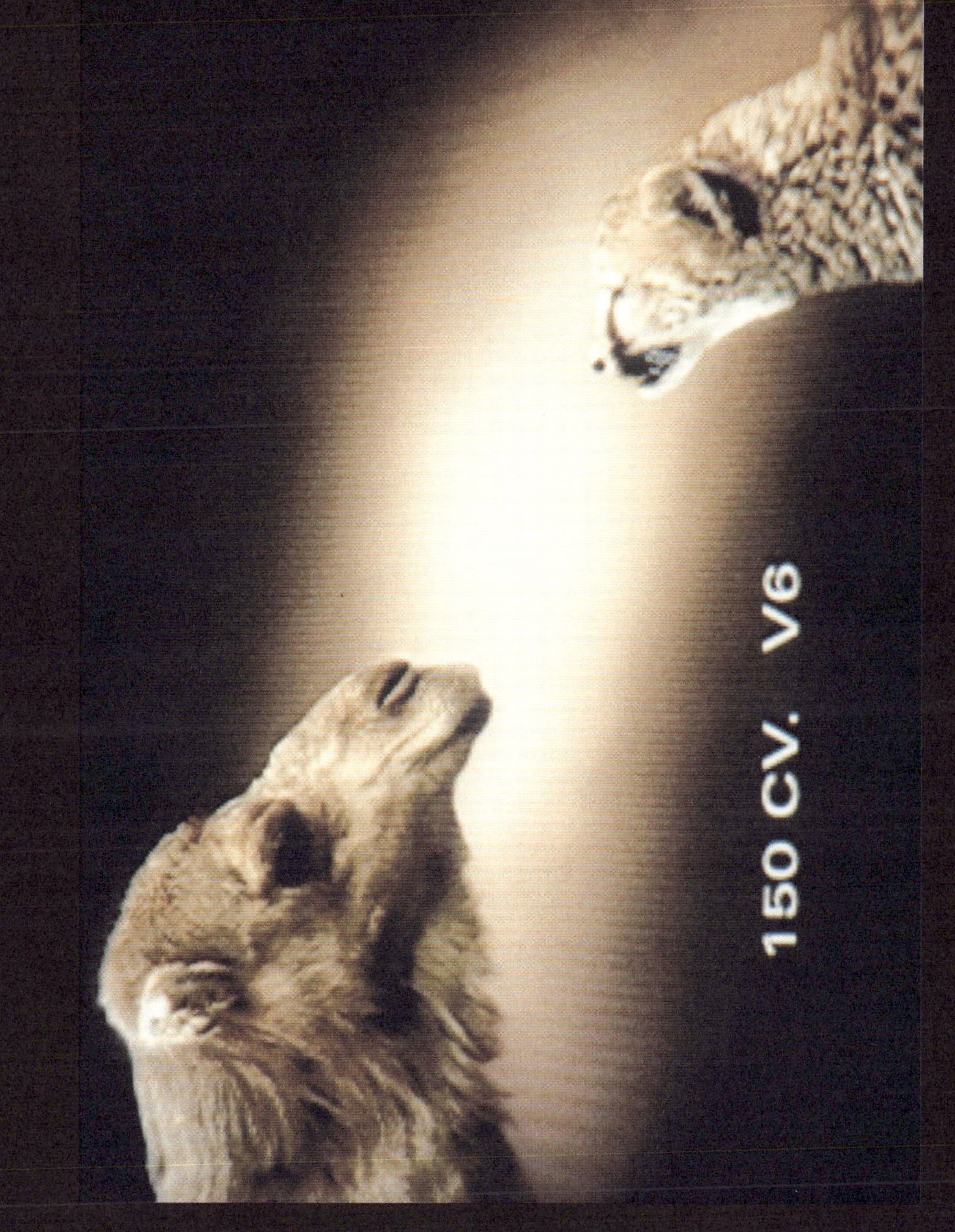

Título Title **Beso** Autor Created by **Tandem Campmany Guasch DDB, S.A.** Cliente Client **AUDI** Grupo creativo **J.L. Rois / A. Astorga / D. Ilario** Agencia Agency **Tandem Campmany Guasch DDB, S.A.** Director creativo Creative Director **J.L. Rois / D. Ilario / A. Astorga** Director de arte Art director **D. Ilario / J. Badia** Copy **A. Astorga** Productora Production company **Monkey Films** Realizador Director **Tom Savin**

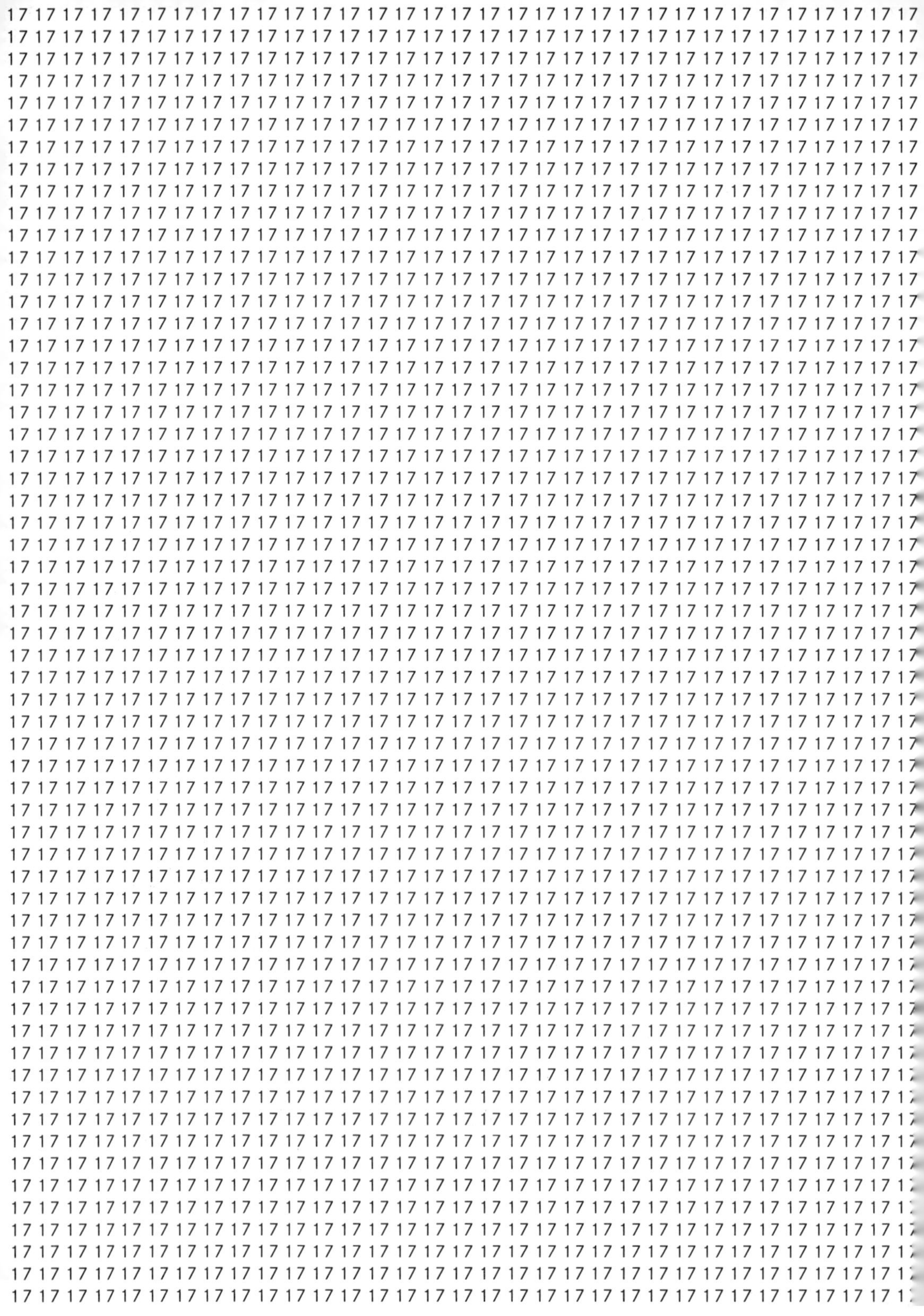

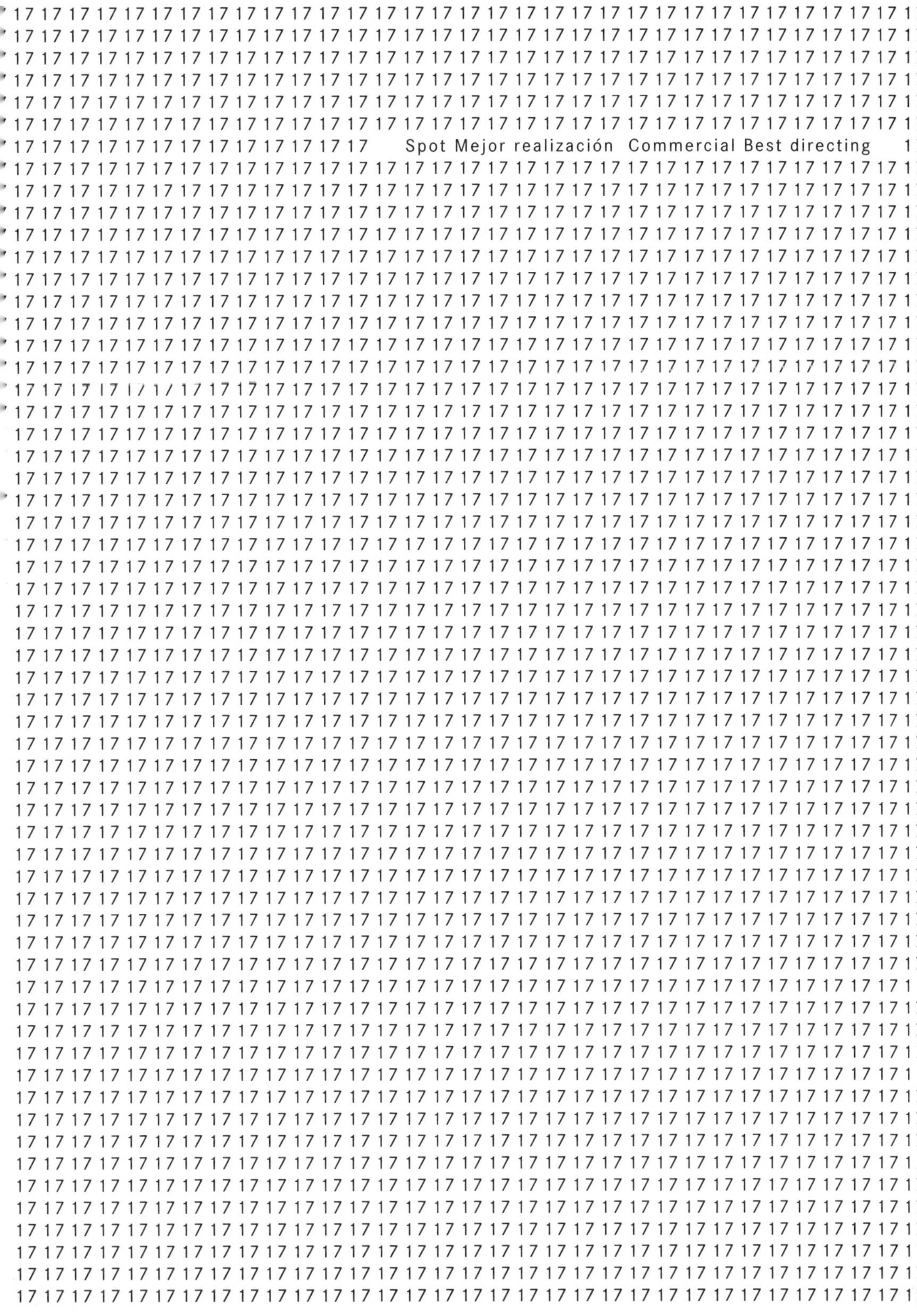

17
Spot Mejor realización Commercial Best directing

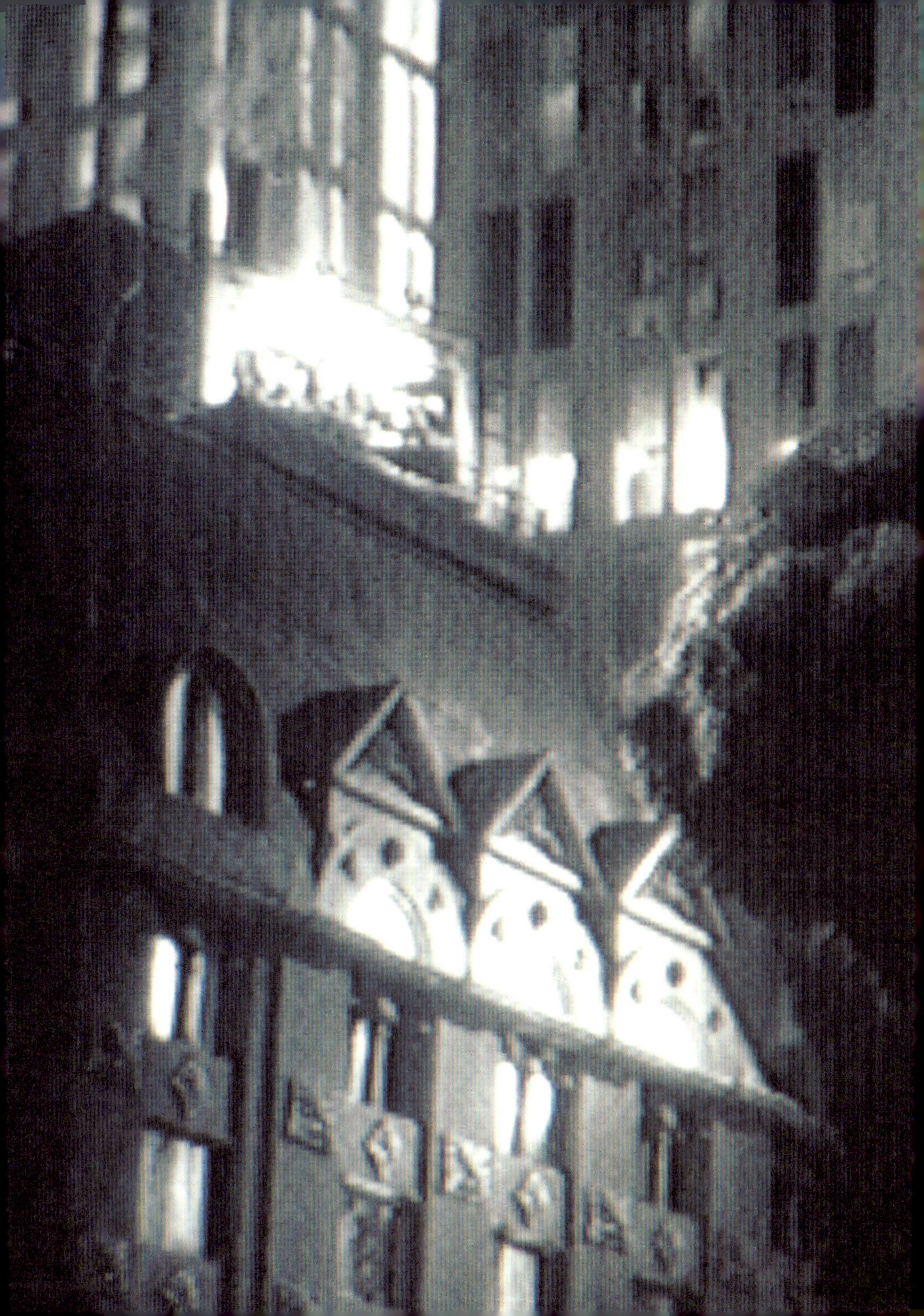

Título Title **King Kong** Autor Created by **Tandem Campmany Guasch DDB, S.A.** Cliente Client **AUDI** Grupo creativo Creative Group **J.L. Rois / A. Astorga / D. Ilario** Agencia Agency **Tandem Campmany Guasch DDB, S.A.** Director creativo Creative Director **J.L. Rois / D. Ilario / A. Astorga** Director de arte Art director **D. Ilario** Copy **A. Astorga** Productora Production company **Calle Cruzada**

Spot Mejor realización Commercial Best directing Placa Plaque

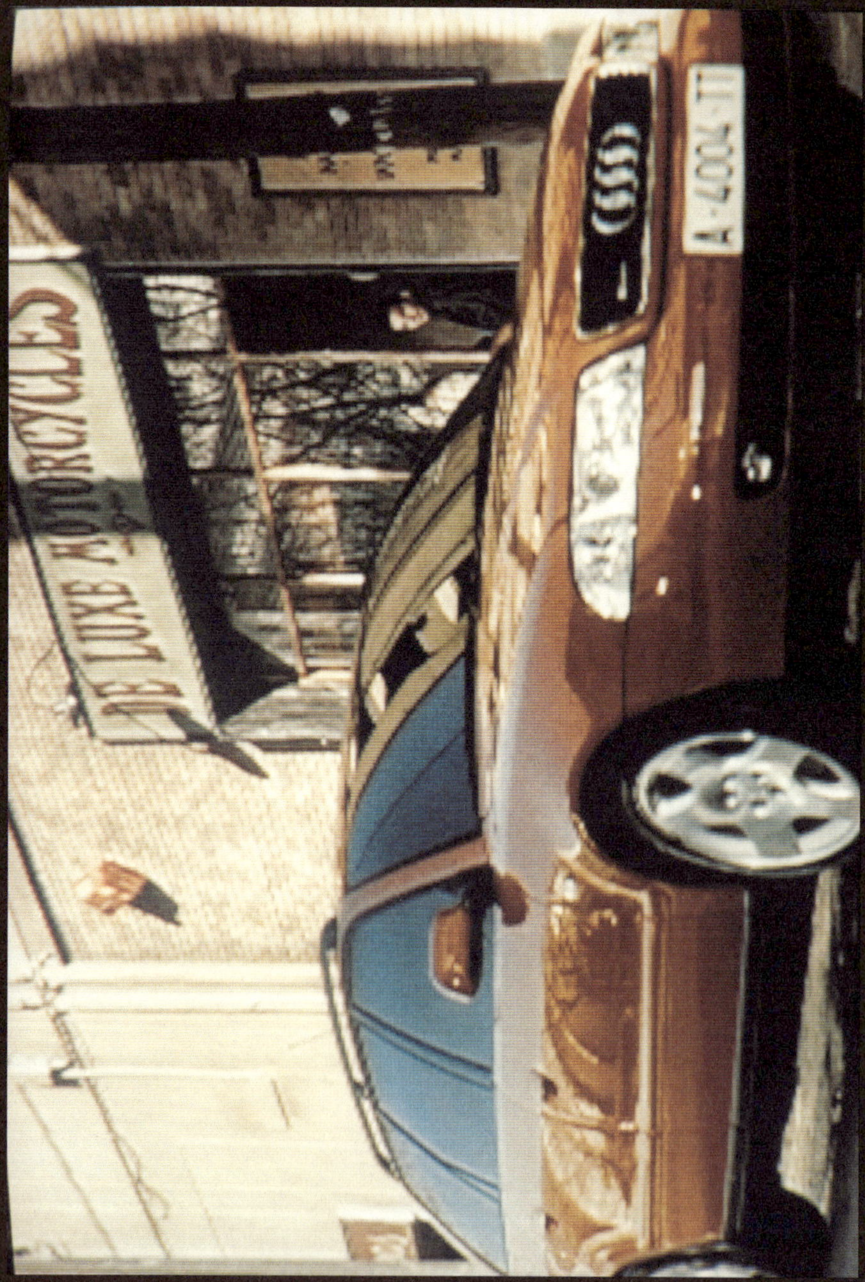

Título Title **Harley Davidson** Autor Created by **Tandem Campmany Guasch DDB, S.A.** Cliente Client **AUDI** Grupo creativo Creative Group **J.L. Rois / D. Ilario / A. Astorga** Agencia Agency **Tandem Campmany Guasch DDB, S.A.** Director creativo Creative Director **J.L. Rois / D. Ilario / A. Astorga** Director de arte Art director **D. Ilario / J. Badia** Copy **A. Astorga** Productora Production company **Lee Films** Realizador Director **Pepe Bosch**

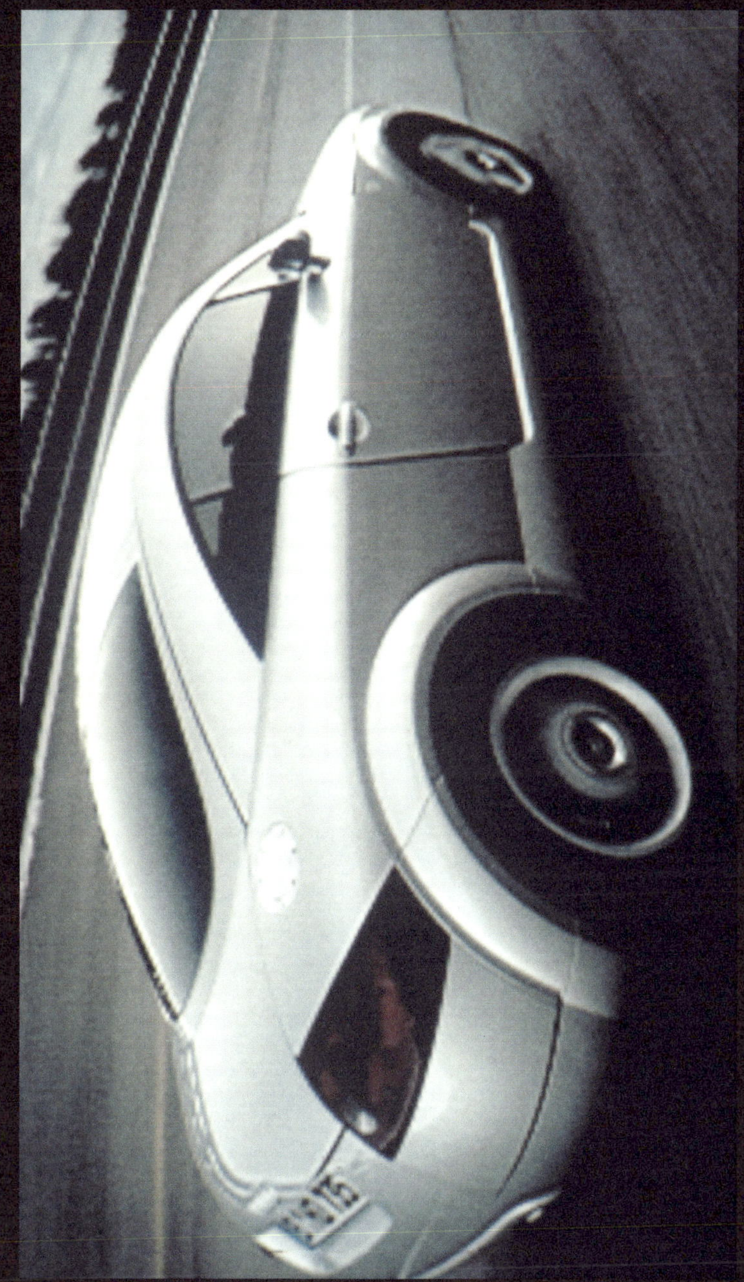

Título Title **Emociones** Autor Created by **Tandem Campmany Guasch DDB, S.A.** Cliente Client **AUDI** Grupo creativo Creative Group **J.L. Rois / D. Ilario / A. Astorga** Agencia Agency **Tandem Campmany Guasch DDB, S.A.** Director creativo Creative Director **J.L. Rois / D. Ilario / A. Astorga** Director de arte Art director **D. Ilario** Copy **A. Astorga** Productora Production company **Laszlo Kadar Films** Realizador Director **Laszlo Kadar**

18 18 18 18 18 18 18 18 18 18 18 18 18 18 18 18 18 18 18 18 18 18 18 18 18 18 18 18 18 18 1
18 18 18 18 18 18 18 18 18 18 18 18 18 18 18 18 18 18 18 18 18 18 18 18 18 18 18 18 18 18 1
18 18 18 18 18 18 18 18 18 18 18 18 18 18 18 18 18 18 18 18 18 18 18 18 18 18 18 18 18 18 1
18 18 18 18 18 18 18 18 18 18 18 18 18 18 18 18 18 18 18 18 18 18 18 18 18 18 18 18 18 18 1
18 18 18 18 18 18 18 18 18 18 18 18 18 18 18 18 18 18 18 18 18 18 18 18 18 18 18 18 18 18 1
18 18 18 18 18 18 18 18 18 18 18 18 18 18 18 18 18 18 18 18 18 18 18 18 18 18 18 18 18 18 1
18 18 18 18 18 18 18 18 18 18 18 18 18 18 18 18 18 18 18 18 18 18 18 18 18 18 18 18 18 18 1
18 18 18 18 18 18 18 18 18 18 18 18 18 18 18 18 18 18 18 18 18 18 18 18 18 18 18 18 18 18 1
18 18 18 18 18 18 18 18 18 18 18 18 18 18 18 18 18 18 18 18 18 18 18 18 18 18 18 18 18 18 1
18 18 18 18 18 18 18 18 18 18 18 18 18 18 18 18 18 18 18 18 18 18 18 18 18 18 18 18 18 18 1
18 18 18 18 18 18 18 18 18 18 18 18 18 18 18 18 18 18 18 18 18 18 18 18 18 18 18 18 18 18 1
18 18 18 18 18 18 18 18 18 18 18 18 18 18 18 18 18 18 18 18 18 18 18 18 18 18 18 18 18 18 1
18 18 18 18 18 18 18 18 18 18 18 18 18 18 18 18 18 18 18 18 18 18 18 18 18 18 18 18 18 18 1
18 18 18 18 18 18 18 18 18 18 18 18 18 18 18 18 18 18 18 18 18 18 18 18 18 18 18 18 18 18 1
18 18 18 18 18 18 18 18 18 18 18 18 18 18 18 18 18 18 18 18 18 18 18 18 18 18 18 18 18 18 1
18 18 18 18 18 18 18 18 18 18 18 18 18 18 18 18 18 18 18 18 18 18 18 18 18 18 18 18 18 18 1
18 18 18 18 18 18 18 18 18 18 18 18 18 18 18 18 18 18 18 18 18 18 18 18 18 18 18 18 18 18 1
18 18 18 18 18 18 18 18 18 18 18 18 18 18 18 18 18 18 18 18 18 18 18 18 18 18 18 18 18 18 1
18 18 18 18 18 18 18 18 18 18 18 18 18 18 18 18 18 18 18 18 18 18 18 18 18 18 18 18 18 18 1
18 18 18 18 18 18 18 18 18 18 18 18 18 18 18 18 18 18 18 18 18 18 18 18 18 18 18 18 18 18 1
18 18 18 18 18 18 18 18 18 18 18 18 18 18 18 18 18 18 18 18 18 18 18 18 18 18 18 18 18 18 1
18 18 18 18 18 18 18 18 18 18 18 18 18 18 18 18 18 18 18 18 18 18 18 18 18 18 18 18 18 18 1
18 18 18 18 18 18 18 18 18 18 18 18 18 18 18 18 18 18 18 18 18 18 18 18 18 18 18 18 18 18 1
18 18 18 18 18 18 18 18 18 18 18 18 18 18 18 18 18 18 18 18 18 18 18 18 18 18 18 18 18 18 1
18 18 18 18 18 18 18 18 18 18 18 18 18 18 18 18 18 18 18 18 18 18 18 18 18 18 18 18 18 18 1
18 18 18 18 18 18 18 18 18 18 18 18 18 18 18 18 18 18 18 18 18 18 18 18 18 18 18 18 18 18 1
18 18 18 18 18 18 18 18 18 18 18 18 18 18 18 18 18 18 18 18 18 18 18 18 18 18 18 18 18 18 1
18 18 18 18 18 18 18 18 18 18 18 18 18 18 18 18 18 18 18 18 18 18 18 18 18 18 18 18 18 18 1
18 18 18 18 18 18 18 18 18 18 18 18 18 18 18 18 18 18 18 18 18 18 18 18 18 18 18 18 18 18 1
18 18 18 18 18 18 18 18 18 18 18 18 18 18 18 18 18 18 18 18 18 18 18 18 18 18 18 18 18 18 1
18 18 18 18 18 18 18 18 18 18 18 18 18 18 18 18 18 18 18 18 18 18 18 18 18 18 18 18 18 18 1
18 18 18 18 18 18 18 18 18 18 18 18 18 18 18 18 18 18 18 18 18 18 18 18 18 18 18 18 18 18 1
18 18 18 18 18 18 18 18 18 18 18 18 18 18 18 18 18 18 18 18 18 18 18 18 18 18 18 18 18 18 1
18 18 18 18 18 18 18 18 18 18 18 18 18 18 18 18 18 18 18 18 18 18 18 18 18 18 18 18 18 18 1
18 18 18 18 18 18 18 18 18 18 18 18 18 18 18 18 18 18 18 18 18 18 18 18 18 18 18 18 18 18 1
18 18 18 18 18 18 18 18 18 18 18 18 18 18 18 18 18 18 18 18 18 18 18 18 18 18 18 18 18 18 1
18 18 18 18 18 18 18 18 18 18 18 18 18 18 18 18 18 18 18 18 18 18 18 18 18 18 18 18 18 18 1
18 18 18 18 18 18 18 18 18 18 18 18 18 18 18 18 18 18 18 18 18 18 18 18 18 18 18 18 18 18 1
18 18 18 18 18 18 18 18 18 18 18 18 18 18 18 18 18 18 18 18 18 18 18 18 18 18 18 18 18 18 1
18 18 18 18 18 18 18 18 18 18 18 18 18 18 18 18 18 18 18 18 18 18 18 18 18 18 18 18 18 18 1
18 18 18 18 18 18 18 18 18 18 18 18 18 18 18 18 18 18 18 18 18 18 18 18 18 18 18 18 18 18 1
18 18 18 18 18 18 18 18 18 18 18 18 18 18 18 18 18 18 18 18 18 18 18 18 18 18 18 18 18 18 1
18 18 18 18 18 18 18 18 18 18 18 18 18 18 18 18 18 18 18 18 18 18 18 18 18 18 18 18 18 18 1
18 18 18 18 18 18 18 18 18 18 18 18 18 18 18 18 18 18 18 18 18 18 18 18 18 18 18 18 18 18 1
18 18 18 18 18 18 18 18 18 18 18 18 18 18 18 18 18 18 18 18 18 18 18 18 18 18 18 18 18 18 1
18 18 18 18 18 18 18 18 18 18 18 18 18 18 18 18 18 18 18 18 18 18 18 18 18 18 18 18 18 18 1
18 18 18 18 18 18 18 18 18 18 18 18 18 18 18 18 18 18 18 18 18 18 18 18 18 18 18 18 18 18 1
18 18 18 18 18 18 18 18 18 18 18 18 18 18 18 18 18 18 18 18 18 18 18 18 18 18 18 18 18 18 1
18 18 18 18 18 18 18 18 18 18 18 18 18 18 18 18 18 18 18 18 18 18 18 18 18 18 18 18 18 18 1
18 18 18 18 18 18 18 18 18 18 18 18 18 18 18 18 18 18 18 18 18 18 18 18 18 18 18 18 18 18 1
18 18 18 18 18 18 18 18 18 18 18 18 18 18 18 18 18 18 18 18 18 18 18 18 18 18 18 18 18 18 1
18 18 18 18 18 18 18 18 18 18 18 18 18 18 18 18 18 18 18 18 18 18 18 18 18 18 18 18 18 18 1
18 18 18 18 18 18 18 18 18 18 18 18 18 18 18 18 18 18 18 18 18 18 18 18 18 18 18 18 18 18 1
18 18 18 18 18 18 18 18 18 18 18 18 18 18 18 18 18 18 18 18 18 18 18 18 18 18 18 18 18 18 1
18 18 18 18 18 18 18 18 18 18 18 18 18 18 18 18 18 18 18 18 18 18 18 18 18 18 18 18 18 18 1
18 18 18 18 18 18 18 18 18 18 18 18 18 18 18 18 18 18 18 18 18 18 18 18 18 18 18 18 18 18 1
18 18 18 18 18 18 18 18 18 18 18 18 18 18 18 18 18 18 18 18 18 18 18 18 18 18 18 18 18 18 1
18 18 18 18 18 18 18 18 18 18 18 18 18 18 18 18 18 18 18 18 18 18 18 18 18 18 18 18 18 18 1
18 18 18 18 18 18 18 18 18 18 18 18 18 18 18 18 18 18 18 18 18 18 18 18 18 18 18 18 18 18 1
18 18 18 18 18 18 18 18 18 18 18 18 18 18 18 18 18 18 18 18 18 18 18 18 18 18 18 18 18 18 1
18 18 18 18 18 18 18 18 18 18 18 18 18 18 18 18 18 18 18 18 18 18 18 18 18 18 18 18 18 18 1
18 18 18 18 18 18 18 18 18 18 18 18 18 18 18 18 18 18 18 18 18 18 18 18 18 18 18 18 18 18 1

Spot Mejor concepto-idea Commercial Best concept-idea

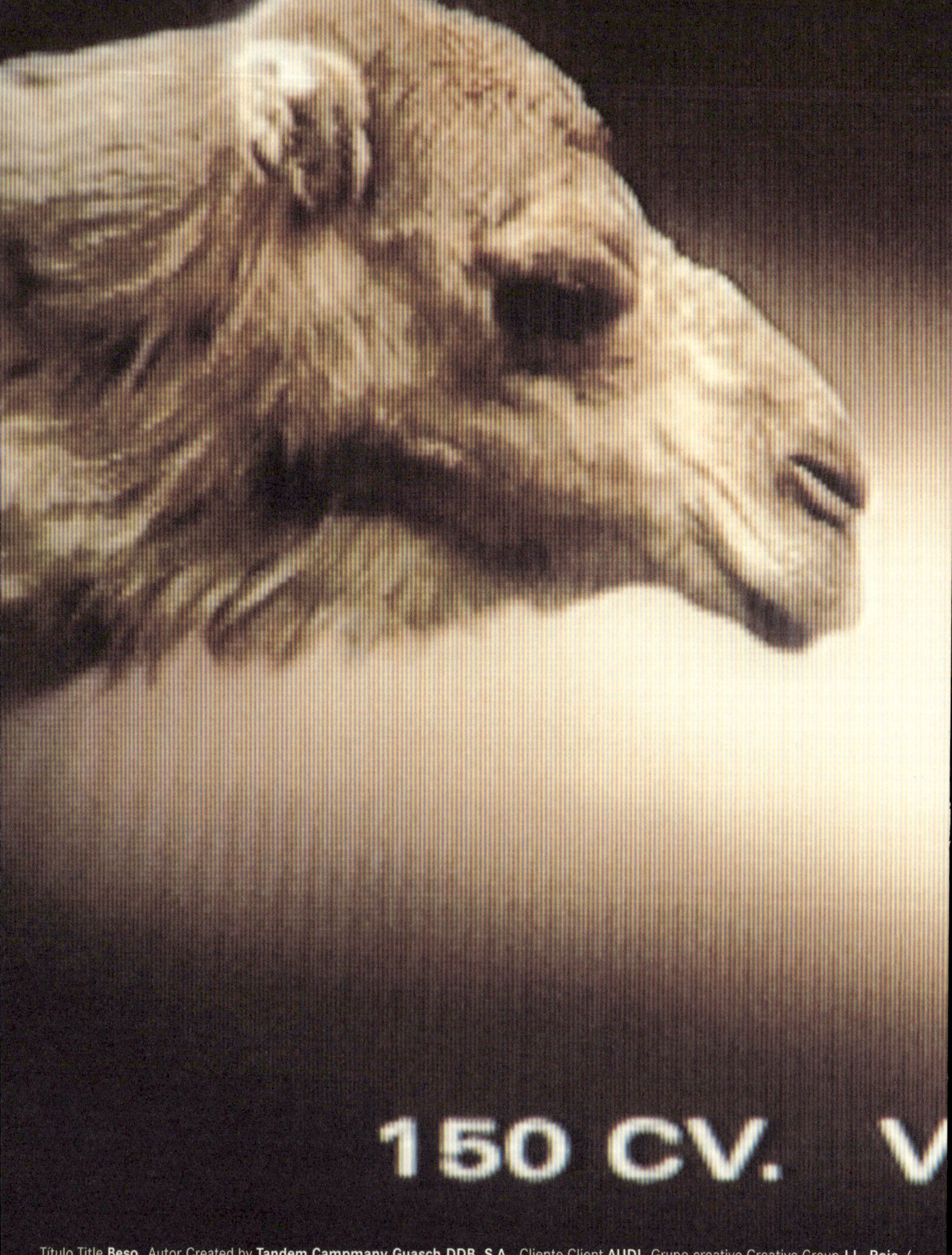

Título Title **Beso** Autor Created by **Tandem Campmany Guasch DDB, S.A.** Cliente Client **AUDI** Grupo creativo Creative Group **J.L. Rois / A. Astorga / D. Ilario** Agencia Agency **Tandem Campmany Guasch DDB, S.A.** Director creativo Creative Director **J.L. Rois / D. Ilario / A. Astorga** Director de arte Art director **D. Ilario / J. Badia** Copy **A. Astorga** Productora Production company **Monkey Films** Realizador Director **Tom Savin**

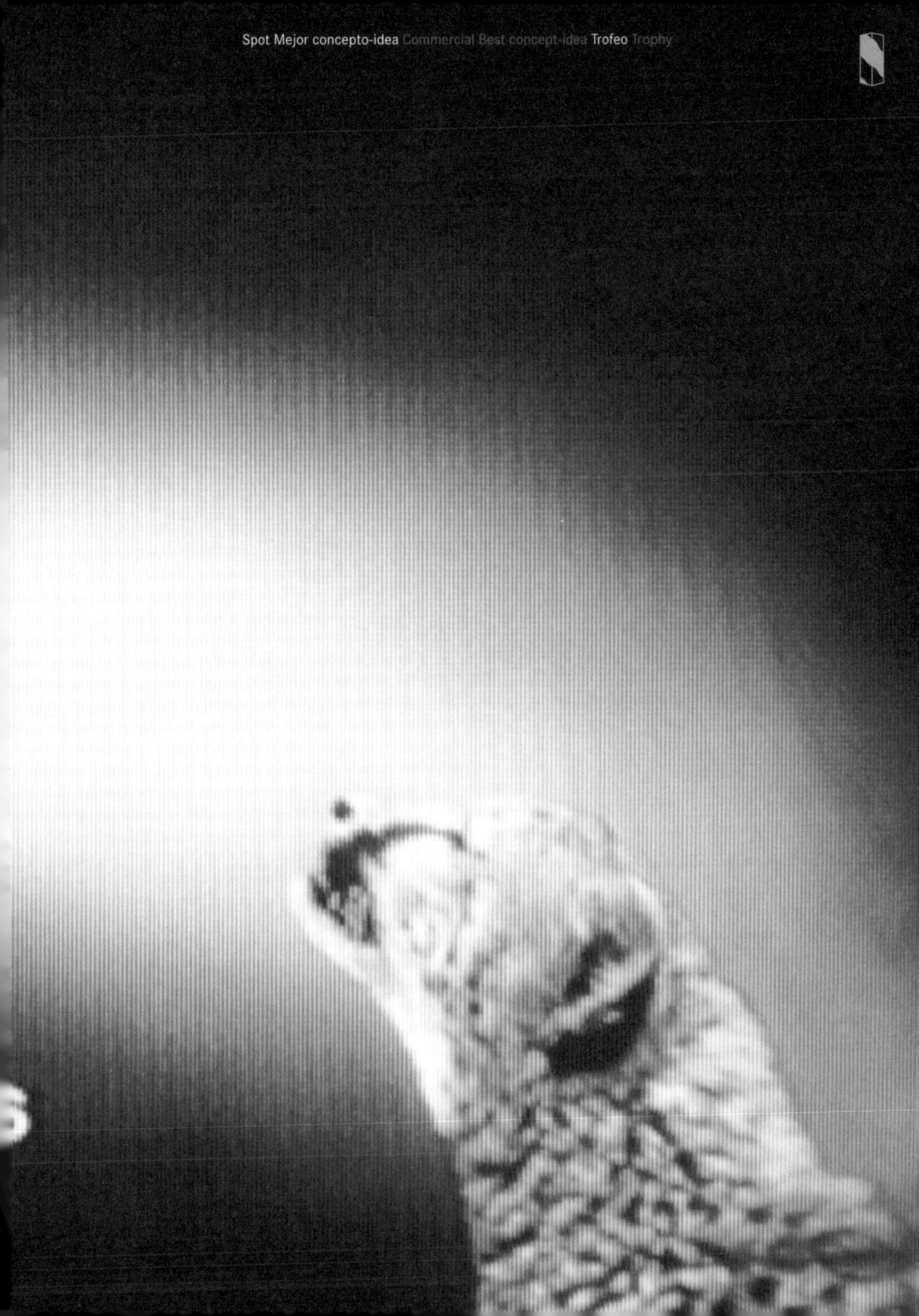

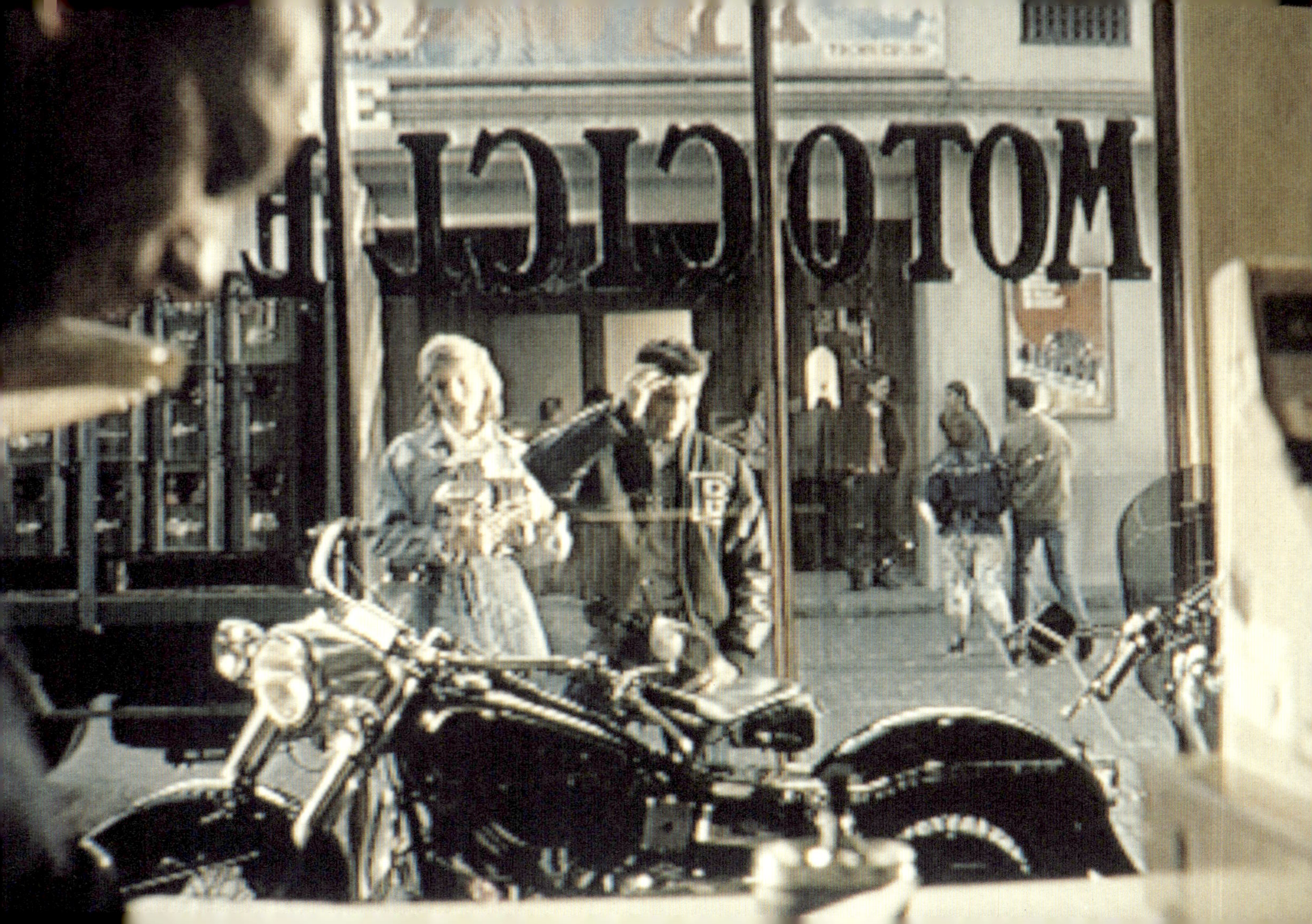

Spot Mejor concepto-idea Commercial Best concept-idea Placa Plaque

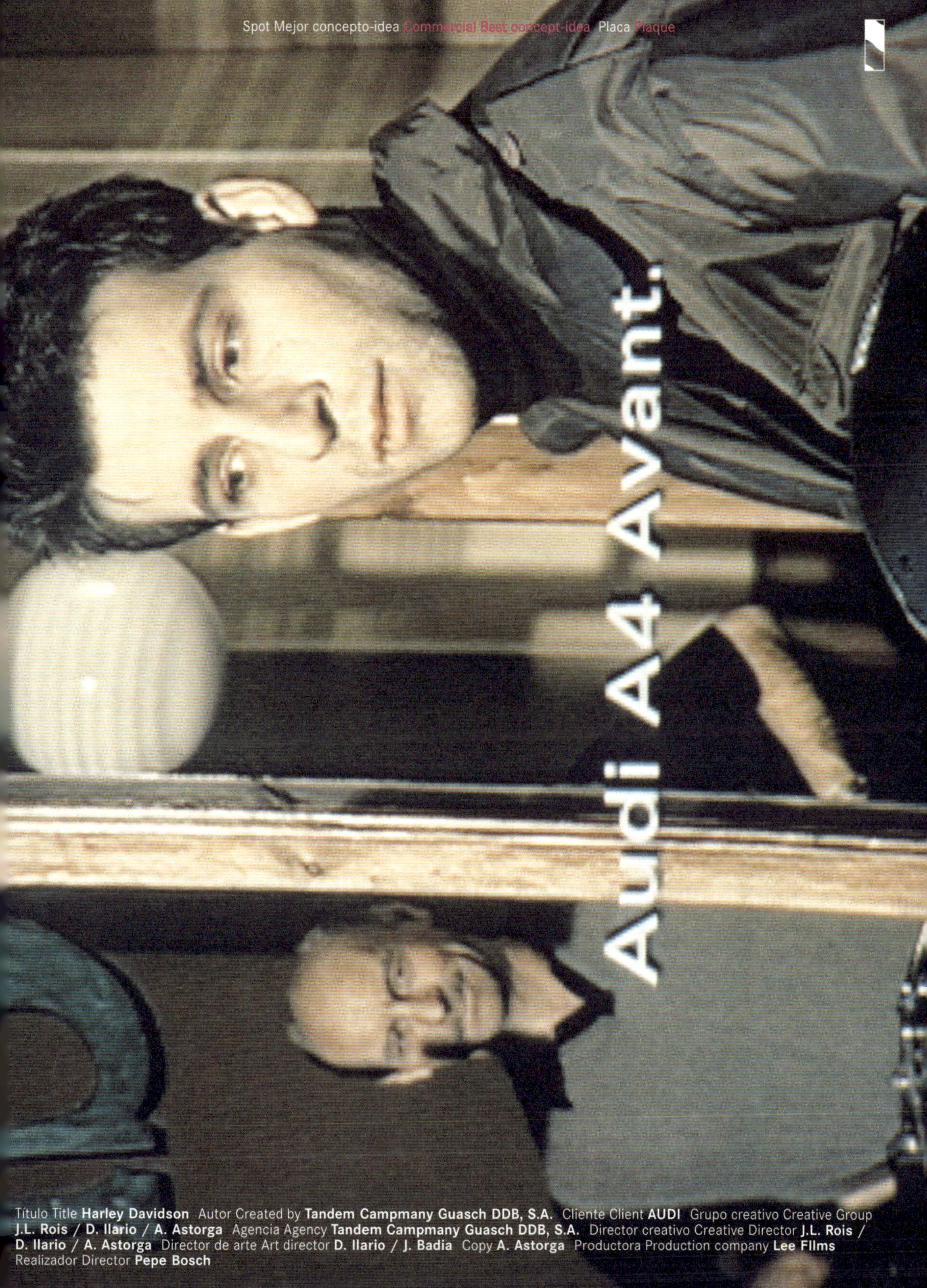

Título Title **Harley Davidson** Autor Created by **Tandem Campmany Guasch DDB, S.A.** Cliente Client **AUDI** Grupo creativo Creative Group **J.L. Rois / D. Ilario / A. Astorga** Agencia Agency **Tandem Campmany Guasch DDB, S.A.** Director creativo Creative Director **J.L. Rois / D. Ilario / A. Astorga** Director de arte Art director **D. Ilario / J. Badia** Copy **A. Astorga** Productora Production company **Lee Films** Realizador Director **Pepe Bosch**

Spot Mejor concepto-idea Commercial Best concept-idea Selección Work chosen

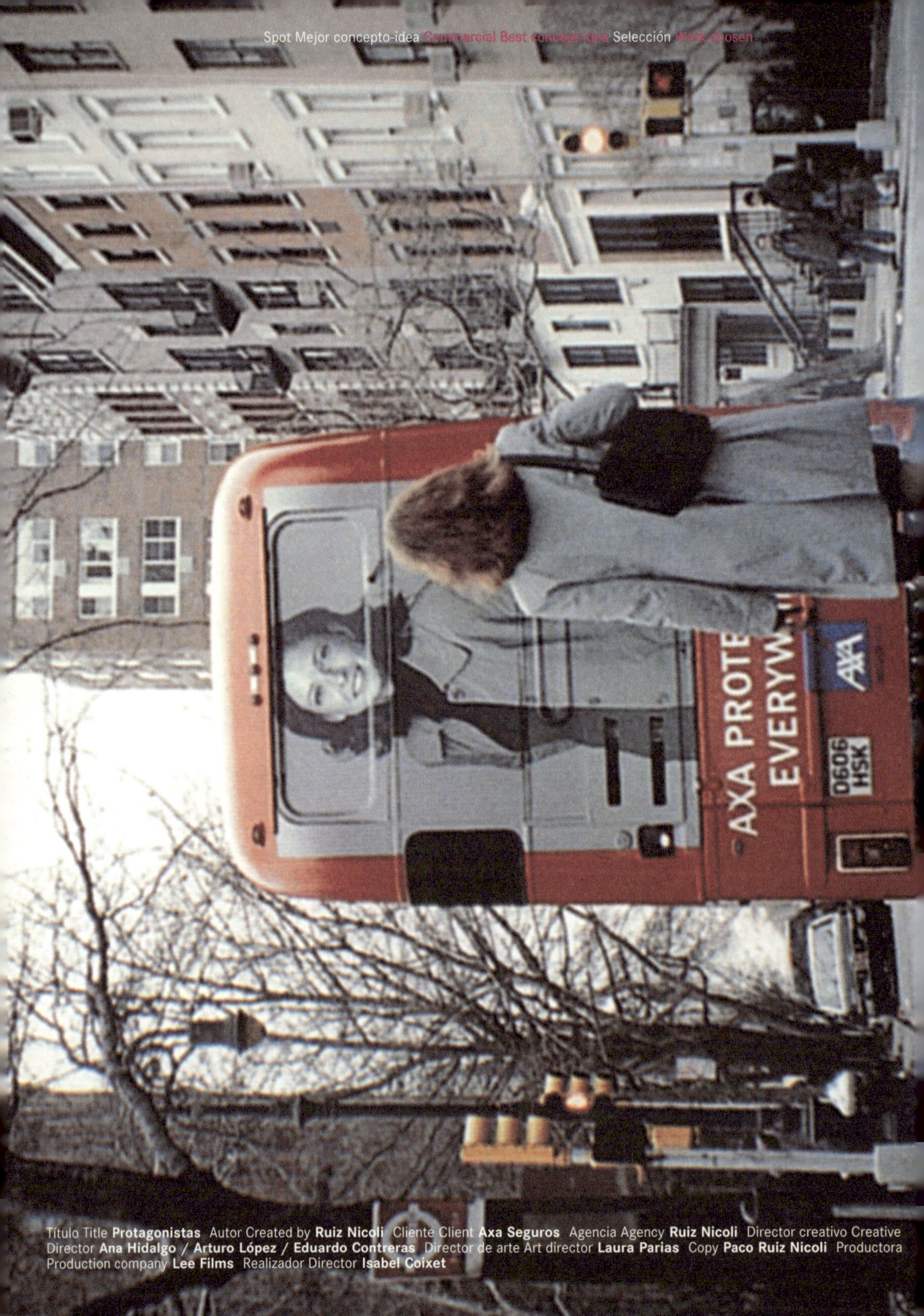

Título Title **Protagonistas** Autor Created by **Ruiz Nicoli** Cliente Client **Axa Seguros** Agencia Agency **Ruiz Nicoli** Director creativo Creative Director **Ana Hidalgo / Arturo López / Eduardo Contreras** Director de arte Art director **Laura Parias** Copy **Paco Ruiz Nicoli** Productora Production company **Lee Films** Realizador Director **Isabel Coixet**

Spot Mejor concepto-idea Commercial Best concept-idea Selección Work chosen

Título Title **Enanos** Autor Created by **Young & Rubicam, S.A.**
Cliente Client **Fotoprix** Agencia Agency **Young & Rubicam, S.A.**
Director creativo Creative Director **José María Pujol** Director de arte
Art director **Enric Aguilera** Copy **José María Pujol** Productora
Production company **Errecerre** Realizador Director **Xavier Roselló**
Música Music **Classic & New**

Spot Mejor concepto-idea Commercial Best concept-idea Selección Work chosen

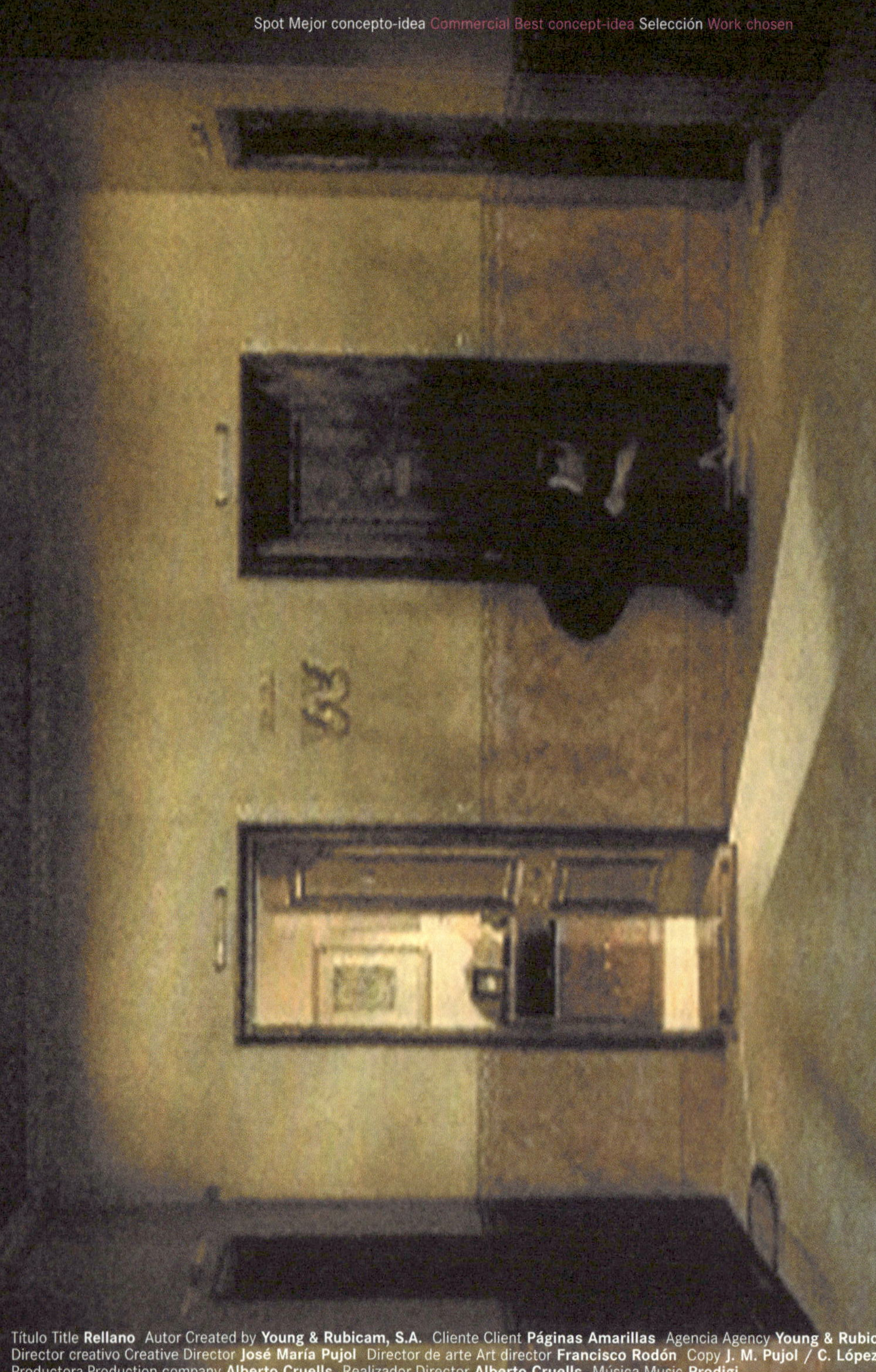

Título Title **Rellano** Autor Created by **Young & Rubicam, S.A.** Cliente Client **Páginas Amarillas** Agencia Agency **Young & Rubicam, S.A.** Director creativo Creative Director **José María Pujol** Director de arte Art director **Francisco Rodón** Copy **J. M. Pujol / C. López** Productora Production company **Alberto Cruells** Realizador Director **Alberto Cruells** Música Music **Prodigi**

Spot Mejor concepto-idea Commercial Best concept-idea Selección Work chosen

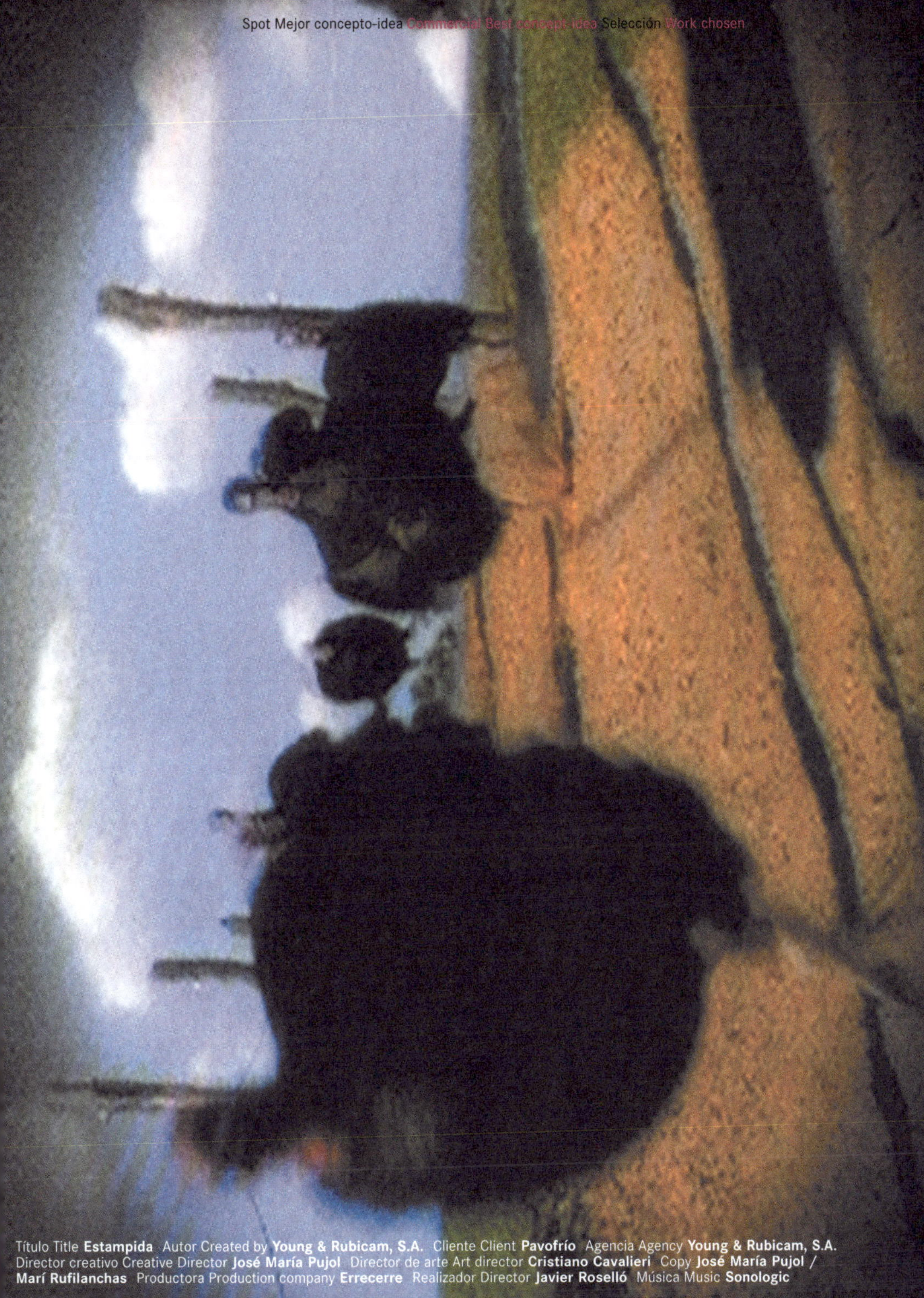

Título Title **Estampida** Autor Created by **Young & Rubicam, S.A.** Cliente Client **Pavofrío** Agencia Agency **Young & Rubicam, S.A.** Director creativo Creative Director **José María Pujol** Director de arte Art director **Cristiano Cavalieri** Copy **José María Pujol / Marí Rufilanchas** Productora Production company **Errecerre** Realizador Director **Javier Roselló** Música Music **Sonologic**

Spot Mejor concepto-idea Commercial Best concept-idea Selección Work chosen

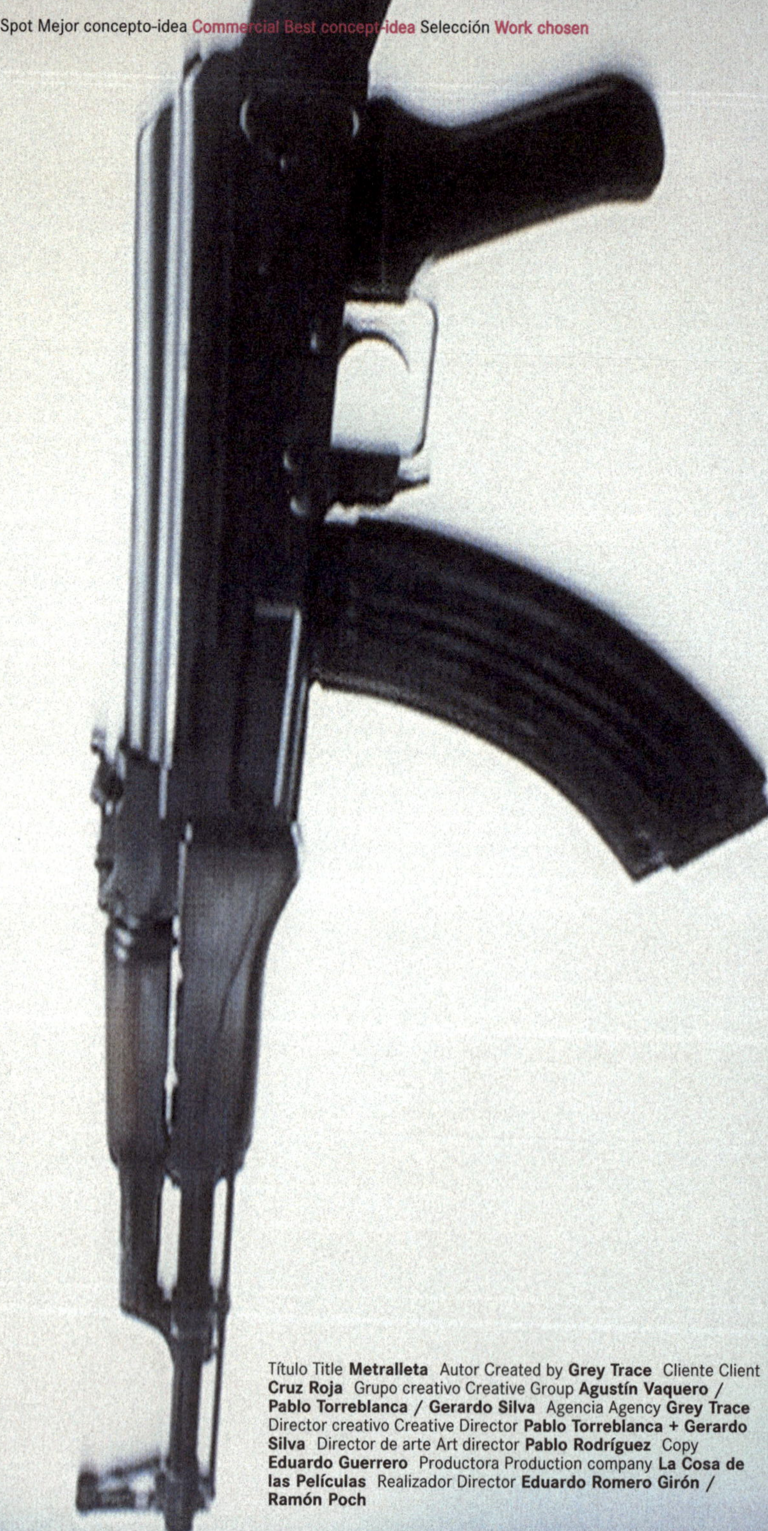

Título Title **Metralleta** Autor Created by **Grey Trace** Cliente Client **Cruz Roja** Grupo creativo Creative Group **Agustín Vaquero / Pablo Torreblanca / Gerardo Silva** Agencia Agency **Grey Trace** Director creativo Creative Director **Pablo Torreblanca + Gerardo Silva** Director de arte Art director **Pablo Rodríguez** Copy **Eduardo Guerrero** Productora Production company **La Cosa de las Películas** Realizador Director **Eduardo Romero Girón / Ramón Poch**

Spot Mejor concepto-idea Commercial Best concept-idea Selección Work chosen

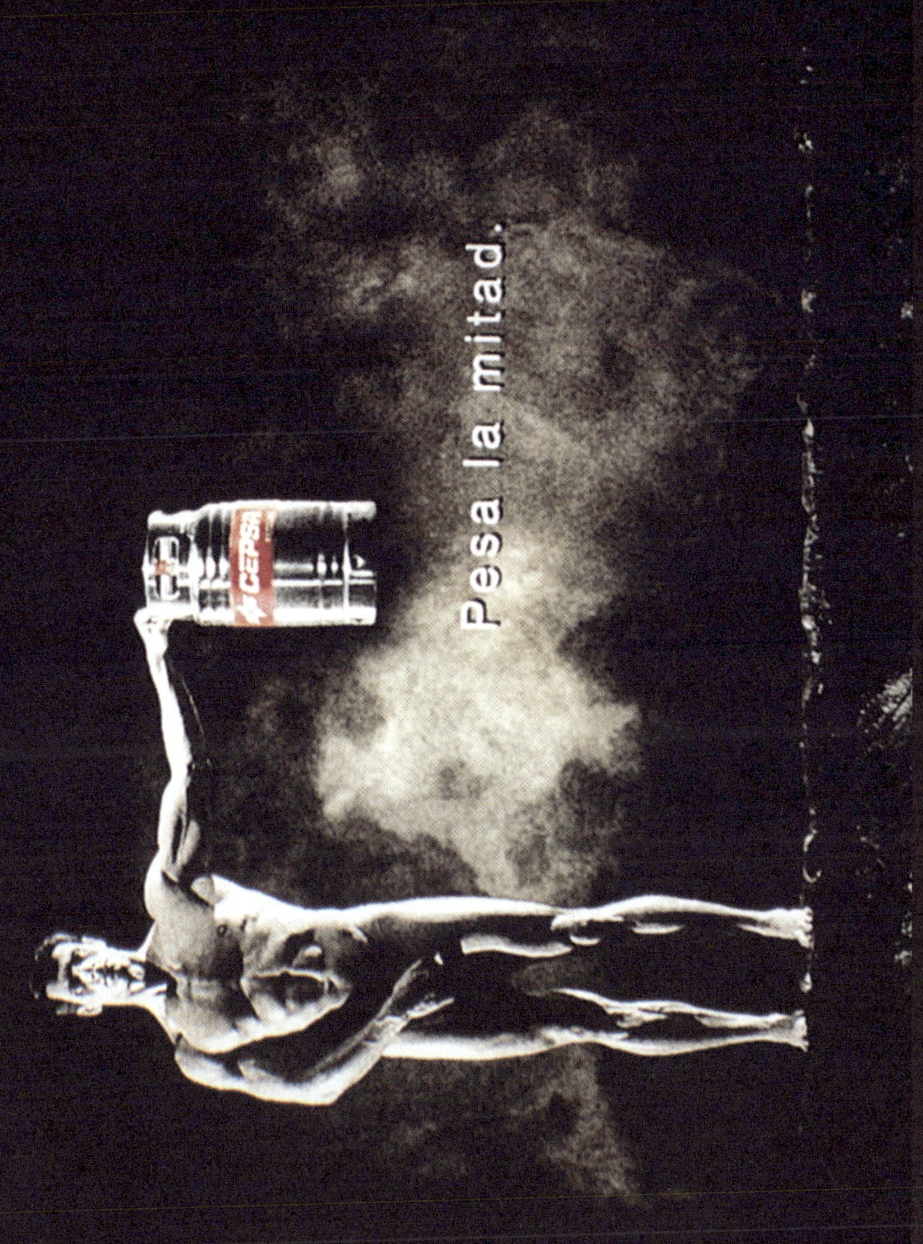

Título Title **Evolución** Autor Created by **FCB/Tapsa** Cliente Client **CEPSA** Agencia Agency **FCB/Tapsa** Director creativo Creative Director **Julián Zuazo** Copy **Oriol Villar** Productora Production company **Alamo Films** Realizador Director **Julio del Alamo** Música Music **Víctor Bombi**

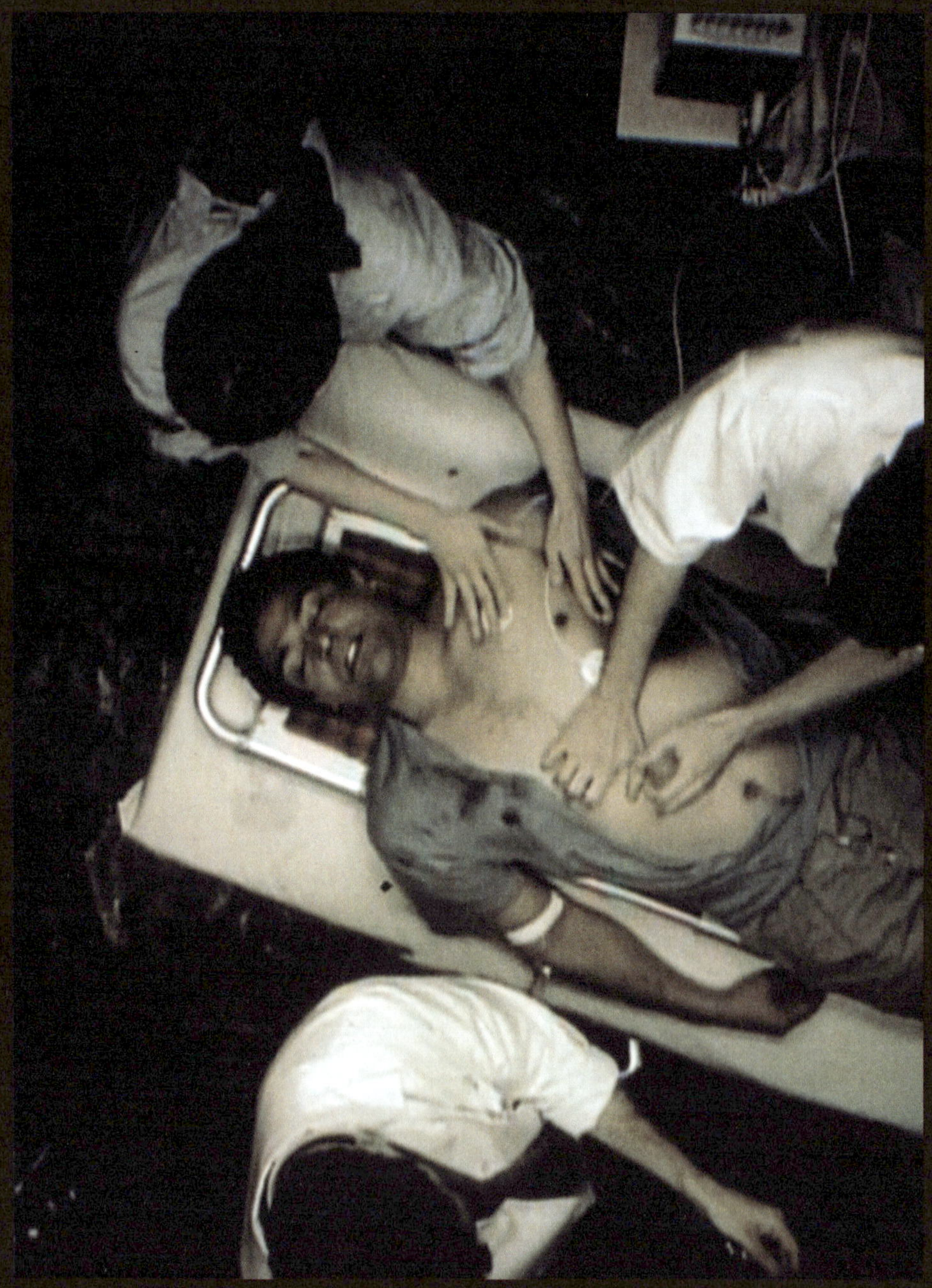

Título Title **Agradecimiento** Autor Created by **Grey Trace** Cliente Client **Cruz Roja** Grupo creativo Creative Group **Agustín Vaquero / Pablo Torreblanca / Gerardo Silva** Agencia Agency **Grey Trace** Director creativo Creative Director **Pablo Torreblanca + Gerardo Silva** Director de arte Art director **Miriam Maneiro** Copy **Breno Cotta** Productora Production company **Alamo Films** Realizador Director **Dani Azancot** Cámara Cameraperson **Angel Iguacel** Música Music **Carles Fontova**

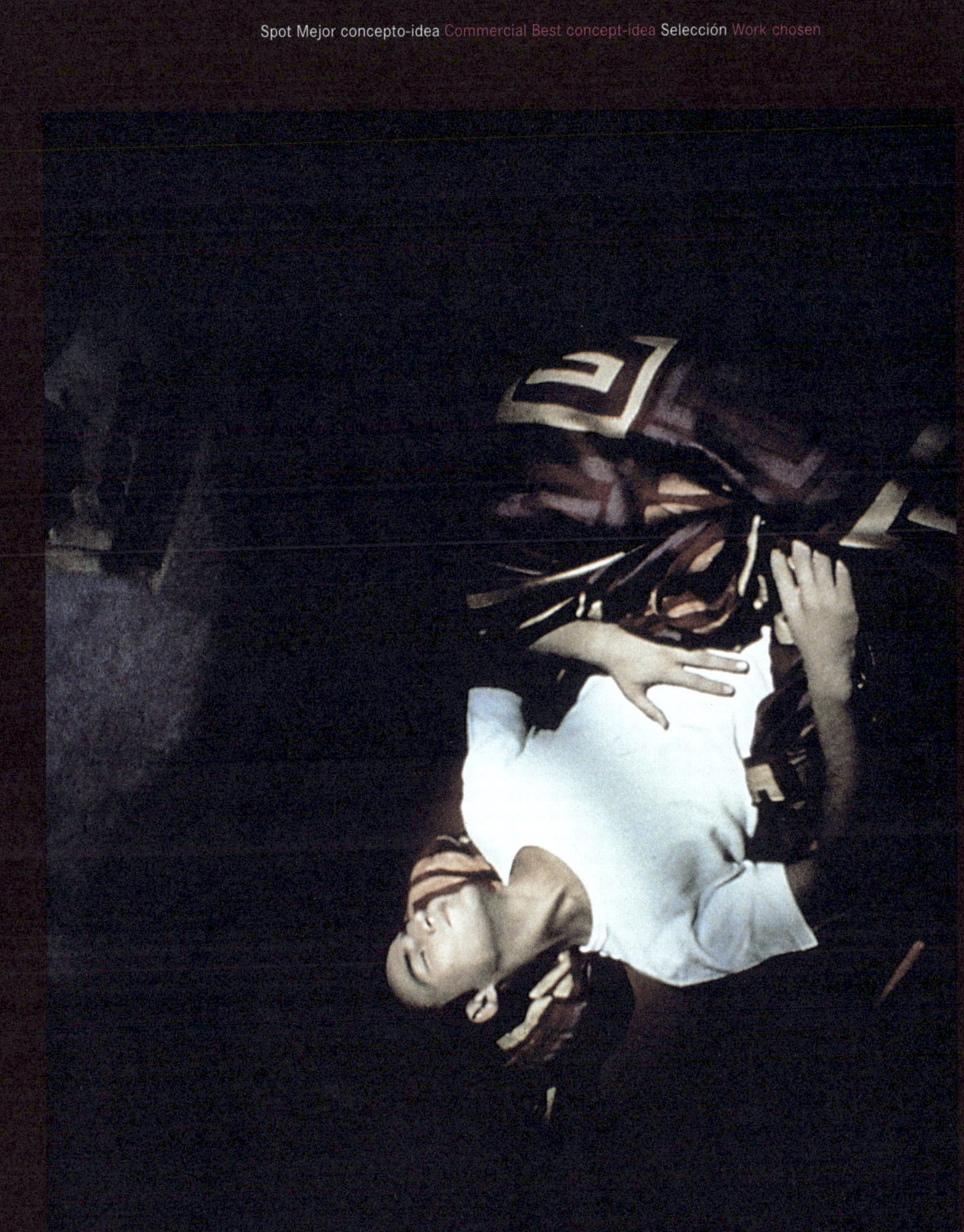

Título Title **Fina y Segura** Autor Created by **FCB/Tapsa** Cliente Client **Pizza World** Agencia Agency **FCB/Tapsa** Director creativo Creative Director **Julián Zuazo** Director de arte Art director **José Antonio Madrid** Copy **Aureli Arque** Productora Production company **Strange Fruit** Realizador Director **Fernando García - Ruiz**

Spot Mejor concepto-idea Commercial Best concept-idea Selección Work chosen

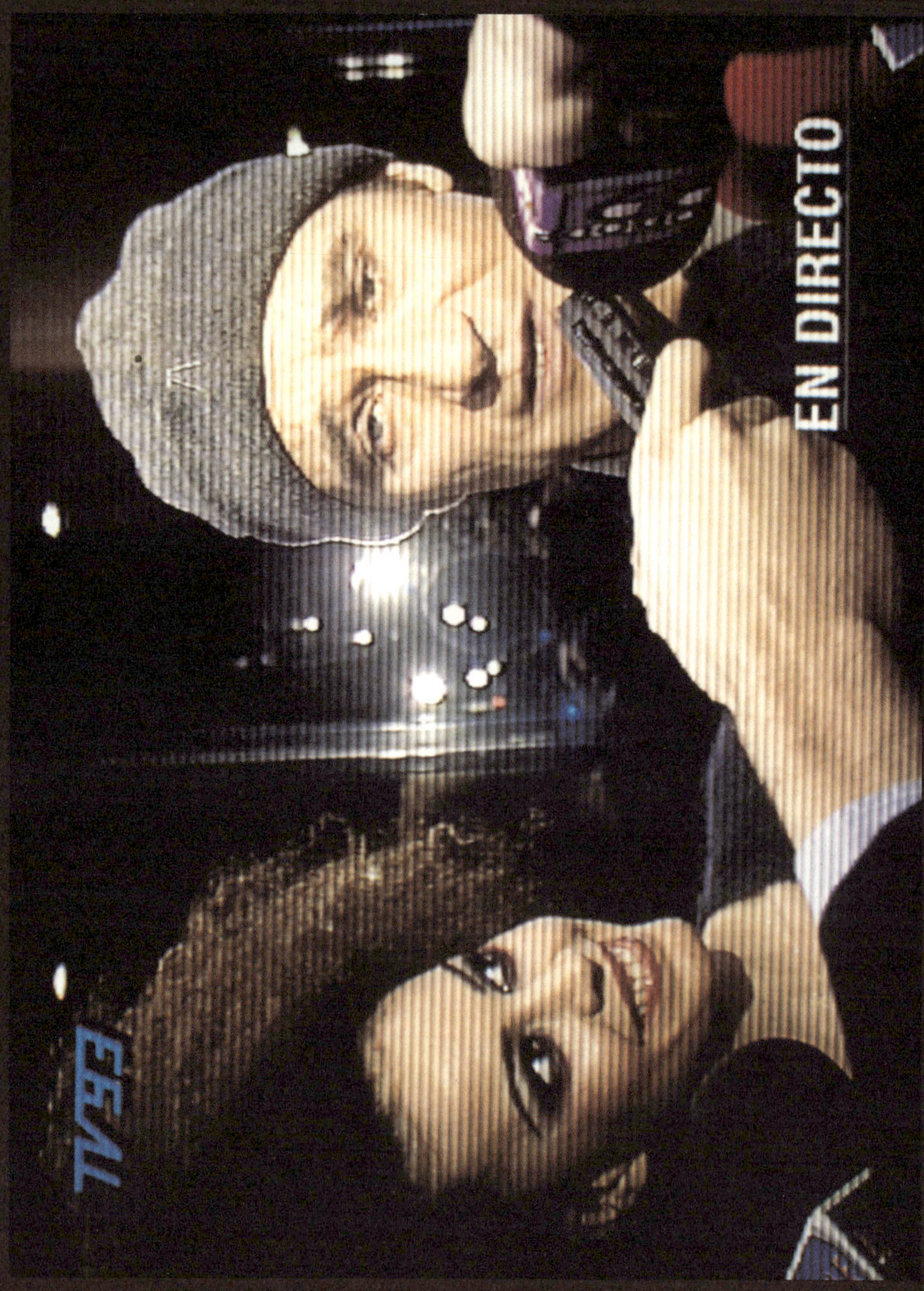

Título Title **Giacommo** Autor Created by **FCB/Tapsa** Cliente Client **Nintendo** Agencia Agency **FCB/Tapsa** Director creativo Creative Director **Julián Zuazo** Director de arte Art director **Eduardo Martínez Gil** Copy **Oriol Villar / Martín Ostiglia** Productora Production company **Strange Fruit** Realizador Director **Fernando García - Ruiz**

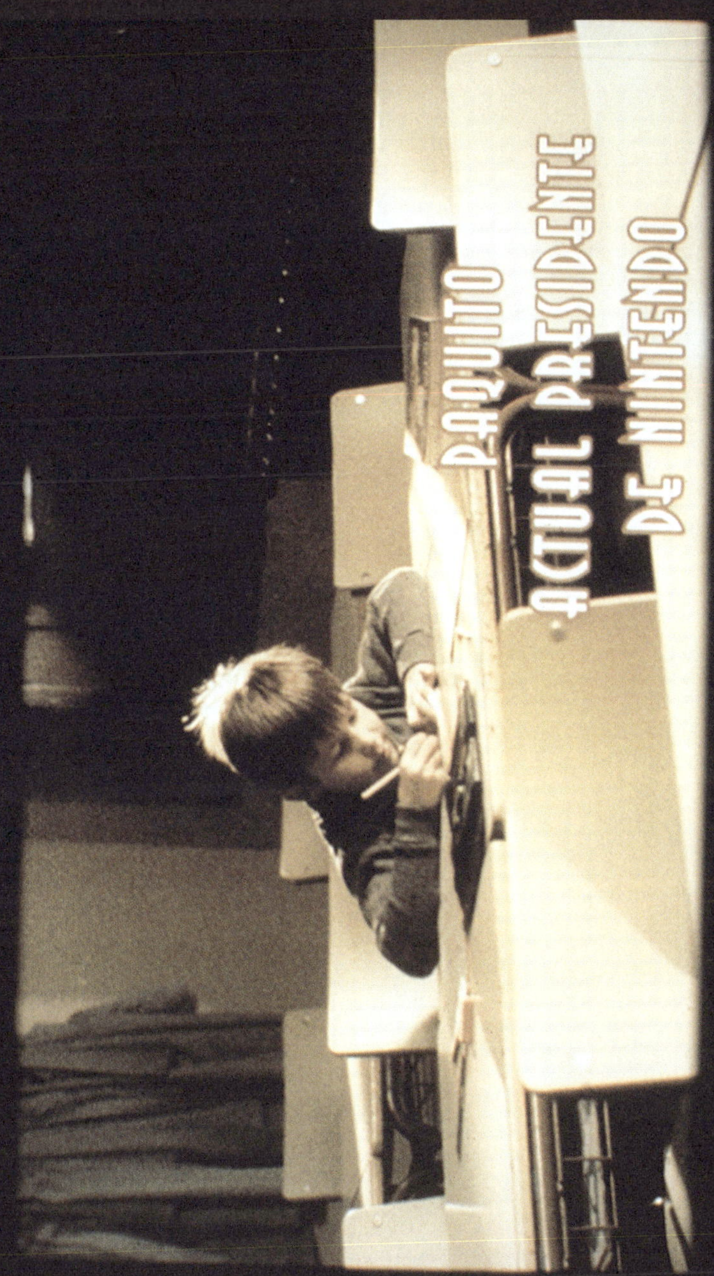

Título Title **Paquito** Autor Created by **FCB/Tapsa** Cliente Client **Nintendo** Director creativo Creative Director **Julián Zuazo** Director de arte Art director **Eduardo Martínez Gil** Copy **Oriol Villar / Martín Ostiglia** Productora Production company **Strange Fruit** Realizador Director **Fernando García - Ruiz**

Spot Mejor spot de bajo presupuesto

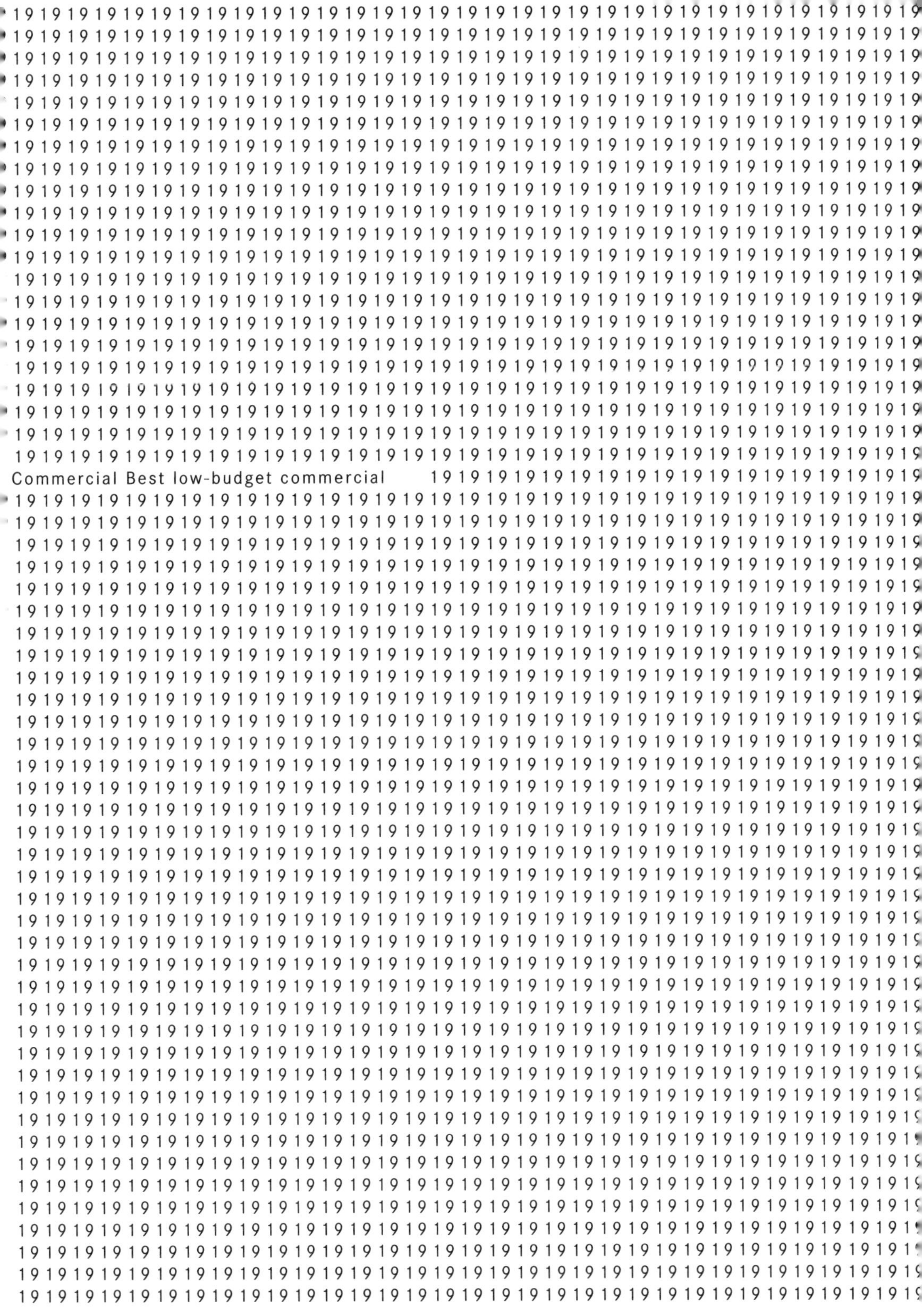
Commercial Best low-budget commercial

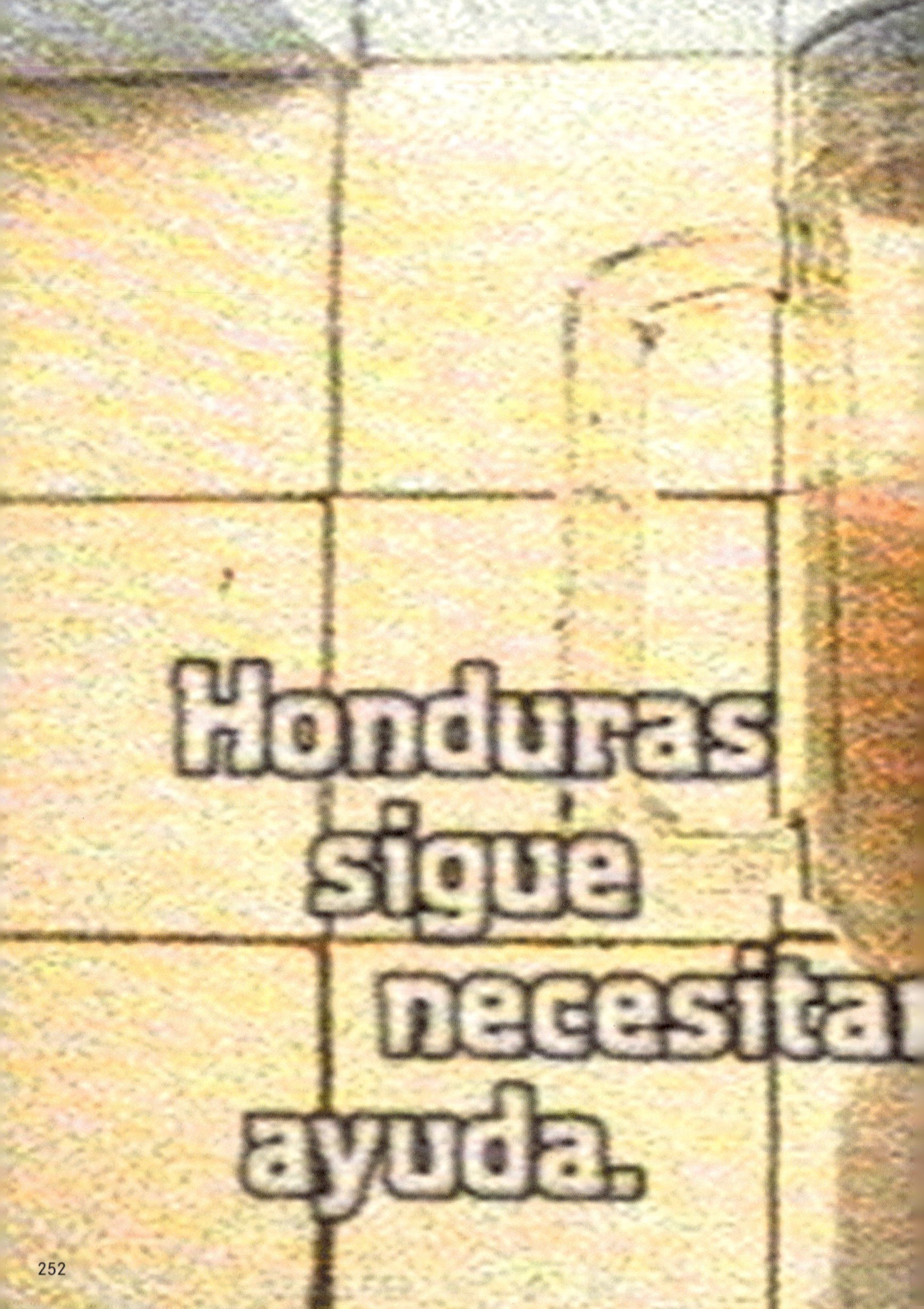
Honduras
sigue
necesita
ayuda.

Spot Mejor spot de bajo presupuesto Commercial Best low-budget commercial
Trofeo Trophy

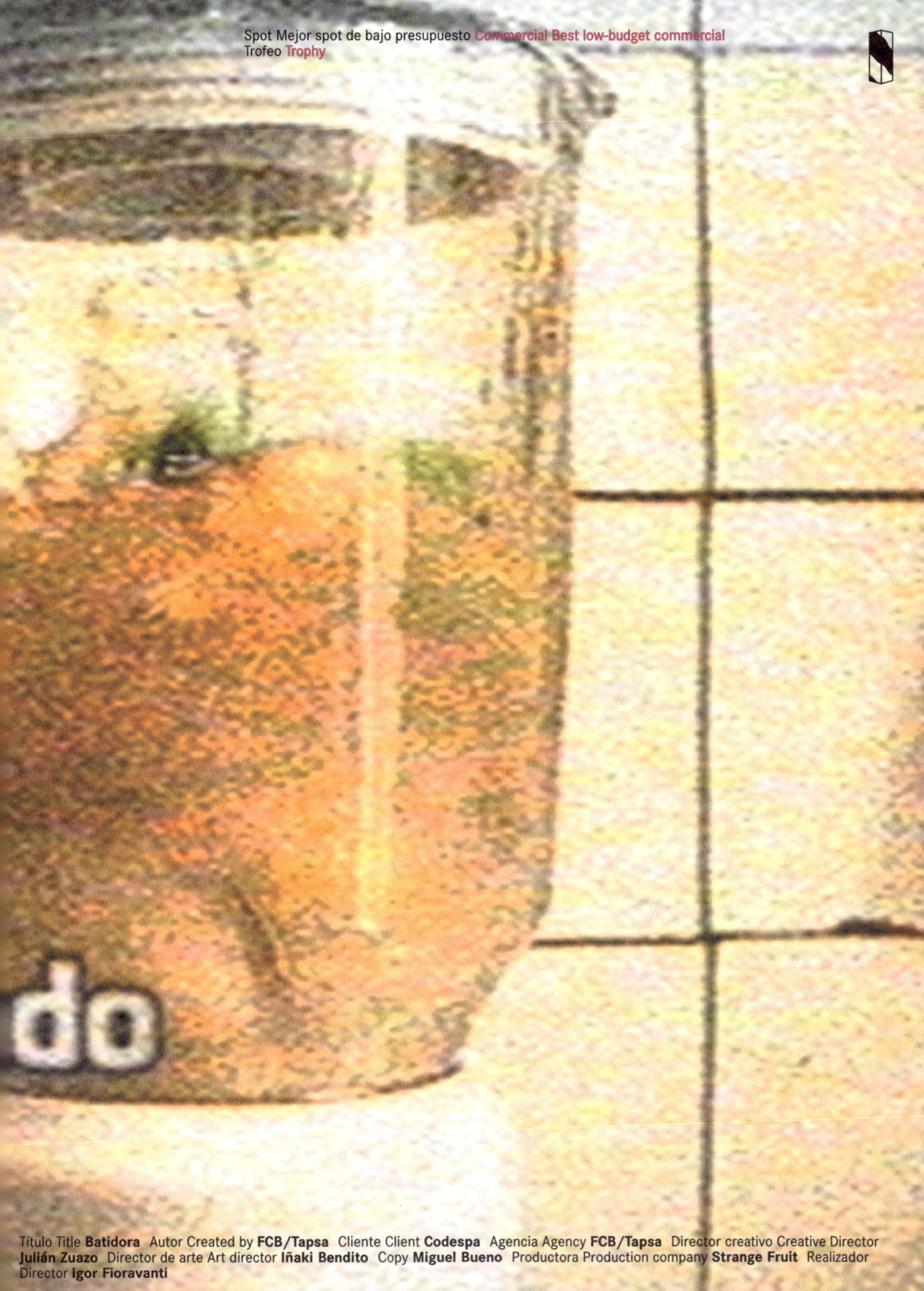

Título Title **Batidora** Autor Created by **FCB/Tapsa** Cliente Client **Codespa** Agencia Agency **FCB/Tapsa** Director creativo Creative Director **Julián Zuazo** Director de arte Art director **Iñaki Bendito** Copy **Miguel Bueno** Productora Production company **Strange Fruit** Realizador Director **Igor Fioravanti**

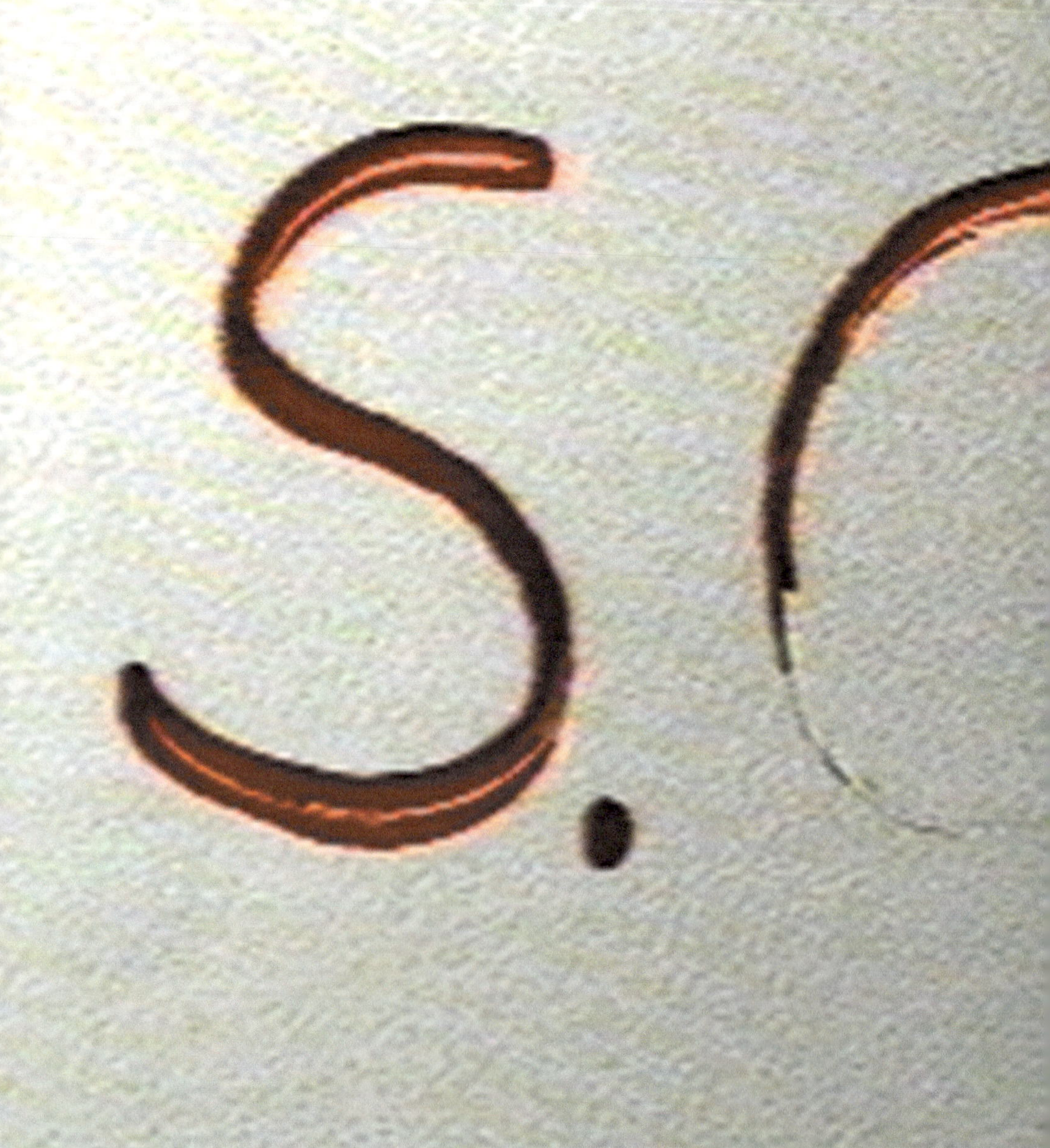

Título Title **Sangre** Autor Created by **Young & Rubicam, S.A.** Cliente Client **Cruz Roja** Agencia Agency **Young & Rubicam, S.A.** Director creativo Creative Director **José María Pujol** Director de arte Art director **Francisco García Rodón / N. Barahona** Copy **José María Pujol** Productora Production company **Errecerre** Realizador Director **Xavier Roselló** Música Music **Classic & New**

Spot Mejor spot de bajo presupuesto Commercial Best low-budget commercial
Placa Plaque

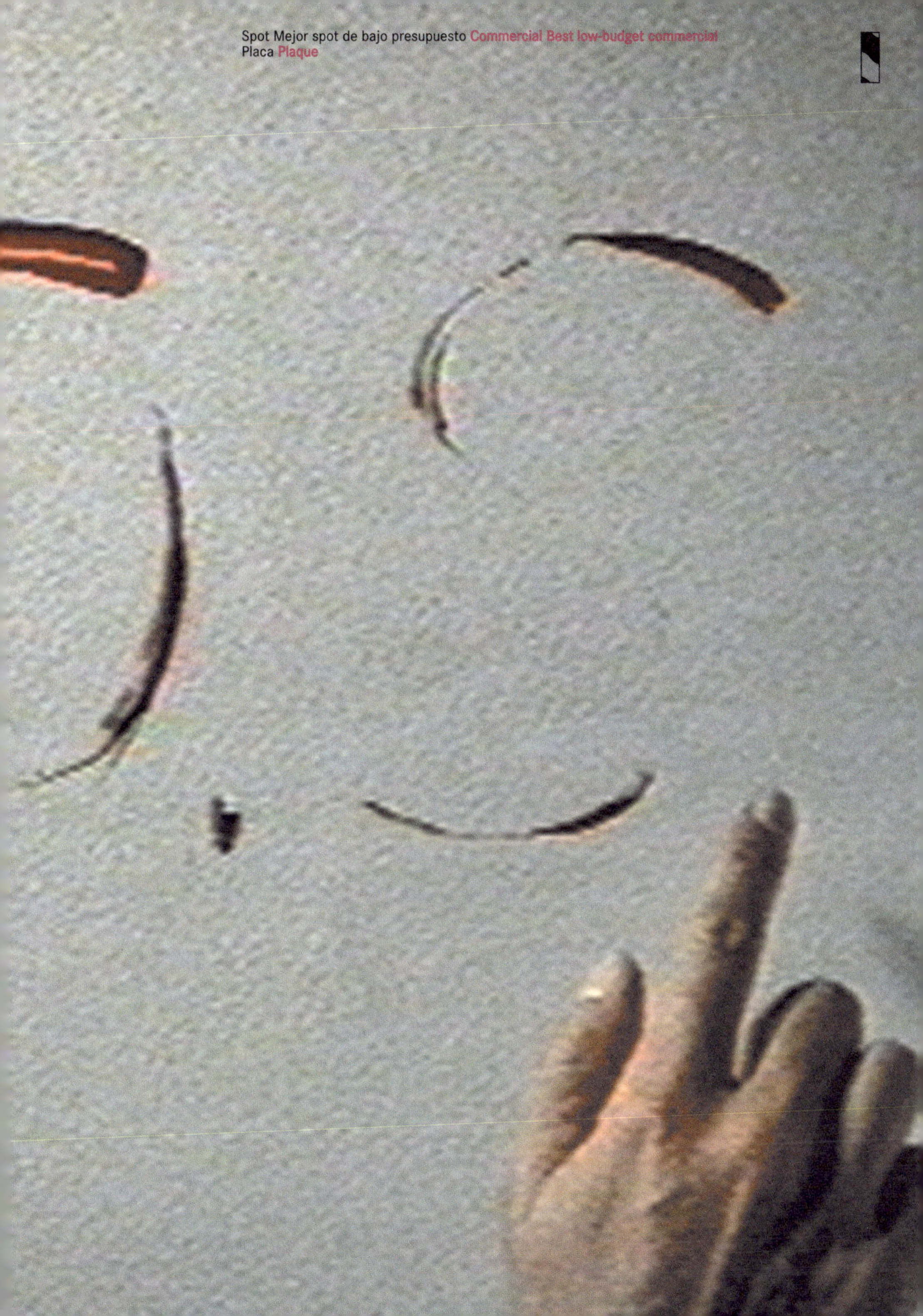

Spot Mejor spot de bajo presupuesto **Commercial Best low-budget commercial**
Selección Work chosen

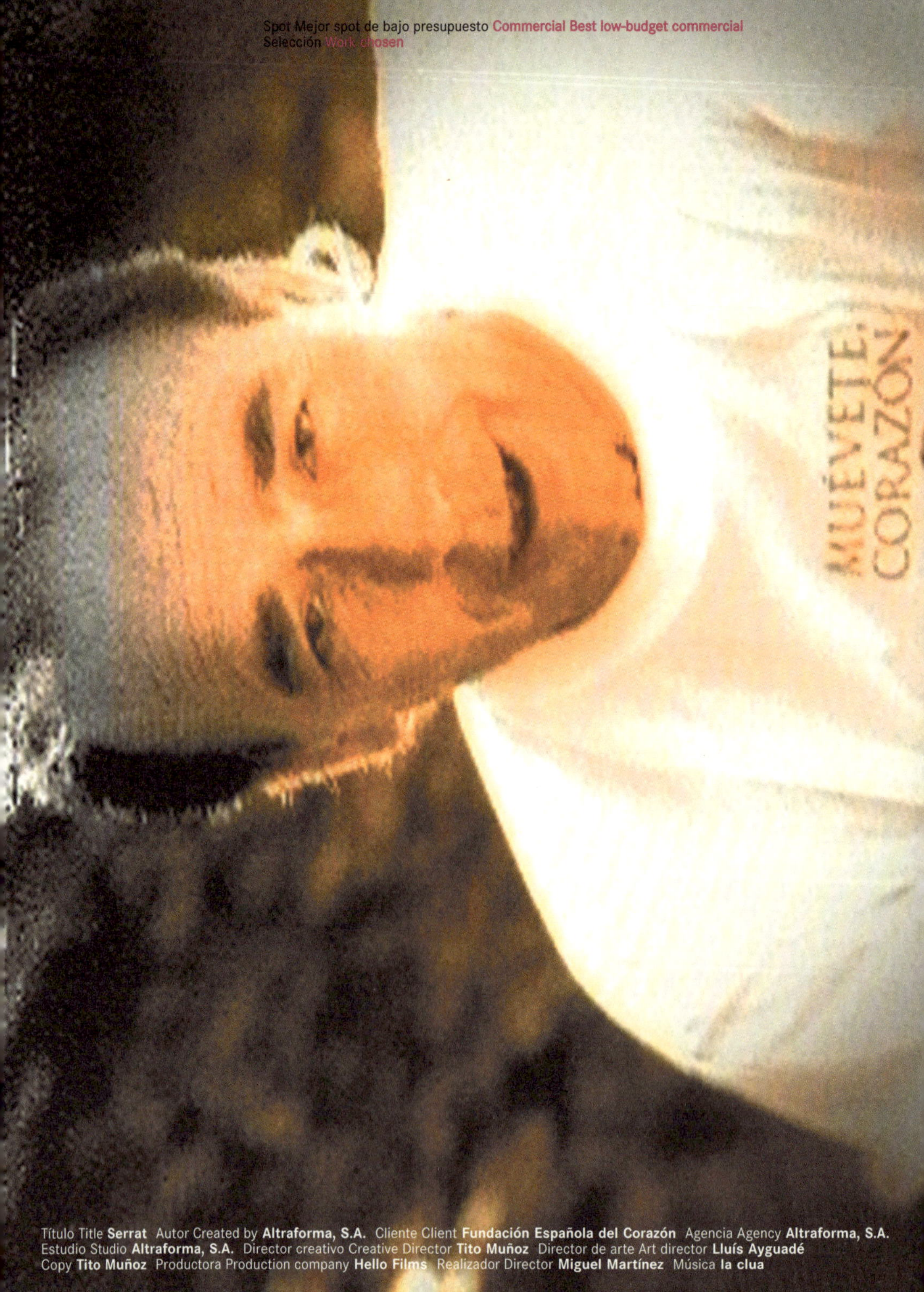

Título Title **Serrat** Autor Created by **Altraforma, S.A.** Cliente Client **Fundación Española del Corazón** Agencia Agency **Altraforma, S.A.** Estudio Studio **Altraforma, S.A.** Director creativo Creative Director **Tito Muñoz** Director de arte Art director **Lluís Ayguadé** Copy **Tito Muñoz** Productora Production company **Hello Films** Realizador Director **Miguel Martínez** Música **la clua**

Spot Mejor spot de bajo presupuesto Commercial Best low-budget commercial
Selección Work chosen

Título Title **Ciegos** Autor Created by **Ruiz Nicoli** Cliente Client **ONCE / IBSA** Grupo creativo Creative Group **Ana Hidalgo / Pablo Palazón / Fernando Cerro** Agencia Agency **Ruiz Nicoli** Director creativo Creative Director **Ana Hidalgo** Director de arte Art director **Fernando Cerro** Copy **Pablo Palazón** Productora Production company **Alamo Films** Realizador Director **Julio del Alamo**

Spot Mejor spot de bajo presupuesto **Commercial Best low-budget commercial**
Selección **Work chosen**

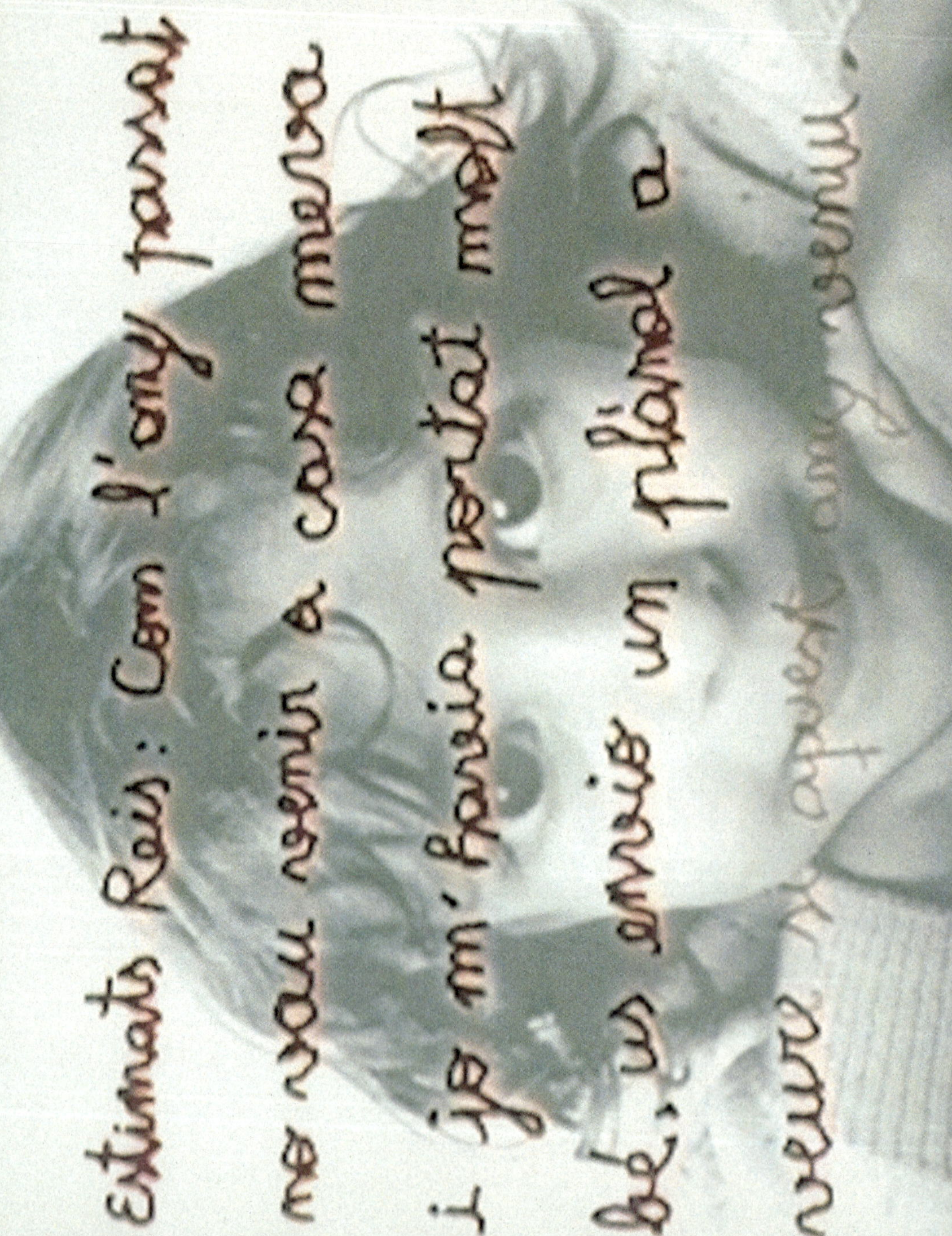

Título Title **Reis 99** Autor Created by **David Ruiz + Marina Company** Cliente Client **Cruz Roja Catalunya** Grupo creativo Creative Group **David Ruiz + Marina Company + María Ruiz** Estudio Studio **David Ruiz + Marina Company** Director creativo Creative Director **David Ruiz + María Ruiz** Director de arte Art director **David Ruiz** Copy **María Ruiz** Diseñador gráfico Graphic designer **David Ruiz y Antón Molina** Productora Production company **Txema Salvans** Productora Production company **Oframe** Realizador Director **David Ruiz**

Spot Mejor spot de bajo presupuesto **Commercial Best low-budget commercial**
Selección **Work chosen**

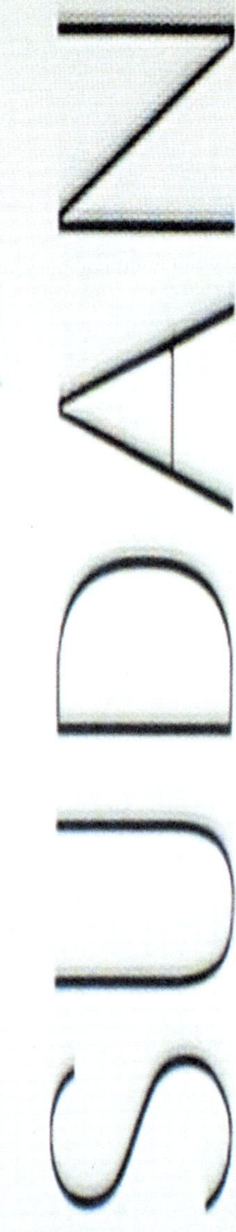

Título Title **Sudán** Autor Created by **Grey Trace** Cliente Client **Cruz Roja** Grupo creativo Creative Group **Agustín Vaquero / Pablo Torreblanca / Gerardo Silva** Agencia Agency **Grey Trace** Director creativo Creative Director **Pablo Torreblanca / Gerardo Silva** Director de arte Art director **Pablo Rodríguez** Copy **Eduardo Guerrero** Productora Production company **Dalton's**

Spot Mejor spot de bajo presupuesto Commercial Best low-budget commercial
Selección Work chosen

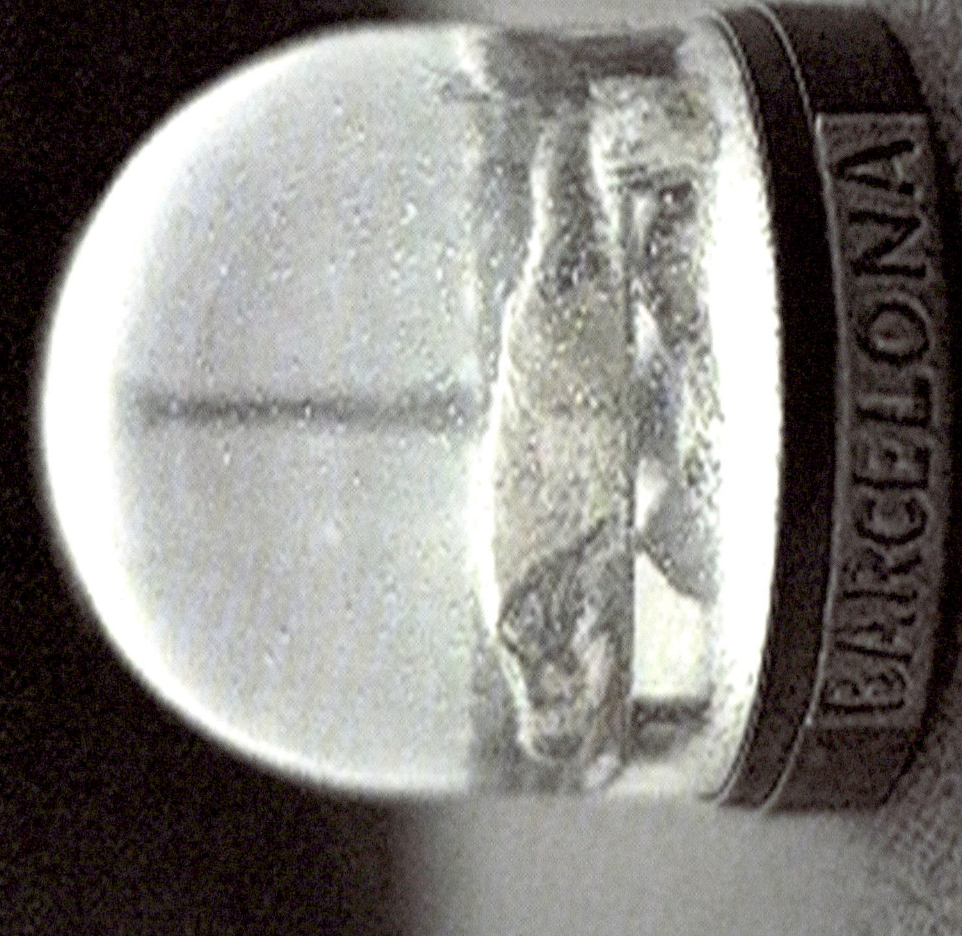

Título Title **Bola de Neu** Autor Created by **Tandem Campmany Guasch DDB, S.A.** Cliente Client **L'hora de Deu** Grupo creativo Creative Group **F. Macià / J.M. Roca** Agencia Agency **Tandem Campmany Guasch DDB, S.A.** Director creativo Creative Director **F. Macià / J. M. Roca** Director de arte Art director **A. Giralt / J.R. Alfaro** Copy **D. Guimaraes / D. Campmany** Productora Production company **Ovideo** Realizador Director **Aixalà** Música Music **Audioclip** Post- producción Post-production **Enefecto**

Spot Mejor spot de bajo presupuesto Commercial Best low-budget commercial
Selección Work chosen

Título Title **Carpintería** Autor Created by **Tiempo/BBDO** Cliente Client **Centre òptic del Vallès** Agencia Agency **Tiempo/BBDO** Director creativo Creative Director **Siscu Molina** Director de arte Art director **Gabriel Penalva** Productora Production company **Tiempo/BBDO** Realizador Director **Rosa M. Díaz / Daniel Monedero**

Spot Mejor spot de bajo presupuesto Commercial Best low-budget commercial
Selección Work chosen

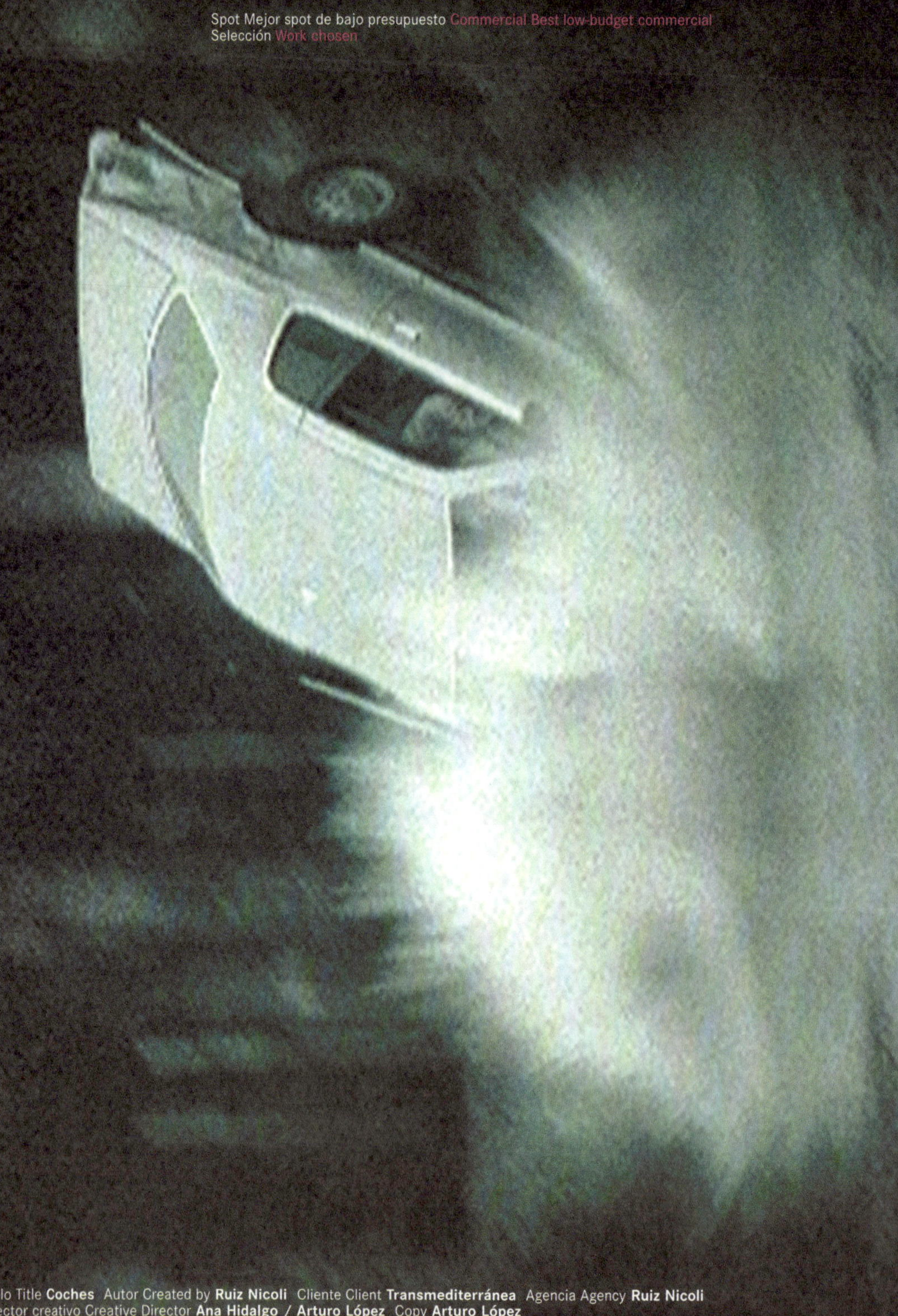

Título Title **Coches** Autor Created by **Ruiz Nicoli** Cliente Client **Transmediterránea** Agencia Agency **Ruiz Nicoli**
Director creativo Creative Director **Ana Hidalgo / Arturo López** Copy **Arturo López**

Spot Mejor spot de bajo presupuesto Commercial Best low-budget commercial
Selección Work chosen

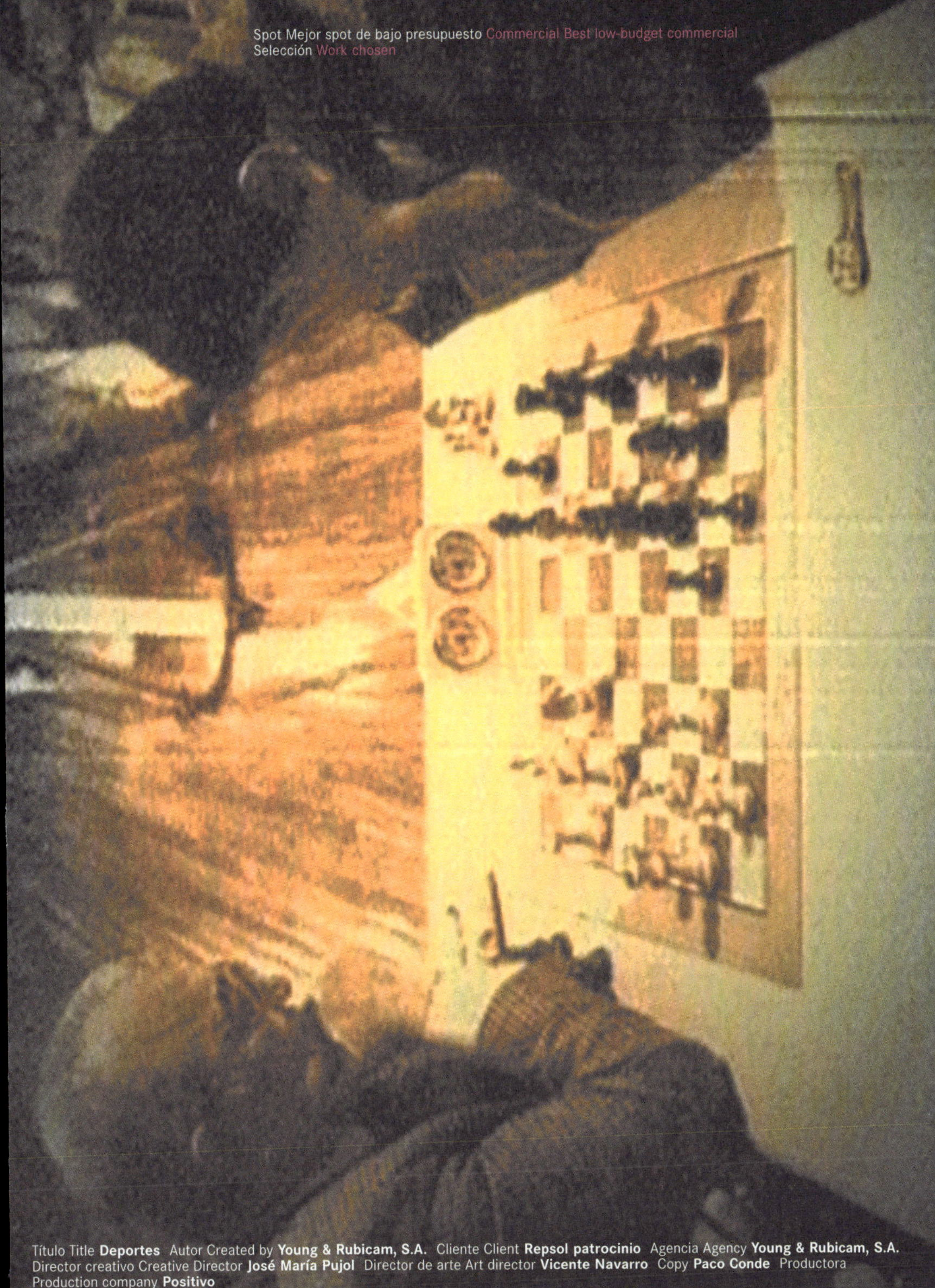

Título Title **Deportes** Autor Created by **Young & Rubicam, S.A.** Cliente Client **Repsol patrocinio** Agencia Agency **Young & Rubicam, S.A.** Director creativo Creative Director **José María Pujol** Director de arte Art director **Vicente Navarro** Copy **Paco Conde** Productora Production company **Positivo**

Spot Mejor spot de bajo presupuesto Commercial Best low-budget commercial
Selección Work chosen

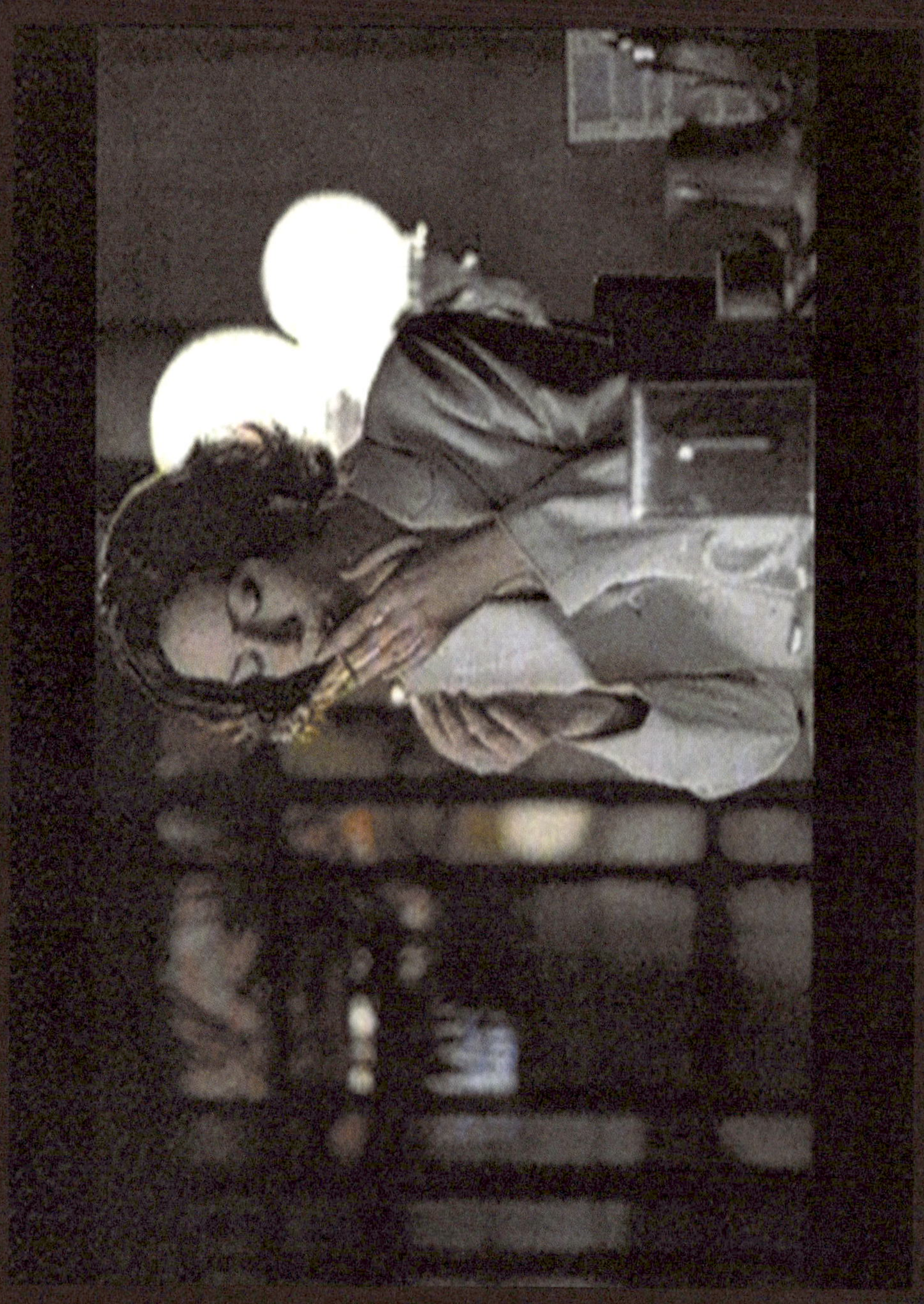

Título Title **Cerilla** Autor Created by **Ruiz Nicoli** Cliente Client **Alfonso Delgado** Agencia Agency **Ruiz Nicoli**
Director creativo Creative Director **Ana Hidalgo** Copy **Nacho Esteiro** Realizador Director **Joan Cruells**

Spot Mejor spot de bajo presupuesto Commercial Best low-budget commercial
Selección Work chosen

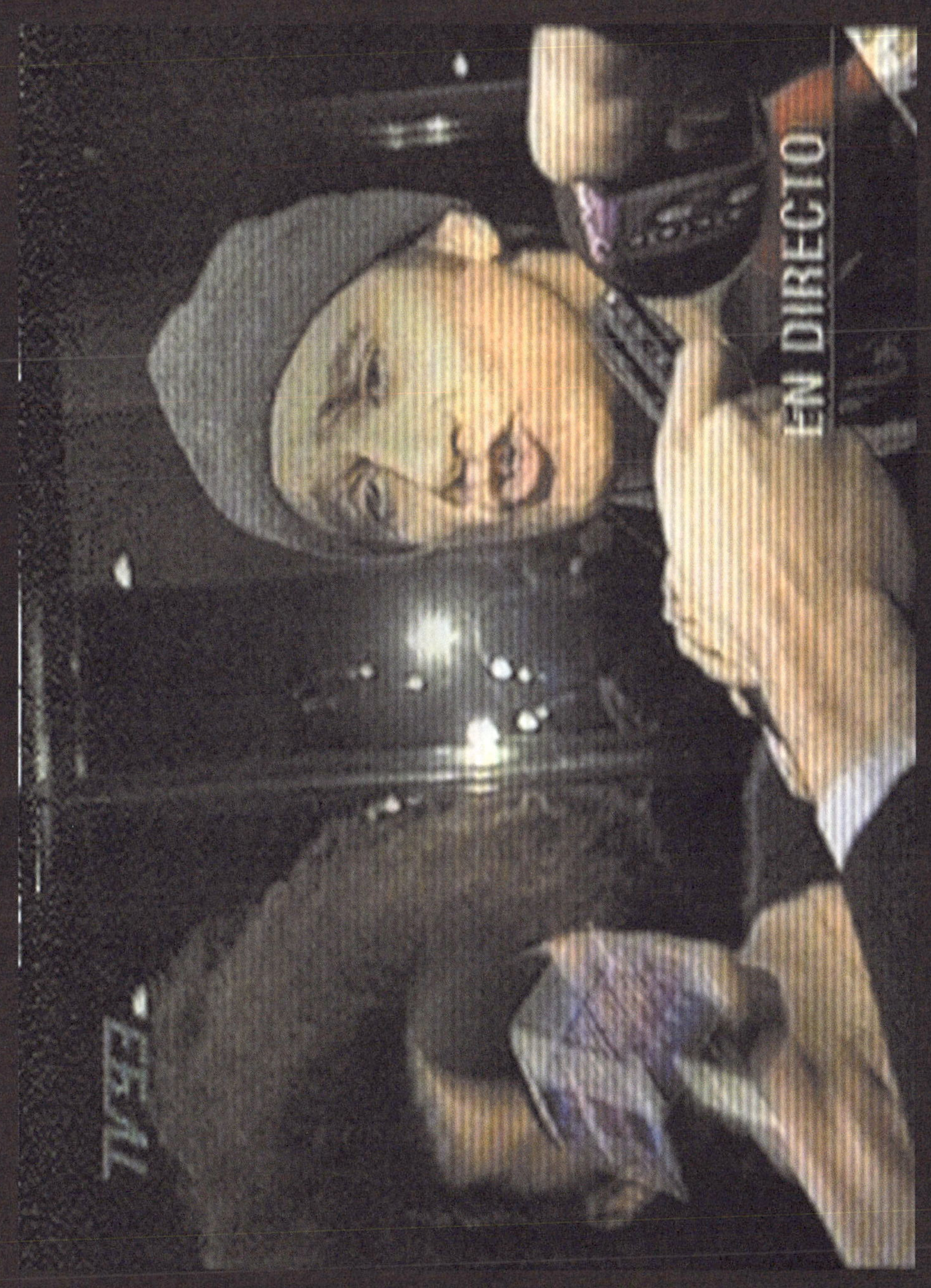

Título Title **Giacommo** Autor Created by **FCB/Tapsa** Cliente Client **Nintendo** Agencia Agency **FCB/Tapsa** Director creativo Creative Director **Julián Zuazo** Director de arte Art director **Eduardo Martínez Gil** Copy **Oriol Villar / Martín Ostiglia** Productora Production company **Strange Fruit** Realizador Director **Fernando García - Ruiz**

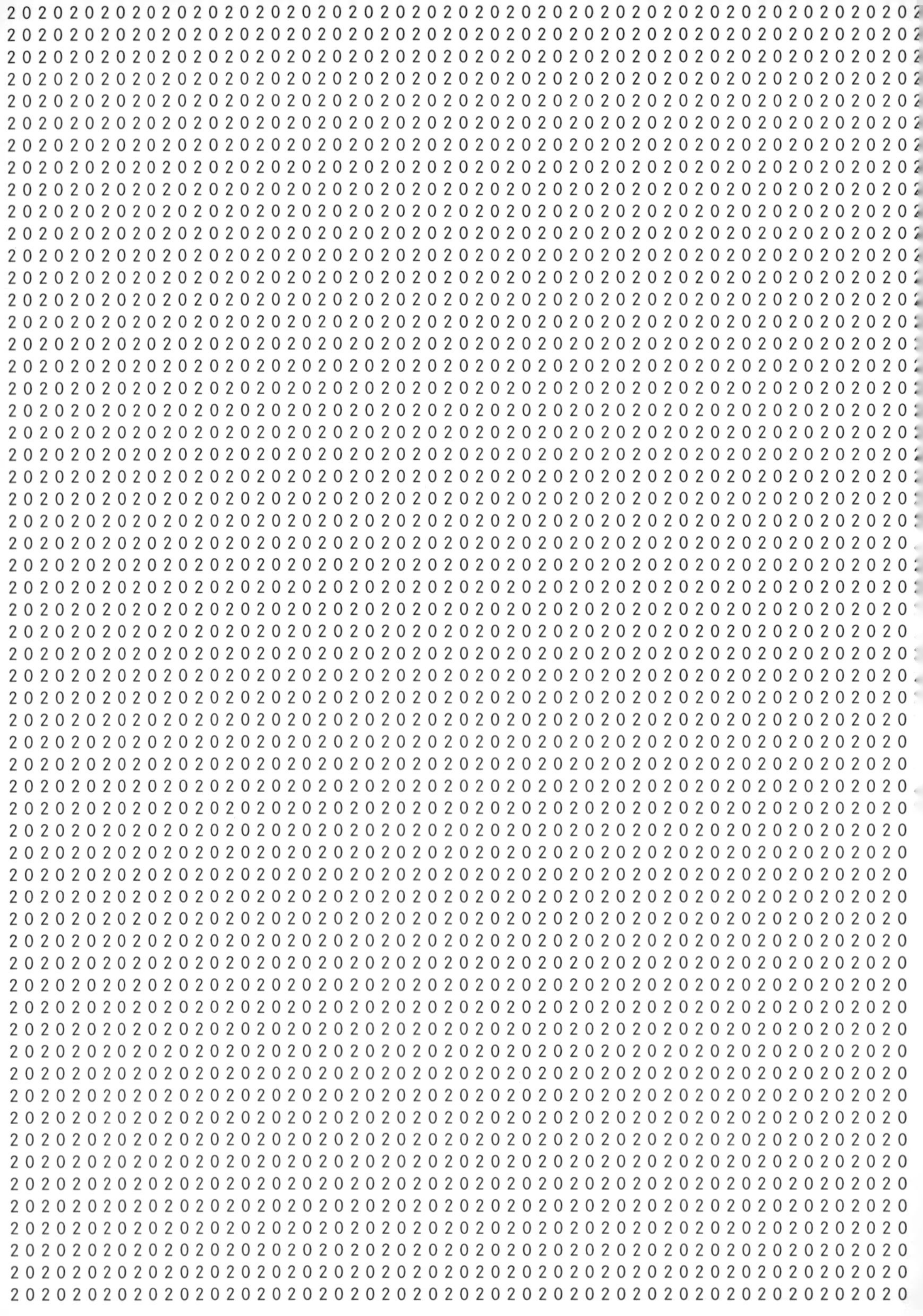

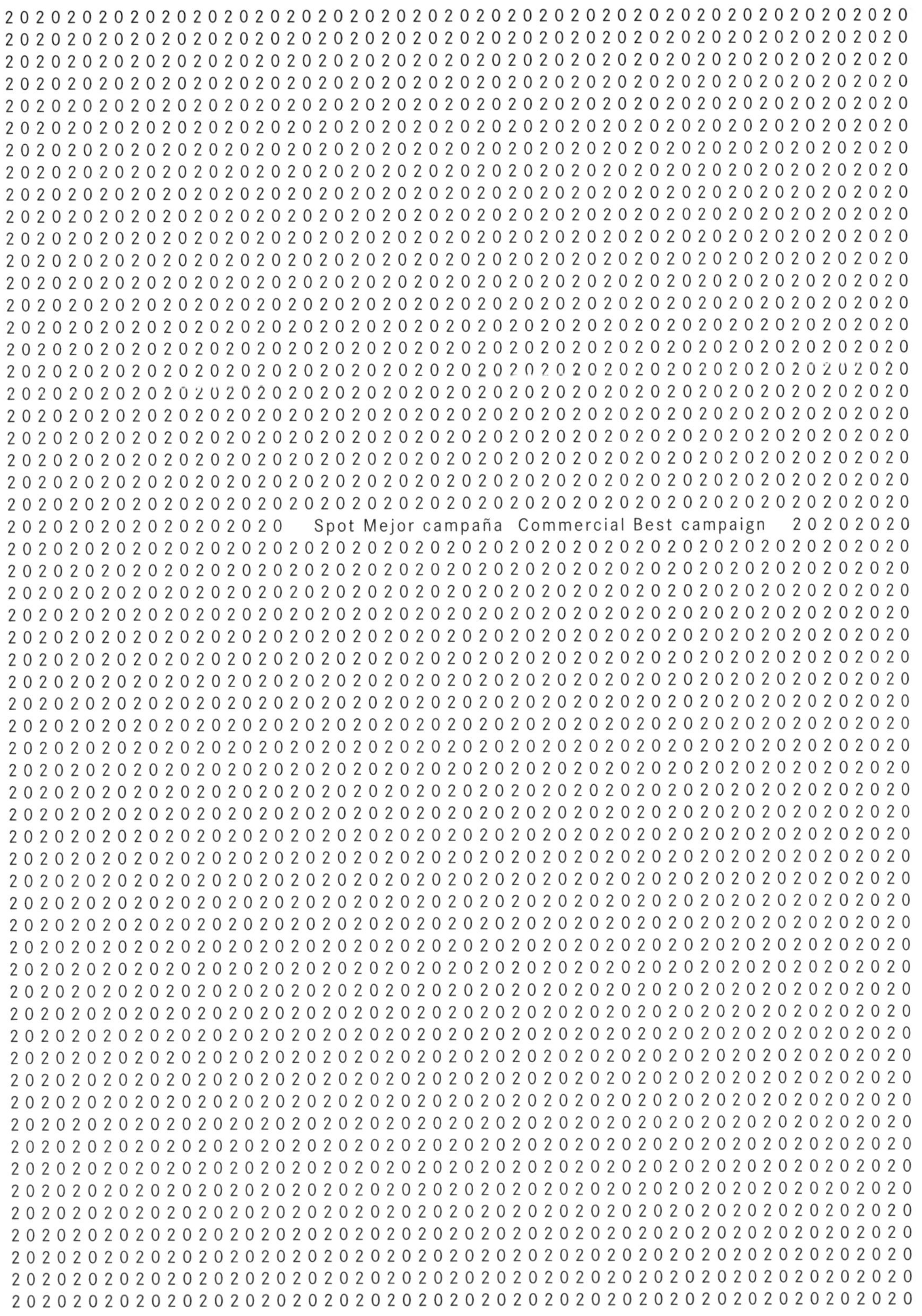
Spot Mejor campaña Commercial Best campaign

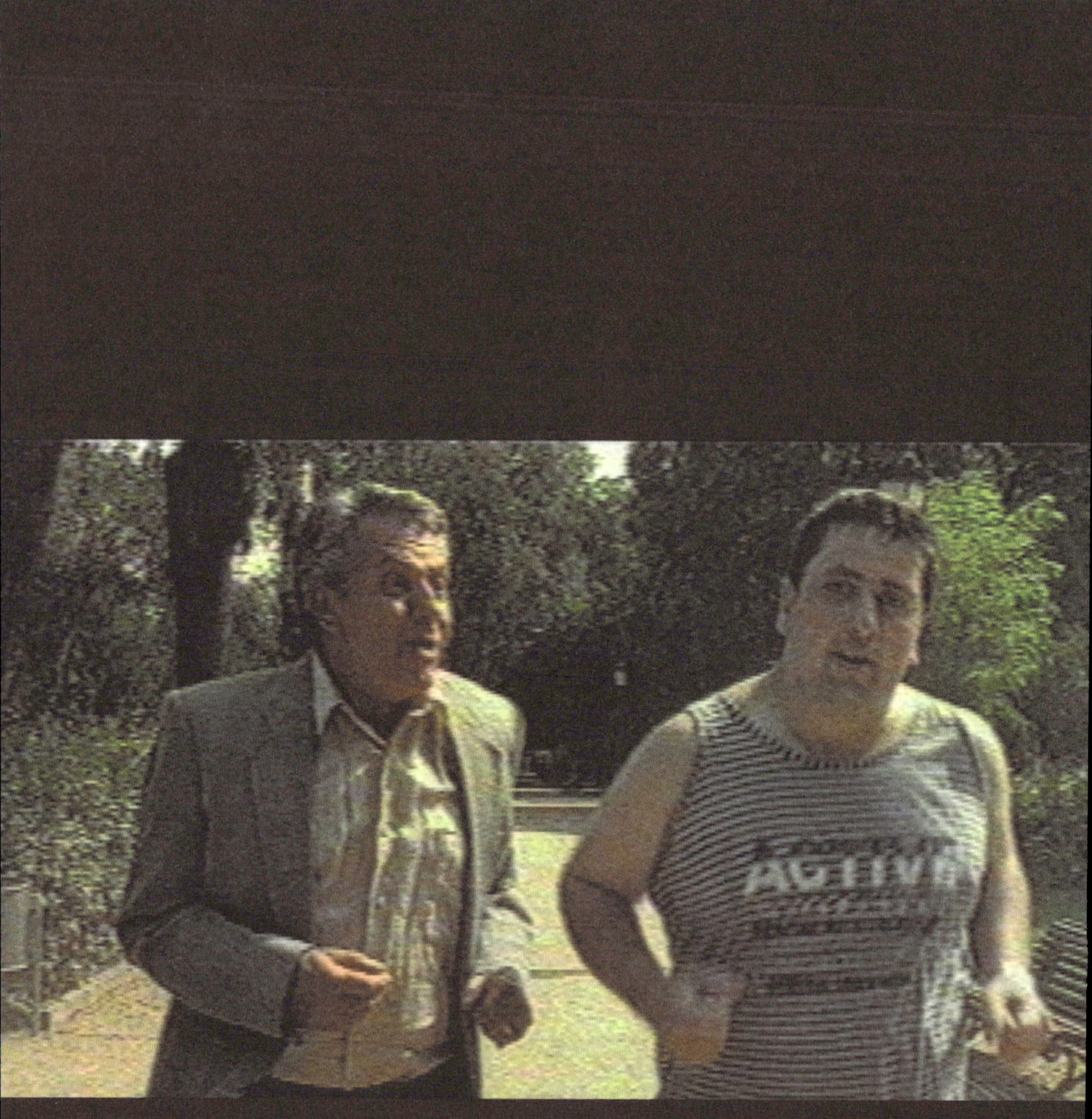

Spot Mejor campaña Commercial Best campaign Trofeo Trophy

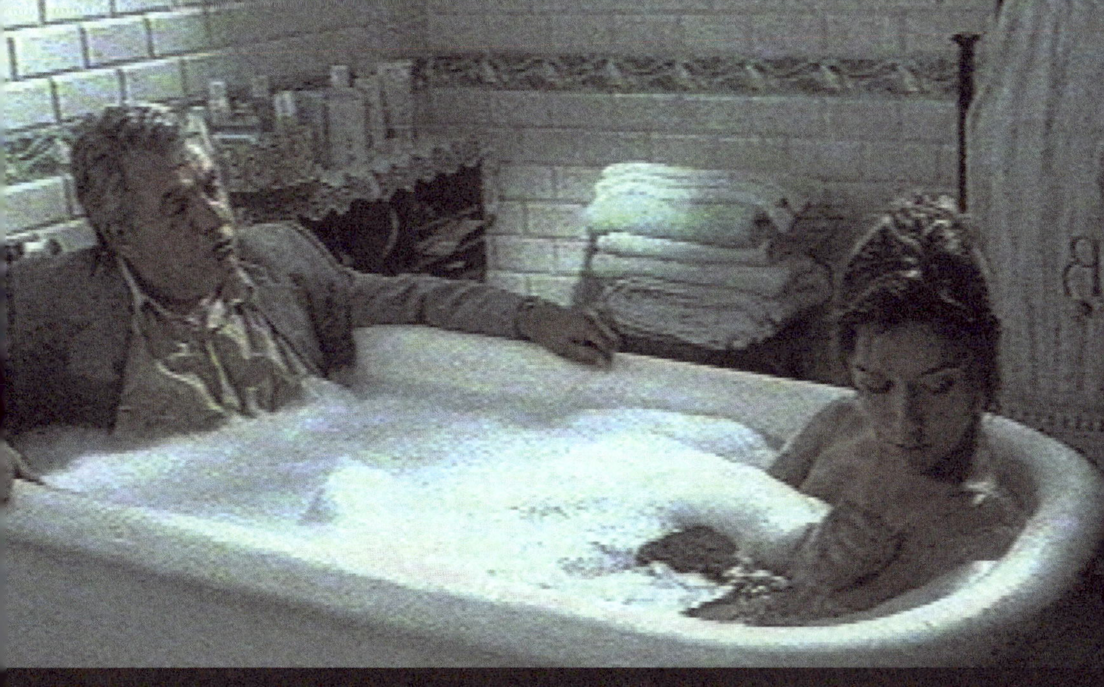

Título Title **Footing / Bañera** Autor Created by **Tiempo/BBDO** Cliente Client **Planeta Agostini** Agencia Agency **Tiempo/BBDO** Director creativo Creative Director **José Gamo** Director de arte Art director **Javier Aristu** Copy **Núria Argelich** Productora Production company **Rodar Dos** Realizador Director **Albert Saguer** Cámara Cameraperson **Albert Proust**

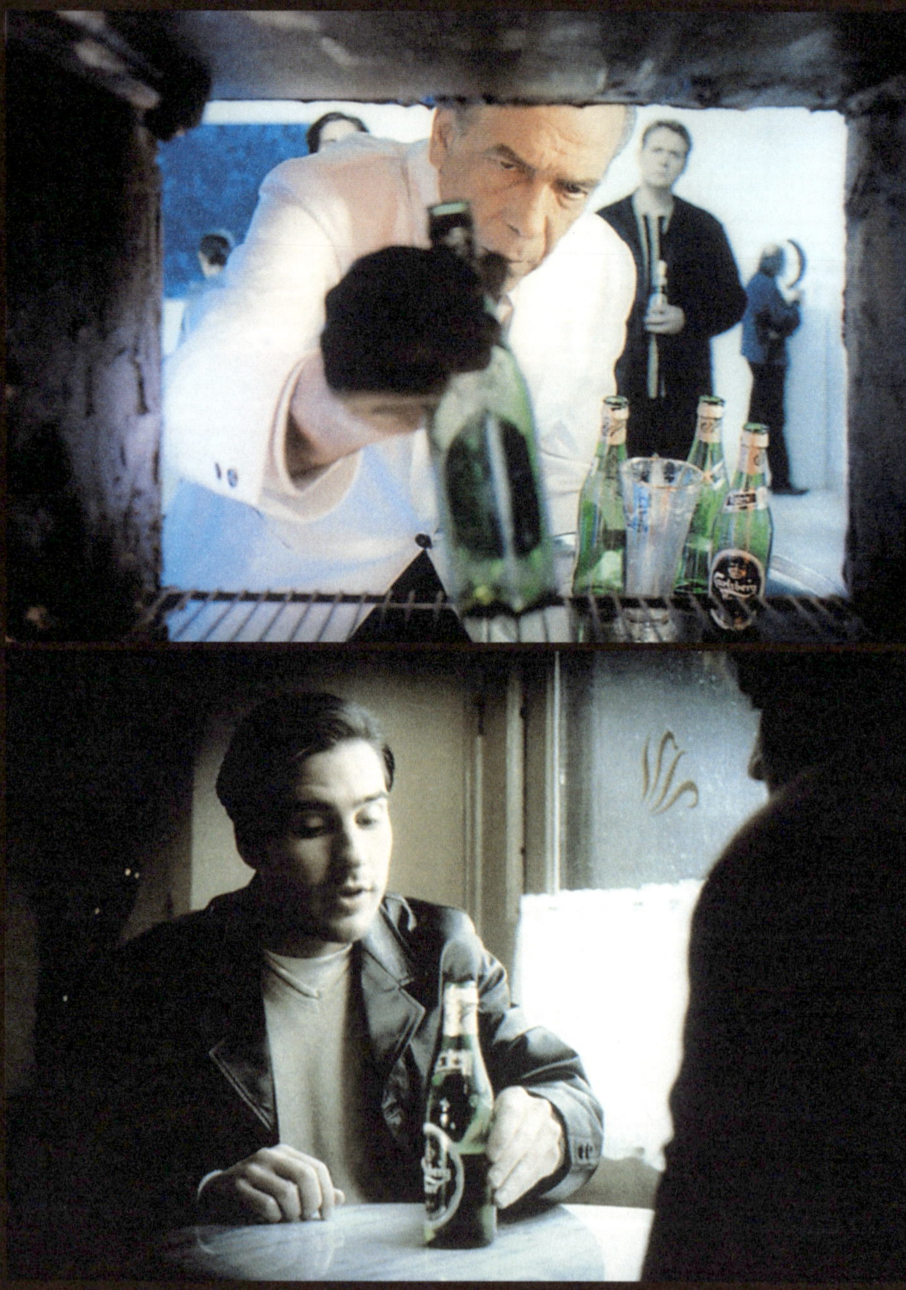

Título Title **Funeral / Galería / Política** Autor Created by **FCB/Tapsa** Cliente Client **Grupo Cruzcampo** Agencia Agency **FCB/Tapsa** Director creativo Creative Director **Julián Zuazo** Director de arte Art director **Carlos Spottorno** Copy **José Carnero** Productora Production company **Alamo Films** Realizador Director **Julio del Alamo**

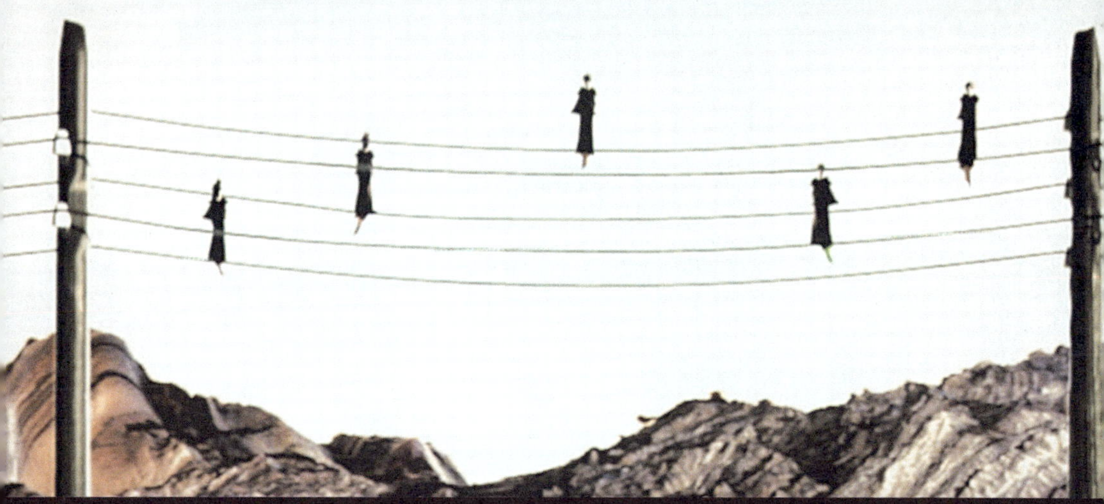

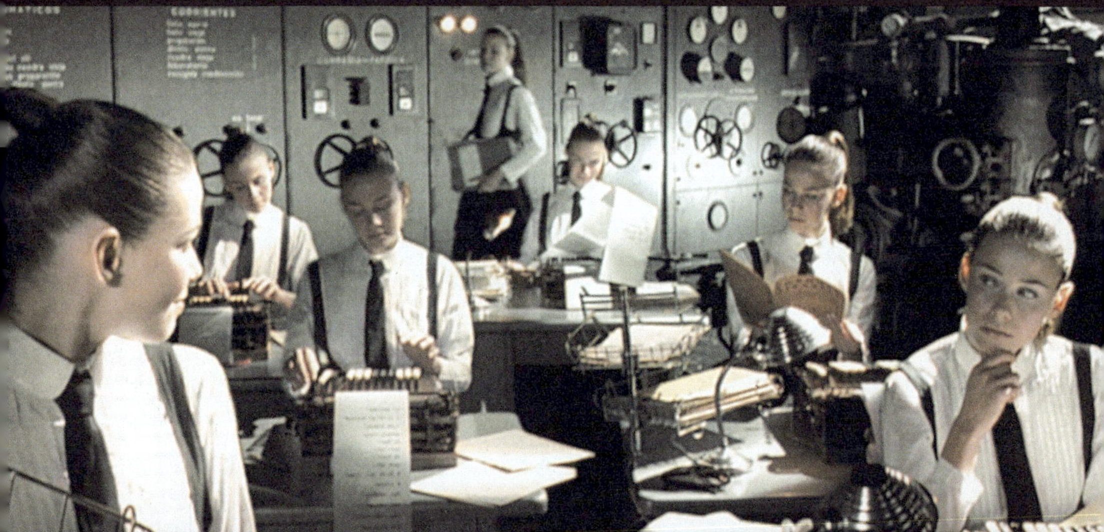

Título Title **Catalunya Cultura** Autor Created by **Altraforma, S.A.** Cliente Client **Catalunya Ràdio** Agencia Agency **Altraforma, S.A.** Estudio Studio **Altraforma, S.A.** Director creativo Creative Director **Tito Muñoz / Manolo Portabella** Director de arte Art director **Vicenç Alonso** Copy **Joan Aznar / David Bayona** Diseñador gráfico Graphic designer **Nacho Vizcaino** Productora Production company **Lateco** Realizador Director **Xavi Ribera** Cámara Cameraperson **Santiago Peirona**

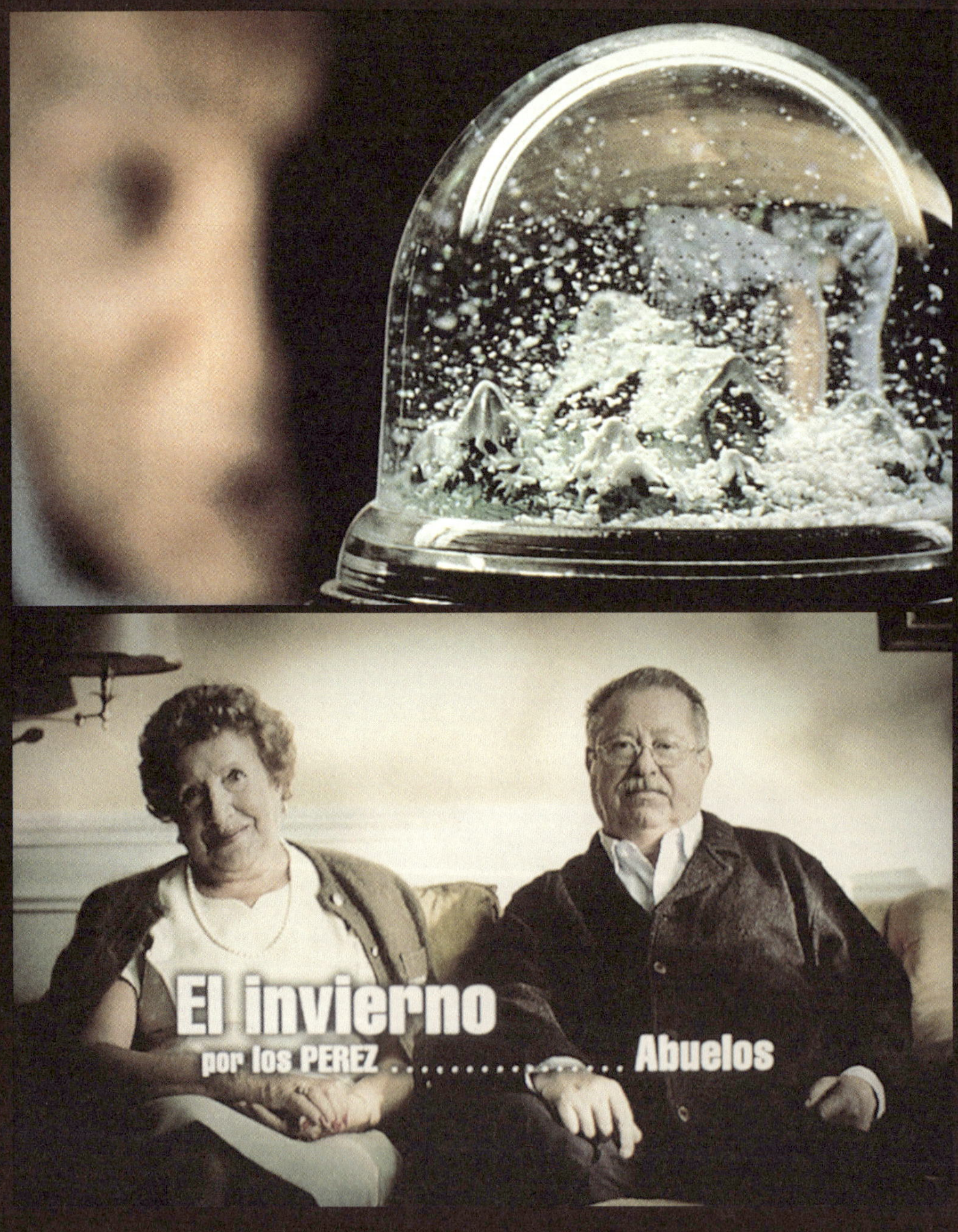

Título Title **El Tiempo** Autor Created by **FCB/Tapsa** Cliente Client **Caja Madrid** Agencia Agency **FCB/Tapsa** Director creativo Creative Director **Julián Zuazo** Director de arte Art director **Iñaki Bendito / Eduardo Martínez Gil** Copy **Oriol Villar / Martín Ostiglia** Productora Production company **Strange Fruit** Realizador Director **Fernando García - Ruiz**

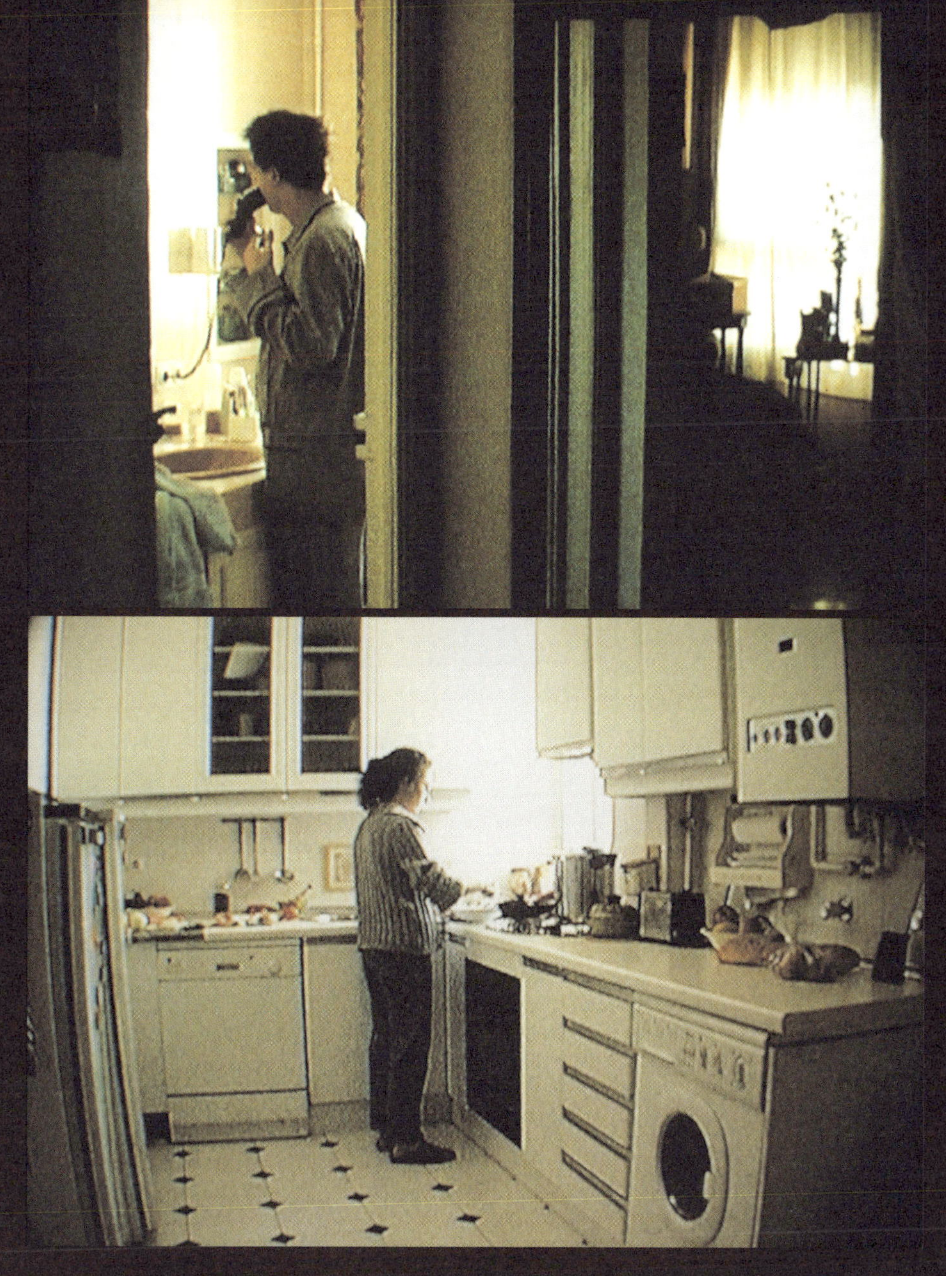

Título Title **Colombia 1 + Colombia 2** Autor Created by **Grey Trace** Cliente Client **Cruz Roja** Grupo creativo Creative Group **Agustín Vaquero / Pablo Torreblanca / Gerardo Silva** Agencia Agency **Grey Trace** Director creativo Creative Director **Pablo Torreblanca / Gerardo Silva** Director de arte Art director **Pablo Torreblanca** Copy **Gerardo Silva** Productora Production company **Genlock** Realizador Director **José Antonio Pedraza** Cámara Cameraperson **Miguel**

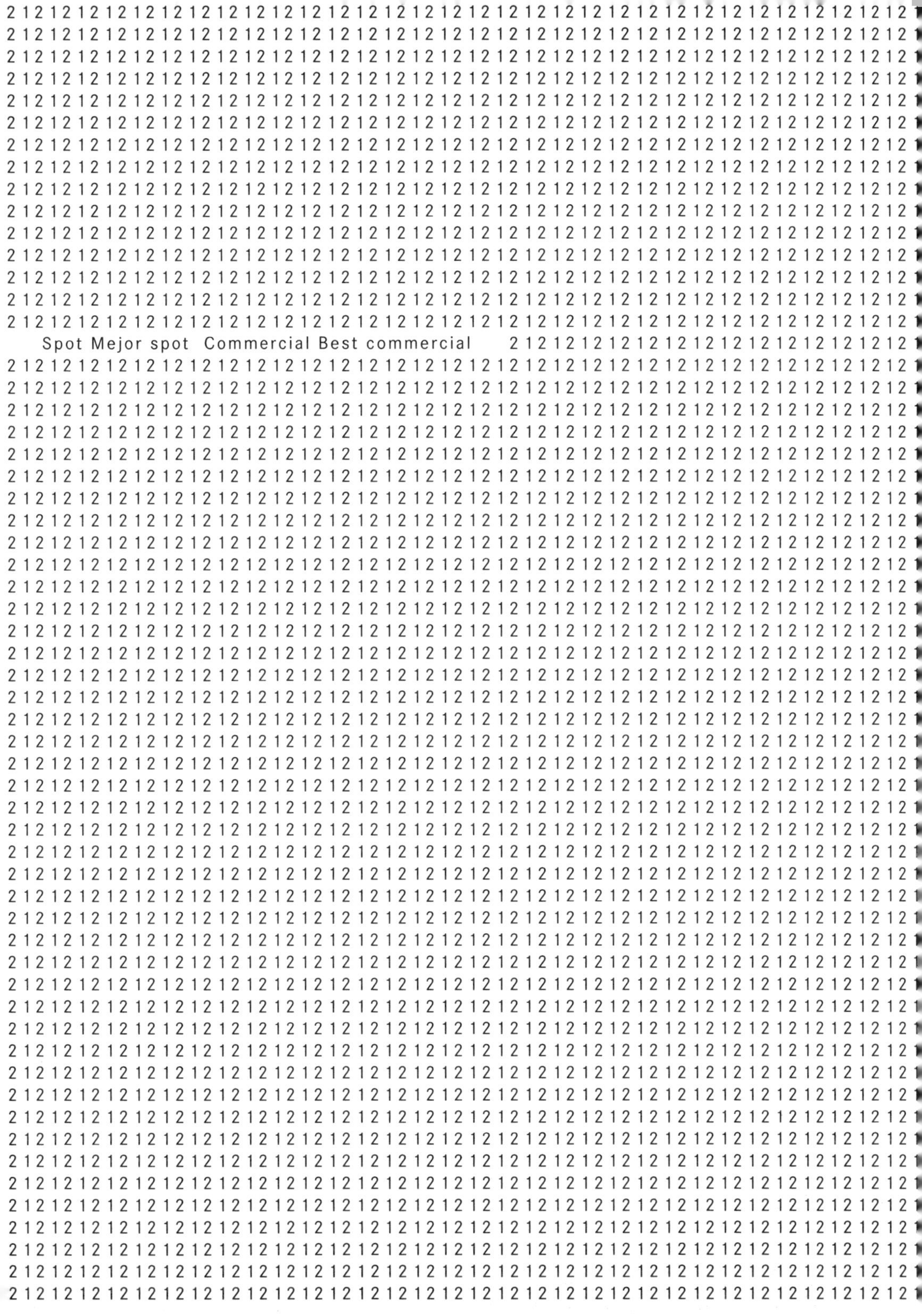
Spot Mejor spot Commercial Best commercial

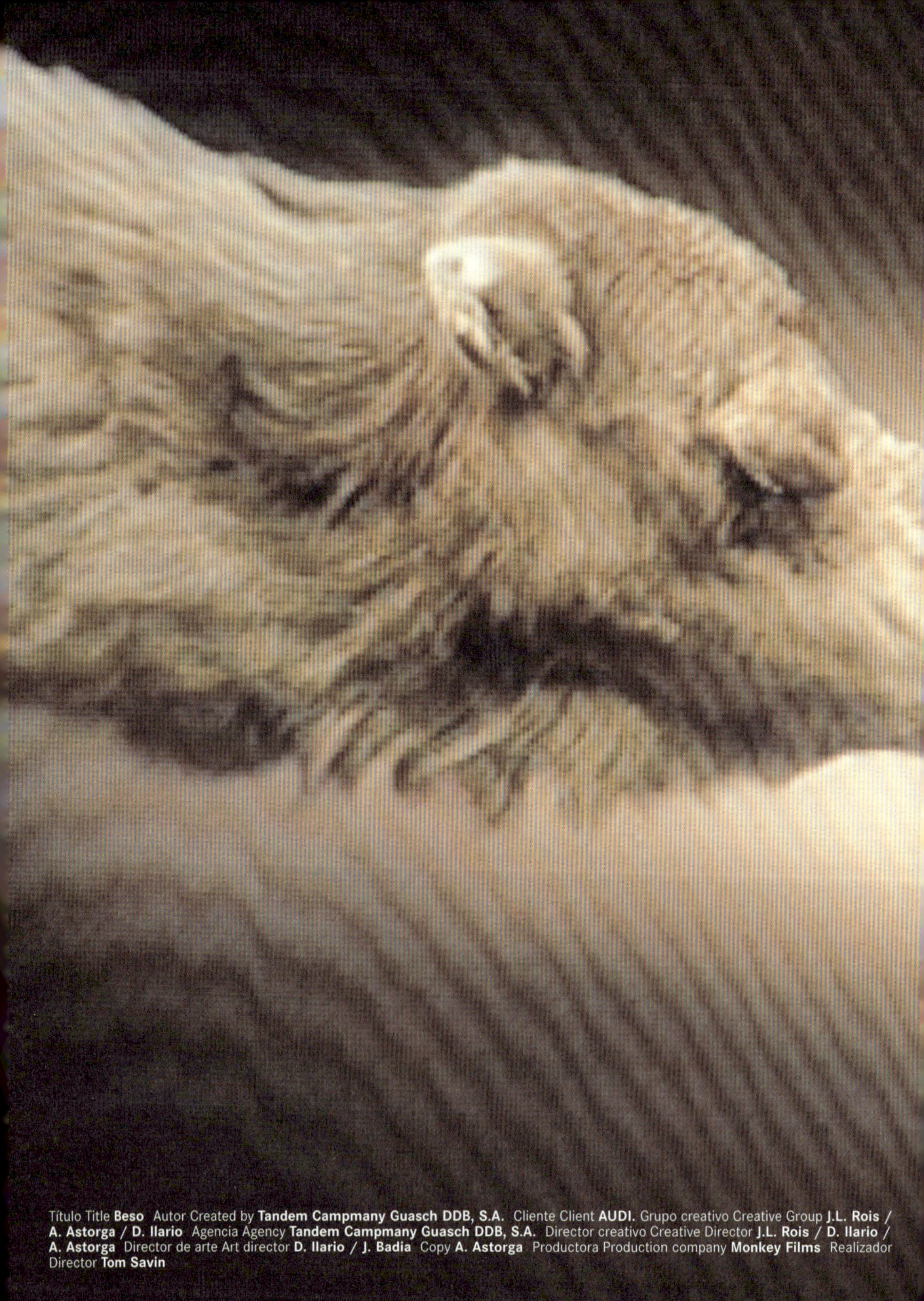

Título Title **Beso** Autor Created by **Tandem Campmany Guasch DDB, S.A.** Cliente Client **AUDI.** Grupo creativo Creative Group **J.L. Rois / A. Astorga / D. Ilario** Agencia Agency **Tandem Campmany Guasch DDB, S.A.** Director creativo Creative Director **J.L. Rois / D. Ilario / A. Astorga** Director de arte Art director **D. Ilario / J. Badia** Copy **A. Astorga** Productora Production company **Monkey Films** Realizador Director **Tom Savin**

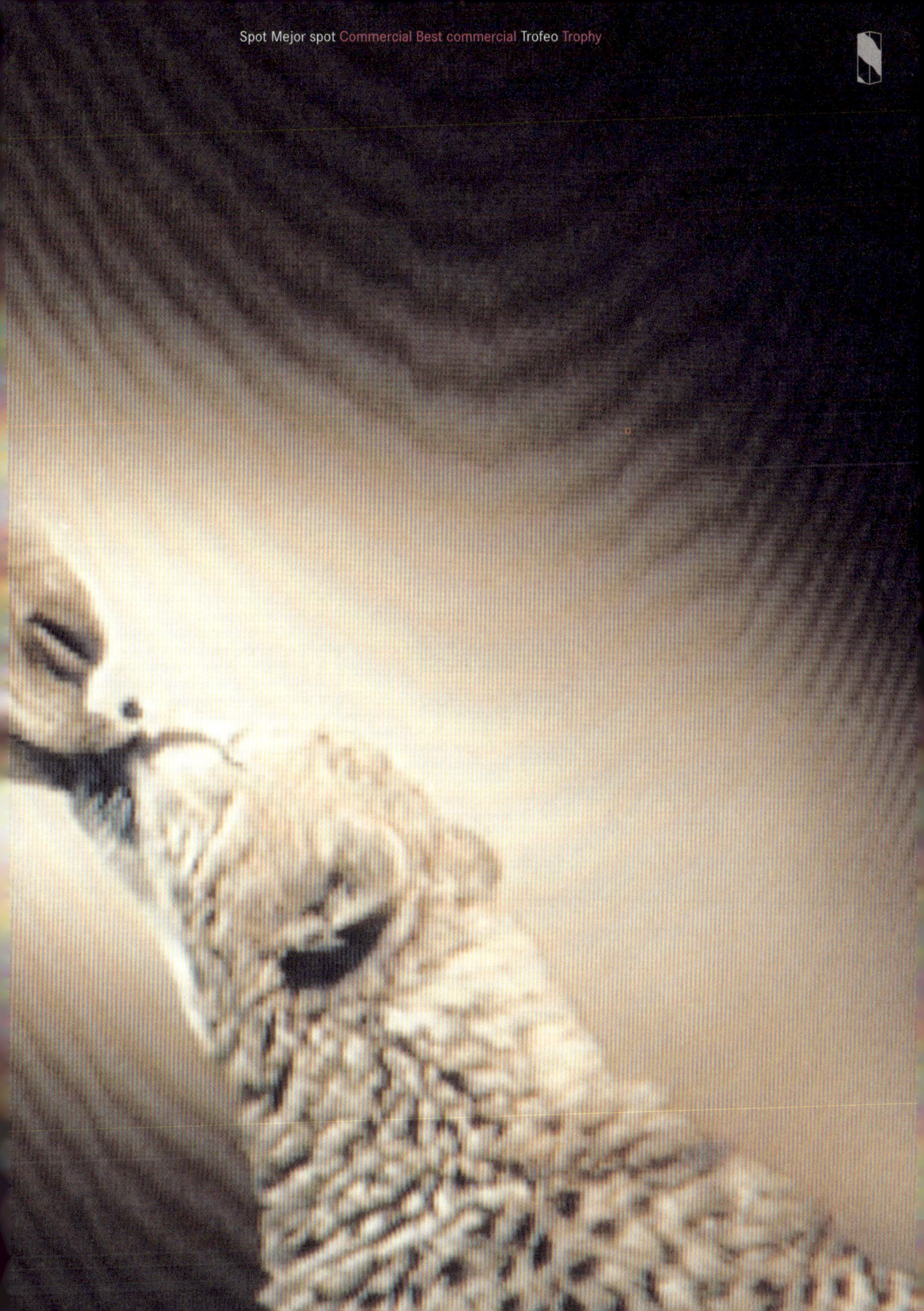

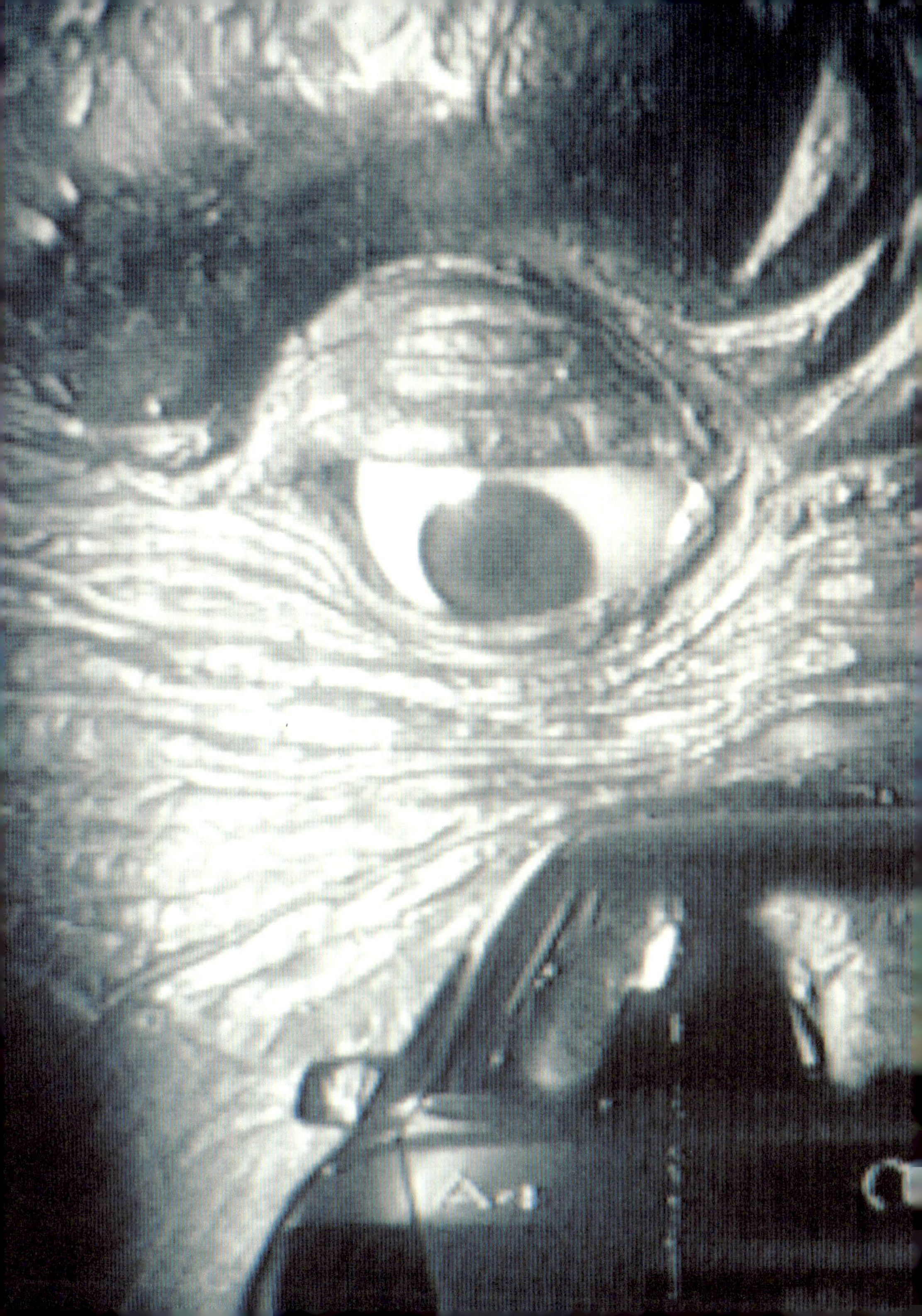

Título Title **King Kong** Autor Created by **Tandem Campmany Guasch DDB, S.A.**
Cliente Client **AUDI** Grupo creativo Creative Group **J.L. Rois / A. Astorga / D. Ilario**
Agencia Agency **Tandem Campmany Guasch DDB, S.A.** Director creativo Creative
Director **J.L. Rois / D. Ilario / A. Astorga** Director de arte Art director **D. Ilario**
Copy **A. Astorga** Productora Production company **Calle Cruzada**

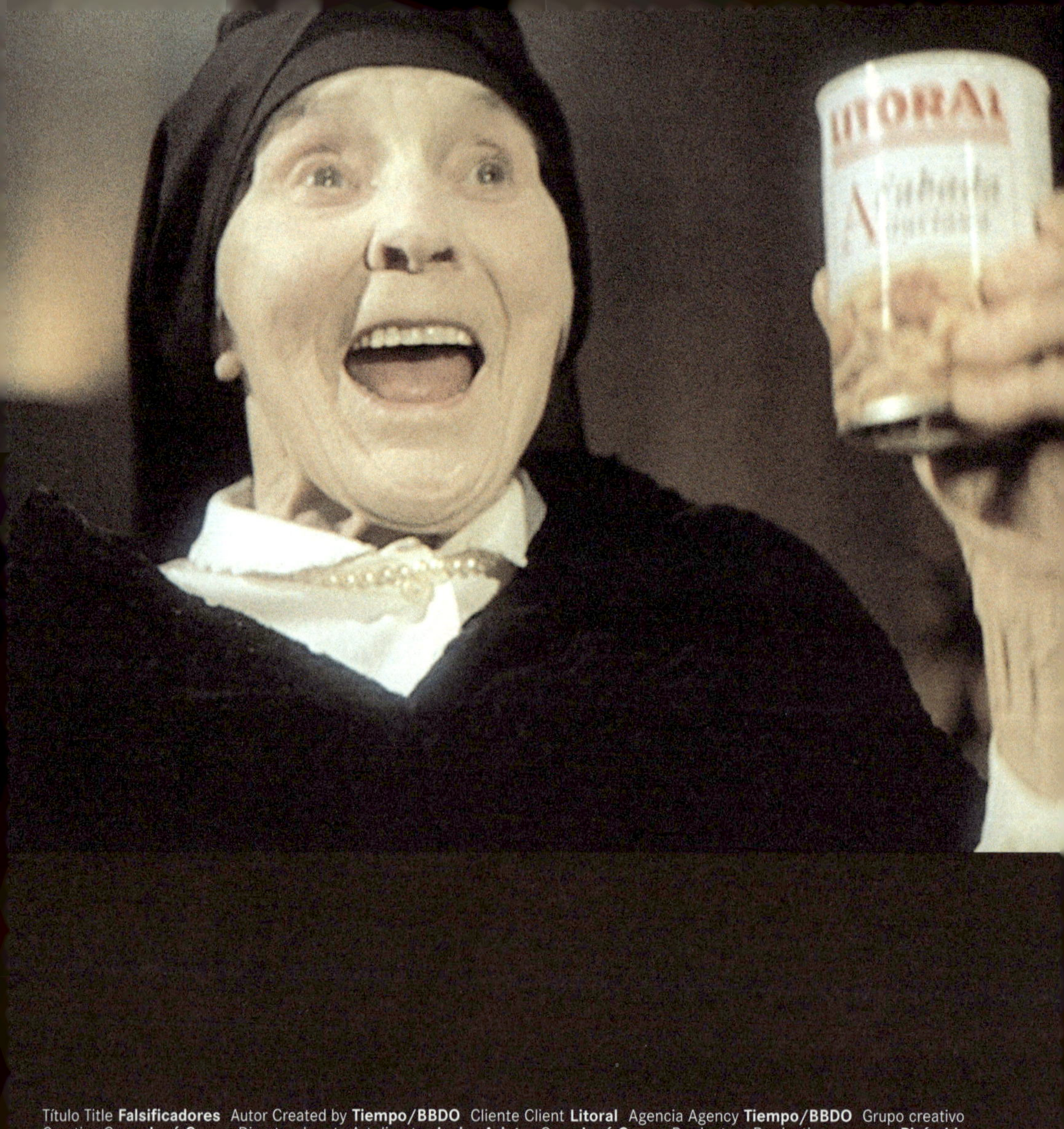

Título Title **Falsificadores** Autor Created by **Tiempo/BBDO** Cliente Client **Litoral** Agencia Agency **Tiempo/BBDO** Grupo creativo Creative Group **José Gamo** Director de arte Art director **Javier Aristu** Copy **José Gamo** Productora Production company **Pirámide**

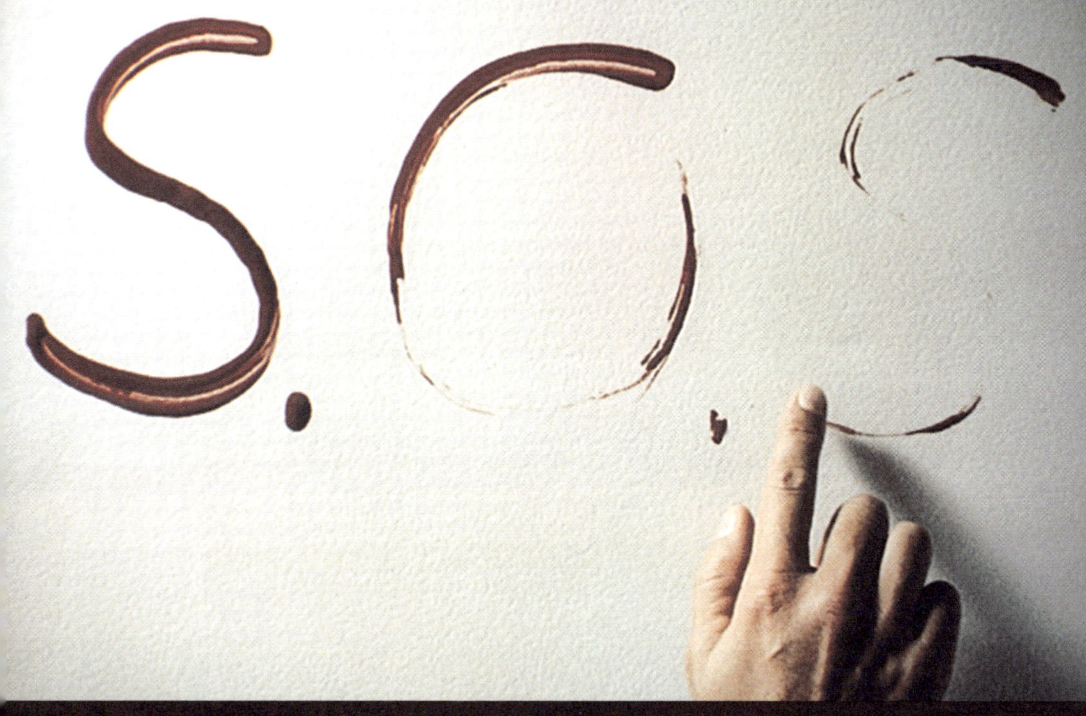

Título Title **Sangre** Autor Created by **Young & Rubicam, S.A.** Cliente Client **Cruz Roja** Agencia Agency **Young & Rubicam, S.A.** Director creativo Creative Director **José María Pujol** Director de arte Art director **Francisco Rodón / N. Barahona** Copy **José María Pujol** Productora Production company **Errecerre** Realizador Director **Xavier Roselló** Música Music **Classic & New**

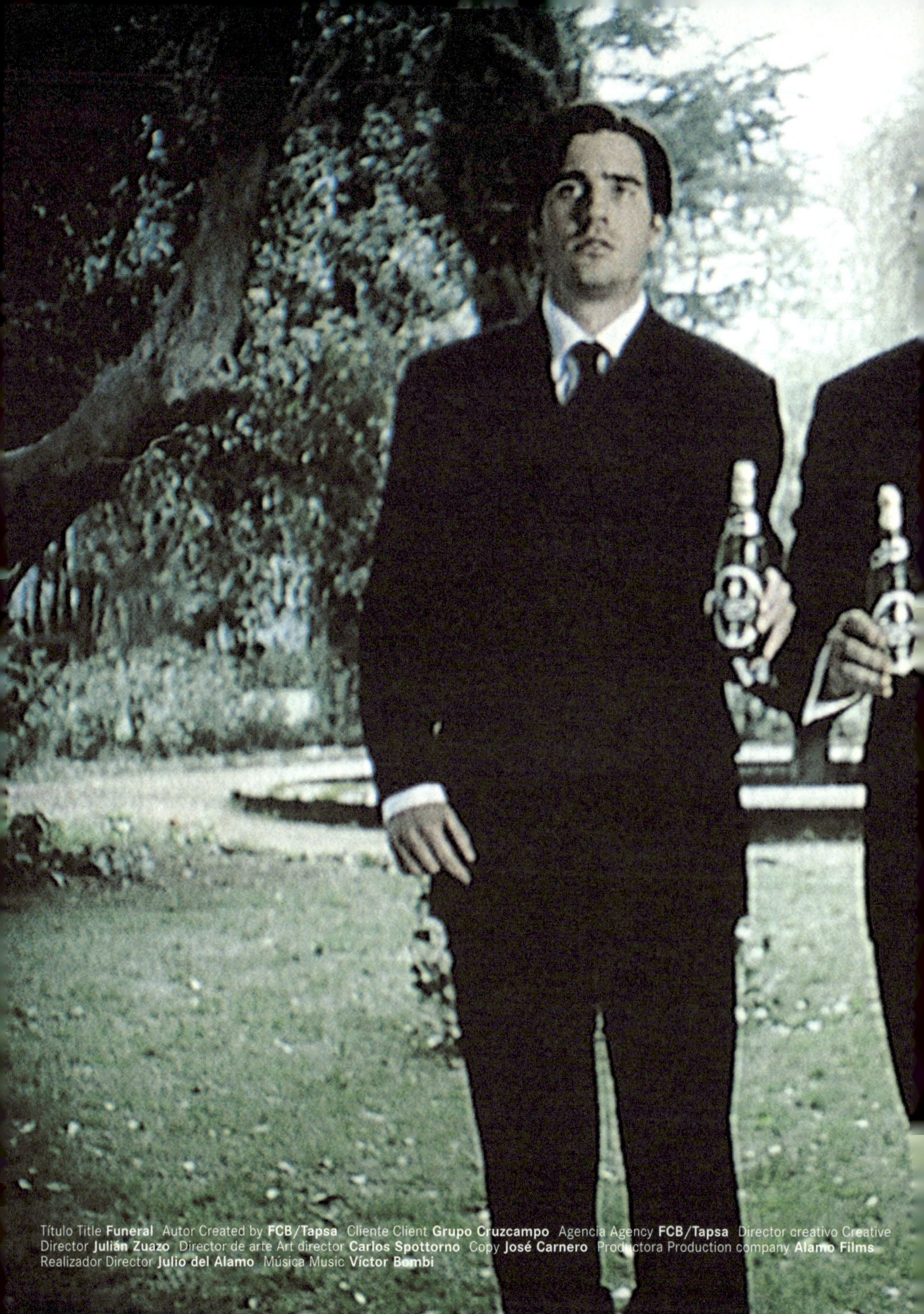

Título Title **Funeral** Autor Created by **FCB/Tapsa** Cliente Client **Grupo Cruzcampo** Agencia Agency **FCB/Tapsa** Director creativo Creative Director **Julián Zuazo** Director de arte Art director **Carlos Spottorno** Copy **José Carnero** Productora Production company **Alamo Films** Realizador Director **Julio del Alamo** Música Music **Víctor Bombi**

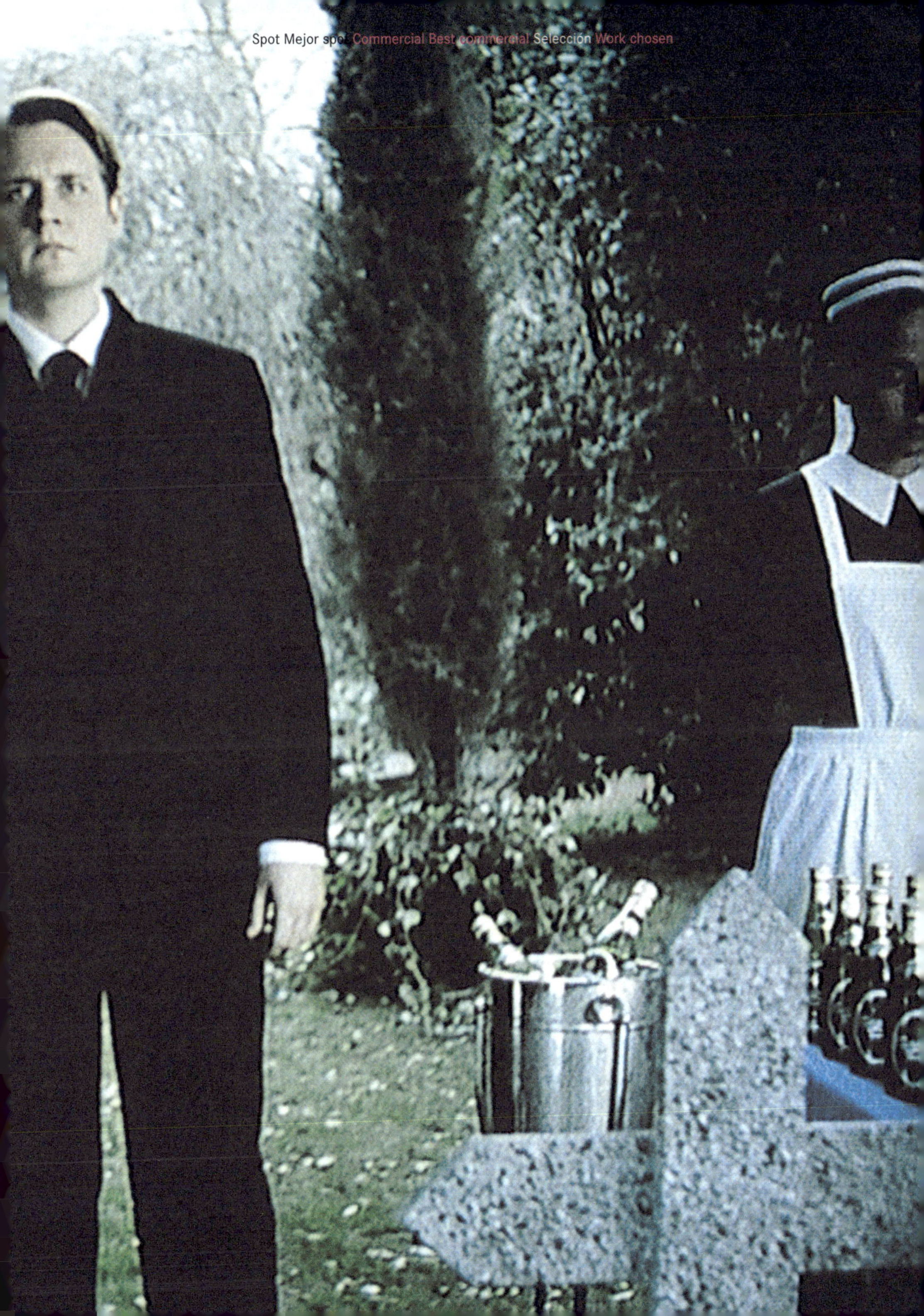

E **Comunicación municipal y Comunicación municipal (autores menores de 30 años) Communication on local-level and Communication on local-level (artists under 30)** Jurado Panel **Pep Cruz Novillo** Diseñador Designer **Alex Gifreu** Diseñador gráfico de [bis] Graphic designer at [bis] **Isaura Leal** En representación de Álvaro de la Cruz, secretario general de la Federación de Municipios y Provincias On behalf of Álvaro de la Cruz, general secretary of Federación de Municipios y Provincias **Enrique González** Director General de FMRG FMRG General Director **Alberto Permuy** Diseñador gráfico. Director de Permuy Asociados Graphic designer. Permuy Asociados Director

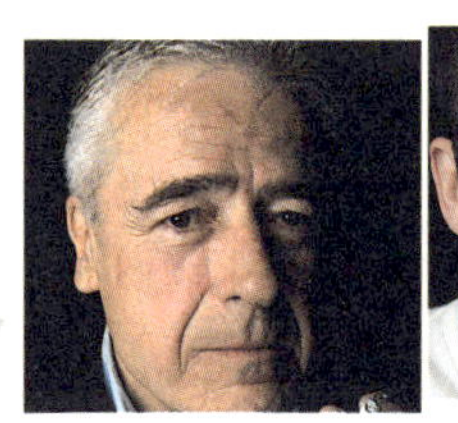
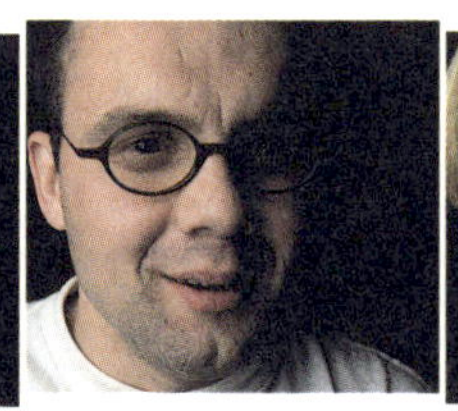
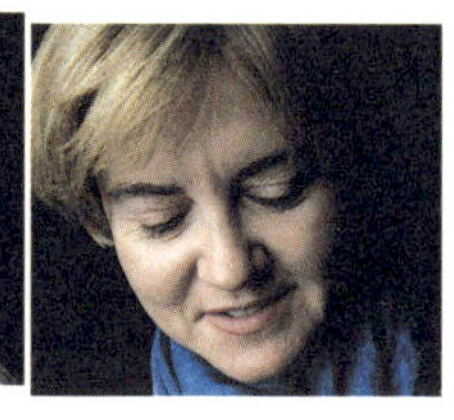
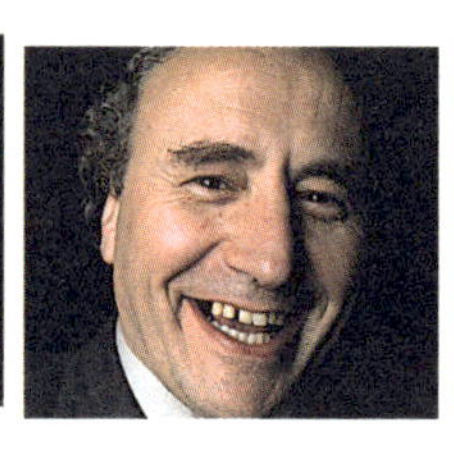
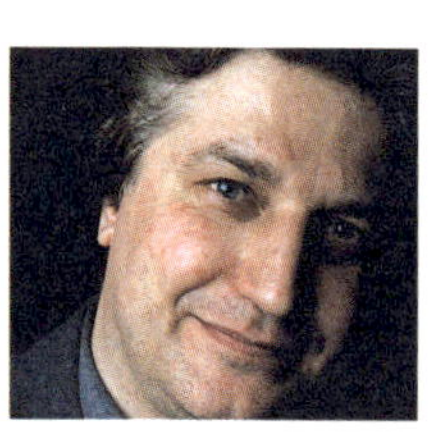

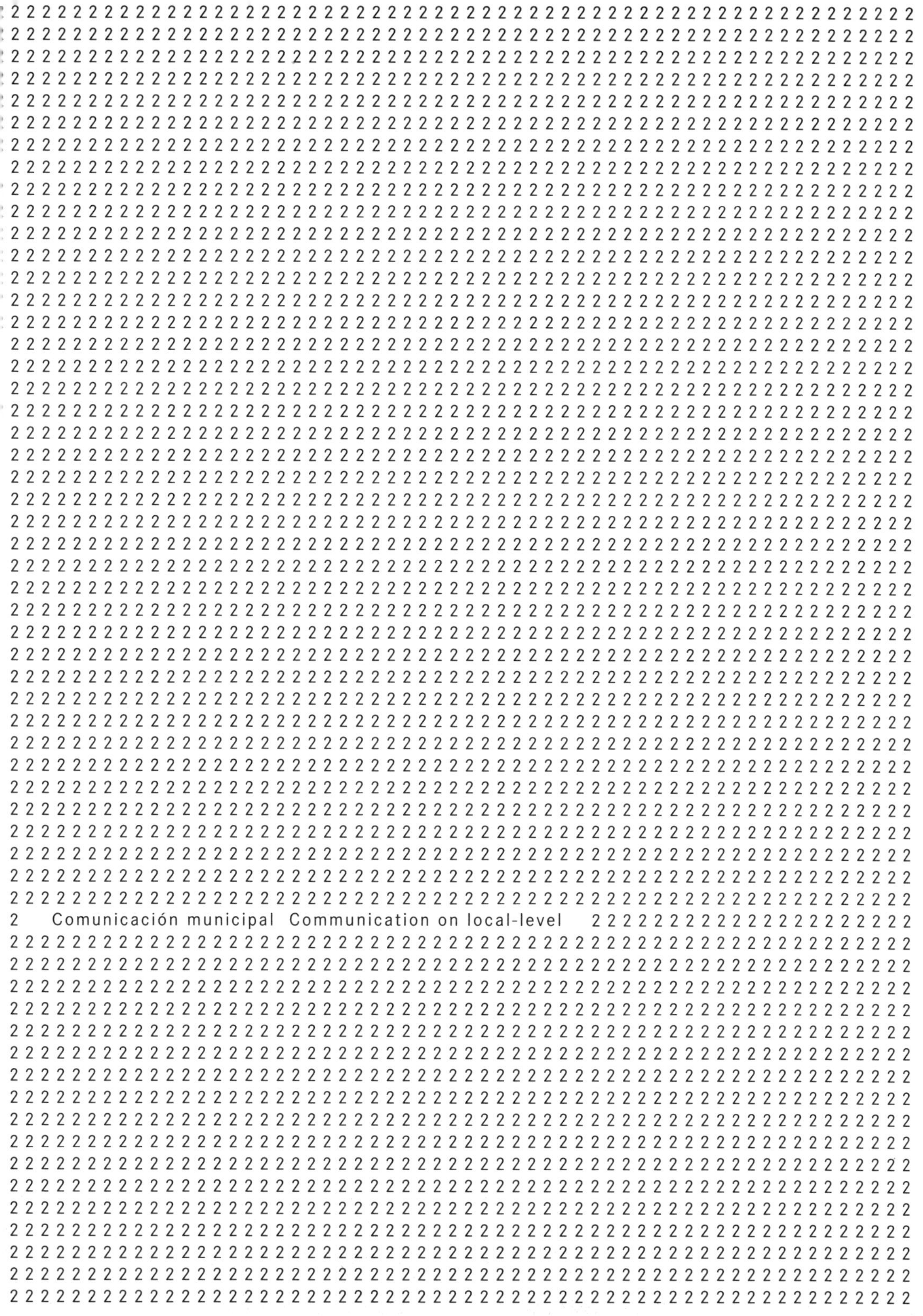
2 Comunicación municipal Communication on local-level

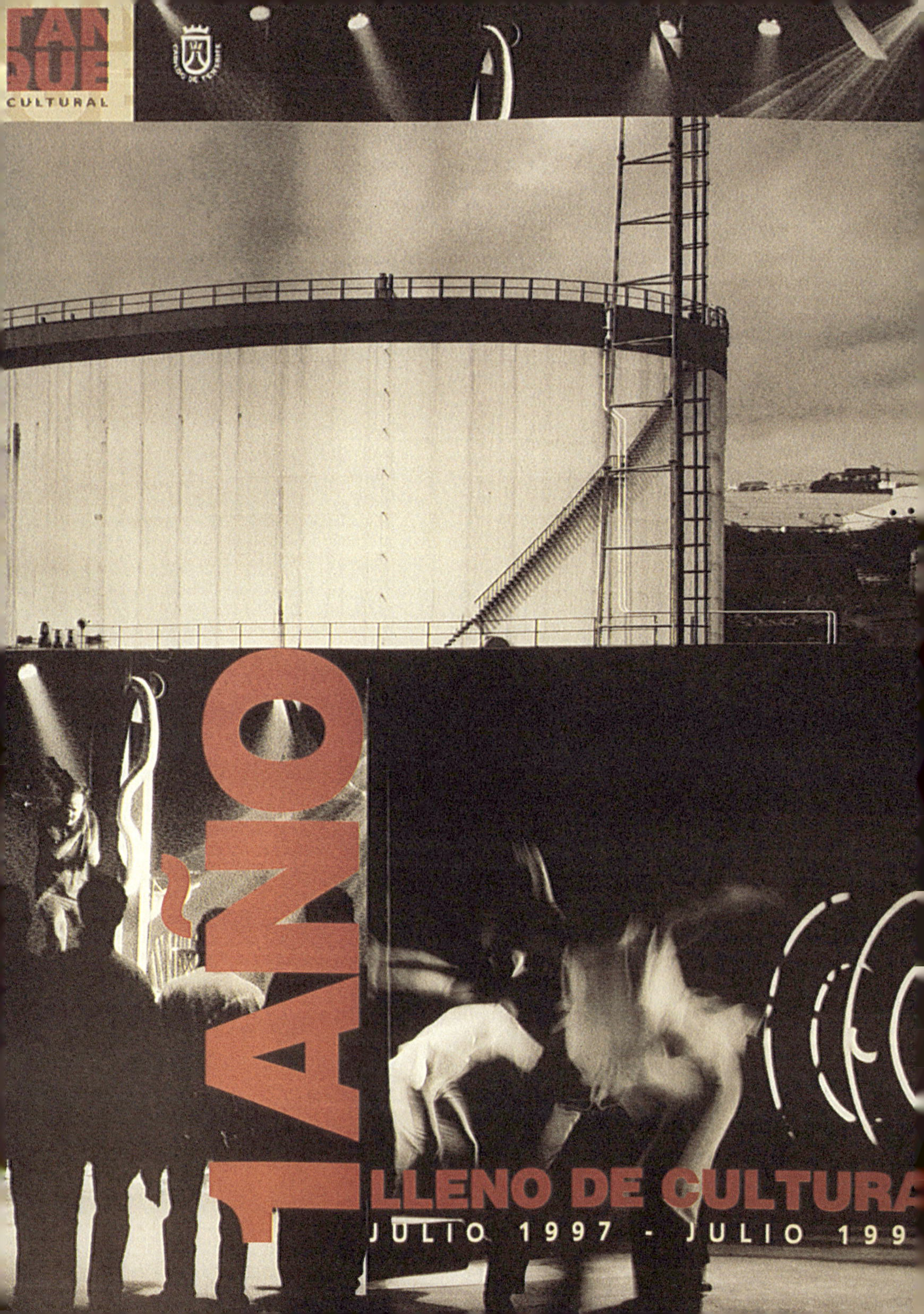
CULTURAL
1 AÑO
LLENO DE CULTURA
JULIO 1997 - JULIO 199

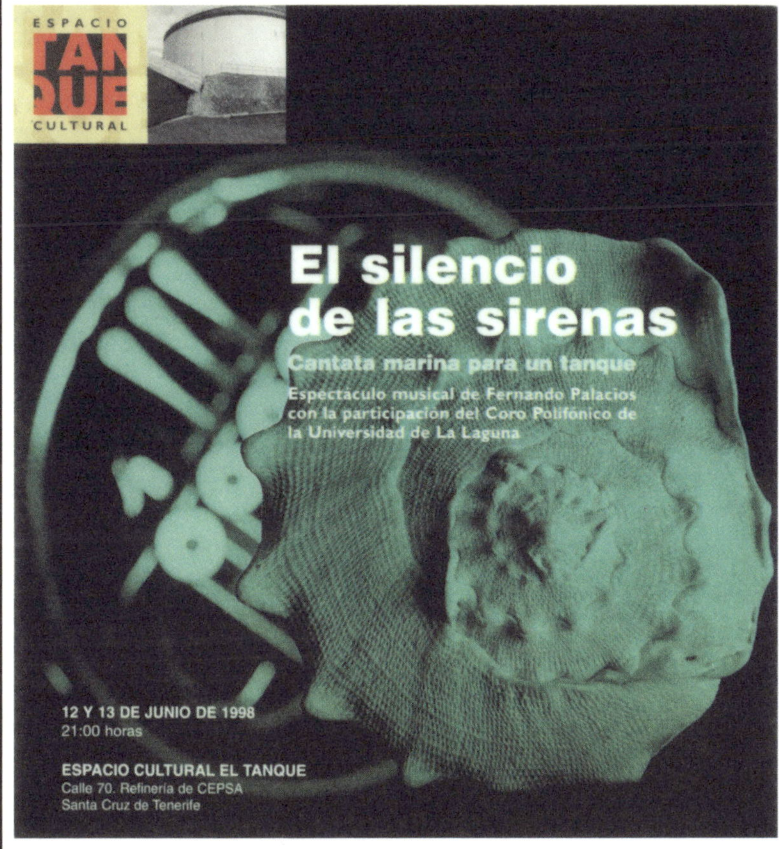

Título Title **Espacio cultural El Tanque** Autor Created by **Cristina Saavedra** Cliente Client **Espacio cultural El Tanque** Director creativo Creative Director **Cristina Saavedra** Director de arte Art director **Cristina Saavedra** Copy **Cristina Saavedra** Diseñador gráfico Graphic designer **Cristina Saavedra** Fotógrafo Photographer **Varios**

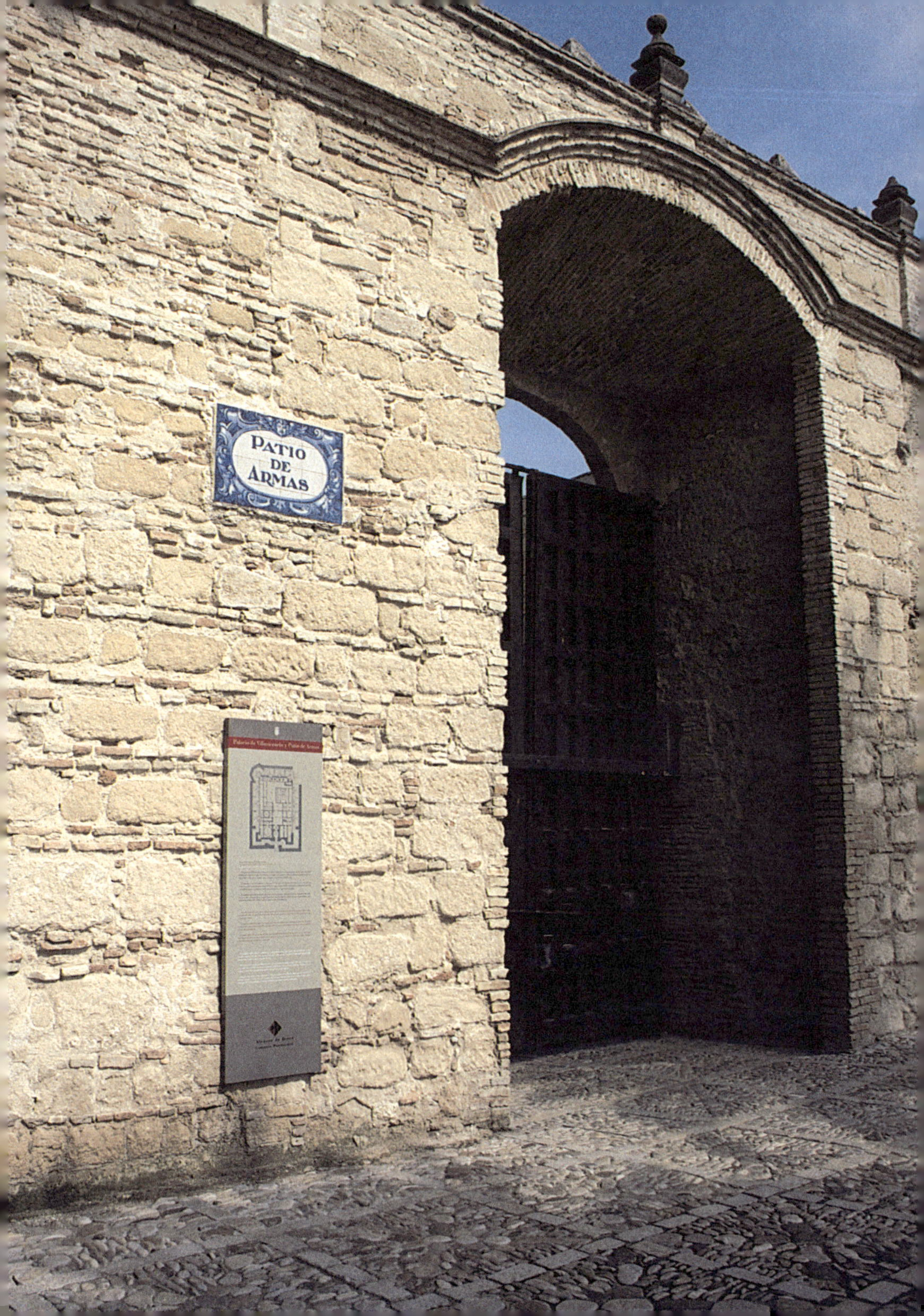
PATIO
DE
ARMAS

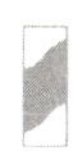

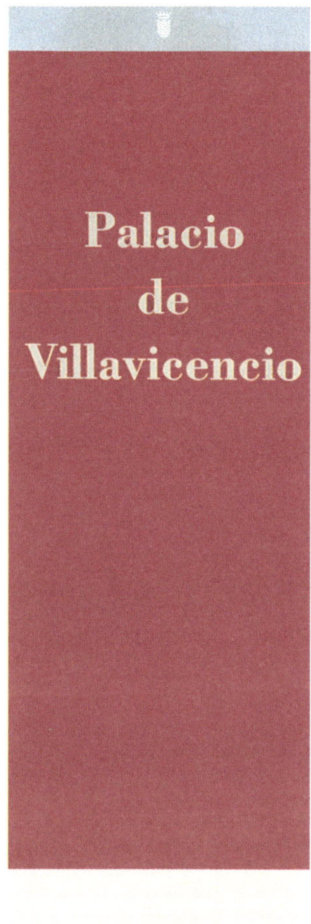

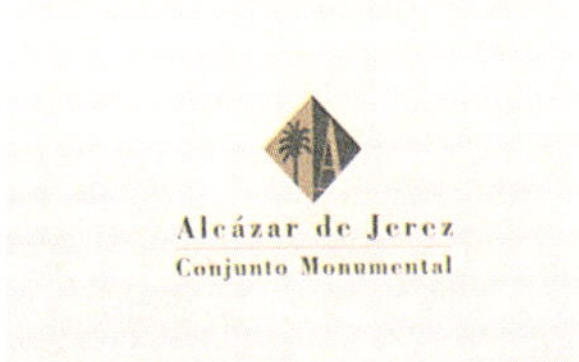

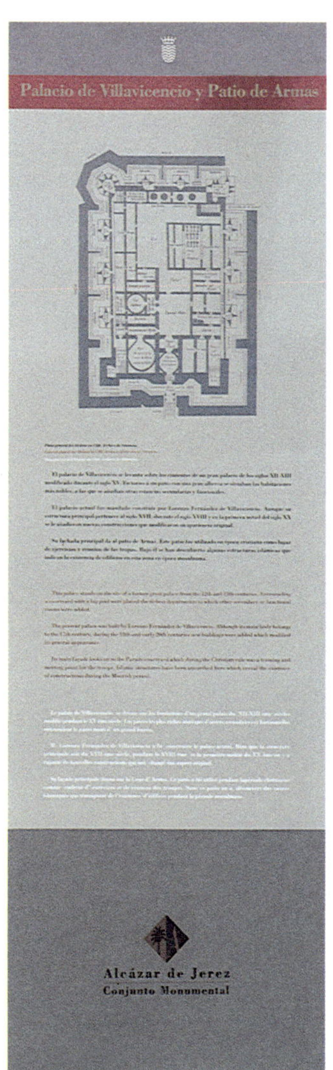

Título Title **Señalización del Alcázar de Jerez** Autor Created by **Área de Comunicación del Ayuntamiento de Jerez** Cliente Client **Ayuntamiento de Jerez** Estudio Studio **Gabinete Municipal de imagen y diseño** Director creativo Creative Director **Juan Carlos Muñoz Trapero** Diseñador gráfico Graphic designer **Juan Luis Carmona**

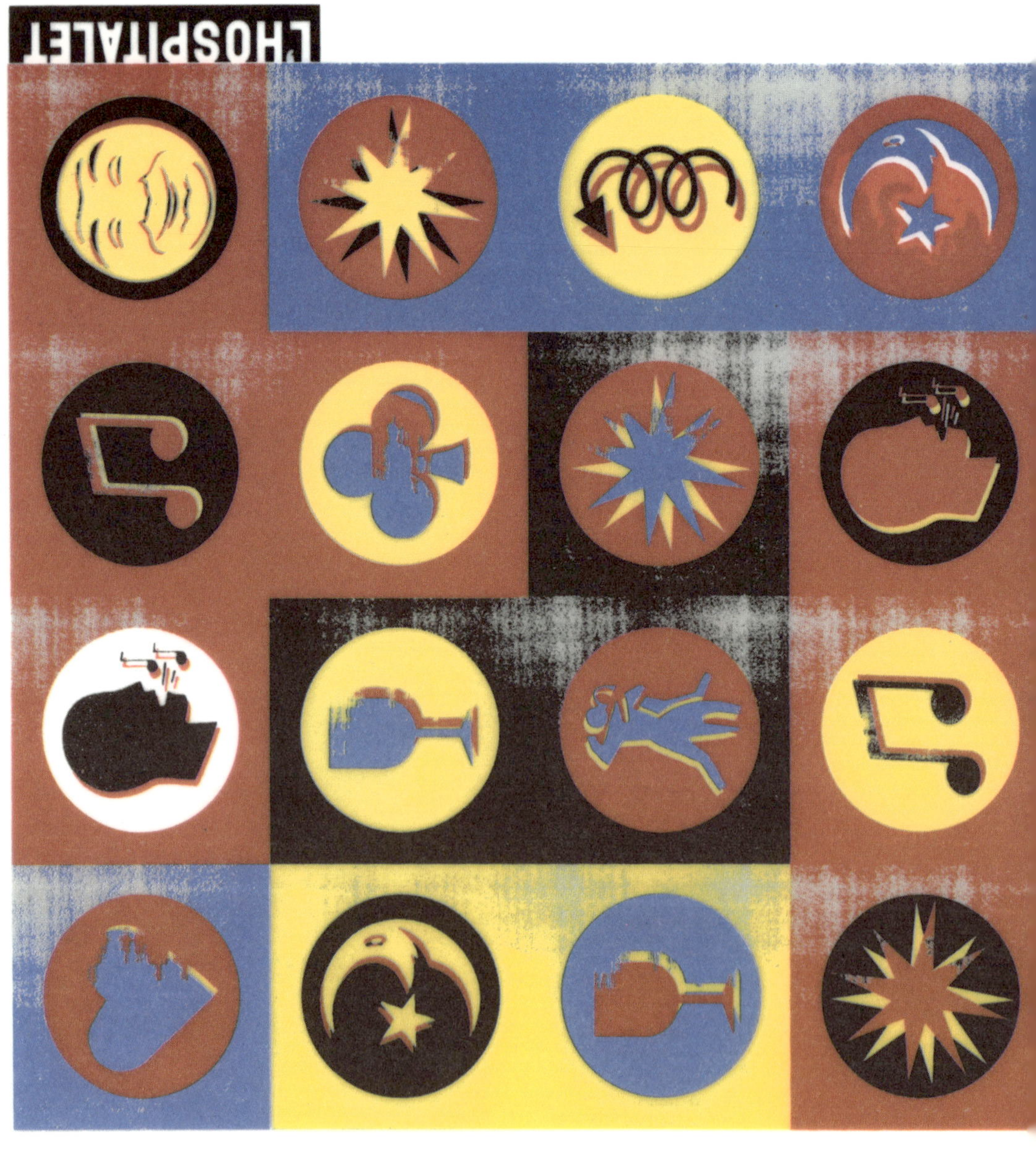
L'HOSPITALET

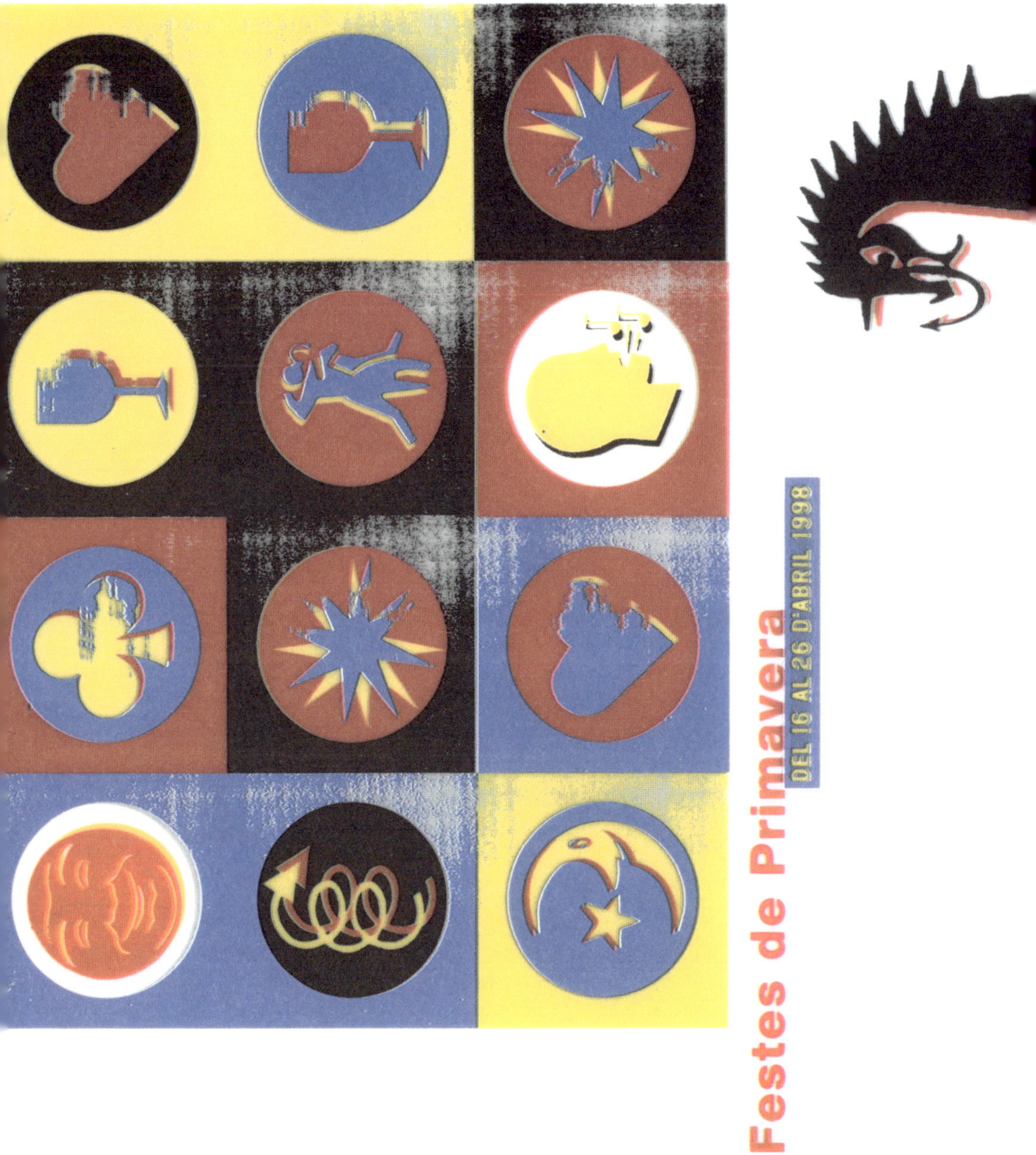

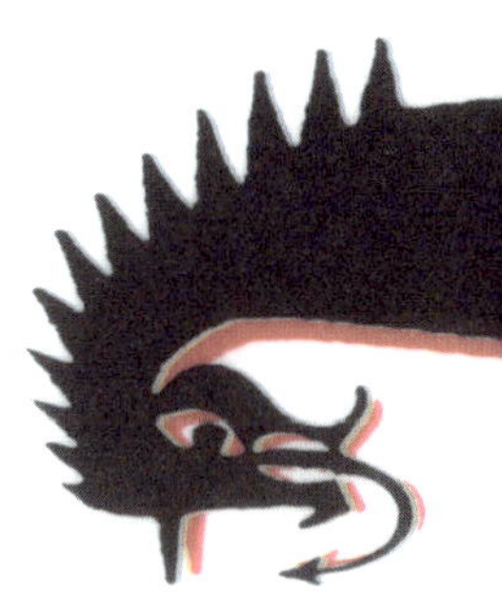

Festes de Primavera

DEL 16 AL 26 D'ABRIL 1998

Título Title **Festes de Primavera** Autor Created by **Peret** Cliente Client **Ajuntament de l'Hospitalet** Grupo creativo Creative Group **Peret & Mariola Mariño** Estudio Studio **M. Espeus i Peret Ass** Director creativo Creative Director **Peret** Director de arte Art director **Peret** Diseñador gráfico Graphic designer **Peret & Mariola Mariño - Equipo de diseño municipal**

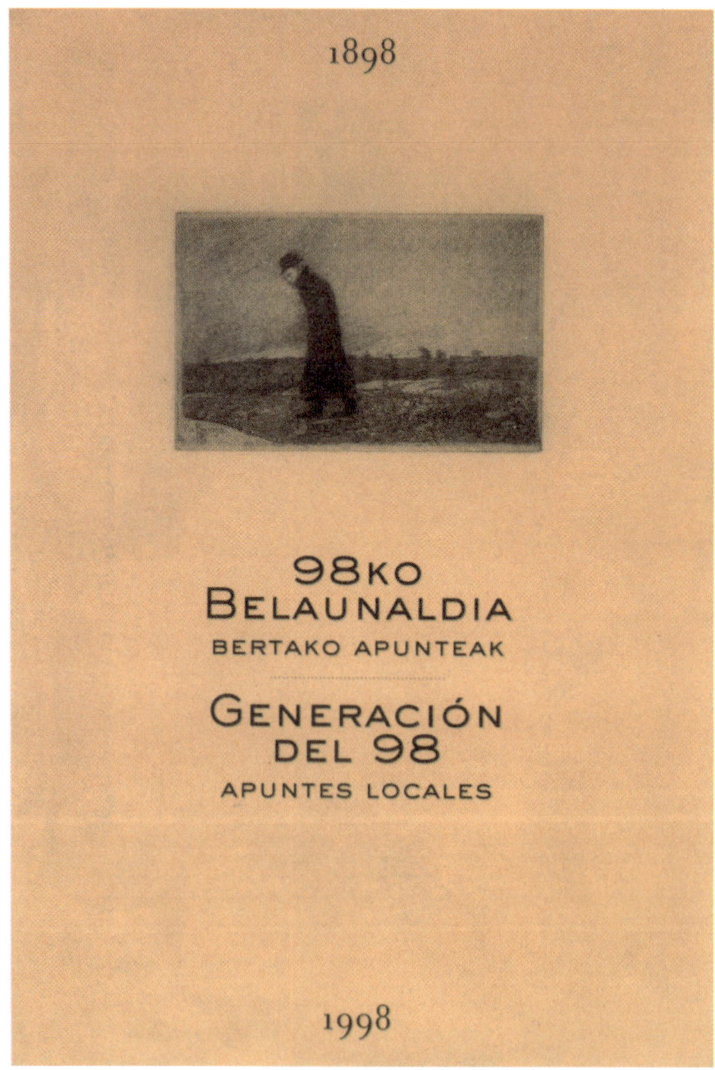

Título Title **Generación del 98, Apuntes locales** Autor Created by **Estudio Lanzagorta** Cliente Client **Donostia Cultura** Agencia Agency **Estudio Lanzagorta** Estudio Studio **Estudio Lanzagorta** Director creativo Creative Director **José Luis Lanzagorta** Director de arte Art director **José Luis Lanzagorta** Diseñador gráfico Graphic designer **José Luis Lanzagorta**

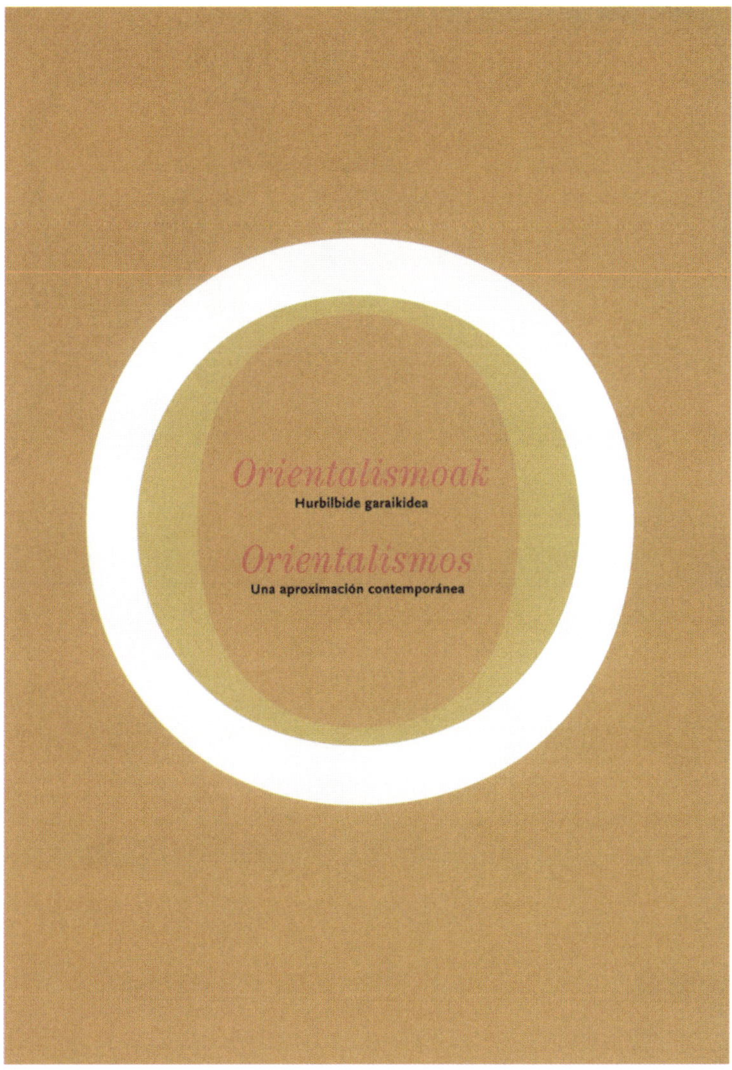

Título Title **Orientalismos** Autor Created by **Eumo Gràfic** Cliente Client **Diputación Foral de Gipuzkoa** Estudio Studio **Eumo Gràfic**
Diseñador gráfico Graphic designer **Albert Cano / Antón Granero / Natalia González**

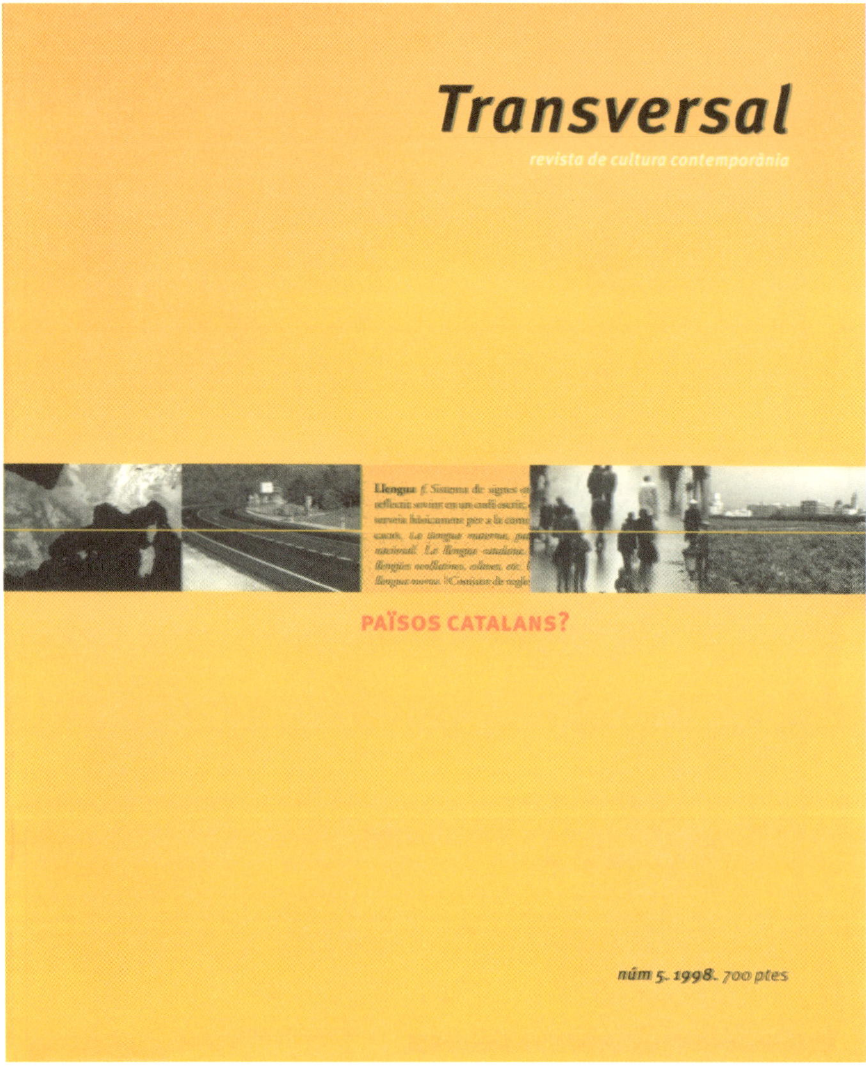

Título Title **Transversal** Autor Created by **Eumo Gràfic** Cliente Client **Ajuntament de Lleida** Estudio Studio **Eumo Gràfic**
Diseñador gráfico Graphic designer **Albert Cano / Antón Granero**

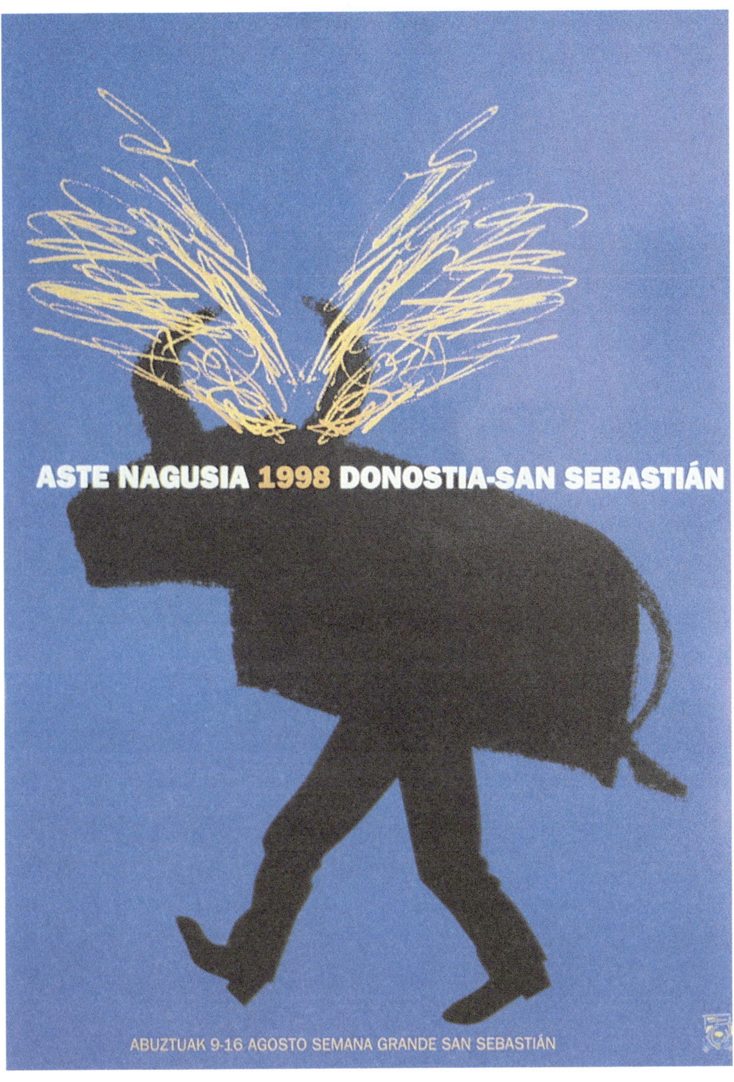

Título Title **Aste Nagusia 1998** Autor Created by **Estudio Lanzagorta** Cliente Client **Centro de Atracción y Turismo de Donostia** Agencia Agency **Estudio Lanzagorta** Estudio Studio **Estudio Lanzagorta** Director creativo Creative Director **José Luis Lanzagorta** Director de arte Art director **José Luis Lanzagorta** Diseñador gráfico Graphic designer **José Luis Lanzagorta**

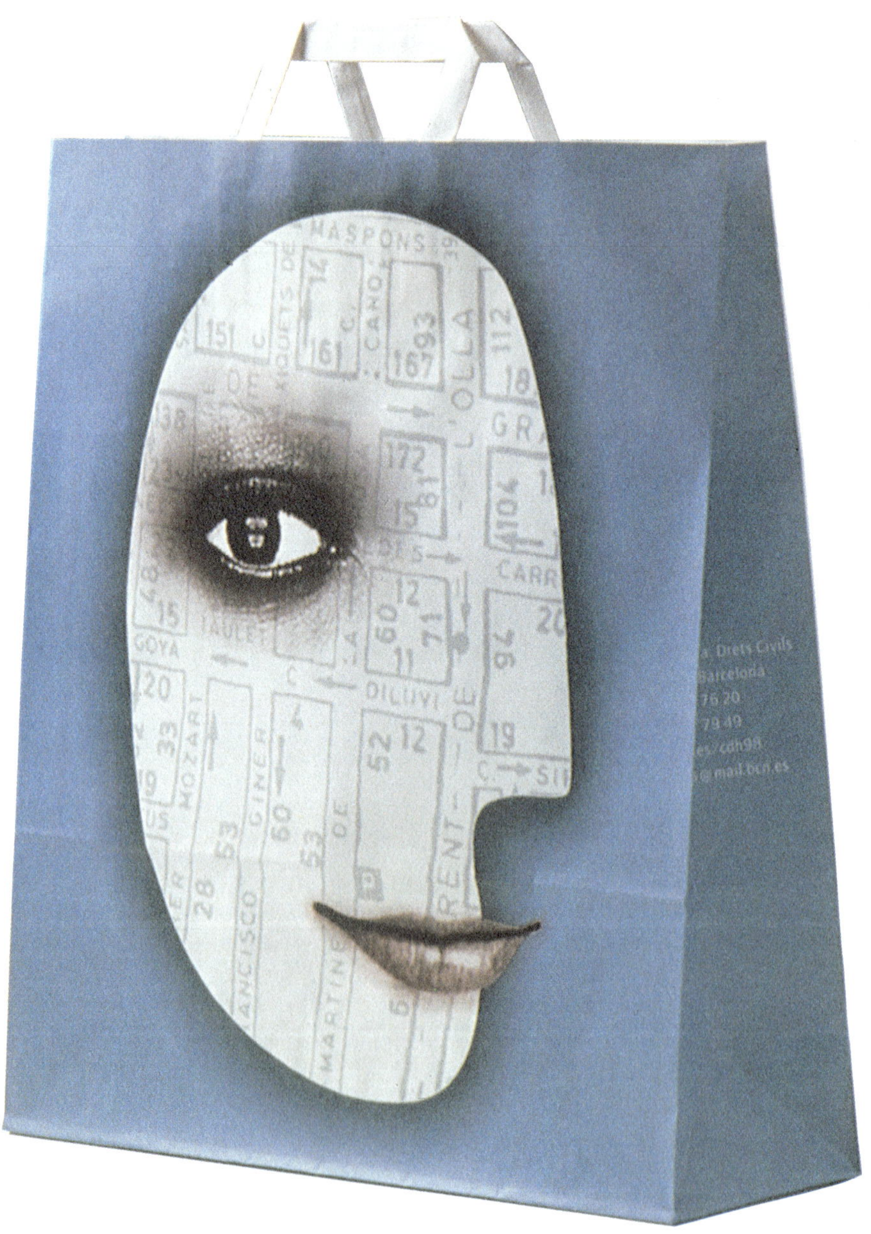

Título Title **Ciutats pels drets humans** Autor Created by **Sonsoles Llorens** Cliente Client **Regidoria Drets Civils de l'Ajuntament de Barcelona** Estudio **Sonsoles Llorens** Director creativo Creative Director **Sonsoles Llorens** Director de arte Art director **Sonsoles Llorens** Diseñador gráfico Graphic designer **Sonsoles Llorens**

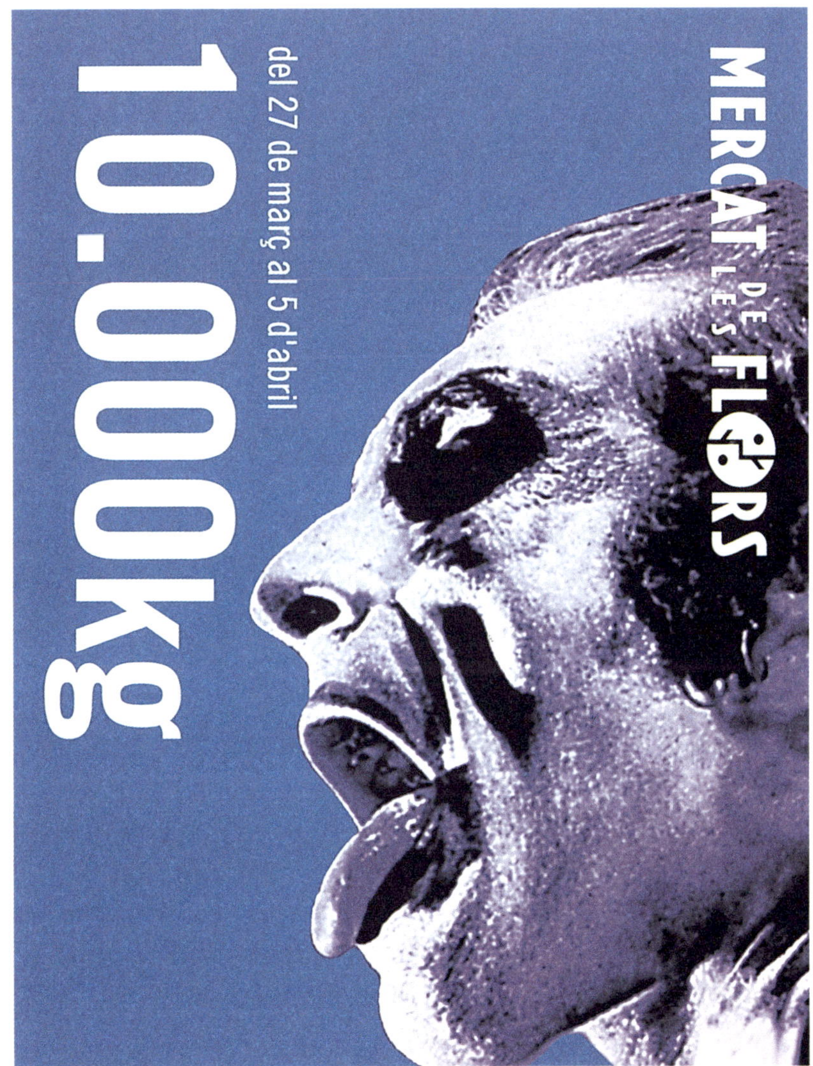

Título Title **Campanya Comunicació Mercat** Autor Created by **TR Produccions Culturals** Cliente Client **Mercat de les Flors - Institut de Cultura** Grupo creativo Creative Group **TR Produccions Culturals** Director creativo Creative Director **Carles Fargas / Toni Garau** Director de arte Art director **Carles Fargas / Toni Garau** Copy **TR Produccions Culturals** Diseñador gráfico Graphic designer **Lídia Ezquerra / Salvador Carreras**

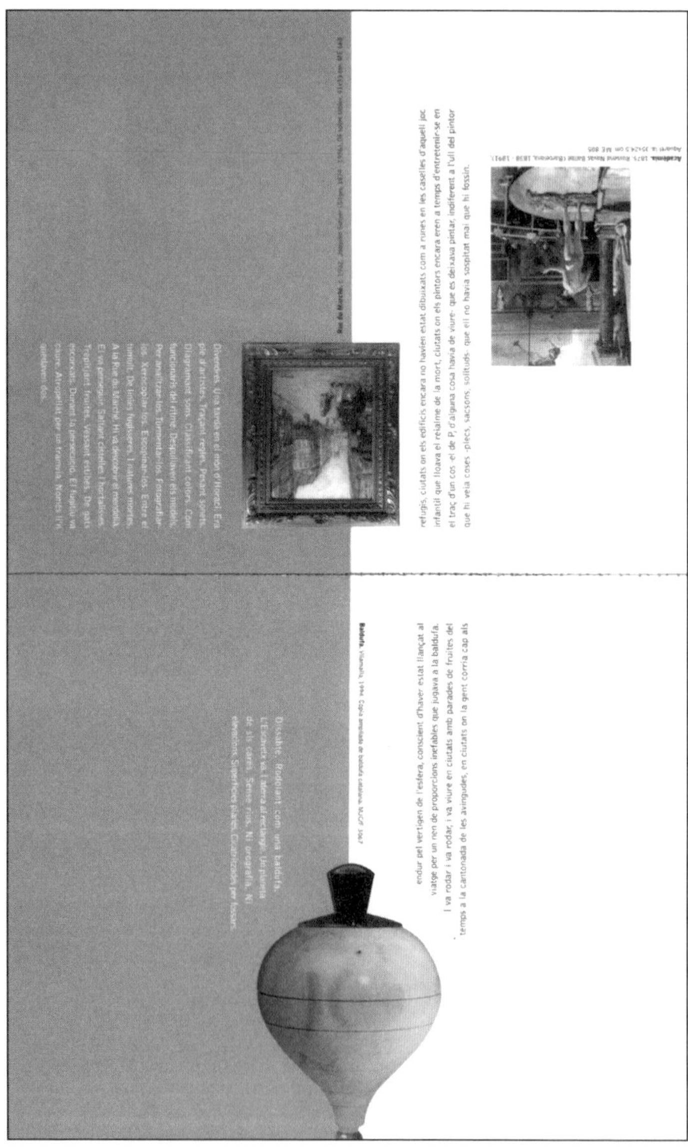

Título Title **Històries creuades** Autor Created by **Alex Gifreu + Pere Alvaro** Cliente Client **Consorci del Museu de l'Empordà**
Estudio Studio **[bis]** Director creativo Creative Director **Alex Gifreu + Pere Alvaro** Director de arte Art director **Alex Gifreu + Pere Alvaro**
Diseñador gráfico Graphic designer **Alex Gifreu + Pere Alvaro** Fotógrafo Photographer **Xavier Torner**

Título Title **Biennal d'Art. Lleida** Autor Created by **Eumo Gràfic** Cliente Client **Ajuntament de Lleida** Estudio Studio **Eumo Gràfic**
Diseñador gráfico Graphic designer **Albert Cano / Antón Granero**

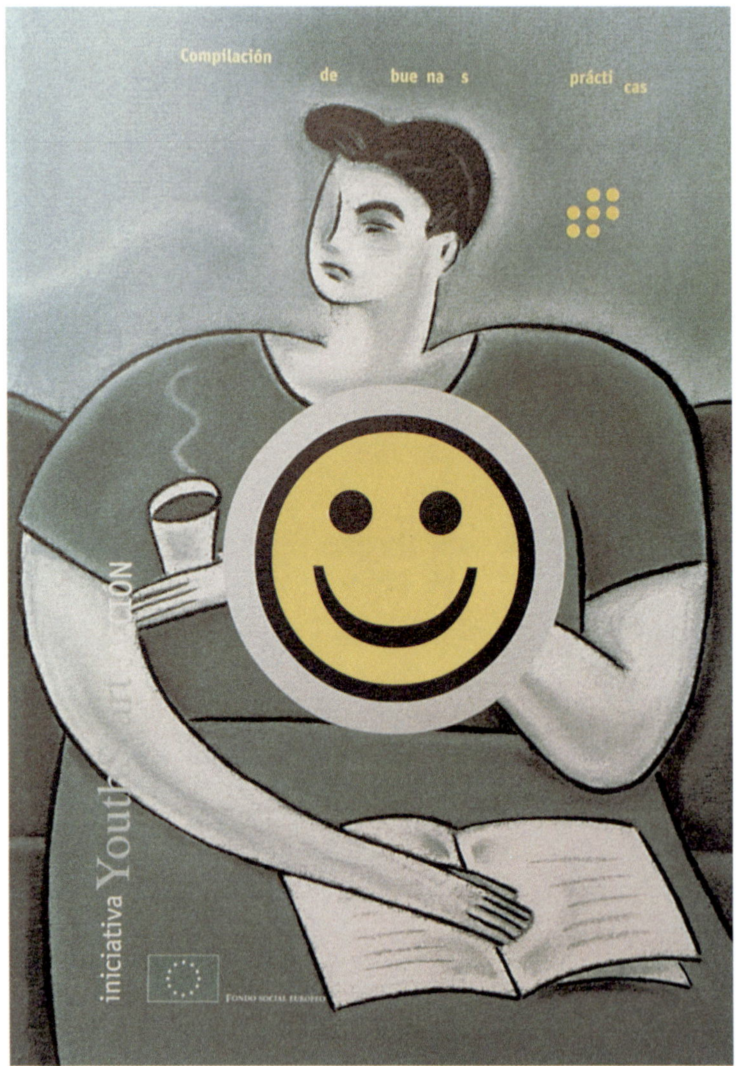

Título Title **Compilación de buenas prácticas** Autor Created by **Branchat & Ferrè, S.L.** Cliente Client **Ayuntamiento de Traiguera / Oficina de Iniciativas Comunitarias** Estudio Studio **Branchat & Ferré** Diseñador gráfico Graphic designer **Juan Carlos Palau Ferré**

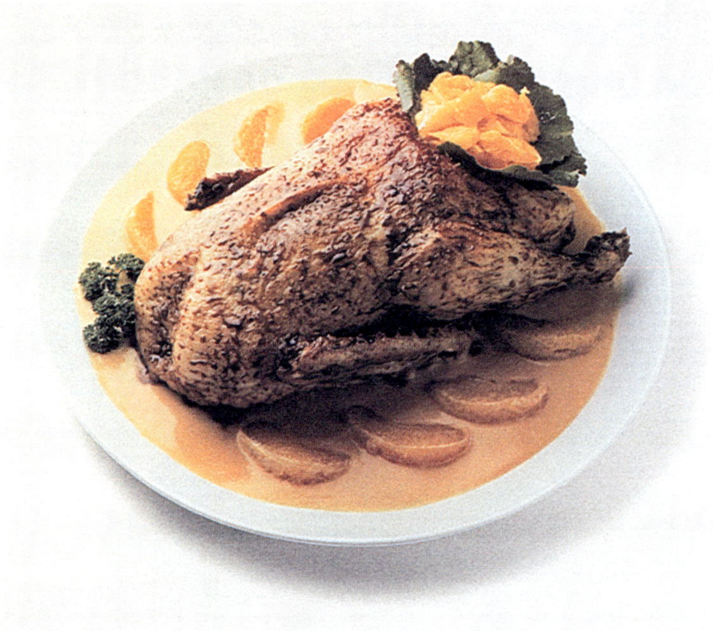

algunas personas sólo conocen los patos así

En Viladecans, los PATOS aún nadan y vuelan. En la reserva natural del Delta del Llobregat habita una gran diversidad de aves protegidas, entre las que destaca el pato de cuello verde. Pero el medio ambiente no se limita a las zonas naturales; empieza en nosotros mismos.

En VILADECANS nos hemos marcado el objetivo de hacer una ciudad más habitable, multiplicando la superficie de zonas verdes, mejorando el sistema de recogida de basuras, creando zonas peatonales y carriles-bici. Todo ello dentro de un PLAN DE DESARROLLO SOSTENIBLE para hacer una ciudad mejor.

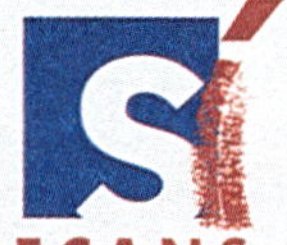

VILADECANS

Título Title **Viladecans, sí** Autor Created by **Gabinet de Comunicació i Premsa** Cliente Client **Ajuntament de Viladecans** Grupo creativo Creative Group **Gabinet de Comunicació i Premsa** Agencia Agency **Gabinet de Comunicació i Premsa** Estudio Studio **Gabinet de Comunicació i Premsa** Director creativo Creative Director **Gabinet de Comunicació i Premsa** Director de arte Art director **Gabinet de Comunicació i Premsa** Copy **Gabinet de Comunicació i Premsa** Diseñador gráfico Graphic designer **Gabinet de Comunicació i Premsa** Fotógrafo Photographer **Cristina Diestro / Pepa Alvarez** Productora Production company **Paral·lel 40** Realizador Director **Joan González**

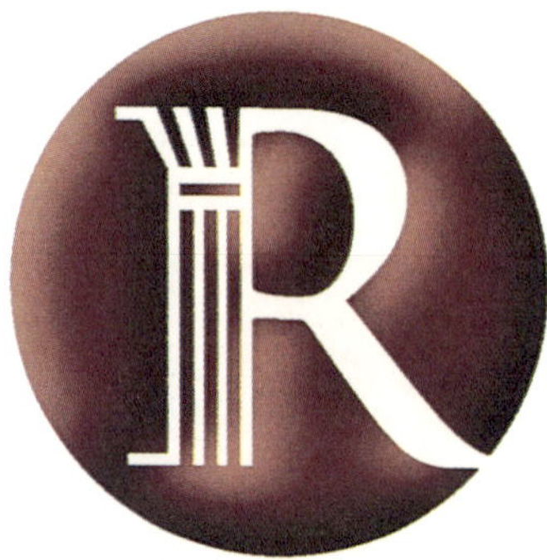

Título Title **Plan de restauración** Autor Created by **Indalecio Carreira García** Cliente Client **Concello de Mondoñedo** Estudio Studio **Estudio Carreira, S.L.**

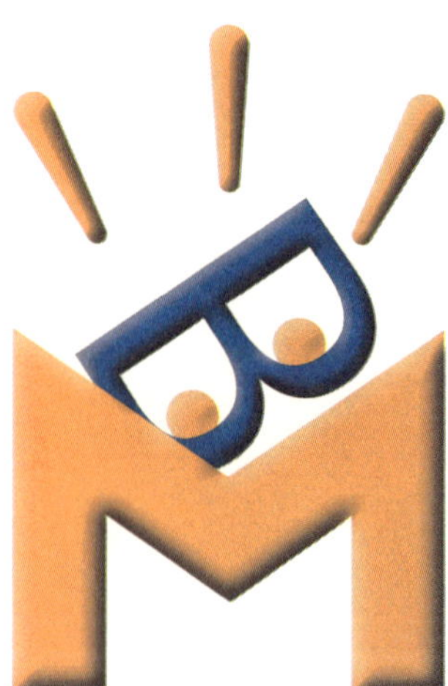

Título Title **Identidad Bibliotecas Municipales** Autor Created by **Indalecio Carreira García** Cliente Client **Concello de A Coruña** Estudio Studio **Estudio Carreira, S.L.** Director de arte Art director **Indalecio Carreira García** Diseñador gráfico Graphic designer **Mónica Martí Rivas**

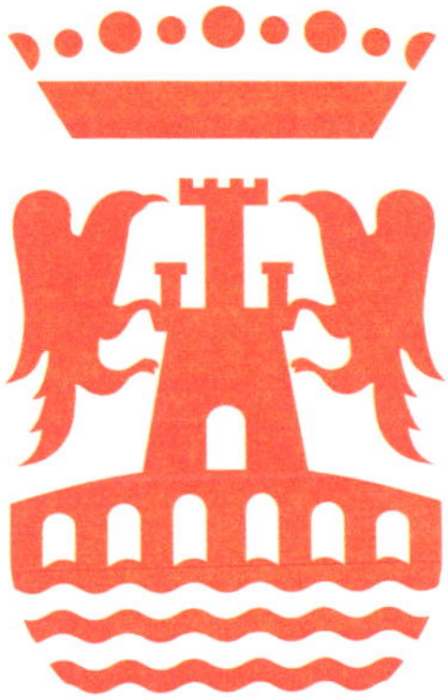

Título Title **Rediseño signos identificativos** Autor Created by **José Luis Dufourg Duaso** Cliente Client **Ayuntamiento de Miranda de Ebro** Diseñador gráfico Graphic designer **José Luis Dufourg Duaso** Ilustrador Illustrator **José Luis Dufourg Duaso**

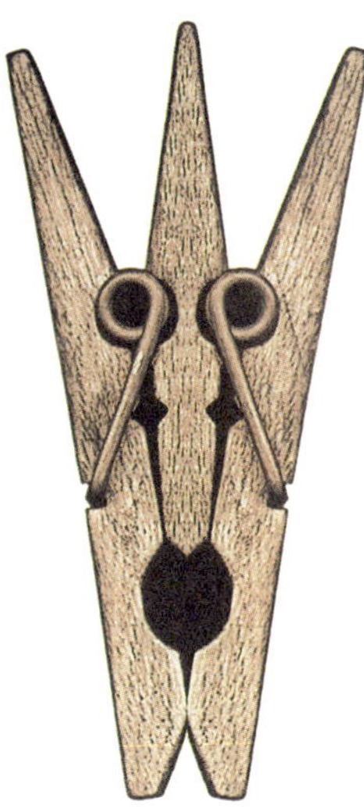

Título Title **Grec 98** Autor Created by **Miquel Puig** Cliente Client **Ajuntament de Barcelona** Estudio Studio **Miquel Puig** Diseñador gráfico Graphic designer **Miquel Puig**

Comunicación municipal (autores menores de 30 años)

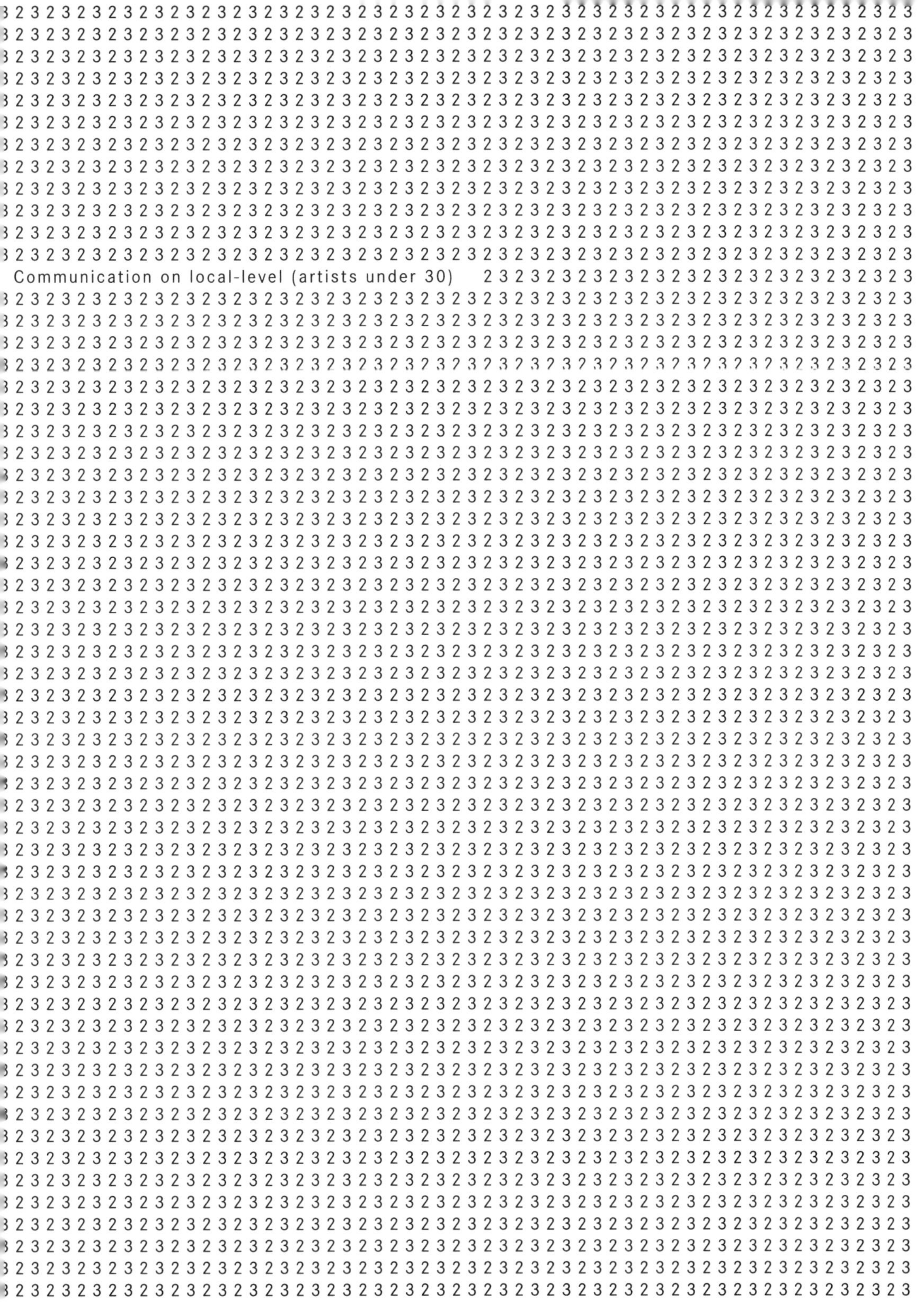
Communication on local-level (artists under 30)

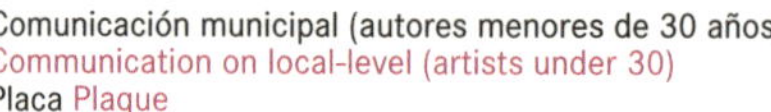

Comunicación municipal (autores menores de 30 años)
Communication on local-level (artists under 30)
Placa Plaque

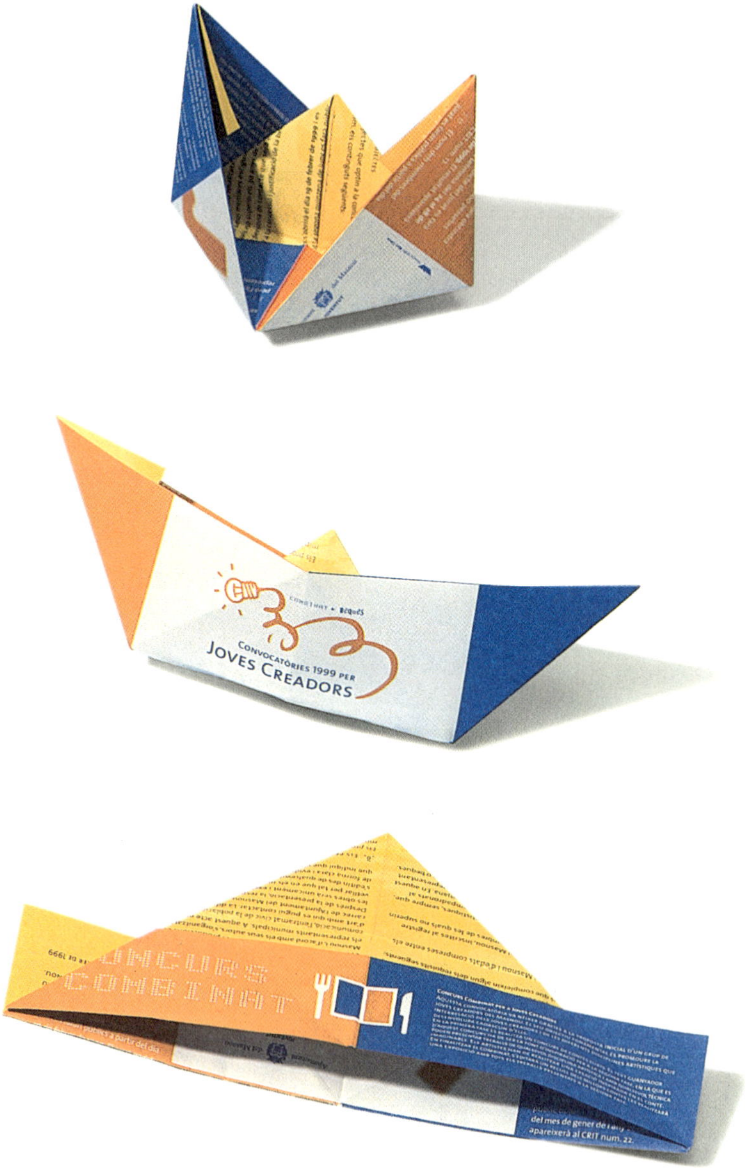

Título Title **Vaixell joves creadors del Masnou** Autor Created by **Marc Conca** Cliente Client **Ajuntament del Masnou** Director creativo Creative Director **Marc Conca** Director de arte Art director **Marc Conca** Diseñador gráfico Graphic designer **Marc Conca**

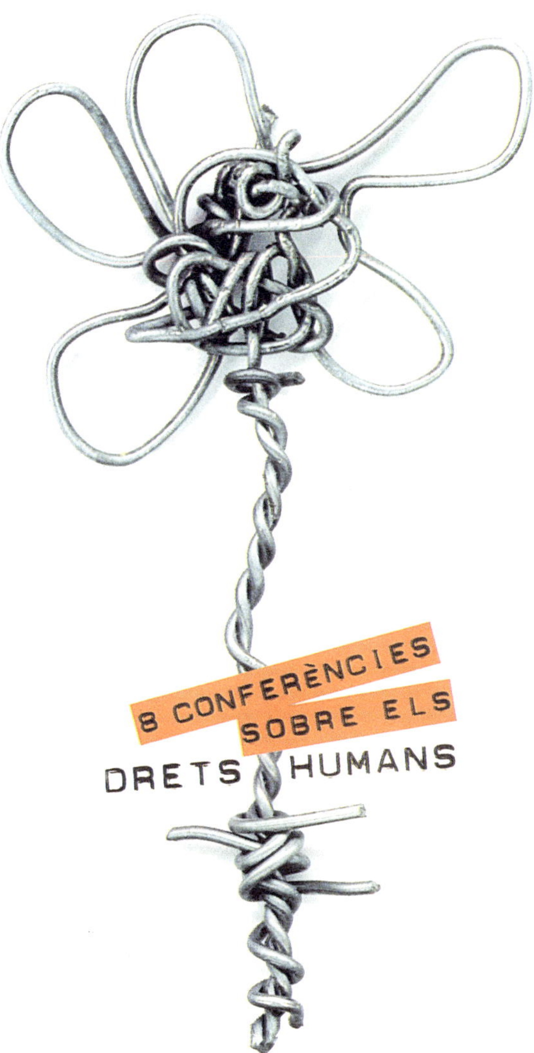

Título Title **Drets Humans** Autor Created by **Fracisco Rebollar Navarro** Cliente Client **Ajuntament de Barcelona**

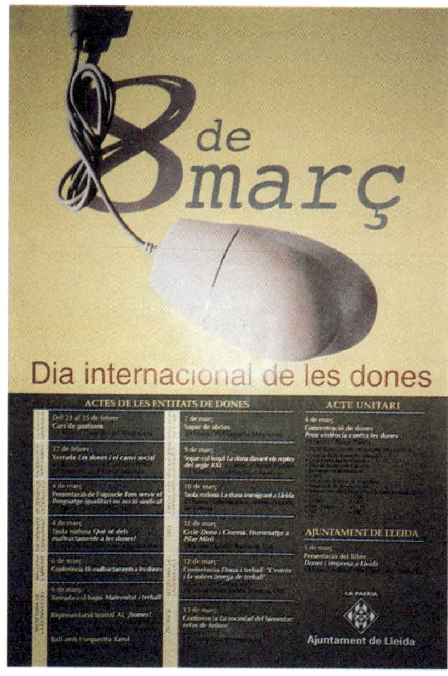

Título Title **8 de març (Dones empresàries)** Autor Created by **Meritxell Serradó García** Cliente Client **Ajuntament de Lleida** Diseñador gráfico Graphic designer **Meritxell Serradó García** Fotógrafo Photographer **Antonieta Gené**

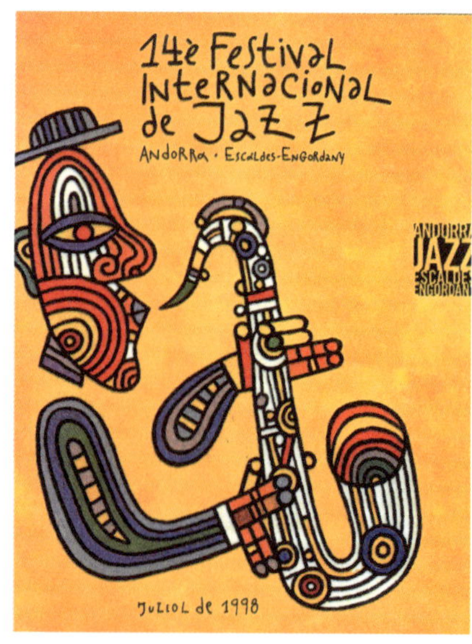

Título Title **Festival de Jazz** Autor Created by **Pere Moles Sans** Cliente Client **Comú d'Escaldes - Engordany** Estudio Studio **Pere Moles, dissenyador** Director creativo Creative Director **Pere Moles Sans** Director de arte Art director **Pere Moles Sans** Diseñador gráfico Graphic designer **Moles / Fernández / Ramón** Fotógrafo Photographer **Jordi Dolcet** Ilustrador Illustrator **Marc Taeger** Imprenta Printing **Gràfiques Oliveras**

Índice de obras premiadas y seleccionadas
Index of award winning and selected works

99 Título Title **A.D.**
Autor Created by **Maribel Quinto**
Cliente Client **Televisió de Catalunya**

100 Título Title **Promo fútbol Mondrian**
Autor Created by **Taquilla (Canal Satélite Digital)**
Cliente Client **Taquilla (Canal Satélite Digital)**

101 Título Title **Realitat o somni (Jarabe de Palo)**
Autor Created by **Sira Viñolas**
Cliente Client **Televisió de Catalunya**

102 Título Title **Línia Caretes 40 TV**
Autor Created by **La Truka TV**
Cliente Client **40 TV**

103 Título Title **Cortinillas Canal+**
Autor Created by **Jordi Guillumet / Mònica Roselló**
Cliente Client **Canal+**

104 Título Title **Vivir rodando**
Autor Created by **Jordi Martínez**
Cliente Client **Canal+**

105 Título Title **La noche + corta**
Autor Created by **Roger Fonts / Joaquim Ribes**
Cliente Client **Canal+**

106 Título Title **Línia de caretes CNN+**
Autor Created by **Magicimage**
Cliente Client **CNN+ (CINTV, S.L.)**

108 B

112 Comunicación en prensa Communication in press

TROFEO TROPHY
114 Título Title **Grua**
Autor Created by **Tandem Campmany Guasch DDB, S.A.**
Cliente Client **AUDI**

PLACA PLAQUE
116 Título Title **Letraset**
Autor Created by **Joan Finger/ Jordi Almuni / Oscar Vidal de Vinizius Young & Rubicam**
Cliente Client **Eddie Saeta**

OBRAS SELECCIONADAS WORKS SELECTED
118 Título Title **10% gratis!**
Autor Created by **Tiempo/BBDO**
Cliente Client **Marcilla**

119 Título Title **Action man**
Autor Created by **FCB/Tapsa**
Cliente Client **Nintendo**

120 Título Title **Campanya Cooperacció**
Autor Created by **Estudi David Espluga**
Cliente Client **Cooperacció**

121 Título Title **Sudán**
Autor Created by **Grey Trace**
Cliente Client **Cruz Roja**

122 Título Title **Xiclets**
Autor Created by **Grey Trace**
Cliente Client **Nicotinell**

123 Título Title **Plumas**
Autor Created by **Young & Rubicam, S.A.**
Cliente Client **Heinz Mayonesa**

124 Título Title **Cuchillos**
Autor Created by **Ruiz Niooli**
Cliente Client **La vaca argentina**

125 Título Title **WC**
Autor Created by **Young & Rubicam, S.A.**
Cliente Client **Rina Bouwen - Galería de Arte**

126 Título Title **Armand Basi Fragances**
Autor Created by **Pati Núñez, Antoni Arola & Dayax**
Cliente Client **IDESA Parfums, S.A.**

127 Título Title **Mapa**
Autor Created by **FCB/Tapsa**
Cliente Client **RENFE**

128 Título Title **Copista**
Autor Created by **Ammirati Puris Lintas**
Cliente Client **Gastón y Daniela**

129 Título Title **Sastra, Regidora, Cantante de coro, Violoncelista (Relevo)**
Autor Created by **Tiempo/BBDO**
Cliente Client **Gran Teatre del Liceu**

130 Título Title **Metralleta**
Autor Created by **Grey Trace**
Cliente Client **Cruz Roja**

131 Título Title **Obra social**
Autor Created by **FCB/Tapsa**
Cliente Client **Caja Madrid**

132 Título Title **Garra**
Autor Created by **Grey Trace**
Cliente Client **Honda CRV**

133 Título Title **Abbey Road**
Autor Created by **FCB/Tapsa**
Cliente Client **Nintendo**

134 Comunicación exterior Outdoor communication

TROFEO TROPHY
136 Título Title **Línea carteles Camper**
Autor Created by **David Ruiz + Marina Company + Quico Vidal**
Cliente Client **Camper**

PLACA PLAQUE
138 Título Title **Sangre**
Autor Created by **Young & Rubicam, S.A.**
Cliente Client **Cruz Roja**

OBRAS SELECCIONADAS WORKS SELECTED
140 Título Title **Pasos**
Autor Created by **Quico Vidal / Pep Carrió**
Cliente Client **Camper**

141 Título Title **Un señor con bigote**
Autor Created by **Altraforma, S.A.**
Cliente Client **Cruz Roja**

142 Título Title **Puta/cabrón**
Autor Created by **Young & Rubicam, S.A.**
Cliente Client **Aldeas infantiles**

144 Título Title **Pueblo / calle**
Autor Created by **Young & Rubicam, S.A.**
Cliente Client **Saimaza gran selección**

145 Título Title **Cerebro**
Autor Created by **Tandem Campmany Guasch DDB, S.A.**
Cliente Client **Café de Jamaica**

146 Título Title **Catalunya**
Autor Created by **DMB&B**
Cliente Client **TWA**

147 Título Title **Ozono**
Autor Created by **Tiempo / BBDO**
Cliente Client **Greenpeace**

148 Comunicación diversa Miscellaneous communication

PLACA PLAQUE
150 Título Title **Broma**
Autor Created by **Grey Trace**
Cliente Client **Grey Trace**

OBRAS SELECCIONADAS WORKS SELECTED
152 Título Title **Costelles**
Autor Created by ***S,C,P,F...**
Cliente Client **FAD**

153 Título Title **Felicitació Nadal**
Autor Created by **: SUMMA)**
Cliente Client **: SUMMA)**

154 Título Title **Bichos**
Autor Created by **Zapping**
Cliente Client **Buenavista Internacional**

155 Título Title **The Frederic Homs Dealer Pack**
Autor Created by **Pep Valls**
Cliente Client **Frederic Homs**

156 Título Title **Pressbook *A los que aman***
Autor Created by **Grafica**
Cliente Client **Sogetel**

157 Título Title **Catálogo pelotas**
Autor Created by **David Ruiz + Marina Company + Quico Vidal**
Cliente Client **Camper**

158 Título Title **Mi gran amigo Joe**
Autor Created by **Zapping**
Cliente Client **Buenavista internacional**

159 Título Title **Suelas**
Autor Created by **Quico Vidal / Pep Carrió**
Cliente Client **Camper**

160 Título Title **Display pelotas by Camper**
Autor Created by **David Ruiz + Marina Company + Quico Vidal**
Cliente Client **Camper**

161 Título Title **Línea de salida**
Autor Created by **J. Walter Thompson**
Cliente Client **Mazda MX - 5**

162 Título Title **Vaca**
Autor Created by **Tiempo/BBDO**
Cliente Client **Nestlé - La Lechera**

163 Título Title **Tetinas**
Autor Created by **J. Walter Thompson**
Cliente Client **Mustela**

164 Copy y Naming

OBRAS SELECCIONADAS WORKS SELECTED
166 Título Title **Pixel i Dixel naming**
Autor Created by **Cati Palou / Juan Cardosa**
Cliente Client **Pixel i Dixel**

168 Título Title **Tesoros**
Autor Created by **Altraforma, S.A.**
Cliente Client **Editorial Alba, S.A.**

169 Título Title **Trago**
Autor Created by **Grey Trace**
Cliente Client **Rives Pitman**

170 Campaña gráfica
Graphic campaign

OBRAS SELECCIONADAS
WORKS SELECTED
172 Título Title
The Burberry look in Exmoor
Autor Created by
Bassat Ogilvy & Mather
Cliente Client **Burberrys**

174 Promoción audiovisual
Audiovisual advertising

OBRAS SELECCIONADAS
WORKS SELECTED
176 Título Title
Making off *Así somos*
Autor Created by **Lorente Grupo de Comunicación**
Cliente Client **Osborne**

178 Título Title **Fórmula**
Autor Created by **SONO**
Cliente Client **Seat**

179 Título Title **Museo Diocesano de La Seu d'Urgell**
Autor Created by **Beatus**
Cliente Client
Konic Audiovisuals

180 C

184 Web

TROFEO TROPHY
186 Título Title
Discovery Net, S.A.
Autor Created by **Tim Voors**
Cliente Client
Discovery Net, S.A.

PLACA PLAQUE
188 Título Title
Escuchando imágenes
Autor Created by **Bernardo López Díaz-Rivavelarde**
Cliente Client **Bernardo López Díaz-Rivavelarde**

PLACA PLAQUE
190 Título Title
Banners Punto Blanco
Autor Created by **Double You**
Cliente Client **Punto Blanco**

OBRAS SELECCIONADAS
WORKS SELECTED
192 Título Title **Jarabe de Palo. Cuerpo y Alma**
Autor Created by
Herraiz Soto & Co.
Cliente Client **Jarabe de Palo**

194 Título Title **Web Camper**
Autor Created by **Teknoland**
Cliente Client **Camper**

195 Título Title
Banners Audi King Kong
Autor Created by **Double You**
Cliente Client **Audi**

196 CD-Rom

TROFEO TROPHY
198 Título Title **Psicomanualdigital**
Autor Created by
Mubimedia, S.L. / Zush
Cliente Client **Mubimedia, S.L.**

OBRAS SELECCIONADAS
WORKS SELECTED
202 Título Title
The virtual drummer
Autor Created by
Salvador Niebla
Cliente Client **Edicions Music Distribució / Salvador Niebla**

203 Título Title
Dossier de premsa Bany 99
Autor Created by **Base BCN**
Cliente Client **Eurocorset, S.A.**

204 Título Title **Joan Miró. El Color dels somnis**
Autor Created by
Pere Freixa i Font
Cliente Client **IUA, Institut Universitari de l'Audiovisual de la UPF/FJM, Fundació Joan Miró, Barcelona**

206 D

210 Spot Mejor animación de imagen o efectos especiales
Commercial Best animation or special effects

TROFEO TROPHY
212 Título Title **King Kong**
Autor Created by **Tandem Campmany Guasch DDB, S.A.**
Cliente Client **AUDI**

PLACA PLAQUE
214 Título Title **Imagen**
Autor Created by **Ruiz Nicoli**
Cliente Client
Telefónica móviles

OBRAS SELECCIONADAS
WORKS SELECTED
216 Título Title
Que no se te escape
Autor Created by **Ferrater, Campins, Morales**
Cliente Client **Loto Catalunya**

217 Título Title **Persecución**
Autor Created by
Young & Rubicam - Errecerre - Video Efecto
Cliente Client **Suchard**

218 Título Title **Extraterrestres**
Autor Created by **Tandem Campmany Guasch DDB, S.A.**
Cliente Client **S. A. DAMM**

219 Título Title **Robot**
Autor Created by **Ruiz Nicoli**
Cliente Client **Servired**

220 Título Title **Art Futura '98**
Autor Created by **Javier Navarro/Filmtel**
Cliente Client **Art Futura**

222 Spot Mejor dirección de arte
Commercial
Best art direction

OBRAS SELECCIONADAS
WORKS SELECTED
224 Título Title **Poemas**
Autor Created by
Enric Aguilera
Cliente Client **La Caixa**

225 Título Title **Entendimiento**
Autor Created by **Young & Rubicam, S.A.**
Cliente Client **Telefónica**

226 Título Title **Chile**
Autor Created by
Young & Rubicam, S.A.
Cliente Client **Repsol Visa**

227 Título Title **Beso**
Autor Created by **Tandem Campmany Guasch DDB, S.A.**
Cliente Client **AUDI**

228 Spot Mejor realización
Commercial Best directing

TROFEO TROPHY
230 Título Title **King Kong**
Autor Created by **Tandem Campmany Guasch DDB, S.A.**
Cliente Client **AUDI**

PLACA PLAQUE
232 Título Title **Harley Davidson**
Autor Created by **Tandem Campmany Guasch DDB, S.A.**
Cliente Client **AUDI**

OBRA SELECCIONADA
WORK SELECTED
233 Título Title **Emociones**
Autor Created by **Tandem Campmany Guasch DDB, S.A.**
Cliente Client **AUDI**

234 Spot Mejor concepto-idea
Commercial Best concept-idea

TROFEO TROPHY
236 Título Title **Beso**
Autor Created by **Tandem Campmany Guasch DDB, S.A.**
Cliente Client **AUDI**

PLACA PLAQUE
238 Título Title **Harley Davidson**
Autor Created by **Tandem Campmany Guasch DDB, S.A.**
Cliente Client **AUDI**

OBRAS SELECCIONADAS
WORKS SELECTED
240 Título Title **Protagonistas**
Autor Created by **Ruiz Nicoli**
Cliente Client **Axa Seguros**

241 Título Title **Enanos**
Autor Created by
Young & Rubicam, S.A.
Cliente Client **Fotoprix**

242 Título Title **Rellano**
Autor Created by
Young & Rubicam, S.A.
Cliente Client
Páginas Amarillas

243 Título Title **Estampida**
Autor Created by
Young & Rubicam, S.A.
Cliente Client **Pavofrío**

244 Título Title **Metralleta**
Autor Created by **Grey Trace**
Cliente Client **Cruz Roja**

245 Título Title **Evolución**
Autor Created by **FCB/Tapsa**
Cliente Client **CEPSA**

246 Título Title **Agradecimiento**
Autor Created by **Grey Trace**
Cliente Client **Cruz Roja**

247 Título Title **Fina y Segura**
Autor Created by **FCB/Tapsa**
Cliente Client **Pizza World**

248 Título Title **Giacommo**
Autor Created by **FCB/Tapsa**
Cliente Client **Nintendo**

249 Título Title **Paquito**
Autor Created by **FCB/Tapsa**
Cliente Client **Nintendo**

250 Spot Mejor spot de bajo presupuesto
Commercial Best low-budget commercial

TROFEO TROPHY
252 Título Title **Batidora**
Autor Created by **FCB/Tapsa**
Cliente Client **Codespa**

PLACA PLAQUE
254 Título Title **Sangre**
Autor Created by
Young & Rubicam, S.A.
Cliente Client **Cruz Roja**

OBRAS SELECCIONADAS
WORKS SELECTED
256 Título Title **Serrat**
Autor Created by
Altraforma, S.A.
Cliente Client **Fundación Española del Corazón**

257 Título Title **Ciegos**
Autor Created by **Ruiz Nicoli**
Cliente Client **ONCE / IBSA**

258 Título Title **Reis 99**
Autor Created by **David Ruiz + Marina Company**
Cliente Client
Cruz Roja Catalunya

259 Título Title **Sudán**
Autor Created by **Grey Trace**
Cliente Client **Cruz Roja**

260 Título Title **Bola de Neu**
Autor Created by **Tandem Campmany Guasch DDB, S.A.**
Cliente Client **L'hora de Deu**

261 Título Title **Carpintería**
Autor Created by **Tiempo/BBDO**
Cliente Client **Centre òptic del Vallès**

262 Título Title **Coches**
Autor Created by **Ruiz Nicoli**
Cliente Client **Transmediterránea**

263 Título Title **Deportes**
Autor Created by **Young & Rubicam, S.A.**
Cliente Client **Repsol patrocinio**

264 Título Title **Cerilla**
Autor Created by **Ruiz Nicoli**
Cliente Client **Alfonso Delgado**

265 Título Title **Giacommo**
Autor Created by **FCB/Tapsa**
Cliente Client **Nintendo**

266 Spot Mejor campaña
Commercial Best campaign

TROFEO TROPHY
268 Título Title **Footing / Bañera**
Autor Created by **Tiempo/BBDO**
Cliente Client **Planeta Agostini**

PLACA PLAQUE
270 Título Title **Funeral / Galería / Política**
Autor Created by **FCB/Tapsa**
Cliente Client **Grupo Cruzcampo**

OBRAS SELECCIONADAS WORKS SELECTED
271 Título Title **Catalunya Cultura**
Autor Created by **Altraforma, S.A.**
Cliente Client **Catalunya Ràdio**

272 Título Title **El Tiempo**
Autor Created by **FCB/Tapsa**
Cliente Client **Caja Madrid**

273 Título Title **Colombia 1 + Colombia 2**
Autor Created by **Grey Trace**
Cliente Client **Cruz Roja**

274 Spot Mejor spot
Commercial Best commercial

TROFEO TROPHY
276 Título Title **Beso**
Autor Created by **Tandem Campmany Guasch DDB, S.A.**
Cliente Client **AUDI**

PLACA PLAQUE
278 Título Title **King Kong**
Autor Created by **Tandem Campmany Guasch DDB, S.A.**
Cliente Client **AUDI**

OBRAS SELECCIONADAS WORKS SELECTED
280 Título Title **Falsificadores**
Autor Created by **Tiempo/BBDO**
Cliente Client **Litoral**

281 Título Title **Sangre**
Autor Created by **Young & Rubicam, S.A.**
Cliente Client **Cruz Roja**

282 Título Title **Funeral**
Autor Created by **FCB/Tapsa**
Cliente Client **Grupo Cruzcampo**

284 E

288 Comunicación Municipal
Communication on local-level

TROFEO TROPHY
290 Título Title **Espacio cultural El Tanque**
Autor Created by **Cristina Saavedra**
Cliente Client **Espacio cultural El Tanque**

PLACA PLAQUE
292 Título Title **Señalización del Alcázar de Jerez**
Autor Created by **Área de Comunicación del Ayuntamiento de Jerez**
Cliente Client **Ayuntamiento de Jerez**

PLACA PLAQUE
294 Título Title **Festes de Primavera**
Autor Created by **Peret**
Cliente Client **Ajuntament de L'Hospitalet**

OBRAS SELECCIONADAS WORKS SELECTED
296 Título Title **Generación del 98, Apuntes locales**
Autor Created by **Estudio Lanzagorta**
Cliente Client **Donostia Cultura**

297 Título Title **Orientalismos**
Autor Created by **Eumo Gràfic**
Cliente Client **Diputación Foral de Gipuzkoa**

298 Título Title **Transversal**
Autor Created by **Eumo Gràfic**
Cliente Client **Ajuntament de Lleida**

299 Título Title **Aste Nagusia 1998**
Autor Created by **Estudio Lanzagorta**
Cliente Client **Centro de Atracción y Turismo de Donostia**

300 Título Title **Històries creuades**
Autor Created by **Alex Gifreu + Pere Alvaro**
Cliente Client **Consorci del Museu de l'Empordà**

301 Título Title **Biennal d'Art. Lleida**
Autor Created by **Eumo Gràfic**
Cliente Client **Ajuntament de Lleida**

302 Título Title **Ciutats pels drets humans**
Autor Created by **Sonsoles Llorens**
Cliente Client **Regidoria Drets Civils de l'Ajuntament de Barcelona**

303 Título Title **Campanya Comunicació Mercat**
Autor Created by **TR Produccions Culturals**
Cliente Client **Mercat de les Flors - Institut de Cultura**

304 Título Title **Compilación de buenas prácticas**
Autor Created by **Branchat & Ferrè, S.L.**
Cliente Client **Ayuntamiento de Traiguera / Oficina de Iniciativas Comunitarias**

305 Título Title **Viladecans, sí**
Autor Created by **Gabinet de Comunicació i Premsa**
Cliente Client **Ajuntament de Viladecans**

306 Título Title **Plan de restauración**
Autor Created by **Indalecio Carreira García**
Cliente Client **Concello de Mondoñedo**

306 Título Title **Identidad Bibliotecas Municipales**
Autor Created by **Indalecio Carreira García**
Cliente Client **Concello de A Coruña**

307 Título Title **Rediseño signos identificativos**
Autor Created by **José Luis Dufourg Duaso**
Cliente Client **Ayuntamiento de Miranda de Ebro**

307 Título Title **Grec 98**
Autor Created by **Miquel Puig**
Cliente Client **Ajuntament de Barcelona**

308 Comunicación Municipal. Autores menores de 30 años
Communication on local-level. Artist under 30

PLACA PLAQUE
310 Título Title **Vaixell joves creadors del Masnou**
Autor Created by **Marc Conca**
Cliente Client **Ajuntament del Masnou**

OBRAS SELECCIONADAS WORKS SELECTED
311 Título Title **Drets Humans**
Autor Created by **Francisco Rebollar Navarro**
Cliente Client **Ajuntament de Barcelona**

312 Título Title **8 de març (Dones empresàries)**
Autor Created by **Meritxell Serradó García**
Cliente Client **Ajuntament de Lleida**

312 Título Title **Festival de Jazz**
Autor Created by **Pere Moles Sans**
Cliente Client **Comú d'Escaldes - Engordany**

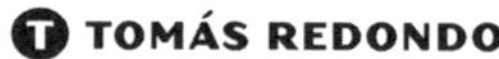